"十四五"国家重点图书出版规划项目

国家出版基金项目

百年中国播音史

高国庆　主编

百年中国播音事业发展史

詹晨林　著

九州出版社 JIUZHOUPRESS ｜全国百佳图书出版单位

图书在版编目（CIP）数据

百年中国播音事业发展史/詹晨林著 . -- 北京：
九州出版社，2024. 3
（百年中国播音史/高国庆主编）
ISBN 978-7-5225-2683-6

Ⅰ.①百… Ⅱ.①詹… Ⅲ.①播音—新闻事业史—中
国 Ⅳ.①G229. 296

中国国家版本馆 CIP 数据核字（2024）第 053582 号

百年中国播音事业发展史

作　　者	詹晨林　著	
策划编辑	云岩涛	
责任编辑	刘　嘉	
封面题字	程奎东	
封面设计	张万兴　李永刚	
篆　　刻	武生明	
出版发行	九州出版社	
地　　址	北京市西城区阜外大街甲 35 号（100037）	
发行电话	（010）68992190/3/5/6	
网　　址	www. jiuzhoupress. com	
印　　刷	鑫艺佳利（天津）印刷有限公司	
开　　本	710 毫米×1000 毫米　　　16 开	
印　　张	25. 75	
字　　数	370 千字	
版　　次	2024 年 3 月第 1 版	
印　　次	2024 年 11 月第 1 次印刷	
书　　号	ISBN 978-7-5225-2683-6	
定　　价	128. 00 元	

《百年中国播音史》编委会

学术顾问： 杜晓红　曾　致

实践顾问： 方　亮　蒋红梅

主　　编： 高国庆

编委会成员： 詹晨林　罗景昕　高国庆　马玉坤

　　　　　　　曾　致　陈晓兵　秦　霄　张嘉宇

　　　　　　　陈枇豪　宋雨潼　赵文丽　邱　蔚

　　　　　　　王　贞　刘兴宇　张　伟　王一婷

　　　　　　　周雯雯　史华平

作者简介

詹晨林,浙江传媒学院播音主持艺术学院副教授,中国播音主持史研究基地研究员。曾任职于中央电视台,主创作品多次获得中国新闻奖。

总　序

高国庆

自中国第一座广播电台于 1923 年 1 月开始播音，到 2023 年，中国播音走过整整 100 年的发展历程。播音是现代科技的产物，在近现代百年中国历史的巨变中，播音既是参与者、见证者，也是时代社会发展的推动因素。

"百年中国播音史"以中国近现代百年历史为研究背景，梳理、总结并研究了中国播音在风云激荡的一百年里发生、发展的自身逻辑、历史动力、社会动力、行业动力、技术动力，以及整个过程中代表性人物所发挥的作用等。"百年中国播音史"对我国播音百年历史进行了学理性的总结，展现了播音传播知识和信息、开展宣传、提供娱乐，以及规范语言文字、开展口语表达教育、提高全民族的语言表达能力，甚至建立现代国家声音形象、传播中华优秀传统文化、讲好中国故事等立体功能的全方位发展变化。

本项目包括《百年中国播音事业发展史》《百年中国播音创作发展史》《百年中国播音学术发展史》《百年中国播音教育发展史》《百年中国播音文献史料集成》(含《20 世纪中国播音学研究论著集成》《民国时期播音研究史料集》)，从五个各具特色的方向分别进行研究。本项目从通史的整体研究视域出发，以专题史的研究视角切入，以系列专题史的方式呈现，构建百年中国播音史。

2020 年，"百年中国播音史"选题由中国传媒大学播音主持艺术学院马玉坤教授与浙江传媒学院播音主持艺术学院高国庆研究员正式在九州出版社立项，同年入选国家社科基金重大项目招标选题，这是播音学术研究选题第一次被列为国家社科基金重大招标项目。2021年,"百年中国播音史"入选"十四五"时期国家重点图书出版专项规划,这是播音类图书第一次入选国家出版专项规划。2023年,"百年中国播音史"入选国家出版基金资助项目,这是播音类图书第一次受到国家出版基金资助。

　　"百年中国播音史"是对我国百年播音历史的总结,客观而言,难免挂一漏万,恳请方家指正,同时寄望更多志同道合的学人,在张颂先生构建的播音学学术框架下,相互扶助,共同完善对中国播音史的研究,推动中国播音学进一步繁荣发展。

目　录

绪　论

　　有声语言表达在我国有着悠久的历史和传统。《荀子》有言:"赠人以言,重于金石珠玉;观人以言,美于黼黻文章;听人以言,乐于钟鼓琴瑟。"三千年前的春秋战国时期,诸子百家周游列国,四处游说,表达他们的主张,传播他们的思想,有声语言便是他们最好的武器。然而,伴随着造纸与印刷技术的崛起,有声语言传播逐渐式微,"重文轻语"成为常态。

　　1923 年,在一片欧风美雨之中,无线电广播进入中国,将有声语言再次带回主流传播视野。通过广播、电视等现代电子媒介,有声语言得以轻盈地跨越遥远的空间,直接传递信息,一项高度职业化的言语信息传播活动——播音,应运而生。

　　百年荏苒,中国人目睹了现代声音媒介对时间、空间的双重跨越,也见证了中国现代传播事业与中华民族的独立、解放事业以及中国社会的现代化进程紧紧交织在一起的发展历程。作为广播电视传播过程中的重要环节,中国播音事业自广播诞生之日起便与广播电视事业共生共存,同步发展,迄今已绽放百年芳华。

　　事业,即"人所从事的,具有一定目标、规模和系统而对社会发展有影响的经常性活动。"①从事业发展的视角进入百年播音史,是将播音事业视为一项以有声语言传播信息为主要目标,以广播电视机构为系统性组织,成规模

---

　　①　中国社会科学院语言研究所词典编辑室.现代汉语词典[M].7 版.北京:商务印书馆,2018:1194.

展开,并对社会产生重大影响的经常性活动。从这一视角,能够更加直接地考察播音作为一项社会活动,与新闻业、广播电视业以及整个社会发展之间的互动关系。

在法国历史学家布罗代尔的时间尺度里,百年是结构的时间节奏,以百年为区间进行研究,特别适宜反映社会结构的变化。在"几乎是静止的历史"之下,是"由一系列因素组成的协调一致的整体,具有长期的稳定性,是历史的深层"①。在百年的历史维度上,中国播音事业发展历程已经开始显现出潜藏在历史暗流深处的呼啸,有必要对中国播音事业进行历史性的回望,对中国播音事业的发展历程以及与中国社会现代化进程做出整体性的、结构性的思考。

第一节　百年中国播音事业发展史的研究现状

一、中国广播电视史史料情况

我国广播电视史研究起始于20世纪50年代,复兴于80年代,首先是对广播电视事业的发展情况进行事实性的收集、核查、整理、复原,完成史料丛书的修编。这也是展开进一步历史研究的基础。经过四十年发掘、整理、修编,目前,一批由具有较高权威性的广电单位、档案部门、学术研究者整理的史料辑刊陆续出版。

综合性史料方面,一般是以某个历史阶段、某个区域范围为线索,对中国广播电视发展各类相关资料进行集合。其中代表性作品如1986年左漠野主编的《当代中国的广播电视》《中国广播电视史料选编》,是从中国广播电视事业整体发展的角度,集合全国各地提供的数百万字资料选编而成。地方史料方面,80年代以来,各省、自治区、直辖市以及许多地市陆续修编、出版广播电视志,描绘出地方广播电视事业发展的基本面貌。

---

① 朱本源.历史学理论与方法[M].北京:人民出版社,2012:61.

从时间段来看,人民广播综合性史料可以以新中国成立为界。新中国成立前人民广播史料方面,《解放区广播历史资料选编》《人民大众的号角——延安(陕北)广播史话》《邯郸新华广播电台暨陕北新华广播电台在太行时期历史资料汇编》主要汇集中国共产党领导的广播电台的主源发祥过程相关史料。《华东人民之声——华东新华广播电台、华东人民广播电台史实》是新中国成立前后华东地区广播工作情况的史料汇编,其中既有工作报告、设备清单、会议纪要、工作条例等历史文件,也有诸多丰富的当事人回忆,通过它能够对新中国成立前后的中国广播发展情况有所管窥。

新中国成立后人民广播电视史料汇编更为完善,例如《中央人民广播电台简史》《中央人民广播电台简史(续编)》《中央人民广播电台台史资料汇编(1949—1984)》《中央人民广播电台台史资料续编(1984—1987)》《中国国际广播电台志》《中国国际广播电台部门志》《中国国际广播电台大事记》《中央电视台发展史》等,都对中央级广播电视事业发展史进行了较为全面的史料汇集。此外,历年的《广播电视年鉴》《中国广播电影电视发展报告》系统性地展示了20世纪80年代以来我国广播电视发展的现实状况。

各类历史当事人的回忆录、口述史陆续整理出版,为研究提供了更为丰富的历史细节。《中国人民广播回忆录》《当代中国广播电视回忆录》《延安(陕北)新华广播电台回忆录新编》《邯郸新华广播电台回忆录》等,收录了各个岗位的工作人员对人民广播创建发展历程的回忆性描述。上海文广集团节目资料中心、上海音像资料馆编撰的《老广播人口述史》《老电视人口述史》以口述史的方式回顾上海广播电视创业、发展和改革的历程。《梅益谈广播电视》《风范长存——左荧纪念文集》《温济泽自述》等则从管理者视角,记录了中国共产党广播思想的变化。这些自述、回忆为研究提供了个人化的视角,也为史料之间的互相参照提供了材料。

经过四十余年发展,目前,广播电视史料汇编已经形成矩阵,综合性强,且具有较高可信度,能够较为完整、全面地勾勒出人民播音从延安时期到20世纪80年代中期的基本情况,为展开进一步研究提供了史料基础。

二、中国广播电视史研究综述

(一) 中国广播电视通史研究

早期广播电视研究以发掘、整理、编修的广播电视史料为主。2000 年左右,随着史料发掘逐步完善,广播电视史研究领域开始涌现出一批具有影响力的权威通史。艾知生、刘习良主编的《中国改革开放辉煌成就十四年·广播电影电视卷》、赵玉明主编的《中国广播电视通史》对中国广播电视事业产生、发展的整体进程做了系统性梳理,至今仍是广播电视历史研究领域的经典之作。

在全行业通史研究的基础上,以机构、地域为界分的广电发展事业史著述日渐丰富。电视史如郭镇之所著《中国电视史》、于广华主编的《中央电视台简史》、杨伟光主编的《中央电视台发展史》;少数民族广播电视史如林清的《中国少数民族广播电视发展史》;港澳台广播电视史如谭天等的《港澳台广播电视》,李献文、何苏六的《港澳台电视概观》,张振东、李春武主编的《香港广播电视发展史》:这些著作以综合性的研究视角,在各自领域范围内对中国广播电视发展历程进行概括性梳理,广播电视史整体性历史书写日趋完善。与此同时,一批从广播电视专业角度出发的专题史研究著作相继问世,如《中国广播电视艺术发展史》《中国电视剧发展史纲》《中国广播电视报简史》《中国广播电视企业史》《广播剧史论》《新中国播音创作简史》等,进一步补充完善了广播电视发展的历史面貌。

民国时期,除了人民广播,还存在国民党党营电台、国民党地方政府电台、民营商业广播、民营教育广播等多种类型的广播电台,同样属于中国早期广播事业发展史的重要组成部分。在这一方面,史料较为零散,近年来,随着广播电视史研究的发展,史料收集整理明显加强。陈尔泰的《中国广播史考》增补了大量民国时期尤其是东北广播史的细节考证;刘书峰关于奥斯邦在中国活动的史料考据,让中国早期外资广播电台活动有了更为丰富、确实的细节支持;艾红红的《中国民营广播史》《中国宗教广播史》聚焦民国时期的中国民营广播、宗教广播,对这两种在夹缝中生存的类型广播事业诞生、发展、消亡的全过程进行详细描绘,并提供了大量真实可感的历史细节与科学阐释;谢鼎新的《民国广播事业史》将民国作为一个历史时期、一种研究框架,纵览广播事业发展早期的种种历程。这些著作弥补了民国广播史研究的缺失,让中国早期广播电视事业呈现出更为完整的面貌。

从总体来看,中国广播电视史研究已经逐渐走上正轨,在综合性研究方面已经完成一轮建设,从机构变迁、制度变化、事业发展的角度勾勒出中国广播电视事业发展的整体历史面貌。在一些重要的历史节点,如改革开放三十年、四十年之际,也有一些概述性的论文发表。不过,此类研究普遍缺少理论依据,多偏重考察广播电视事业产生、发展的过程,从而进行概括性的面貌描绘,较少从更为深层次的理论视角出发,对广播电视发展规律进行探讨与分析。

(二) 中国广播电视媒介与社会史研究

作为现代电子媒介,广播电视事业与中国社会现代化进程息息相关。在基本完成通史通志编修之后,近年来广播电视史研究逐渐发生转向,偏向于将广播电视作为一种动态运作的媒介系统,放在不同历史时期社会政治、经济文化的背景下,考察其与政治、社会、文化等领域之间的互动关系;以相对微观的视角,探寻广播电视作为意识形态、文化传播的载体,在社会政治经济运行中的地位和作用。

主要集中在两个特殊的历史时段。一为民国时期。革故鼎新之时,有声媒体很快成为各方政治力量争夺的焦点,受到严格管控。从广播与政治的视角,李煜在对国民党电台进行全方位考察后提出,与西方国家相比,中国的广播媒介从来未有机会获得如英美一般的公共或商业的选择权,从来都为国家这个"公"权力紧攥着,甚而内化为国家权力的"耳目喉舌"①。从广播与社会生活的视角,上海作为早期中国广播重镇,成为关注的焦点。李

---

① 李煜.历史视野下的国家与广播[J].现代传播(中国传媒大学学报),2013,35(07):24-29.

暄的《民国广播与上海市民新式家庭生活》、姜红的《西物东渐与近代中国的巨变：收音机在上海（1923—1949）》、汪英的《上海广播与社会生活互动机制研究 1927—1937》，都将广播作为观察民国时期上海现代化历程的窗口，探寻中国语境下现代媒介与现代生活方式的互动关系，描绘出一幅现代上海的媒介生态画卷。

民国时期，"国语"承载了现代民族国家意志的期盼，成为国家文化生活的一项重大改革。广播以有声语言为主要传播形态，自然成为实践国语改革的主阵地，并推动现代民族国家意识的形成。以此为主题，出现了一批研究论文，刘成勇《"文学的"国语如何炼成——论民国时期无线电广播与国语推广》、黄华的《听觉媒介、声音和民族-国家的建制——国民党党营广播和国语实践（1928—1937）》、王雨的《民国声域里的课本、留声机与广播：1912—1936》、马瑞的《"国家声音"：民国广播与国语运动——以国民党中央广播电台为中心》通过一系列研究与分析发现，国语和广播的结合，确实为塑造国家权威、建构国家政治认同创造条件，然而，限于当时的社会背景和媒介发展程度，总体效果并不尽如人意。

第二个着重考察的历史时段为新中国成立后，社会主义革命和建设时期。在研究视角上偏向于现代媒介在政治认同构建方面的功能与过程。许静波的论文《新中国政治认同的构建：上海人民广播电台（1949—1953）研究》、徐勇的《国家化、农民性与乡村整合》、李乐的《听觉的社会主义化——1949—1962 年浙东乡村的广播动员》，通过对具体历史个案的考察，说明了广播在社会主义国家制度建设、农村社会动员上发挥的强大作用。

综上，近年来，广播电视史研究逐渐出现了范式转移，从关注制度史、机构史、事业史逐渐转向将广播电视作为社会信息交流媒介展开，为广播电视史研究的理论性深入开辟新的天地。

三、中国播音史研究综述

建设"史论—理论—业务"三位一体的中国播音学研究理论体系，播音史是鼎立之足，不可或缺。但由于种种原因，播音史研究一直尘封，鲜有开启。近年来,播音史研究逐渐引起各方重视,大有成为学科研究范围内的"显学"之势,播音史研究成果开始涌现,主要包含早期播音史、播音学术史、教育史、播音创作史。

早期播音史是对播音事业的原初追索。姚喜双在 2007 年根据博士论文出版的《中国解放区新闻播音语言规范》一书,是中国播音史研究具有开创意义的一本著作。该书以翔实、准确的资料为基础,系统性地对解放区新闻播音语言规范的历史发展走向进行梳拢与归纳,从中总结出解放区新闻播音语言规范形成的特征、原因,启示当代新闻播音创作。

无可否认,民国时期,在人民播音阵营以外有大量播音活动,其覆盖面、影响力都不容小觑。然而,这部分的研究总体较为少见,仅有一些散见论文,关注点也比较分散。如龙伟的论文《新的"明星":民国广播播音员的职业生态与社会生活》,主要关注民国时期播音员作为一个新兴职业群体的生存状态。马玉坤、高国庆的《民国时期期刊文章与广播播音研究》主要探讨民国时期期刊与广播播音之间的媒介互动关系。王灿的论文《民国时期的广播播音研究》《民国时期上海民营广播播音艺人特点浅析》则以比较粗的线条对民国时期的广播播音状况和播音艺人进行介绍与分析。

播音学科史、学术史研究方面,已经形成较为完善的研究体系。作为国家社科基金研究项目的重要成果,马玉坤、高国庆主编的《张颂学术年谱》以中国播音学开创者张颂的生平为主线,梳理张颂老师人生中每一年的活动轨迹,并对这期间产生的播音理论、重要人物、事件节点都进行了汇集,就相关社会背景、历史事件进行解说。高国庆《中国播音学史研究》《中国第一本广播播音理论著作》《民国时期第一本广播期刊》,郑伟的博士论文《中国播音学学术发展研究》,梅慧的论文《新中国成立前播音理论与实践的四个历史成就》,闫亮的《中国播音主持高等教育史论:1963—2000》等一系列著述,对中国播音学作为一门独立学科产生、发展的历程进行总结,探索中国播音学的理论源头,基本完成了对中国播音学学术发展和教育事业历程的整体性回顾。

播音是一种创造性的专业活动,一直以来,播音学科研究以应用为主体,顺着这一路径,播音创作史研究成为目前播音史研究中成果较为丰硕的领域。例如,喻梅的著作《新中国播音创作简史》聚焦新中国播音创作活动,将新中国成立以来各个历史时期的代表作品、代表风格进行了归拢与总结。著名播音员及其创作历程、艺术风格,是这一类型研究的主体。仲梓源的专著《听君细陈 如饮甘醇——陈醇播音艺术研究》、赵悦《罗京播音风格探析》、张守鑫《赵忠祥电视播音及主持艺术研究》、郭苏阳《王志主持风格研究》、张曼缔《中国电视节目主持风格的演进与创新》等论文,均以焦点写作的方式,实现对历史上著名播音员主持人的点状研究。

第二节　百年中国播音事业发展史的研究范畴

一、研究对象及问题

播音作为一种面向公众的现代媒介声音活动,其初生、壮大、繁荣、变革的过程与现代电子媒介的出现与发展密不可分,同时与社会现代化进程息息相关。在马克思看来,人类的社会历史是人的实践塑造的,播音员的个体活动、播音组织机构的活动、行政主管单位的活动共同组成了中国播音事业发展史。因此,本书的研究对象为百年中国播音事业发展的不同历史阶段出现的典型机构、行业构成、制度条例、管理规范、播音员个体以及丰富多彩的播音活动。需要说明的是,播音创作固然是不可或缺的组成部分,但在本书中,更注重其作为播音事业的核心,在历史变革中产生的整体性变化以及业务发展过程中涌现出的典型代表。

复返本初,方能固本清源。面对中国播音事业发展的复杂情形,本书试图超越革命播音史研究的范式,将中国播音事业作为一种通过现代声音媒介,面向大众进行有声语言传播的专业活动,以百年中国社会现代化发展、媒介变迁为历史阶段划分依据,梳理百年中国播音事业的整体发展历程,以期回答:中国播音事业走过了怎样的百年历程? 其发展脉络、主线如何显现或隐现? 在中国社会大踏步走向现代化的这一百年里,中国播音事业又如何与之互动影响?

二、研究价值

目前中国广播电视史研究已经走过了史料发掘、整理的第一阶段,并基本完成各个类别、领域、时间段的专题研究,正向理论化方向探进。而中国播音史研究,目前尚处于起步阶段,史料整理、出版工作仍在继续,部分专题史研究如星星之火一般渐次点亮,逐渐拼出中国播音史的局部样貌。当前,中国播音史研究仍存在大量可进一步探进的空间,就本书而言,试图在以下几个方面做一些基础性的工作。

(一)完善中国播音史研究结构

目前,中国播音史研究尚存在结构性缺失,局部性、专题性研究多,专著、文章如同群星广布,但对中国播音事业发展的整体性研究暂付阙如。针对当前中国播音史研究的发展阶段,本书认为,因循当前既有体例,进行拼图式的区块补充固然重要,但此时对百年中国播音事业进行整体的、历史性的描摹,能够有效补充当前播音史研究在结构上的缺失,帮助学界增加对中国播音事业发展的直观认知,为发展科学、完善的中国播音学理论做出贡献。

(二)拓展中国播音史研究范围

在中国播音史研究的版图上,学科史、学术史、创作史业已成型,但对播音机构、法规、制度等与播音活动息息相关的社会支持系统研究较少;重视新闻播音史研究,对主持、配音、解说、演播等同样服务于媒介传播的有声语言活动历史关注较少。从研究历史区间来看,从延安时期到20世纪90年代之间的革命播音历史研究较多,对民国时期其他广播电台的播音活动以及近三十年播音主持活动缺少系统性的研究梳理。研究版图尚存在大量空白地带。

本书在研究过程中,针对这一问题进行补足。在历史区间方面,将民国时期播音事业史研究和20世纪90年代以后的中国主持事业史、播音事业史研究作为本书的重点;在内容上不限于新闻播音,而是将文艺演播、广播剧、体育解说、广播电视节目及广告配音纳入播音主持活动的整体范畴,做史料整理和分析探究,为拓宽中国播音史研究范围、相对全面地把握中国播音事业史的整体发展脉络提供新的支撑。

(三)探索中国播音史研究范式

中国广播电视史及新闻史研究,一直以革命史研究为基本范式,以国家与社会变迁的重大事件为基本历史分期依据。近年来,随着媒介变革再次袭来,研究者纷纷开始反思革命史研究范式本身存在的局限,转而借用社会学、传播学、媒介学等多种他学科理论资源,试图搭建新的研究范式。中国播音史研究的整体兴起,恰好处在广播电视史研究范式转型的过程中,不可避免受其影响,可以说旧基未稳,新变已至。如何博采众长,建立中国播音史研究的理论范式,成为当前研究工作的重要问题。

本书将播音事业作为一种社会活动,将其放置在中国社会现代化的大历史进程之中,以百年时间长度,观察其从初生、成长、发展、壮大、繁荣到变革的全过程,试图以社会研究的视角,观察播音活动作为一种媒介有声语言传播活动的发展脉络、整体走向以及社会影响。以此探索中国播音史研究的理论范式,助力新时代播音史研究走向成熟。

第三节　百年中国播音事业发展史的研究思路与方法

一、研究思路

基于扎实史料,分历史阶段,对百年中国播音事业发展历程进行描绘。在分析框架上,抓取播音事业在人员队伍、创作活动、机构组织、行业管理四个方面的历史表现,以此为发力点,梳理作为一项社会活动的播音事业发展变化历程,并结合政治、经济、社会、技术背景分析原因,寻找规律。

作为一种成建制的社会活动,百年中国播音事业的发展变迁是一个综合性的过程,在不同历史阶段,影响播音事业发展的重要因素并不相同。在物质技术相对简单的早期,政治因素是影响播音事业发展最主要的因素;在政治环境稳定的当下,媒介技术变革又成为影响播音事业发展的主要因素。因此,无论是从惯常使用的政治维度历史分期,还是侧重媒介物质性的技术史分期,都难以从整体视野把握中国播音事业发展的整体脉络。

是以,在历史分期问题上,本书秉着实事求是的态度,以当前行业公认的播音事业发展阶段为基底,综合考虑政治社会环境、播音事业发展规模、技术物质性变革等诸多因素,结合每一个主体阶段播音活动外在显现的标志性事件,进行前后微调,试图呈现出中国播音事业发展变化的历史过程。

社会变化通常是一个渐变的过程,前后难免出现重合、交叠,在旧历史的沉淀中孕育新时代的新芽。以融合时代的播音事业发展为例,移动互联网的发展带来的媒体融合浪潮是一个渐进的过程,它自 20 世纪 90 年代互联网进入中国开始,到 2013 年 4G 牌照落地,移动互联网建设全面提速,迎来了移动网络媒体的全面爆发。这一过程持续二十余年,很难简单地将媒体融合时代从某一个具体年份开始计算。因此,本书的历史分期虽以年份为界,却非严丝合缝的一刀切、一把抓,而是在发展阶段的前后承接处留下了一定回旋空间,以便前后接续,更清晰地把握播音事业发展的内在脉络。

二、研究方法与研究资源

在研究方法上,主要使用文献分析法。除了前文提到的广为人知的出版材料,本书重点参考了以下几个方面的史料。

(一) 改革开放后的广播电视史料

改革开放以后,中国的广播电视事业迎来了发展的重大机遇期,各类改革层出不穷。各个广播电视台自行编撰、修订的论文集、叙述史以及大量亲历者的论文、工作总结,均可以还原当时的情况。如广东广播电视台亲历改革的领导者白玲主编的《从"珠江模式"到跨越式发展——广东广播改革开放 30 年历史回顾》《广播的跨越——广东广播插图史》,曾广星主编的《横空出世——广播"珠江模式"的理论与实践》,汇集了一线工作者的亲身经历,呈现大量历史细节。白谦诚主编的《主持人》共有 10 辑,详细记录了主持人事业发展、起步到逐渐壮大的过程。杨晓凌《解码电视湘军》通过大量调查采访,记录湖南广电的成长之路。此外,许多当事人的专著、回忆录,如杨正泉《我与广播》、杨伟光口述实录《我在央视当台长》、孙玉胜《十年》都记载了大量真实的广播电视事业改革前进的过程,构成播音事业研究直接相关的资料。

(二)播音员主持人个人传记及口述

在研究过程中,著者收集、整理了大量播音员的人物传记、回忆录。民国时期,便有专业广播期刊如《广播周报》《播音天地》等邀请播音员撰写个人小传,介绍播音工作,形成了第一批载于报刊的播音员个人化的工作纪实。

新中国成立后,许多著名播音员通过个人传记、回忆录等方式,记录下曾经走过的革命播音岁月,代表作如《把声音献给祖国》《用生命播音的人——忆齐越》《陈醇播音文集》《我的故事——孙敬修回忆录》《大海的一朵浪花——孟启予的广播电视生涯》《中国荧屏第一人——沈力》《岁月随想》《走近往事:一位共和国第一代女电视播音员的自述》《宋世雄自述——我的体育世界与荧屏春秋》《话筒前的人生——林如和她的播音生涯》等。此后,不同历史阶段的知名广播主持人都有自传、专著出版,这些来自播音员主持人的个体声音经验,勾勒出人民播音员的群像,为中国播音史研究提供一手参考资料。

(三)广播电视法规及工作材料

作为一项事业,广播电视管理的相关法规、文件是重要文献资料。《中国新闻法制通史》整理了晚清到 2009 年的新闻法制史料,将报刊、广播、电视等现代媒介规制放置在一个框架内,更容易观察、发现中国新闻法制的变迁。《中国共产党新闻工作文件汇编》汇集了中国共产党从 1921 年到 1956 年间的重要新闻政策文件、决议、通告、指示、领导人有关新闻工作的论文等。《中国共产党宣传工作文献选编》收录了党在各个历史时期宣传工作的基本指导思想、指导原则,不少重要文献、资料均按原文收录。

(四) 民国时期广播电视史料

赵玉明老师及其团队整理出版了一批民国时期广播电视史料汇编和通志类研究著作,代表作有《新修地方志早期广播史料汇编》《中国现代广播简史》《中国现代广播史料选编》等,对 1949 年以前的国民党广播、民营广播、人民广播的代表性史料,如重要规制文件、重大广播事件的动态报道、阶段性概述、社会评论等都进行了择要。陈尔泰的研究立足东北,《寻踪识迹——哈尔滨电台史话》《中国广播之父刘瀚传》《中国广播诞生九十周年》等均为他长期深耕地方采集史料后的成果。汪学起、是翰生著《第四战线——国民党中央广播电台掇实》从国民党电台视角,通过采访、收集史料,以史话形式对国民党中央广播电台的发展历程进行故事化的整理。

《旧中国的上海广播事业》是一本由档案管理部门直接介入的重要资料,不但汇集民国时期关于广播电台的各类规制文件,还从各类民国报刊中摘选了一批直接反映民国时期上海广播状况的报道,包含了广播行业动态、政府管理措施、听众反馈、社会大众评论等,勾勒出民国时期上海广播的生动面貌。此外,民国时期的知名报刊如《申报》《大公报》等都有相关记载,为考察早期播音事业提供散落但珍贵的历史底稿。

台湾方面也出版了一些关于民国时期以及国民党退台后广播电视建设方面的资料,可以作为学术参考。

第一章 草蛇灰线:中国播音事业产生的历史条件

传播媒介的形态变化,通常是由于可感知的需要、竞争和政治压力,以及社会和技术革新的复杂相互作用引起的。① 中国播音事业依托于新媒体——现代电子声音媒介而诞生,又与中国政治、经济、文化的现代化密不可分。20世纪20年代,中国的现代化进程行至半途,方方面面正发生不可逆转的震荡。新媒介的降临在波澜迭起的社会表面再次投下石子,多种沉积已久的力量在此汇聚形成浪涌,一种新的有声语言传播形态蓄势待发。

第一节 现代媒介技术为中国播音事业奠定物质基础

播音活动是一项依赖于现代媒介技术的创造性活动。在现代声音技术发明之前,语言传播始终无法突破面对面传播的时空极限,一旦发出,便意味着永远消失。19世纪中期以后,一系列新技术出现——电话、无线电电台让声音传输突破空间限制,留声机解决了声音在时间里留存的难题,扩音机可以放大音量——成为有声语言传播的新介质,甚至改变了有声语言表达本身的特性。播音活动就是在这样的技术背景下诞生,并随着媒介技术的变革与发展,生发出更多的艺术可能。

---

① [美]罗杰·菲德勒.媒介形态变化:认识新媒介[M].明安香,译.北京:华夏出版社,2000:19.

一、无线电:跨越空间的声音传播技术

现代媒介技术首先改变了声音传递的空间。19 世纪末到 20 世纪初,物理学在电学方面接连实现重大突破,远距离传递声音成为可能。1820 年,丹麦物理学家奥斯特在实验中发现了电流磁效应,从此打开了电磁学的大门。此后,法拉第、麦克斯韦、赫兹等物理学家的一系列成果直接启发无线电技术的创新与应用。

1895 年,意大利发明家马可尼制成了无线电发射机和接收机,可以接收 3.2 公里外发来的信号。1901 年 12 月 12 日,马可尼主持实现了从英国到加拿大相隔 3218.60 公里跨越大西洋的无线电通信,标志着无线电报开始进入远距离通信的实用阶段。[①] 接下来,加拿大科学家 R.A.费森登提出调幅技术的概念,英国科学家 J.A.弗莱明和美国科学家李·德·福雷斯特相继发明二级真空管、三级真空管,并于 1913—1914 年间进入实际应用阶段。人声,开始能够真正转化为无线电信号,跨越空间限制进行远距离传输。这一技术很快广泛应用在航海、航空领域:大西洋上的船只可以和陆地直接通话,海上航运的安全性获得极大提高;飞机可以和陆地基地取得联系,获得航向指示。

西方世界无线电技术快速发展的同时,大洋彼岸的东方古国正面临一场“千年未有之巨变”。出于国家与民族的危急处境,无线电技术几乎在第一时间引入中国,应用于军事领域。1899 年,即马可尼发明无线电报后四年,无线电登陆广州。是年,两广总督为加强海防,决定在广州督署衙门和马口、前山、威远等军事要塞以及广海、宝壁、龙骧、江大、江巩等江防舰艇设立无线电报机。[②] 1905 年,北洋大臣袁世凯在天津开办无线电训练班,并购买马可尼无线电机,在“海圻”“海容”“海筹”“海琛”四艘军舰上装用,全面

---

①　中国通信学会.中国通信学科史[M].北京:中国科学技术出版社,2010:9.

②　黄和生.中国通信图史[M].广州:南方日报出版社,2009:104.

构架了一张军队海陆无线电通信网。① 直观感受到无线电在传递信息方面的重要作用,袁世凯向清政府提出应将无线电作为国家主权的重要组成部分,由政府进行直接管理。1906 年,清中央政府成立邮传部,设电政司掌管全国电政事务。

辛亥以后,民国初立,无线电政纳入交通部管理范畴。1915 年 4 月,北洋政府颁布《电信条例》,明确规定:无线电器材属军用品,非经陆军部特别许可不得自由输入我国。同时,未经中国政府有关当局批准,也不允许外国在中国境内私自设立无线电台,擅自收发无线电报。② 这是中国历史上第一部涉及无线电的法令。但实际上,列强根本不在意中国政府的禁令。出于政治、军事、商业等多种意图,纷纷在借助租界、通商口岸等各种方式划定的势力范围内自办无线电台。北洋政府也无力阻止,甚至出于种种目的与列强达成某种交易。1918 年,北洋军阀段祺瑞政府向日本借款,在北京双桥兴建北洋政府海军无线电发射台,于 1923 年竣工,占地面积近 20 万平方米。③ 这是我国第一次建设大型无线电发射台。

在无线电进入中国的最初二十年,无线电主要在军事和政治领域有限使用,以收发无线电报为主要功能。20 世纪 20 年代,无线电过渡到了商业广播时代。1920 年 11 月 2 日,西屋公司创办了世界上第一家广播电台——匹兹堡 KDKA 电台,并于开播当晚就播出美国大选结果,一举奠定其在广播史上的稳固地位。此后,在商业利益的推动下,美国广播行业快速发展。1925 年,美国商业部颁发了 1400 多份建站许可证。④

突如其来的广播行业大爆发,将声音通过无线电波传送到大洋彼岸的东方。触觉敏锐的商人们率先行动,大量无线电器材经销公司悄然登陆中国,在上海这个华洋混居、新旧交融的奇特之地渐成气候。1922 年上海首次

---

① 白玉芳.中国通信史:第一卷[M].北京:北京邮电大学出版社,2019:107-108.

② 赵玉明.中国广播电视通史[M].北京:中国广播影视出版社,2004:4.

③ 四九一电台旧址[EB/OL].[2022-05-16].http://wwj.beijing.gov.cn/bjww/362771/362779/dqpqgzdwwbhdw/523559/index.html.

④ [美]大卫·斯隆.美国传媒史[M].刘琛等,译.戴江雯,校译.上海:上海人民出版社,2010:504.

输入 500 架收音机,数日内一售而空。①这似乎预示着,只要复制美国广播模式,或许就能在中国取得商业成功。

至此,无线电广播已经渗透进入中国,中国政府和外商资本实际上都具备了开设广播电台的物质技术条件,无论是谁,都可能率先开启中国广播电台的建设。中国播音事业的开启已箭在弦上。

二、留声机:跨越时间的声音固定技术

现代媒介技术改变了声音传播的时空属性,有声语言不再是深陷自然时空的原始传播状态。在技术支持下,声音可以被固定,进行理性化的重组、再编。1877 年,爱迪生发明蜡筒式留声机,人的声音第一次被固定在小小的蜡筒上,可以在任何一台留声机上进行反复播放。当声音可以大规模复制,极大地改变了声音传播在线性时间里转瞬即逝的易碎性,突破了时间对声音的限制,同时又扩展了声音传播的空间范围。翌年,爱迪生获得专利,并参加巴黎世博会,向世界推销自己的发明。

1900 年前后,留声机作为外贸商品,随传教士、外商进入中国。美国人赫德兰记载,1880 年左右,朝中官员就曾通过他,给年幼的光绪皇帝购买留声机当作玩具。② 1890 年 5 月 3 日,《申报》刊载一篇高昌寒食生撰写的文章,详细介绍留声机。这位高昌寒食生在见证了留声机的使用过程后认为,这种神奇的装置大有可为:传递寄送时不易损坏,不怕拆看;用来录制家训,则“虽年深代远,而开筒敬听不啻子孙亲承其祖父之训”③;用来记录诉讼供词,可以避免犯人反复翻供,又可以避免记录供词的官吏舞弊,可以说好处颇多。而英国传教士傅兰雅的文章介绍,这种留声机在上海丰泰洋行有售,

① 姜红.西物东渐与近代中国的巨变:收音机在上海(1923—1949)[M].上海:上海人民出版社,2013:21.

② [美]赫德兰.一个美国人眼中的晚清宫廷[M].吴自选,李欣,译.天津:百花文艺出版社,2002:56-57.

③ 高昌寒食生.留声及其题名记[N].申报,1890-05-03(1).

而上海丰泰洋行,正是爱迪生公司系列产品在上海的代理商。① 只是人们没有料想到,留声机真正的广泛使用,始于商业力量驱动下的娱乐业。

20世纪初,蜡筒式留声机逐渐为伯纳利发明的唱片式留声机取代。这种圆片式唱片耐磨性好,便于大量生产,快速促进了唱片业发展。1903年,《申报》开始刊登谋得利洋行广告,宣传其代理的伯利纳新式留声机"仙童、双龙、坐狗"品牌,称其为"唱戏机器",同时销售各类唱片。这其中,"坐狗"即"狗听喇叭",即1901年10月成立的美国胜利留声机公司。"仙童"即英文"Angel",是当时英国留声机公司使用的商标。从1903年到1910年初,谋得利是上海唯一的唱片、新式留声机代理商。②

作为硬件设备,留声机一经售出,短时间内少有更换。唱片的不断更新、出版才是代理洋行生意兴隆的保障。1903年3月19日,受英国留声机公司派遣,录音师弗雷德·盖斯堡开始在上海录制京剧,然后送回德国汉诺威,由英国留声机公司制成唱片后销往中国。③ 这是中国境内目前可查证的首次灌录唱片的记录。此后,唱片内容不断推陈出新,以娱乐内容为主,涵盖中外,既有京剧、徽曲、广调、昆腔、梆子等中国传统曲艺,也有各国音乐、笑话、戏剧,供富裕、殷实又对西洋器具感兴趣的中外人士日常娱乐。

谋得利洋行的垄断生意并未持续太久,1910年前后,哥伦比亚留声机公司和法国百代公司相继加入留声机全球市场竞争,中国的留声机及唱片市场呈现出三足鼎立的情状。百代公司尤其在唱片上下功夫。法商东方百代唱片公司主理人乐滨生专门从法国请来录音师,拉来录音设备,邀请著名艺人如刘鑫培、刘鸿声以及四大名旦等灌录唱片,再将录好的蜡盘运回法国制作成唱片,再运回中国销售。有了自己的生产线,百代公司的生意蒸蒸日上,以1913年7月所进唱片为例,品种逾千,内容以京剧为主,也包括其他地方戏曲,且大多为名角所唱。④

---

① 傅兰雅.格物杂说 新创记声器图说[J].格致汇编,1890年春季卷.

② 葛涛.唱片与近代上海社会[M].上海:上海辞书出版社,2009:51.

③ 葛涛.唱片与近代上海社会[M].上海:上海辞书出版社,2009:47.

④ 葛涛.唱片与近代上海社会[M].上海:上海辞书出版社,2009:62.

新鲜的西洋机器播放出熟悉的传统戏曲，留声机很快成为城市社会娱乐生活的一部分，老派士绅用它听传统戏曲，学唱票戏；新派女士用它听西洋音乐，练习摩登舞蹈，"中产之上，几乎户置一具。……勿论中西唱片，现均销行甚广。"①这引起了中国民族资本和其他外商资本的注意。1917 年，在孙中山邀请下，日本人樫尾庆三在上海创建唱片厂，第一家有中国资本介入的唱片工厂——大中华唱片厂正式成立，由中日资本家合资经营。为表鼓励，孙中山亲自录制了两张演讲唱片。② 到 20 年代初，唱片开始作为教育工具，服务国语统一运动。1919 年，经北洋政府教育部同意，《国音字典》初印本出版，用统一的新式发音符号标注 13000 余个常用汉字。③ 在此基础上，1920 年 1 月，教育部正式颁令将国文课本改为国语课本，以此推进言文统一，培养国语成为现代中国的统一语言。但是，标准国语到底如何发音？这显然是无法通过课本来传习的。在教育部的委派下，主要参与拟定《国音字典》的语言学家王璞在百代公司上海分厂录制了示范唱片。1922 年，商务印书馆正式出版赵元任所编的《国语留声片课本》以及配套录制的《国语留声机片》④。

留声机以及唱片所代表的声音储存技术，为播音活动的创生提供了内容方面的更多介质。

作为一种以声音形式连续播出的信息活动，无线电广播既要传递信息，又要提供娱乐，让大众乐于接受，才可能真正成为一种大众传播媒介。试想一下，如果广播里没有丰富多样的声音素材，只有单独的有声语言播读，播音创作活动艺术效果必将大打折扣。而留声机及唱片业的发展很好地弥补了这一缺憾。经过二十余年发展，到 20 世纪 20 年代初，唱片技术日渐成熟，大规模工业化生产成型，唱片在中国形成了较为完善的生产、消费链条，并在商业力量的推动下成为城市生活重要的文化消费品，甚至在一定程度上

---

① 漱梅.留声机业[N].申报.1925-12-01(17).

② 《当代中国的广播电视》编辑部.中国的唱片出版事业[M].北京：北京广播学院出版社,1989:4.

③ 黎锦熙.国语运动史纲[M].北京：商务印书馆,2011:151-152.

④ 赵新娜.赵元任年谱[M].北京：商务印书馆,1998:116.

塑造了城市居民的日常声音娱乐样态。正是有了唱片业这一基础,广播电台才能够在日复一日的播出流里方便快捷地调用各类播出内容,播音员主持人也有了更为丰富的创作空间和艺术可能。

第二节　现代化进程对中国播音事业提出现实需求

一、社会变革剧烈,公众信息渴求强烈

(一) 政治动荡催生安全信息需求

19 世纪下半叶以来,西方帝国主义列强用坚船利炮敲开古典中国的大门,国家与民族深陷前所未有的生存危机。这种危机一开始来自西方先进的科学技术与军事实力对国家主权的威胁,对国家利益的侵占。面临生死存亡的抉择,以曾国藩、李鸿章、张之洞等清末大臣为主导兴起"洋务运动",寄希望于"师夷长技以制夷",却在北洋水师全军覆没的滔天巨浪之中逐渐沉默。1900 年 5 月,八国联军以镇压义和团为名武装侵入首都北京,慈禧太后与光绪帝仓皇西逃。国人开始普遍意识到,单纯依靠西方的科学技术无法解决中国的问题,只有一个政治、经济、文化全方位实现现代化的中国才能抵抗现代化的侵略者。

在救亡图存的压力之下,中国社会内外部矛盾不断激化,政治与军事动荡接连不断,最终走向颠覆性的暴力革命,政治制度发生前所未有的现代化变革。然而辛亥革命之后,中华民国政府几经周折,经历袁世凯和张勋两次复辟,陷入派系军阀混战的局面。立足于《中华民国临时约法》的内阁制政府无法遏制黩武军人对权力的渴望,从 1916 年到 1928 年,北京政府总统及内阁总理如同走马灯一般轮换。与军阀战争伴随而来的是社会秩序的混乱,西方帝国主义明目张胆的持续性侵略与利益吞噬。环顾国际,1914 年第一次世界大战爆发,1917 年俄国十月革命爆发,世界未来如何走向,普通的中国人的生活将发生什么变化? 在经历了 80 余年的社会动荡之后,面临国

际国内局势的双重危机,及时了解世界及国内各个方面的政治、军事、经济、文化信息,以便应对有措,已经成为国人保护自身生命与财产安全、谋求中国现代化之路的刚性需求。

(二)融入全球市场带动经济信息需求

在国家政治变革的脚步中,中国的社会经济状况也在悄然发生改变。两次鸦片战争之后,中国被迫陆续开放16个通商口岸,不但有沿海地区的上海、广州、福州、宁波、厦门、烟台,还有长江流域中下游地区的汉口、九江、南京、镇江;东北地区的牛庄、登州,台湾的台南、淡水,华南地区的潮州、琼州。通过通商口岸,以使用机器为特征的现代大工业逐渐渗入传统中国的经济大动脉,逐渐改变传统中国的城乡经济样貌,将中国卷入世界资本主义市场体系。

第一次世界大战爆发之后,交通受阻,海外机械化生产的廉价工业制品无法进入东亚。中国新式工业抓住历史机遇,迅速发展起来,中国市场与世界市场形成更加紧密的连接,进出口贸易日趋繁盛。出口产品主要包括茶叶、生丝、豆类、桐油、蛋类,进口主要为鸦片、棉纺织品、粮食及糖类、煤油、机器、金属、石油化学产品等工业制品。① 伴随市场经济快速发展,人们对即时经济信息的需求大幅度增加。大洋彼岸的农业、金属市场牌价、股票牌价信息通过电报发到报纸予以公布。19世纪80年代,《申报》已常见股票买卖信息,1922年7—8月,《申报》又连续刊登大阪股票行情。在贵金属、棉纱、粮食等专业市场,每天的行情更是成为工商业者必须了解的信息。

(三)现代都市发展创造大众文化生活需求

和市场发展相协调,上海、北京、天津等一批现代城市以及相适配的现代市民生活方式开始兴起。不同于中国古代以政治中心为核心功能的多功能城市,近代以后,中国城市发展的格局基本上是为外国资本主义的入侵和

---

① 严中平,等.中国近代经济史统计资料选辑[M].北京:中国社会科学出版社,2012:50-55.

开埠先后所形成的市场格局所决定的。① 这让消费力量推动下的现代都市文化生活成为 20 年代城市生活的主导。公园、电影院、百货商场为代表的现代城市公共空间进入中国人的日常生活,打电话、看电影、看演出、逛商场、逛舞厅、喝咖啡、吃西餐,听留声机、跳交谊舞……基于消费文化的现代都市文化生活引发世人侧目与向往。

二、传播渠道有限,难以满足公众需求

(一)电报与电话:"点对点"的信息传递

20 世纪 20 年代的现代信息传播渠道仍然非常有限,最快获取信息的渠道莫过于有线通信——电报、电话。与无线电技术相似,二者自清朝晚期便已经进入中国,并经历了从限制级军用政用到逐渐向民用开放的过程。

1843 年,美国发明家萨缪尔·莫尔斯在华盛顿至巴尔的摩之间架设起电报线路,并于 1844 年 5 月 24 日发出人类历史上第一封电报。到 19 世纪 50 年代,电报线路已经在欧洲、美国广为铺设。1852 年,美国共有 23282 英里电报线。② 在英国,垄断经营的电气电报公司在 1857 年拥有 30000 条营利的电报线路,到 1859 年,全年处理电报量超过 100 万份。③

转瞬之间信息便能跨越万水千山,这样的传播利器很快引起国人注意。1847 年,福建人林针便在美国旅行记《西海纪游草》一书详细记录了电报技术。1871 年 6 月,丹麦大北电报公司甚至未经中国政府允许,便架设起长达 1759 公里的港沪电报线,转瞬之间,最新信息便能从香港传递到上海,这极大地震动了仍在用快马邮递的清政府。19 世纪的最后二十年,中国电报事业在官方大力推动下快速发展,逐渐形成遍及全国的电报网。1892 年,李鸿

---

① 刘佛丁.中国近代经济发展史[M].北京:高等教育出版社,1999:288.

② Robert Luther Thompson.*Wiring a Continent:The History of the Telegraph Industry in the United States,1832-1866*[M].New York:Arno Press,1972:241-242.

③ Laszlo Solymar.Getting the Message:*A History of Communications*[M]. New York:Oxford University Press.1999:59.

章在奏折中称，全国电报网"东北则达吉林、黑龙江俄界，西北则达甘肃、新疆，东南则达闽粤、台湾，西南则达广西、云南，遍及 22 省，并及朝鲜外藩，殊方万里，呼吸可通，洵称便捷"①。到 1911 年，中国建有各种电信局所 503 个，电报线路 50001 公里，通达除西藏外的所有省份。上海的国际电报已可直通日本、新加坡、菲律宾以及美国旧金山及欧洲各国。到民国初年，电报已经成为一种成熟的政治信息传播手段，既用于点对点之间的信息传递，也可通过"公电"这一形式，与报刊联手制造舆论。

再来看电话。电话能够跨越空间实现人与人的直接对话，相比电报效率更高。尽管电报事业滞后于人的教训近在眼前，清政府引进电话的速度却并没有明显提升。1876 年美国人贝尔发明电话，六年后，丹商大北电报公司在英美租界里架起了电线杆，并于 1882 年 2 月开始运营商用电话。② 租界里，外资商业公司对电话事业志在必得，步步紧逼；租界以外，清政府官办电话事业却迟迟没有起步。直到近二十年后，1900 年 8 月八国联军攻陷首都，危急时刻，慈禧太后、光绪皇帝才在西安临时决定以江南筹防用银 2963 两，在南京江南官电局设电话交换所，为官邸衙署使用。中国官办的第一个市内电话通信官网就此建立。③ 而慈禧太后与光绪皇帝真正用上电话，又要再晚一年。1903 年 5 月，北京电报局总办黄开文开始筹设朝廷大臣住宅与颐和园间的电话，用以解决通信急需。1904 年 1 月 2 日，北京的第一个官办电话局，在大学士翁同龢家宅的旁门内成立。至 1904 年年底，北京电话局的用户发展到 128 户。④ 1911 年，全国已有电话交换机 8872 门、电话用户 8369 户。⑤

总体来说，到 20 世纪 20 年代，电报与电话已经逐渐形成规模，成为上层人士第一时间沟通军政信息的有效手段。但对于普罗大众来说，电报电话

① 黄和生.中国通信图史[M].广州:南方日报出版社,2009:92-94.
② 上海市电话局史志办公室.上海的市内电话[M].内部资料,1995:1.
③ 白玉芳.中国通信史:第一卷[M].北京:北京邮电大学出版社,2019:105.
④ 中国通信学会.中国通信学科史[M].北京:中国科学技术出版社,2010:85.
⑤ 《当代中国的邮电事业》编辑委员会.当代中国的邮电事业[M].北京:当代中国出版社,2009:7.

都有着共同弱点:只能点对点传送。作为普通个体,如果没有有效、可靠的信息源,便无从知晓相关信息。这便决定了电报、电话只能服务于社会上层人士,通过人际关系网络传递信息,无法将信息在社会面快速传播。同时,接连不断的战争随时可能损毁线缆,通信线路时常中断,信息传递的稳定性难以保证。此外,当时电报与电话的物质性门槛很高。电报以字数计费,普通大众需要识字并单独花费,才能获得寥寥数字的信息,而电话更因为装机、通话费用昂贵,非普通人能使用。多方限制之下,电报与电话仍然只是属于少数人的点对点信息传播工具。

(二)报刊:有限的大众信息传播

作为书面化的大众传播媒介,报刊尽其所能为公众提供新闻信息和大众娱乐,并组织起20世纪初中国大众信息生活的基本架构,但依然面对众多掣肘。

首先,受技术条件限制,报刊登载消息的时效性和准确性都难以保证。1914年7月27日的《申报》集中刊登了从五月初一到六月十五的伦敦市场中国股票行情,涉及北方铁路、京汉铁路、九龙铁路等9条铁路以及银行借款。此时,距离行情实际变动已经过去了近三个月。

第二,受交通条件和印刷条件限制,民国时期的报刊发行范围十分有限,几乎不存在覆盖全国的大型报刊。即便是《申报》这样的大报,主要发行范围也只在上海本埠及周边地区,想要发展外埠订户,只面向火车、汽车和轮船能当天抵达的上海邻近地区。远的地方,经过多日波折,新闻送到之时早成了旧闻。这极大地限制了商业报刊的发行。1928年,已出版五十余年的《申报》销量超过14万份①,是为当世之奇。但与4亿人口基数相比,14万份的发行量依然是沧海一粟。

第三,通过报纸中介传播,读者需跨越一定的知识门槛,并有足够的时间和金钱投入。这对中国普通民众来说又是一道难关。仅就识字一项来

---

① 宋军.申报的兴衰[M].上海:上海社会科学院出版社,1996:230.

说,清末全国识字人数在 4000 万左右,以当时人口 4 亿计,识字率仅为 10%。① 即便经过了民国二十年发展,到 30 年代初期,美国农业经济学家卜凯对当时中国 22 个省 308 个县的 87000 人进行抽样调查,综合测算识字率在 30%左右。②尚未普及的基础教育严重限制了普通民众获取信息的途径,也抬高了中国人进入现代信息生活的门槛。

庞大的人口基数,旺盛却无法满足的信息与娱乐需求,使得 20 世纪 20 年代的国人对借助现代电子媒介实现跨越时空的有声语言传播充满好奇与渴望。无线电广播恰恰迎合了这种渴望,显示出明显的大众传播优势。它不依赖线缆,不依赖文字,只要听众能够接触到收音机,便可以通过播音员的有声语言随时获知最新信息。中国播音事业在公共信息传播的舞台上静待开启。

第三节　现代报业发展为中国播音事业提供内容支持

20 世纪 20 年代,中国近代报业发展已经超过一百年,呈现出相对稳定、成熟的状态,为播音事业的起步提供坚实的内容支持。

一、现代化生产方式为播音事业稳定提供素材

报纸在中国拥有上千年历史。唐代,封建官僚系统内部已经开始通过定期发行书面文本"进奏院状"传递朝廷各项政务信息。到清代时,官方"邸报"、北京民间报房的"京报"、地方报房出版的"辕门抄"组成了一个政治信息传播立体矩阵,成为地方官员、士绅重要的信息来源。

---

① 章开沅,马敏,朱英.中国近代史上的官绅商学[M].武汉:湖北人民出版社, 2000:660.

② J.Lossing Buck.*Land Utilization in China:1929-1933*[M].NewYork:Paragon Book Reprint Corp,1964:373-375.

19 世纪西方资本主义国家势力进入东亚地区以后,近代中文报刊随之诞生。1815 年,由英国传教士创办的世界上第一份中文近代报刊《察世俗每月统计传》在马六甲诞生。接连不断的政治变革,极大地推动了现代报刊事业的发展,香港、上海、北京相继成为中国新闻事业的核心城市。无线电广播事业起步时,中文报刊业已经卓有规模。据《第二届世界报界大会纪事录》,1921 年全国共有报刊 1134 种,其中日报 550 种。从地域分布来看,据 1924 年《中外报章类纂》调查,全国中文报刊每日发行共有 628 种,其中北京 125 种、汉口 36 种、广州 29 种、天津 28 种、济南 25 种、上海 23 种。① 可见,当时报业大部分集中在开埠城市以及地区政治核心城市,与中国社会政治、经济的现代化进程同步前行。

20 世纪 20 年代的中国报业,已经不是小打小闹的手工作坊,而是以先进的工业化生产流程和完备的现代报业经营管理制度实现高效新闻生产,其中典型代表便是上海《申报》与《新闻报》。

诞生于 1872 年 4 月 30 日的中文商业报纸《申报》,由英国商人安纳斯托·美查投资,聘请中国文人担任主笔,自创刊号便声明"凡国家之政治、风俗之变迁,中外交涉之要务,商贾贸易之利弊,与夫一切可惊可愕可喜之事,足以新人听闻者,靡不毕载"②。到 20 世纪 20 年代时,《申报》创刊已逾五十年,其间股权结构、经营主理人多次变化,但始终将新闻报道放在首位。1912 年史量才接手《申报》,之后更是致力于报业现代化,开展一系列新闻生产改革。1918 年,史量才在汉口路新建五层报馆大楼并于同年投入使用。这是一幢完全按照报纸工作流程设计建造的新闻大楼,集合了编辑业务、广告经营、排字浇铸、照相制版、机器印刷、生活卫生等新闻出版需要用到的各项设施,并根据流程特点安排内部结构,极大地提高了生产效率。为了提高印刷效率,他还从美国订购最新式的何氏 32 卷筒轮转机,并安置在新大楼底层,把印刷能力从接手时的每小时 2000 张(约 600 余份)提高到每小时 4.8

---

① 方汉奇.中国新闻传播史[M].北京:中国人民大学出版社,2002:122.

② 方汉奇.中国新闻传播史[M].北京:中国人民大学出版社,2002:49.

万份，①使得报纸在深夜截稿之后能够快速印刷，赶上拂晓的早班轮船、汽车发往外地。

另一家上海商业报纸《新闻报》也不甘示弱。1924 年，《新闻报》在原有五层砖木结构馆舍的基础上新建钢筋混凝土大楼，又购进先进印报机，实现半自动化的印刷生产。1922 年冬天，《新闻报》还装置了自己的无线电台，专收国内外新闻。② 工业化的生产流程背后是完备的内部管理制度，《新闻报》在董事会下设总理处，总管编辑部、营业部、印刷部三部门及下属 28 科 19 股，分工之细致、专业化程度之高可见一斑，有效带动新闻生产的效率，做到每日出版、按时供给。到 20 年代中期，《申报》《新闻报》的发行量都突破 10 万大关。③

吉登斯从现代性的动力机制出发，认为时间与空间分离、虚化是现代社会的重要特征，传统社会的地域性意义降低了，历史变成跨越具体时空的整体性存在。基于现代媒介、专家系统的建立，脱域机制快速发展，人进一步从具体时空中抽离。通过每天清晨准时收到的报纸，远方的世界来到东方城市普通市民的眼前。这个世界不再是朦胧的、模糊的，而是被认知洗淘过的理性世界。过去、现在、未来压缩在一张新闻纸上，在人们的日常生活里形成新的时间关系，打造新的生活节奏。就这样，借助现代新闻传播业，业已开放的中国城市开启了属于当下的、流动的、加速的现代生活。

和报纸工业相比，现代声音传播的速度无疑更进一步。播音员的声音充满大大小小的城市空间，在流动的时间里即时传递信息，带来更为直接的感官刺激、更为剧烈的时空压缩。然而，万丈高楼平地起，对于从零开始的广播业来说，要在短时间内迅速建立满足播出需求的专业生产流程无异于天方夜谭。所幸，现代化的报业为这种加速的现代信息传播方式提供了坚实的内容基础，每天为广播提供源源不断的播音素材。只要与报刊出版节

---

① 宋军.申报的兴衰[M].上海：上海社会科学院出版社，1996：92.

② 秦绍德.上海近代报刊史论[M] 上海：复旦大学出版社，2014：110.

③ 《新闻报》1924 年发行量超过 10 万份，《申报》1925 年发行量超过 10 万份。参见方汉奇.中国新闻传播史[M].北京：人民出版社，2002：160.

奏相配合,便可展开稳定的播音创作活动。事实上,中国播音事业初期,恰恰是通过与报社联合,才实现为播音活动提供稳定的内容素材。

二、立体化信息生产为播音事业多样提供内容

(一)不同价值取向的信息

自维新以来,中国各方面均充分意识到新闻报刊的重要作用,意图在政治、经济、社会等领域大展拳脚的各类力量都将报刊作为重要阵地加以经营。《中华民国临时约法》规定,"人民有言论、著作、刊行及集会、结社之自由",只有在"有人为增进公益、维持治安,或非常紧急必要时",才能"以法律限制之"。① 虽然袁世凯及北洋政府后续出台诸多法规加以限制,整体上仍然给新闻业留下了较大的自由空间,中国的新闻报刊呈现出多元面貌。

政党报刊方面,承袭清末康有为、梁启超等人开启的政论报刊路径,民国之后,各级政权机关、政党团体竞相创办报刊,将其视为重要的意识形态输出工具加以利用。知名者如同盟会的《民立报》,国民党的《天铎报》《民国新网》《中华民报》《国风日报》《亚东新报》《长沙日报》《中国日报》,等等。以报刊为阵地,各方展开对政治体制利弊选择的争论,更多显现出政论报刊的特色。袁世凯掌权后,通过颁行《报纸条例》《出版法》等一系列新闻法律,加紧对新闻业的控制,各类政治报刊极速压缩。北洋军阀控制中央政府后,治理相对涣散,来自大学、出版业以及其他知识界机构的知识分子报刊涌起浪潮,倾向于传播更为多元、活跃的思想。中国共产党、国民党等政党机构自办的报纸刊物,更是将传播自身的政治主张作为办刊宗旨,争取更大的社会支持。

商业报刊方面,一战后中国工商业迎来难得的发展机遇,推动大众商业报刊的快速发展。为了获得更广泛的社会民众支持,获得更多的商业利润,商业报刊一般不轻易显露特定的政治取向,而是以相对中立、客观的立场展

---

① 中华民国临时约法[Z].临时政府公报,1912,35:2-10.

开报道,尽量脱离党派之见。如 1926 年新记《大公报》提出"四不"——不党、不卖、不私、不盲。创办宗旨是"开风气,牗民智,通上下之情,作四民之气",是为了"救危亡,消祸患,兴利除弊,力图富强"。①

话虽如此,但商业报刊以经营为先,在必要时提供迎合时代潮流与读者口味的信息与言论,甚至特意迎合社会情绪表现出激进的政治倾向性,当政治局势发生转变时,又身段柔软地迂回起来。五四运动时,上海诸多大报通过全国报界联合会联合声明拒绝刊登日商广告和日本商业行情,谴责北洋政府非法逮捕爱国学生,要求严惩曹汝霖等卖国贼。然而,到了五卅运动期间,这些报纸又转变口径,拒绝刊登各进步团体、爱国人士抗议帝国主义暴行的宣言、声明和通电②,模糊弱化工人牺牲,主张尽快平息事态。

除了国人自办报刊,民国时期的中国还存在一些外资或中外合资报刊,在英文报纸领域颇有影响力。如英商《字林西报》、美商《大陆报》等,都从各自国家利益与文化的视角出发,记录发生在东方土地上的变化。这些外商报刊常常并非纯外商投入,股权结构复杂,如美商《大陆报》发起人密勒与中国政治家、外交家伍廷芳等人往来密切,并得到来自革命党的财力支持。590 股认购股票中,美国人 340 股,中国人 150 股。③ 密勒以美国政府对华的政策立场为根基,用美式编排、美方视角满足在华美国人的信息需求,还通过各种社交渠道与孙中山建立联系,甚至有传闻《大陆报》是孙中山投资委托密勒所办。很快,《大陆报》成为在沪英文报纸的翘楚,"本埠外报以《字林泰晤士》为最大,继之者则为《文汇报》《大陆报》,皆英文也。"④

自此,在中国播音事业开启前夕,在来自政治党派、社会团体、商业力量、外国资本的多方推动下,报业已经形成了与民国社会复杂结构相对应的力量格局。一方面给后续出现的播音活动提供了多种价值取向的播出文本

---

① 方汉奇.《大公报》百年史[M].北京:中国人民大学出版社,2004:5-12.

② 马光仁.上海新闻史(一八五〇——一九四九)[M].上海:复旦大学出版社,1996:538.

③ 沈荟.历史记录中的想象与真实:第一份驻华美式报纸《大陆报》缘起探究[J].新闻与传播研究,2014,21(02):112-125+128.

④ 戈公振.中国报学史[M].北京:生活·读书·新知三联书店,2011:94.

资源,另一方面也给后来的广播业以及播音创作活动发展的道路多样性打下基础。

(二)不同内容种类的信息

20 世纪 20 年代的中国报业正从政党报刊时代逐渐走入新闻报纸时代,报与刊之间的界限开始清晰。报专攻新闻、消息,刊则重视专题、评论,二者分工合作,形成内容传播矩阵。当新媒介出现时,这些内容便可经过技术处理,转化为新媒介的内容基础。

在报纸新闻方面,当时报业已经建立起独立的采编队伍,自行发掘、采访、撰写新闻稿件,并通过国内外通讯社和电报线路获取全球最新消息,内容极为丰富。在 1927 年出版的中国新闻史开山之作《中国报学史》里,戈公振将报纸新闻按内容分为六大类,包括政治新闻、经济新闻、文化新闻、社会新闻、罪恶新闻以及杂项。其中,每一大类又可以分为三至八小类。① 从新闻的地域性来看,当时的地方报纸已经能够融合全国重要新闻与本埠新闻,进行综合排版,让读者一纸在手,便能知晓身边事、天下事。

除了正式的新闻报纸,副刊、小报也是重要的现代都市文化产品,且主要面向普通市民,提供更为丰富且大众化的文化消费。

副刊作为报纸的衍生文化产品,自清代晚期开端。1897 年上海的《字林西报》出版的《消闲报》被视为我国正式副刊的开始。② 从这个名字便可看出,副刊主要为读者提供休闲娱乐内容,通常是文艺小品、诗词小说、奇闻异事甚至一些低级趣味的坊间流言。五四时期,报纸副刊性质发生根本性变化,一改旖旎之风,成为宣扬新文化运动、鼓吹新思想、传播新主义的阵地。孙伏元主编的《晨报副刊》和《京报副刊》,邵力子主编的上海《民国日报》副刊《觉悟》、张东荪等主编的上海《时事新报》副刊《学灯》被称为这一时期的"四大副刊",成为新文化力量在大众传播领域的突出代表。

① 戈公振.中国报学史[M].北京:生活·读书·新知三联书店,2011:189-190.
② 马光仁.上海新闻史(一八五〇——一九四九)[M].上海:复旦大学出版社,1996:593.

小报，是另一种专门服务城市居民休闲生活的报刊。1897 年李伯元创办的《游戏报》开清末小报先河。小报之小，首先是版面小，不同于对开大报，小报通常只有四开。内容上也没有正式的大新闻，而是惯常以游戏之笔讽喻时政，向十里洋场上醉生梦死的人们发出警世之言。清朝覆亡之后，小报规模大幅度收缩，到 20 年代又伴随城市发展重启。其中代表如 1919 年 3 月 3 日创刊的《晶报》，既有"新鱼鹰"专栏介绍社会及文娱短新闻；也有"燃犀录"反映社会众生相，揭露各种黑暗内幕；还有"新智囊"介绍科技新知、奇闻异事；并刊登长篇连载小说，可谓"融新闻、文艺、知识、娱乐消遣于一炉"①，充分凸显综合性特色。尽管难登大雅之堂，却也为普通市民提供了廉价文化消费，在潜移默化中逐渐塑造都市居民的生活价值观。

20 年代的中国现代城市是一个复杂的综合体。大楼、里弄、棚户、洋房，城市空间里杂糅了租界与华界、富人与贫民、商人与官僚，文化背景、社会地位、经济基础截然不同的都市人共享同一个城市空间。在社会的急速变迁里，新的都市文化开始形成。传统戏曲、电影、戏剧这些时间和金钱成本较高的文化消费无法满足中下层市民日益增长的精神需求、发声欲望，无法呼应他们享受消费的冲动。报刊所代表的公共信息场正在都市经济的推动下快速发展，公共舆论场已是一片喧哗之声……这一切都昭示着一个新时代即将到来。一旦新的媒介降临，便能够从旧媒介的容器里取出足够的原料，转化为新媒介的燃料，点燃中国播音事业发展的引擎。

第四节　现代语言革命为中国播音事业创造语言条件

语言，是文化的重要载体，它在日常生活里塑造人们的文化意识，从而形成雷蒙·威廉斯所说的"一个民族、一个时期、一个团体或全体人类的特定生活方式"②。然而，与汉语文字系统数千年来稳定、统一的格局相比，汉

---

① 秦绍德.上海近代报刊史论[M].上海：复旦大学出版社,2014:140.
② [英]汤林森.文化帝国主义[M].冯建三,译.上海：上海人民出版社,1999:10.

语的口头表达却因为方言众多而派系林立、分歧严重。

当古典中国开始向现代中国转型,知识界逐渐形成共识:要建设一个独立自主的现代民族国家,就必须有一套统一的现代国家通用语言。只是,这套语言究竟应该是什么样子? 对这个问题,清末以来争论不断。20 世纪 20 年代,知识界在相关的语音、语体问题上逐渐达成一致,并由北洋政府出面形成相关条规,为中国播音事业的开启创造语言条件。

一、标准语音审定完成

全国统一的标准口语,是实现跨区域交流,维系民族凝聚力,塑造现代民族国家的重要方式。民国建立以后,统一国语被正式列入政府行事议程。1912 年,在蔡元培的主导下,北洋政府教育部设立读音统一会,召集全国精通音韵、小学、文字、方言的精英学者八十人,"审定一切字音为法定国音;将所有国音均析为至单至纯之音素,核定所有音素总数;采定字母,每一音素均以字母表示。"①1913 年,读音统一会审定六千五百余字的国音,并采用章炳麟所创制的"记音字母"进行标注。1919 年 9 月,《国音字典》初印本出版。②

就在语音统一一片形势大好的时候,国语运动内部又开始新一轮争执——京国之争。一人一票选出来的国语审音方案融合了南北方言特色,是一套杂糅了各地语音的人造语音系统。在缺少示范录音、没有使用环境的情况下,教员自身都难以掌握这套脱离生活实际的语音,如何进行教授? 为此,南京高等师范学校英文科主任张士一认为,混杂语的方式并不可取,应该选取一特殊地区特殊人群的口语为标准,推广至全国。在他看来,最合适的便是"受过中等教育的北京本地人口语"③。经过数次讨论,1923 年国

---

① 教育部印行读音统一会章程及进行程序(1912 年 12 月)[A].中国第二历史档案馆藏.北洋政府教育部档案,档案号:1057-92.

② 黎锦熙.国语运动史纲[M].北京:商务印书馆,2011:152.

③ 袁先欣.语音、国语与民族主义:从五四时期的国语统一论争谈起[J].文学评论,2009(04):136-142.

语统一会召开第五次大会，决定对《国音字典》进行增修，以北京音为基础的"新国音"取代了南北平衡却没有大众基础的"老国音"。

至此，在中国播音事业启航前夕，到底用什么样的语音表征国家规范语言，好歹在纸面上有了切实的凭据。这不仅是促进现代民族国家统一事业的需要，也是播音事业发展的内在需求。作为能够跨越空间限制，面对社会大众进行无差别播出的有声语言传播活动，为了扩大听众面，用全国最广泛使用的标准语音进行播出无疑是一种理性选择。否则，即便无线电信号传到各处，"十里不同音"的社会现实依然会让通过有声语言传播凝聚国家意识形态的意图成为空中楼阁。

二、白话文成为标准文体

一直以来，中国的语言系统结构与层次分明，书面语以文言为正，口语则分为仅限官员士绅阶层使用的模糊"官话"和基于方言的大众口语，其中，后者又从来不能作为正式信息发布方式，是难登大雅之堂的下层语言，不能作为正式交流的工具。这就意味着，即便广播开播，播音口语也会被视为非正式语言，难以承载正式的、重要的信息传播；如果口播文言文，又会造成听觉障碍，严重影响传播效率。所幸，在中国播音事业开启之前，白话文改革已见成效，白话文作为新的现代性语言，成为广泛认同的标准文体。

这种改革自然不是为了广播诞生，而是基于中国现代化进程的历史必然。一个现代化的中国迫切需要现代化的语言，来深度改造人们的思想与生活。这种现代性的语言，不但能够适应现代生活的交际需要、文化生活需要，还能够"承载现代生活的思维方式，在日常生活中对人们产生思维层次的影响"①。因此，这种语言必须是精确的、现代的，同时又贴合生活实际的。显然，文言文已经无法适应时代的发展需要。

1915 年，陈独秀领衔的《青年杂志》在上海创刊，后更名为《新青年》，移师北上，提出民主、科学两大口号，提倡"文学革命"，掀起轰轰烈烈的新文化

---

① 陈旭麓.近代中国的新陈代谢[M].北京:生活·读书·新知三联书店,2017:357.

运动。陈独秀、胡适等运动旗手从语言入手,力主将中国的语言改造为一种现代性的语言。胡适的《文学改良刍议》《建设的文学革命论》,提出改革文体,建设"国语的文学、文学的国语"①。陈独秀《文学革命论》将文学革命的目标在内容层面做了进一步延伸,不仅要将文言文改为白话文,更进一步提倡用白话文建设"平易的抒情的国民文学""新鲜的立诚的写实文学""明了的通俗的社会文学"②。

1918年,《新青年》第四卷出刊,启用新式标点符号。陈独秀、刘复、鲁迅等人开始尝试用白话文进行文学创作,形态遍及小说、戏剧、论文、通信。未几,借五四运动之势,文化革命和政治运动相结合,白话文应用如狂飙突进,尤其《每周评论》将白话文章与时事述评、革命政论、文化斗争相结合,通过与守旧派代表林纾的论战声名鹊起,直接带动报刊以白话形式进行撰述。学生团体宣传罢课、罢市、罢工和抵制日货时,也纷纷采用白话文撰写文章,编辑出版物。

伴随着新文化运动的快速推进,爱国救亡、民主科学、文化启蒙的思想迅速在社会上传播开来,人们对于新语言的接受程度也快速提高,使用新语言成为社会新风潮。在五四事件发生后的半年内,中国涌现出约400种白话文新刊物,其中就包括中国共产党早期理论刊物《共产党》以及面向工人的通俗刊物《劳动界》《劳动者》等。

五四运动不但激发了新出版物的诞生,而且刺激了旧杂志报纸的改革。③ 作为期刊史上首屈一指的大型综合性杂志,1920年,已经出版了16年的《东方杂志》开始刊登白话文文章。《教育杂志》《妇女杂志》《学生杂志》等原本由守旧文人掌握的杂志纷纷更换编辑,转而采用白话文,翻译、刊登新文学作品。新闻报纸也不例外。一些过去用文言刊载的大报,如《国民公报》《晨报》《京报》《民国日报》等纷纷调转船头,或增加专栏,或增设副刊,

---

① 胡适.建设的文学革命论[J].新青年,1918,4(4):6-23.

② 陈独秀.文学革命论[J].新青年,1917,2(6):6-9.

③ 周纵策.五四运动史:现代中国的知识革命[M].陈永明,张静,译.成都:四川人民出版社,2019:188-190.

专门刊登白话文文章,发表新文学作品,并密切关注五四事件的最新动向,讨论新文化运动与学生运动,"白话文传播真有'一日千里之势'"①。

至此,白话文已经在全社会形成席卷之势,人们开始习惯并且认同这种接近口语的语言作为较为正式的表述方式,用于社会生活的方方面面。对于未来的中国播音事业而言,报刊广泛采用白话文进行报道,极大地降低了编辑和播音员对稿件进行改写的难度,提高播音稿件生产的效率,也为言文一致、抬升口语权威创造基础条件。

三、言文一致,国语确立官方地位

国语运动发端于教育部,主力来自中国训诂、音韵、小学研究领域,只研究语音,未涉及文学,撰写文章仍以文言形态。另一方面,新文化先驱者们在早期也并未注意到国语运动。五四运动时期,文学革命与国语运动实现合流,真正完成了对现代规范国家语言的全面改造。

两边合流首先归功于蔡元培。身兼北大校长和国语研究会会长,蔡元培以北京大学为平台,两边斡旋,促成国语研究会与北大中国文门研究所国语部在 1917 年 12 月 11 日召开联合会议,两边的重要人物悉数到场,讨论"对于国语一事所应分工合作之办法"②。次年 4 月,胡适发表《建设的文学革命论》,将文学革命与国语运动在理论逻辑上联系在一起,提出:"国语不是单靠几位言语学的专门家就能造得成的;也不是单靠几本国语教科书和几部国语字典就能造成的。若要造国语,先须造国语的文献。有了国语的文献,自然有国语。"③这篇文章的发表,促成北大内部从事国语运动的学人对文学革命的认同与赞许。

到 1919 年,北大内部国语运动的热心分子,如朱希祖、沈尹默、沈兼士兄弟都已经先后明确表态支持文学革命,并开始参与新文学创作。正是在这

---

① 胡适.五十年来中国之文学[M].上海:上海科学技术文献出版社,2014:89.
② 高平叔.蔡元培年谱长编:中册[M].北京:人民教育出版社,1999:63.
③ 胡适.建设的文学革命论[J].新青年,1918,4(4):6-23.

一阶段,从 1918 年 1 月 15 日到 1919 年 11 月 1 日,《新青年》从陈独秀独撰转变为编辑部编撰,人员既有文学革命代表陈独秀、胡适、李大钊,也有国语运动代表钱玄同、沈尹默。1919 年 4 月国语统一筹备会召开,胡适、刘复都列为会议代表,并将提案发表在胡适担任总编辑的《北大月刊》上①。至此,国语运动与新文化运动在学术观点和人事关系上形成了全方位的合流,"言文一致"成为二者共同的目标,"于是轰腾澎湃之势愈不可遏"②。最终,1920 年 1 月,北京政府教育部明令小学将"国文"科改为"国语"科,全面推行用国语进行现代白话文教学。至此,白话文和国语在"国语"课程上实现了合流,一套"言文一致"的标准现代国家语言系统建设完成。

国语的确认,将口语使用从私人领域抬升到公共领域,拉平了原本基于纵向权力层级的语言结构,无疑是一种富有现代性的语言秩序。在获得政府承认之后,口语的地位全面抬升,正式取代佶屈聱牙的传统书面语,成为传播知识、沟通共识、凝聚情感的主要方式。对即将开启的中国播音事业而言,"言文一致"的国语改革扫清了口语作为公共传播方式的价值障碍。当现代声音媒介加入公共传播阵营,纯粹的口语当之无愧成为贯通上下、联通世界的巴别塔之梯。

当然,在 20 世纪 20 年代,标准国语方案距离落地普及还面临着海量难题。20 年代的中国经济上尚未实现充分的工业化,社会组织结构仍以乡土为核心,人们更为熟悉的还是身边的村庄、土地,超越方言的国语使用缺少土壤。加之国语规范初定,尚未形成有效普及推广,国语的普及率非常有限。这一方面限制了中国播音事业发展初期标准、统一的语音呈现,削弱了有声语言跨地域传播的效果;另一方面也在客观上给以有声语言作为重要创作工具的中国播音事业留下巨大的发展空间,为日后播音活动加入语言改革阵营、嵌入国家现代化进程创造丰富的可能性。

---

① 据刊登在 1919 年《北大月刊》第一号的《编辑北京大学月刊源起》。《北大月刊》自当年 1 月起刊发,稿件分学科门类,由各研究所主任负责编撰;总编辑则由各研究所主任轮流担任,以姓氏笔画为顺序,1 月朱温先,2 月俞星枢,3 月马寅初,4 月胡适。提案发表时正是由胡适负责总编撰。

② 黎锦熙.国语运动史纲[M].北京:商务印书馆,2011:136.

第二章　蹒跚起步:中国播音事业晨光初现

(1923—1949)

第一节　中国播音事业的出现

20 世纪 20 年代,欧洲列强困于一战以后的残局,美国趁势兴起,逐渐将手伸向东亚地区。此时,辛亥革命已逾十年,国内政治局面依然混沌,北洋政府软弱无力,地方军阀各自盘踞,距离真正建立起统一、有力的现代民族国家依然遥远。正是在这样的局面下,中国播音事业伴随着广播诞生,正式登上历史舞台。

一、抢先占位的外资广播电台播音活动

20 年代的上海浸润在一片欧风美雨之中,几乎与世界最先进的现代技术、最时髦的现代生活同步。1923 年 1 月 23 日晚 8 时 15 分,中国境内第一家广播电台"大陆报-中国无线电公司广播电台"正式开播,呼号 HRO,波长 200 米,功率 50 瓦特。这间电台的创始人为美国人 E.G.奥斯邦。1922 年,他开始经营一家无线电器材商店——中国无线电公司。为了促进销量,奥斯邦效仿美国商业模式,开办广播赚取用户的注意。为了便于经营,电台采取合作模式,《大陆报》是其主要内容提供者。《大陆报》是民国时期美国在

华的主要报纸,以英文出版,因此大陆报-中国无线电公司广播电台也以英语播音。然而,按照当时北洋政府的《电信条例》,无线电属于军用设备,未经中国政府批准,任何外国或外国人不得在中国设立无线电台,不得私自收发无线电报,更遑论买卖。于是,在北洋政府交通部、外交部的联合施压下,加上内部财务纠纷困扰,三个月后,奥斯邦的首次广播事业宣告终止。

虽然奥斯邦的上海广播之旅很快折戟,但面对广大的市场蓝海,外商无线电公司纷纷效仿,借助租界的政治特权,躲避中国政府管制,力图抢占市场。例如在上海的美商新孚洋行、美商开洛电话材料公司,在天津的日商义昌洋行等。其中,以美商开洛电话材料公司电台持续时间最长,影响力较大。开洛电台呼号 KRC,发射功率 100 瓦,1924 年 4 月开播,一直持续到1929 年 10 月。在开洛电台开播后不久,8 月,北洋政府交通部颁行《装用广播无线电接收机暂行规则》,变相默认了外商无线电广播电台存在的合法性。借管制放松的机会,开洛电台快速发展,与《大晚报》《申报》《大陆报》等报馆以及巴黎饭店、神户电气公司等企业展开合作,在多个地点设立分播音室,将播出时段整体外包给这些机构,支撑起全天播出。从当时的节目表可以看出,开洛电台的播音工作主要根据客户的需要设置,内容上以新闻、资讯播报、唱片播放、歌曲演出为主,语言上掺杂使用英语、上海土语(沪语)、日语,没有一定之规。

外国力量在中国开设广播电台,起初是为了盈利,带动自身无线电器材销售。但随着国际局势的变化、广播事业的发展,外资电台播音的数量急剧增加,面目逐渐复杂,播出目的、策略明显分化。"至 1935 年,上海共有西人电台 7 家,计美资 5 家、英资 1 家、法资 1 家。"①据不完全统计,新中国成立前,"在中国境内开办广播电台的国家除美国、日本外,还有英国、法国、德国、意大利、瑞士和苏联等,它们所办广播电台累计近一百座"②。根据电台播出目的,民国时期外国在华广播电台可以分为三种类型:第一种是外商以

---

① 姜红.西物东渐与近代中国的巨变:收音机在上海:1923—1949[M].上海:上海人民出版社,2013:61.

② 赵玉明.中国广播电视通史[M].北京:中国广播影视出版社,2004:162.

推销无线电器材为目的开办的,例如,美国人早期在上海开办的广播电台。第二种是帝国主义列强为侵略中国而开办的,例如,日本帝国主义从20世纪20年代中期起在其占领区先后建立的六十多座日伪广播电台。第三种是苏联在上海建立的广播电台和抗战后期美军进驻中国作战后建立的军用广播电台。① 基于不同的播出目的,外资电台采用不同的播出策略,对中国社会产生的影响也各不相同。

抗战时期,日本人建立的电台多以日语为第一语言播出,试图通过奴化教育,稳固自身对沦陷区的侵略性统治。1941年12月,日军全面进驻公共租界,在上海的欧美背景电台纷纷停播。然而,基于当时苏联和日本的特殊关系②,苏联驻上海总领事馆与塔斯社驻上海分社联合开办的"苏联呼声"广播电台依然在上海运营,宣传反法西斯战争以及苏联的社会主义国家建设。"苏联呼声"由塔斯社上海分社直接领导,每周在《时代》周刊上发布节目预告。从存留的节目表来看,播音内容包括苏德战事的最新战报、苏联人民抗击德国法西斯的英勇事迹、苏联国家建设新闻、俄语讲座以及大量的音乐节目。播音语言则包含了俄语、英语、德语、中文(包含上海话、广东话、国语,灵活更换)。③ 苏联的广播事业起步于1922年,以国有形式开办,到40年代,已经有了二十年播音工作经验,尤其在苏德战争期间,以列维坦为代表的功勋播音员崭露头角,逐渐形成了一套苏联无产阶级政党的播音风格,对后来的中国播音风格产生重要影响。

总体来说,外国力量在中国建立的电台早期以商业目的为主,借北洋政府统治涣散、租界自成一体的社会状况,将广播这一现代电子声音媒介带入

---

① 赵玉明.中国广播电视通史[M].北京:中国广播影视出版社,2004:162-163.

② 1941年4月,日本与苏联签订《日苏中立条约》,双方互相尊重领土完整及不可侵犯。太平洋战争爆发以后,日苏之间并未宣战,故日本对"苏联呼声"电台的存在也就未加干涉,"苏联呼声"电台则在播出内容上绝不涉及抗日战争、亚洲问题及太平洋战争等。详见赵玉明.中国广播电视通史[M].北京:中国广播影视出版社,2004:61.

③ 根据《苏联呼声电台本周新节目》(《时代》1942(35):13-14)、《苏联呼声电台增加新节目》(《时代》1942(22):30)、《苏联呼声电台本周新节目》(《时代》1942(52):29)等苏联呼声电台刊登在《时代》上的系列节目表整理。

中国,也开启了播音事业的源头。此后,在波澜起伏又错综复杂的中国现代政治变动里,外国在中国创办的电台逐渐转变为政治传播的工具,其播音内容也随着政局变动摇摆。由于服务对象和目的与中国人自办电台有很大不同,外方主办的电台大多以多种语言混合播音。

二、北洋政府及北洋时期地方政权电台播音活动

在 20 世纪初的中国政府看来,无线电是政治军事信息传递的机要途径,一旦被民间染指,将直接威胁国家政治安全,因此一直采取严格管理措施。20 年代初期,外商广播电台登陆上海,展现出与无线电报截然不同的风貌。政府陡然意识到,无线电广播是一种新的大众传播形态,可以广泛应用于政治宣传。

在 1924 年 8 月颁行《装用广播无线电接收机暂行规则》之后,北洋政府开始着手建立官办广播电台。然而,就在这年秋天,当时执政的皖系军阀首领段祺瑞被冯玉祥赶下台,皖系、直系、奉系军阀在北方诸省展开缠斗。北洋政府经历了一连串的政治军事动荡,既无心也无力筹办官办广播电台,倒是以张作霖、张学良父子为首的奉系军阀率先行动,在执政中心——哈尔滨率先创办中国第一家官办广播电台。1926 年 10 月 1 日,由中国人建立的第一座无线广播电台——哈尔滨广播无线电台正式开始广播,呼号 XOH,功率 100 瓦,以汉语和俄语播音,每天播送两小时。同时,东北无线电监督处颁发了《无线电广播条例》《装设广播无线电收听器规则》《运销广播无线电收听器规则》等管理法规,对无线广播实行管理以期增加播出功率、扩大播出影响。1928 年 1 月 1 日,哈尔滨广播无线电台迁到新址,办公及播音地点扩展为一座新建独立二层楼房,播送功率放大到 1 千瓦,呼号改为 COHB,每天广播六小时。① 同一天,同为奉系支持的沈阳广播电台正式播音,发射功率 2 千瓦,呼号 COMK。

① 赵玉明,艾红红,刘书峰.新修地方志早期广播史料汇编:上 [M].北京:中国广播影视出版社,2016:329、350.

在东北地区首创广播电台之后,奉系军阀把开设无线电广播的触角伸入京津地区,在北京、天津设立办事处,筹建电台。1927年5月15日,由东北无线电监督处出资筹办的天津广播无线电台开始播音,呼号COTN,发射功率500瓦。同年9月1日,北京广播无线电台正式开始播音,呼号COPK,发射功率开始仅有20瓦,后增至100瓦。①

此时,中国人自办的政党电台实质上均为奉系军阀控制,以东北无线电监督管理处颁行的法规条例进行管理。从播音内容上来看,哈尔滨广播无线电台的节目内容主要是商业行情如金银、粮米、棉花、大豆等,还有新闻、戏曲、音乐、气象、广告。天津、北京两台均办有新闻、商情、音乐、讲座及戏曲节目。当时京津两地盛行京剧,天津台经常通过长途电话线转播当日北京上演的京剧,甚受听众欢迎。② 在播音语言上,哈尔滨广播电台在开播初期使用汉语和俄语,1928年新址开播后增加了日语。播音员共三人,包括曾在北京就读过师范学校的汉语播音员李淑玲、俄语播音员娜佳以及日语播音员青木。同一套内容的稿子由三种语言在三个时间播送。③ 1929年电台取消日语广播,转为英语广播。

虽然四座电台的资金、技术、人员均出自地方政权,但播音内容并没有以政治宣传为主体,"大都侧重于戏曲商情之传播,关于新闻演讲等项,鲜有顾及"。④ 这其实与军阀政府缺少明确的执政思想,鲜有意识形态宣传有直接关系。

清末以来,内忧外患,中央集权不断削弱,军事权、人事权、财政权都被迫下沉,地方政权成为全面掌控地方事务的权力机构。辛亥革命以后,皇权崩解,权力失控,虽然打着现代民主政治的旗号,但孱弱的中国资产阶级没有能力给国家掌舵,以个人专制为本质的军阀政治成为国家政治核心的主

---

① 赵玉明.中国广播电视通史[M].北京:中国广播影视出版社,2004:15.

② 赵玉明.中国广播电视通史[M].北京:中国广播影视出版社,2004:15.

③ 尔泰,丛林.寻踪识迹[M].哈尔滨市人民政府地方志编纂办公室.内部资料,1986:14.

④ 吴道一.我国之广播事业[Z].//中国国民党中央执行委员会广播无线电台年刊.1929:5.

导力量。1916年至1928年的十二年间,政府首脑更换了九次,每个人平均在位不到十六个月;内阁改组二十四次,有二十六人担任过总理,任期最长的也只有十七个月,最短的只有两天。① 军阀政府实质上没有现代、民主的政治价值观,他们只关心自己的既得利益,关心自己的地盘是否能够持续扩张。然而,他们又无法彻底抛弃现代政治制度,袁世凯、张勋试图复辟引起的政治灾难已经充分说明历史进程无法逆转。这时就出现了一种悖论:军阀政治内心信服弱肉强食的丛林法则,相信只以拳头论输赢,但这种信念无法在现代社会宣之于口,只能含糊其词,"应用无线电传播新闻、商情、音乐、歌曲、演讲等项,以供公众收听"②。

三、中国国民党组织的广播电台播音活动

(一)国民党广播电台播音活动的出现与发展

1927年4月18日,南京国民政府正式成立。玄黄再变之际,国内政局仍不稳定,汪精卫领导的武汉国民政府分而立之,北方军阀仍盘踞一方。复杂的政治形势下,国民党中央组织部部长(代)、权力人物陈果夫率先意识到了无线电广播作为宣传利器的可行性,设法筹措关银一万九千两,"向美国开洛公司订购五百瓦特电力播音室一座,包括发射机、放大机、增音机、传话器、电话机、发电设备、天线铁塔、重要备货等项"③。徐恩曾、吴道一主持了电台建设,并在1928年8月1日国民党中央召开第五次全体会议之时,在国民党中央党部大礼堂正式开播。该台全称"中国国民党中央执行委员会广播无线电台"(以下行文简称"中央广播电台"),初始呼号为XKM,11月改呼号为XGZ,功率500瓦,归属国民党中央宣传部管辖。

---

① 胡玉海.近代中国军阀政治的形成及特征[J].社会科学辑刊,2003(01):122-128.

② 北京市地方志编纂委员会.北京志·新闻出版广播电视卷·广播电视志[M].北京:北京出版社,2006:27.

③ 吴道一."中广"四十年[M].台北:"中国广播公司",1969:3.

由于功率较小,起初中央广播电台的覆盖效果并不好,西北、西南、东北等地几乎无法收听。为了扩大影响,1929 年陈果夫、戴季陶、叶楚伧联名向国民党中央申请扩建。1932 年 11 月 12 日,孙中山诞辰纪念日之际,广播电台新址在南京江东门落成,并举行了隆重的开播仪式。新的中央广播电台呼号 XGOA,发射功率从 500 瓦陡然增加到 75 千瓦,可覆盖国内大部分地区。在夜间干扰较少时,甚至可以传送到缅甸、印度、澳纽、美加等地。虽然当时中国国力较弱,却拥有一座比日本所有电台电力之和还要强的大电台,日本人收听后大为震惊,称为"怪放送"①。

与北洋时期军阀设立的广播电台不同,国民党治下的中央广播电台,从一开始便是为了政治宣传设立,其目的在于实现对国家,即"南京国民政府"的认同。为了尽可能增强宣传效果,到全面抗战爆发之前,国民党及国民政府开设了多家地方电台。中央广播事业管理处下辖有福州台、河北台(设在北平)、西安台、南昌台、汉口台和南京台。国民政府交通部下辖有广播电台北平台、上海台、成都台。此外,还有各省市地方政府和国民党地方党部所办的浙江、山西、云南、四川、山东、广西、福建、河南、江苏等广播电台。在国民政府统辖范围内,一半以上的省份都建立了隶属于国民政府或国民党党部的广播电台。这些广播电台播音内容设计上大致相当,只是内容的丰富程度和播出时间有所不同。到 1937 年 6 月,中国共有公营电台二十三座,发射总电力占据全国广播电台电力总数的 94.6%。②

作为政党电台,中央广播电台的播音内容显现出鲜明的政治特点。从1928 年第一张节目表可以看出,重要新闻、报告决议案、宣传大纲、中央纪念

①　李煜.中国广播现代性流变:国民政府广播研究(1928—1949 年) [M].北京:中国传媒大学出版社,2013:31.

②　吴保丰.十年来的中国广播事业[M]//中国文化建设协会.十年来的中国.上海:商务印书馆,1937:718.

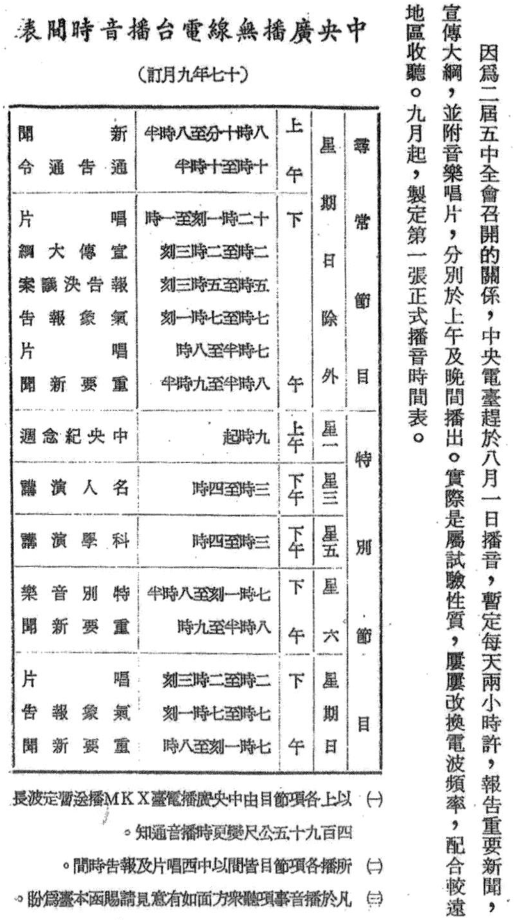

中央廣播無線電台播音時間表（十七年九月訂）

等	星期	時間	節目
常節目	星期日除外	上午 八時十分至八時半	新聞 通告
		上午 十時至十時半	通告 閒令
		下午 十二時至一時	宣傳大綱傳決議案報告
		下午 二時至三時三刻	唱片
		下午 三時至五時三刻	決議案報告
		下午 七時至七時一刻	氣象報告 唱片
		下午 七時半至八時	重要新聞
		下午 八時半至九時	重要新聞
特別節目	星期一 上午	九時起	中央紀念週
	星期三 下午	三時至四時	名人演講
	星期五 下午	三時至四時	科學演講
	星期六 下午	七時一刻至八時半	特別音樂
	星期六 下午	八時半至九時	重要新聞
	星期日 下午	二時至三時三刻	唱片
	星期日 下午	七時至七時一刻	氣象報告
	星期日 下午	七時一刻至八時	重要新聞

（一）以上各節目由中央廣播電臺XKM長波定時遞送播送。
（二）所有各項目中西唱片及報告時間。
（三）凡於播音事項如有意見惠賜請函賜本臺盼禱。
四百九十五公尺變更時音通知。

因為二屆五中全會召開的關係，中央電臺趕於八月一日播音，暫定每天兩小時許，報告重要新聞，宣傳大綱，並附音樂唱片，分別於上午及晚間播出。實際是屬試驗性質，屢屢改換電波頻率，配合較遠地區收聽。九月起，製定第一張正式播音時間表。

图2-1 1928年9月国民党中央广播电台
播音时间表

（资料来源：吴道一主编《"中广"四十年》，台北"中国广播公司"，1969年，第20页。）

周这样的时政宣传节目是主要内容①。重要新闻的稿源也与一般的民营电台、外资电台不同，上午新闻稿源出自各大日报，晚间新闻稿源则出自国民党主办的中央通讯社。即便相对轻松的节目，也以名人演讲、科学演讲为主，唱片播放仅作为间隔使用。

在政党宣传和国家治理的双重需求推动下，国民党政党广播播音事业快速发展。首先，播音员队伍不断扩充。建台时只有黄天如一位专职播音员，30年代中央广播电台多次面向社会招聘播音员，意图提升播音员的专业素养与综合素养。

伴随着节目内容和形式的不断发展，播音内容和播音形式不断丰富。75千瓦大电台开播后，播出时间增

---

① 据吴道一解释，宣传大纲由国民党中央宣传部交办，主要是报告中常会、中央政治会议、国务会议等各类会议的决议案。中央宣传周，则是在中央大礼堂设定总理纪念活动现场，同时进行直播。有一段时间内，南京市区的各机关单位每逢纪念周，一律按时聚集在各个礼堂收听节目，举行仪式。详见吴道一."中广"四十年[M].台北："中国广播公司"，1969:21.

加到十小时，其中"新闻、教育各占三小时，娱乐占二小时四十分，余供气象、商情、报时之用"①。到 1937 年，中央广播电台逐渐发展成一家以政治宣传为主导的大型综合性电台，内容领域包含宣传、演讲、教育、新闻、娱乐五大类别，多达六十四个小项，形式非常丰富。以宣传节目为例，除了一般宣传、时事述评，还有主义宣传、党义宣传、为政宣传、运动宣传；新闻节目序列下，不仅有一般性的国内外新闻，还有经济新闻、体育新闻、科学新闻、时象新闻，教育节目序列下包含了儿童、青年、妇女、体育、哲理、科学等多个具体节目分类。② 遇到重要政治事件，中央广播电台还会开设各类特别节目，增加宣传效果。

国民党广播电台以国语为主要播音语言。同时还开设有多种语言广播节目，针对不同对象、不同节目采取不同的语言(方言)。包括对国际播音时用英语、法语、日语，对南洋等地华侨播音用广州话、闽南语、马来语，对西部边疆地区播音开设蒙古语、藏语播读新闻。在一些本地语言较为强势的地方，如上海、福建、浙江、广东等地，则多以本地方言为播音语言。

(二) 抗战时期的国民党播音活动

抗日战争全面爆发后，中央广播电台被迫撤离。几经辗转之后，于1938年3月10日在重庆恢复播音，发射功率从原来的"怪放送"75 千瓦缩小至 10 千瓦。据 1938 年年底统计，国民党广播电台仅余六七座，总发射功率不到11 千瓦，和抗战爆发前夕的规模相比，损失相当严重。③

中日之战进入相持阶段后，国民党开始恢复、建设广播电台，但重点和此前有所不同，为服务国民党政府的国际政策，向海外广播争取抗日外援。为此，一是开设国际广播电台，以 35 千瓦短波向不同的国际方向播送六套节目，语言种类最多时曾达到二十余种(包含汉语方言)，每天播音十二小时以

---

① 吴道一."中广"四十年[M].台北："中国广播公司"，1969：27.

② 吴保丰.十年来的中国广播事业[M]//中国文化建设协会.十年来的中国.上海：商务印书馆，1937：702-704.

③ 赵玉明.中国广播电视通史[M].北京：中国广播影视出版社，2004：45.

上,对象遍及全球。① 二是大力发展西南、西北地区的广播事业,在贵阳、西昌、兰州等地建设新的广播电台,其中 1940 年 8 月开始播音的昆明广播电台的发射功率最大,达到 50 千瓦,以覆盖东南亚地区。同时,配合前线作战需要,还建立了一批战地流动广播电台和军队电台。到 1943 年上半年,国民党所办的广播电台已达到十六座,发射功率为 142 千瓦,略超过战前的规模。②

与此适配,播音事业逐渐恢复。一些从北方流亡至大后方的青年学生加入播音员队伍,维持这些广播电台的播音。可以说,在抗战期间,虽然原有的基础被破坏,但随着国民党党政机关西迁,播音事业随之深入内地以及西南地区。很多之前没有广播电台,或者缺少相对规范广播的地区,借此机会得到发展。

(三)解放战争时期的国民党播音活动

抗战胜利之后,国民党军政力量控制的广播电台在硬件上快速扩张。中央广播事业管理处③快速抢占接收了大量日伪电台,并恢复原有电台,进行整编改造。与此同时,国民政府所属的军政机关及民主党派、社会团体纷纷加入广播电台的创设浪潮,颇有些各行政机构兴办自媒体的意思。据 1947 年 9 月 3 日统计,国民党中央广播事业管理处所属电台的总发射功率达到 406315 瓦(41 座电台,占全国电台总发射功率的 95.3%),是抗战时的 2.86 倍,抗战前的 4.71 倍,有了大幅增长。④

然而随着局势变化,国共之间开启关于中国前途与道路之战。在中国共产党领导下,解放军势如破竹,广播电台接连易手。至 1949 年年底,"中

---

① 国民政府行政院新闻局.广播事业[M]//赵玉明.中国现代广播史料选编.汕头:汕头大学出版社,2007:226.

② 赵玉明.中国广播电视通史[M].北京:中国广播影视出版社,2004:47.

③ 1932 年,国民党中央广播无线电台管理处成立,隶属国民党中央执行委员会,主管党营电台事务。1936 年 1 月,该组织改称中央广播事业管理处,成为全国广播事业的直接管理机构。

④ 李煜.中国广播现代性流变:国民政府广播研究(1928—1949 年)[M].北京:中国传媒大学出版社,2013:52.

广处"只剩下台湾地区原有的六座电台，及自南京、上海抢运而来的机件，员工仅余二百二十七人，与抗战后极盛时期的一千八百六十一人（1946 年 12 月）相比，仅剩了八分之一。①

从抗战胜利到新中国成立，国民党党政机关开设的广播电台除了公共教育、娱乐节目，播音主体仍是政治宣传，播发了大量夸大、谎报的"胜利战况"，矫揉粉饰"天下太平"。同时，面对濒临崩溃的国民经济，国民党电台组织内部的官员无心宣传业务，专注上下其手坐收渔利，南京台传音科科长潘启元甚至以武力手段威胁逼迫女播音员梁林荫与其"交朋友"②。普通职员则领着贬值的薪水，连日常开支都难以为继。在这种情况下，自然无心搞业务，谈创作，其公信力、影响力江河日下。

（四）小　结

纵观国民党党政机关广播电台二十余年发展历程，客观来说很大程度上促进了中国播音事业的发展。

首先，借政党与国家之力，广播事业得以快速发展，随之涌现出一批较为成熟、有一定语言艺术追求和爱国思想信念的播音员，初步创造出文告宣读、新闻播读、听众互动、科教节目主持等多种类型、多种风格的播音艺术形态。虽然由于录音技术的局限，我们现在很难听到当时的节目实况，但从文字史料来看，一些优秀的播音员已经有了明确的创作意识，并将自己的播音作品塑造成一个时代的声音印记。

其二，出于现代国家语言统一的政治诉求，国民党党政机关主办的广播电台对播音语言提出了明确的规范性要求。从当时的播音员招聘公告、播音员回忆、播音评论可以看出，相对五花八门的民营电台，国民党党政电台要求播音员音色圆润、国语标准，并具备相当的文学素养、科学素养和综合

---

① 吴道一.中国广播事业简史［G］//"中国广播事业协会"，广播年刊编辑委员会.广播年刊.台北：光华印书馆，1955：47-48.

② 汪学起，是翰生.第四战线：国民党中央广播电台掇实［M］.北京：中国文史出版社，1988：193-195.

能力。这为新中国成立后播音标准与规范的确立奠定了基础。

其三,基于大量的播音实践和对规范语言的思考,诞生了一批来自广播电台业务一线的实践总结文章、评论性文章,成为早期播音理论的重要组成部分。

然而,国民党自身统治具有很大的不确定性。1928 年南京国民政府成立,未有两年,为争夺代表中国正统的政治地位,国民党内军阀阎锡山、冯玉祥、李宗仁以及失势的汪精卫与蒋介石爆发激烈矛盾,相继展开多次大战。旋即,东北又被日军侵占。七七事变后,全面抗战爆发,更是艰难困苦,百般周折。抗战胜利未几,便因其腐朽专制引发解放战争的战火,脆弱的统治很快溃散在人民群众的汪洋大海里。在动荡的政治、社会环境里,勉励维持已属不易,播音事业很难得到持续性的稳定发展,折戟沉沙在所难免。

四、中国共产党领导的人民广播电台播音活动

(一)解放区人民播音队伍的建立

中国共产党一直高度重视意识形态宣传工具与方法的建设。广播进入中国以后,中国共产党人很早便意识到了广播作为宣传工具的重要作用,但是由于技术、物资等方面客观条件的限制,难以快速建立完善的人民广播。

1936 年 12 月 12 日,张学良、杨虎城联合发动“西安事变”,向蒋介石“兵谏”抗日。事件发生后,位于南京的国民党中央广播电台对张、杨二人大加鞭挞,不断传递孔祥熙、宋美龄等南京政治人物的主张和南京政府的各种反馈信息,总体主张戕害领袖即为叛国,应全国一致声讨,迅速削平叛乱。[1] 与此同时,西安广播电台却发出不同声音,多次发表张、杨二人演讲、声明。究其原因,其一,作为西北军领导人,杨虎城自陕西起家,长期深耕本地,1930年起任陕西省政府主席、西安绥靖公署主任,在西安有着绝对统治力。西安

---

① 汪学起,是翰生.第四战线:国民党中央广播电台掇实[M].北京:中国文史出版社,1988:62.

广播电台虽直属国民党中央广播事业管理处统辖，但地处杨虎城军事力量核心区，很难自行其是。其二，西安台原为设在北平的河北台，1935 年 6 月因日寇侵袭被迫南迁，台长王劲对抗日持积极态度。其三，当年 9 月，张学良领导的东北军已与延安方面秘密达成《抗日救国协定》，事变发生后，周恩来第一时间抵达西安，积极联系电台施加影响，并邀请美国记者史莫莱特、英国记者贝特兰担任英语播音员，通过电台向国际社会说明西安的真实情况。

"西安事变"的解决过程中，中共领导人真切体会到了广播作为宣传工具的重要性，加快了筹建电台的脚步，并获得共产国际的支持。1939 年，周恩来因臂伤去苏联治病，1940 年回延安时，他带回了一部由共产国际援助的苏制广播发射机。有了广播发射机，筹备工作紧锣密鼓展开。中共中央专门成立广播委员会，由周恩来、朱德先后担任主任，负责无线电通信的中央军委三局局长王净直接领导，三局九分队具体筹建。1940 年 12 月 30 日，延安新华广播电台在延安西北 19 公里处的王皮湾村正式开始播音，呼号为XNCR，发射功率 300 瓦左右，为短波电台。徐瑞璋（麦风）成为人民广播第一位播音员。

延安新华广播电台开创了中国共产党领导的人民播音事业。作为政党电台，延安新华广播电台的播音内容主要为各类政治文告、新闻、通讯，播报语言以国语为主。1941 年 12 月 3 日开始增加日语广播，每周一次，每次半小时，主要内容包括新华社播发的抗日战报、对日军政策、日本反战同盟活动等①。这一阶段的播音员有徐瑞璋、姚雯、萧岩、孙茜四位。徐瑞璋、姚雯工作了半年左右，萧岩播出了两年左右，孙茜 1943 年到岗，此后不久由于电子管损坏，机件又无法及时运入延安，播音被迫中断。

1945 年 8 月抗战胜利之后，国内政治形势面临多种变化可能，重建广播成为政治刚需。经过艰苦的技术攻关，延安新华广播电台在 8、9 月间恢复播

---

① 新华通讯社.新华社 80 年辉煌历程［M］.北京：新华出版社，2011：22.

出①，功率为 300 瓦。新华社编辑科为此专门成立口头广播组，负责编写广播稿件，孟启予、李慕琳应调成为播音员。

解放战争爆发前，1946 年 5 月，根据中共中央决定，对新华社和解放日报社进行了重大改组，实行报、社合一，以通讯社为主的体制。原属编辑科的口头广播组扩大为语言广播部（通称"口播部"），温济泽任语言广播部主任，陆续参加播音工作的有王恒（男）和钱家楣、于一、杨慧琳、吴作贤等女播音员。②

解放战争爆发后，根据战斗形势的需要，延安新华广播电台先后进行了四次战略转移。第一次是 1947 年 3 月，国共两党和平谈判彻底破裂，胡宗南军队大举进攻延安。3 月 14 日晚，延安新华广播电台停止了在延安的播音，转移到陕西省子长县好坪沟村，在一个破败的小庙里继续坚持播音，更改呼号为"陕北新华广播电台"。与此同时，在晋冀鲁豫根据地的邯郸新华广播电台（河北省涉县沙河村）做好随时接替播音的准备。邯郸台挑选了于韵琴、兰林、胡迦陵三位播音员准备接任。她们认真收听陕北台播音，反复模仿、试播。③ 3 月 29 日晚，邯郸新华广播电台正式接替陕北台开始播音。原陕北台的编播人员则随新华社总社，兵分两路进行转移，到 7 月上旬，全部编播人员在涉县会合，转移工作全部完成。这便是第二次战略转移。在涉县期间，经过机构整合，电台整体力量得到进一步加强，广播发射电力增加到 3 千瓦，延长了播出时间，丰富了节目内容，1947 年 9 月，陕北新华广播电台还开办了英语广播。这一时期，在原基础上，又并入邯郸台播音员余铭久、柏立、于韵琴、兰林、胡迦陵，新增齐越、邱原、丁一岚、杨洁、李惠一、智世民、郑宁、柏培思。

第三次和第四次转移，都是在解放军胜利的捷报中展开。1947 年，中国人民解放军开启夏季攻势，在全国范围内取得一系列重大胜利。1948 年 3

---

① 1945 年 8 月 14 日起再试播，9 月 5 日开始播音。具体见新华总社语言广播部.XNCR 陕北阶段工作的简单总结[M]//中央人民广播电台研究室，北京广播学院新闻系.解放区广播历史资料选编.北京：中国广播电视出版社，1985：122.

② 赵玉明.中国广播电视通史[M].北京：中国广播影视出版社，2004：94.

③ 张颂.中国播音学[M].北京：中国传媒大学出版社，2003：10.

月下旬,中共中央离开陕北,5月到达河北省平山县西柏坡村。根据中共中央指示,陕北新华广播电台和新华社一起转移至平山县,解除了党中央与新闻宣传核心机构在空间距离上的阻隔。5月23日,陕北台正式在平山开始播音。1949年3月25日,陕北台随中共中央一起迁入北平,更名为"北平新华广播电台",以原国民党北平广播电台为临时台址开始播音,发射电力增加到10千瓦。

从延安到子长,到涉县,再到西柏坡,直至进入北平,人民广播事业一直伴随着革命事业的前进同步发展,逐渐走向壮大。1949年6月5日,中共中央发布《关于成立中央广播事业管理处的通知》,将新华社语言广播部扩充为中央广播事业管理处,廖承志任处长,李强任副处长,负责领导并管理全国广播事业。中央广播事业管理处正式作为与新华总社平行的组织,受中共中央宣传部的领导。①

充分认识到无线电广播在宣传战线上的重要性,各个解放区在有条件的情况下纷纷筹办广播电台,并高度重视对日伪、国民党电台的接收改建工作,开办了一大批地方广播电台。到1948年春天,东北、华北、西北三大解放区都成立了中心广播电台。1948年秋季,人民解放战争进入全面胜利阶段,中共中央组织专门力量快速接收、改造、新建了一大批广播电台。到1949年3月,解放区一共有二十四座广播电台,其中在华北者四座,东北十五座,华东三座,西北一座,中原一座。② 这些遍及全国核心地区的广播电台,即为新中国成立前人民播音事业的主要开展平台。

伴随着人民广播事业从地方走向全国,逐渐锻造了一支管理严格、特色鲜明的专业播音员队伍。据统计,到新中国成立时,前后共有约二十位播音

---

① 中共中央关于成立中央广播事业管理处的通知[M]//中央人民广播电台研究室,北京广播学院新闻系.解放区广播历史资料选编.北京:中国广播电视出版社,1985:49.
　　原文称"口头广播部",但《中国广播电视通史》《新华社80年辉煌历程》以及诸多当事人回忆均称"语言广播部",故作校正。
② 解放区广播电台介绍:二[M]//中央人民广播电台研究室,北京广播学院新闻系.解放区广播历史资料选编.北京:中国广播电视出版社,1985:94.

员在延安—陕北—北平新华广播电台从事过播音工作。① 随着解放区的不断扩大,地方广播也逐渐形成了一支颇为可观的播音员队伍。根据《东北人民广播史》附录中的《东北各台工作人员名单》,在新中国成立前,近二百位播音员在东北各台从事过播音工作。②

(二)解放区播音的主要内容与风格

抗日战争时期,是中国共产党新闻思想走向成熟的时期,党中央领导人和宣传部门负责人多次明确,自从诞生之日起,人民广播就是无产阶级新闻事业的组成部分,以马克思列宁主义、毛泽东思想为指导,坚持党的领导,为中国的独立、和平、民主事业服务,为中国人民的解放事业服务。因此,从起步之日,播音工作始终以党性为原则,紧密围绕党的事业发展和宣传需求展开,不断研究、开拓适应当时革命工作需求的播音内容、播音样态、播音风格,全面配合党的事业发展。

在传播内容上,中国共产党领导的播音事业以直接作用于政治宣传的公告播读、新闻播报、言论、通讯、故事、战讯等为主。《大家都来说话——XNCR 周年纪念广播》介绍道:"我们的节目,每天固定的有:国内新闻、国际新闻、记录新闻;此外,不固定的节目有:《解放日报》社论和时评,本台的广播评论,国内民主人士的舆论,国际对中国问题的舆论,时事讲话,解放区介绍,中共政策介绍,解放区通讯,国民党统治区通讯,故事,小说,歌谣,人物介绍,物价报告,音乐等。此外,还请名人演讲。"③其中,新闻和评论的内容大多出于中共中央重要文件、《新中华报》及《解放》周刊、《解放日报》。

---

① 陈尔泰.中国广播史考[M].北京:中国广播电视出版社,2008:207-215.

② 黑龙江省广播电视厅,等.东北人民广播史[M].沈阳:辽宁人民出版社,1991:239-259.该名单详细列举了各台工作人员名字以及工种,以播音员为岗位标注的人员共计184人。但考虑到人员流动和战争时期部分电台频繁开办、停办的情况,其中可能有重复、遗漏,数字不一定准确。以最保守的计算方法,可以说新中国成立前,仅仅东北地区便有一百余位播音员从事过播音工作。

③ 大家都来说话:XNCR 周年纪念广播[M]//中央人民广播电台研究室,北京广播学院新闻系.解放区广播历史资料选编.北京:中国广播电视出版社,1985:72.

1945 年秋季复播后,延安台节目仍以新闻、评论为主,文艺节目只有在周末或节假日的时候才播出,"缺少文艺性的节目(如故事音乐之类),甚至有个时期连唱片也没有,听起来枯燥"①。

第一次	12:00—15:00	对野战军广播
第二次	17:00—22:00	开始曲（兄妹开荒）
	17:30	记录新闻
	18:45	简明新闻
	19:00	对国民党军广播
	19:30	新闻
	20:00	评论
	20:15	解放区城市通讯
	20:30	战争或农村通讯
	20:45	综合报道、工人创作或其他
	21:00	简明新闻
	21:15	最后记录新闻
	21:40	英语新闻

图 2-2　1949 年 3 月陕北新华广播电台节目表②

(资料来源:《解放区广播电台介绍:二》,载中央人民广播电台研究室、北京广播学院新闻系编《解放区广播历史资料选编》,中国广播电视出版社,1985 年,第 95 页。)

这种节目安排与当时中国共产党面临的政治局势以及客观技术条件息息相关。抗战时期,无线电设备国内无法量产,机件高度依赖进口。中国共产党扎根于群众,立足于农村,受客观条件限制,技术设备奇缺。和国民党中央广播电台动辄数十千瓦的发射功率相比,延安新华广播电台开播时 300 瓦的发射功率显得颇为寒酸。另一方面,从抗日战争到解放战争,中共的报纸一直很难在沦陷区、国统区广泛发行,只有广播电台可以跨越空间阻隔,第一时间传递党的声音。复杂的政治局势、有限的广播力量、庞大的传播需

① 　XNCR 陕北工作阶段工作总结[M]//中央人民广播电台研究室,北京广播学院新闻系.解放区广播历史资料选编.北京:中国广播电视出版社,1985:124.

② 　北平解放后,1949 年 3 月 25 日迁入北平,改名北平新华广播电台。原来的北平新华广播电台改名为北平人民广播电台。

求,意味着广播播音必须用在刀刃上。因此,在相当长一段时间里,解放区播音以新闻、政论、公告、战训为主要内容。在长期播读实践中,解放区播音员逐渐形成爱憎分明、大气磅礴的战斗风格,极大地鼓舞我军士气,多次获得中央领导人的高度赞扬。

1947 年 5 月,陕北台广播了陕北战场"蟠龙大捷"的消息和祝捷大会的通讯,报道了周恩来副主席在大会上的讲话,宣布了党中央、毛泽东主席仍然留在陕北领导全国自卫战争等。毛泽东、陆定一等同志收听了这次广播。毛主席说:"这个女同志好厉害,骂起敌人来义正词严,讲到我们的胜利也很能鼓舞人心,真是憎爱分明。这样的播音员要多培养几个。"第二天陕北台接到新华总社工作队代中央发来的电报,电报说:"播音语调憎爱分明,生动有力,予以表扬"。①

对播音员自身而言,人民播音事业是中国革命事业的一部分,播音员们并非为了谋生计、找饭吃参加播音工作,而是基于强烈的爱国情怀、坚定的革命意志主动投身革命工作,并根据组织安排,怀着极强的使命感和责任感投入播音工作。在实践中,他们通过长期的政治学习,与播出稿件形成思想上的高度统一,将播音工作视为自己服务于全中国人民独立解放事业的实现路径,调动全身心的注意力,实现声音风格与文本风格的统一。

不过,这种风格并非僵化教条,当传播环境和传播目的发生变化,人民播音员的播音方式也会随之调整。例如,在先期解放的城市广播,加入了大量服务性、对象性节目,如青年节目、妇女节目、商情节目以及富有解放区风格特色的音乐、文艺节目等,通过多种方式展现解放区的新面貌,宣传解放后人民当家作主的新生活。可见,播音内容并非一成不变,而是根据所属地区党组织当时的核心任务灵活调整,最终都是为了服务政治宣传,巩固一般人民群众对中国共产党领导与解放区政权的认同。

---

① 赵玉明.中央人民广播电台简史(1949—1984)[M].北京:中国广播电视出版社,1987:201.

五、中国民营广播电台的播音活动

（一）商业广播电台播音活动

一战以后，中国民族资本主义得到快速发展，到 20 年代，已经展现出较为丰富的商业业态。在发展的过程中，他们同样注意到了正在兴起的广播业，并试图将其作为商业盈利的工具。1927 年 3 月 18 日 9 时 30 分，中国人自己创办的第一家民营广播电台——上海新新有限公司广播无线电台正式开始播音，呼号 XGX（后改为 XLHA），功率 50 瓦，波长 370 米，为中波电台。和外商、政党电台不同，新新电台依托新新百货公司，其经营策略、播音风格都显得与众不同。

1926 年，澳大利亚侨商刘锡基创办新新百货公司①，盖起了七层大楼（含地下一层），从百货经销到餐饮娱乐，再到美容美发、剧场旅馆，应有尽有，尽显上海摩登风尚。但此前，南京路上已经有先施、永安两家大型百货公司，百货业竞争异常激烈。为了尽快扩大影响力，新新公司在大楼六层开办了新新电台，别出心裁地用透明玻璃搭建电台播音室，同时用大喇叭向外播放重要新闻、商业行情、娱乐节目、商品推荐等，来往市民可一览无遗地观看到播音员播出节目的场景，新新公司电台也因此被称为"玻璃电台"。

从当时《申报》刊登的节目表来看，新新广播的播音可以说提前布局，充分考虑，体现了中国商业广播的诸多特色。内容上，以各类名家曲艺娱乐节目为主，同时安排了国内外新闻、演讲、西方音乐、商业行情等极具现代生活气息的节目。节目以外，电台还播出大量广告。1933 年，新新广播电台聘请富家小姐金娇丽担任播音员，年轻姣好的姑娘在"玻璃电台"一登场便引起了大量观众围观。② 在广播还是先进技术的 20 年代，新新电台吸引了大量观众的好奇心，成为上海时尚风潮的重要标志。

---

① 连玲玲.打造消费天堂：百货公司与近代上海城市文化［M］.北京：社会科学文献出版社，2018：79.

② 艾红红.中国民营广播史［M］.新北：花木兰文化出版社，2016：54.

新新电台成立不到一年,1927年年底,北京第一家私营广播电台——燕声广播电台开播,发射功率为15瓦,频率730千赫,呼号XGKD。这家电台每天播音十二个小时,其中政治教育、新闻播音、宗教节目全部加起来只占八十分钟,其余都是娱乐节目,用以插播广告,获取利润。①

新新广播电台和燕声广播电台代表了民营商业电台的两种基本模式:一则高度依靠商业母体,为促进商业母体营销而设,同时提供公共信息,多见于无线电、百货、中医药等行业;二则将广播作为经营主体,以追逐利润为第一要义,广告是最重要的经济来源和商业目标。

国民党政府定鼎南京之后,全国出现了难得的相对稳定局面。1928年12月,国民党政府公布《中华民国广播无线电台条例》,给民营广播电台设立松绑:"广播电台得由中华民国政府机关公众或私人团体或私人设立,但事前须经国民政府建设委员会无线电管理处之特许,违者由当地负责机关制止其设立。"②这意味着只要经过审批,公司团体乃至个人都可以经营广播电台。于是,30年代,工商业发达的大中城市如上海、天津、北平、杭州、无锡、苏州等地掀起了一股开办商业民营电台的风潮,其中又以上海为多。抗战爆发前,上海陆续开办的商业性广播电台有亚美、大中华、天灵、东方、国华、鹤鸣、中西、华东、华美、明远、元昌、华泰、建华、亚东、友联、华兴、东陆、富星、利利、华侨、麟记、大陆和航业等,占到当时民营商业电台总数的一半以上。③

(二)教育电台播音活动

在30年代开办民营电台的浪潮里,教育电台和宗教电台成为民营广播电台里的新生力量。

---

① 北京市地方志编纂委员会.北京志·新闻出版广播电视卷·广播电视志[M].北京:北京出版社,2006:22.

② 建设委员会.中华民国广播无线电台条例[G]//上海市档案馆,北京广播学院,上海市广播电视局.旧中国的上海广播事业.北京:档案出版社,中国广播电视出版社,1985:173.

③ 赵玉明.中国广播电视通史[M].北京:中国广播影视出版社,2004:26.

教育电台主要来自专业研究院所、地方教育馆以及大中院校,主要目的主要有二:一是供无线电研究使用,二是提供现代知识教学,如国语、科学等,对民众进行公共教育。教育电台的发射功率一般都比较小。据 1937 年的《全国广播电台一览表》,从所属机关可以明确看出属于教育电台的共有 7 家,其中 1933 年 6 月开办的江苏省立教育学院电台为最早者,电力为 75 瓦特;发射功率最大的是 1933 年 10 月开设的北平育英中学电台,发射功率为 150 瓦;最为微弱的当属 1935 年 2 月成立的厦门同文中学试验电台,发射功率只有 15 瓦。[①]

在诸多教育电台中,最为独特的当属中国第一家对农广播电台——定县实验电台。

定县实验电台为晏阳初、郑裘裳等领导的中华平民教育促进会总会在河北定县设立,属于该协会在乡村进行平民教育的重要组成部分。为贯彻晏阳初提出的“文艺、生计、卫生、公民”四大教育,知识分子们迁居定县,与农民一同劳动、生活,在日常生活中协助农民开创现代生活。民国时期,农村识字率极低,广播电台因此成为平教会成员推动平民教育的有力武器。1930 年 6 月,在天津中国无线电业公司经理胡叔潜的赞助下,平教会有了一套广播电台设备,接着,他们在定县范围内选定了十三个大小、远近、穷富、智愚情形各不相同的村子,每村安置一台公用的四管式收音机,再配以相应的辅助设施。[②] 9 月底,电台开始播音。作为面向农民的广播电台,定县电台着力于“宣传平教工作及农民生活上有关系之事件,包括农业常识和农民四季疾病预防等现实需要的东西”[③],尤其注重以农民能够接受的播音方式,例如以方言播音,还组织农民进行集体收听,结合板书、绘画、现场问答等方式帮助农民理解吸收。

---

① 吴保丰.十年来的中国广播事业[M]//中国文化建设协会.十年来的中国.上海:商务印书馆,1937:710-715.

② 宫承波.中国第一座对农广播电台考[J].现代传播,2005(3):37-40.

③ 宋恩荣.晏阳初文集·平民教育运动的回顾与前瞻[M].北京:教育科学出版社,1989:227.

（三）宗教电台播音活动

宗教电台背靠宗教团体，和教育电台相比，起步早，力量大。在早期外商开办的广播电台里就出现了宗教节目的身影。开洛电台 1925 年 8 月的节目表里，星期日上午十一时至十二时半安排了宗教节目——"美国教堂讲道、赞美歌及四音合唱"①。

宗教电台中以上海福音电台为翘楚。电台发起人和主持人王完白，浙江绍兴人，既是一名虔诚的基督徒，又是一位出色的医生和社会活动家。他曾赴日本留学，任常州福音医院院长，他热心公益事业，是中国红十字会常州分会的奠基人。"一·二八"之后，王完白迁居上海，很快在上海医界声名鹊起，是中华医学会、上海市医师公会的主要成员。在开办福音广播之前，王完白曾在中西电台主持讲道，并开设了医学常识演讲。1933 年 12 月 2 日，上海基督教会的福音电台开播，呼号 XHHA，发射功率 150 瓦。福音电台完全不播出广告，主要经费来自福音广播社，由自愿加入的社员会费以及宗教捐款维持运转。

20 世纪初期，基督教随着资本主义发展、帝国主义扩张，在全世界范围内广泛铺展，具有很强的主动性与扩张性。这一点在福音电台身上得到集中体现。为了扩大教会影响，福音电台的主理人王完白主动将宗教节目推介给各个民营广播电台，据统计，在 30 年代的上海，除了福音电台，还有中西、其美、国华、华侨、利利、航运、友联、华美八家电台曾播出宗教节目。1936 年元旦，福音电台发射功率提升到 1 千瓦，呼号改为 XMHD，不但是宗教电台里发射功率最大的，同时也是全国民营广播电台里发射功率最大的。② 内容方面，福音电台主要播出：宗教仪式，如晨祷、晚祷、礼拜，宗教宣传，如圣经研究、布道、读经、演讲，公益节目，如医学卫生、家庭节目、儿童节目，其中也多穿插宗教布道。

---

① 开洛公司推销收音机的广告［G］//上海市档案馆，北京广播学院，上海市广播电视局.旧中国的上海广播事业.北京：档案出版社，中国广播电视出版社，1985：26-27.

② 赵玉明.中国广播电视通史［M］.北京：中国广播影视出版社，2004：26.

佛教电台方面则略微迟滞一些。1933 年 6 月，中国佛教会由本地大居士捐款，开设 500 瓦广播电台，宣扬佛学精义，同时报道各地分会的最新消息。同年 11 月，佛教净业社由社员集资，订购 2 千瓦广播发射机开办电台，力图在上海一片商业社会的靡靡之音中"下砭世之针，并示以忏悔之途，世人知吾佛慈悲，庶几可挽狂流于万一"。①

不过，宗教电台并非与商业绝缘。《申报》对中国佛教会开设广播电台的报道中特意注明"可代播商业广告云"②。还有的宗教电台甚至是与商家联手开办，以平衡各方利益。例如 1934 年 11 月在天津东马路青年会开设的青年会广播电台，便是由天津仁立毛纺厂、东亚毛呢纺织公司、正兴德茶庄与盛锡福等企业共同投资，青年会出场地出人员，联合开办的广播电台。该台的播音内容既有企业广告，也有基督教青年会的各项宣传，听众可各取所需。

总体来看，民国时期的民营广播电台数量并不算少，尤其在抗战全面爆发之前，经历了一个高速发展的阶段。据 1937 年 6 月的统计，全国共有民营广播电台四十七座，不过总体功率很小，电力总数不过 6 千瓦。③ 和国民党中央广播电台 75 千瓦相比，不过是个零头。尽管总体薄弱，但在广播事业尚处于发展初期的中国，民营广播多样化的播音探索无疑是有益的尝试。

第二节　播音创作活动样貌初现

播音事业开启以来，经过二十余年发展，各类广播节目逐渐成型，播音

---

① 《申报》关于佛教净业社设置广播电台的报道［G］∥上海市档案馆，北京广播学院，上海市广播电视局.旧中国的上海广播事业.北京：档案出版社，中国广播电视出版社，1985：109-110.

② 《申报》关于佛教净业社设置广播电台的报道［G］∥上海市档案馆，北京广播学院，上海市广播电视局.旧中国的上海广播事业.北京：档案出版社，中国广播电视出版社，1985：109-110.

③ 吴保丰.十年来的中国广播事业［M］.中国文化建设协会.十年来的中国.上海：商务印书馆，1937：710-715.

业务也在实践中逐步发展。尽管当时对于播音员主持人的称呼和今天不同,称"报告员""广播员""报告小姐""播音员"等,但实际上已经形成了以新闻播报、节目主持、文艺演播为核心的基本形态,创立了播音事业的核心业务范畴。

一、新闻播报形态确立

中国幅员辽阔,交通不便,文化多元,作为一种声音媒体,广播率先突破了信息传播的时空局限,以声音的方式实现面向大众的信息即时传递。因此,从广播诞生之际起,新闻播报便成为播音事业最为重要,也是最为核心的基本形态。

中国境内最早的广播电台——大陆报-中国无线电公司广播电台从开播之时,便通过与《大陆报》的合作,将播报新闻作为重要广播内容。"大陆报已与该公司约定、自星期二晚起、每晚八时以新闻音乐演说等传播空中。"[1]开洛广播电台开播后,《申报》《大晚报》等与其展开密切合作,也是希望通过广播扩大新闻的影响力。《申报》的广播节目从一开始便明确为"用无线电话报告新闻","每日两次,上午九时四十五分至十时一刻,晚间七时至八时三十分。所报告者,上午为汇兑市价、钱庄兑现价格、小菜上市等等;晚间为重要新闻,及百代公司留声机新片"。[2] 听众对于广播新闻也有迫切的需求,如此播了半个月以后,《申报》《大晚报》便收到听众来信,称在北京、天津能够清晰听到两家报馆通过开洛电台播出的新闻,希望能够增加新闻播出时间。为此,《申报》决定从当年6月起把新闻播报时间"一律改为自八时半起至九时半止,惟礼拜三则短少半小时,自八时半起至九时止"。《大晚报》则"于每日十二时半至一时半,报告汇兑及市场消息。"[3]到30年代,新

---

① 无线电传播音乐之试验[N].申报.1923-01-22(14).

② 《申报》关于开洛公司广播电台申报馆分台开始播音的报道[G]//上海市档案馆,北京广播学院,上海市广播电视局.旧中国的上海广播事业.北京:档案出版社,中国广播电视出版社,1985:16.

③ 本馆无线电话部报告[N].申报.1924-05-30(15).

闻播音已经成为各地电台最为普遍的播出形式，"查各地电台之节目，无一不有报告新闻之举"①。

政党电台大举进入有声空间之后，尤为注重新闻播出，不仅以正常速度播出新闻，还在每晚正常播音结束以后，将重要稿件以慢速方式，逐字逐句进行播读，方便收听者笔录。这便是延续了数十年的记录播音。以今天的眼光来看，这种播音方式十分费力，却是当时效率极高的新闻传播方式。电报传送以字计价，长篇稿件价格不菲；而通过收音员收听新闻、详细记录，再分别缮印、送交给各地方报馆，第二天便有新鲜消息登报见刊。

人民广播同样将广播作为传播解放区新闻的重要途径。如前所述，新闻、公告播音是延安新华广播电台最为重要的内容，这一定位普及到各个解放区电台。1948 年 9 月 12 日华东台成立后，不但每天转播陕北新华广播电台的重要节目，还自行重复播出、编播大量新闻节目，如华东战报、华东解放区消息、评论，同时播出记录新闻，供军队、地方和国民党地区的地下工作者记录下来，用小报形式进行二次传播。②

大量的新闻节目，塑造了新闻播音这一有声语言表达形态，并形成了多种不同的新闻播音风格，新闻播报能力也成为衡量播音员业务能力的重要标志。人民广播播音员以大量的新闻播音实践，创立了人民播音"爱憎分明、大气磅礴"的基本风格。孟启予、钱家楣、齐越等成为这一风格的代表人物，以"简洁明快的语言、准确鲜明的态度，亲切朴实的感情、得体大度的口径，从而形成了对新闻播音语言规范系统的整体把握"③，也成为各地人民广播电台播音员学习的榜样。

具有卓越新闻播音能力的播音员，很快便成为机构内播音专业的领头人。如陕北新华广播电台的孟启予、国民党中央广播电台的黄天如、刘若熙，都是因新闻播音业务能力出众而快速成为所在机构内的播音业务领导

①　郑裴裳.广播无线电在农民教育中的实验[J].民间(北平)1934(6):1-8.

②　夏之平.同志式的感情比家人还亲[G]//上海音像资料馆,上海文广新闻传媒集团节目资料中心.老广播人口述历史.上海:学林出版社,2009:44.

③　姚喜双.中国解放区新闻播音语言规范[M].北京:语文出版社,2007:234.

人,甚至进而成为所在阵营广播事业具有较高层级的负责人。

当然,民国时期播音理论与实践尚处于发展初期,不少播音员远远没有认识到新闻播音的重要性,有声无心的播读状态并不罕见。国民党贵阳台播音员姜薇回忆:"最初我是以一种游戏的态度来应付工作的……但仔细想想,就会发出很多疑难来,比如报告一段战争新闻把人名地名没报清楚,一篇论时事的演讲,却像背书一样的讲播出去!"①这样存在明显缺陷的新闻播送方法有一定的共通性。一手创办平教会定县实验电台的郑裘裳认为,当时的大多数新闻播音员"其播送方法只对传音器念读一遍,至于听众为何如人,懂与不懂,听后有无反响,一概不管"②。可见,从基本面上来看,新闻播音作为一种播音形态已经成为行业内外的共识,但其规范性、艺术性尚处于发展初期。

二、节目主持雏形初显

早期广播行业内部分工并非条块分割、严丝合缝,播音员大多需要兼任编辑,甚至研发节目,自行编播。行政管理上的疏松让播音员拥有较为宽松的话语空间,一些从业者以节目创作为出发点,以听众"朋友"的平等身份、鲜明的个人特点、较为口语化的表达方式,推动节目主持样态初步成型。

(一)新闻节目述评结合、锋芒毕露

新闻述评是新闻节目主持范畴里影响力最为深远的形态。民国时期,基于政治宣传的目的,各个阵营的广播电台里都出现了大量的新闻述评节目。政党广播电台的新闻述评节目,内容多为编辑记者乃至政党领导人亲自执笔撰写,播音员只是代为播出,按稿播读。而民营广播电台的新闻播唱更为接近今天的新闻评论主持。

此类播音方式脱胎于滑稽戏、沪剧、相声等传统曲艺形式,以具有曲艺

---

① 姜薇.一位播音员的日记[J].青年生活 1947(13/14):254.

② 郑裘裳.广播无线电在农民教育中的实验[J].民间(北平)1934(6):1-8.

特点的口语方式介绍新闻，加以评论，播音员多为男性曲艺演员。上海民国时期的滑稽戏名家筱快乐即是其中一例。1946 年，他开始将新闻时事编成词，以《社会怪现象》为节目名，在远东电台、胜利电台播唱，以边唱边说的方式述评时事，每天的播出时间长达六个半小时。

筱快乐的节目内容鲜辣，取材于《申报》《新民报》等报刊新闻，又时常针砭时弊，因此从传播效果上来说，与其说是承载娱乐功能的滑稽戏演出，不如说更接近于新闻述评节目。抗战时期，他利用电台身处租界的掩护，播讲《陈公博报告汪精卫》，揭露汉奸面孔。1947 年上海周边发生粮食危机，米价快速攀升，黑心粮商在其中上下其手、囤积居奇，市民叫苦不迭。报纸杂志多对此事发起议论，筱快乐也在华兴电台播讲时多次点名痛骂上海粮商万墨林是"米蛀虫"，引起了听众的广泛共鸣。

筱快乐如此播讲新闻，自由评论，自然会引起当局不满。参议员陆克明专门就此向参议会提出：对于该团所唱之词句，认为含有政治色彩，请当局予以审查。① 被批评的粮商万墨林专门纠集一伙打手冲进筱快乐家中，殴打筱快乐妻子，引发舆论哗然。在强大的社会舆论压力下，杜月笙出面调解，责令万墨林向筱快乐一家道歉、赔偿。此后，淞沪警备司令部还依据筱快乐所广播的"经营私运，垄断市场，操纵米价高涨"的罪名，拘押了万墨林。②

对于外界的种种非议，筱快乐曾在节目中予以公开回应。在他看来，播唱社会新闻完全是出于公义，绝非哗众取宠，"眼看到社会如此情形，贪官污吏造成民不聊生的局面。四月起，我们改变作风，专唱社会杂文，劝导奸商贪官。我们始终站在民众立场上作正义的呼声……"但是没想到，"民众选出来的代表，不能作为民众喉舌，反而要毁灭民众的喉舌"，"至于政治色彩，真使我们感觉惭愧，我们对政治问题一点都没有认识！"在节目公开声明里，筱快乐特意强调，自己的编写并非杜撰，而是以公开发行的报纸作为事实依据，是"跟在新闻记者及舆论后面摇旗呐喊"，"报上没有记载的，我们绝对不

---

①　社会怪现象之意外波折：筱快乐剧团之拿出杰作[J].泰山.1946（革新 5）：12.

②　艾红红.中国民营广播史[M].新北：花木兰文化出版社，2016：192.

唱"①。不同之处仅在于相对新闻记者的文章，滑稽戏的形式更为通俗易懂，所以才深入民心。

在民国时期的民营广播界，像筱快乐这样杂糅了播讲和曲艺方式评述新闻的播音艺人还有很多，仅仅在上海，比较知名的就有沈菊隐、曾水手等数十人。他们的创作接近今天的方言新闻节目，既有根据报章而来的新闻介绍，也有旗帜鲜明的评论态度，带着朴素的正义感，有较强的个人风格。他们大多杂糅了曲艺方式，能够在新闻节目和娱乐节目之间打擦边球，却在实际上起到了引导新闻舆论的作用。

沪上名嘴在制造新闻舆论方面的影响力引起了社会团体的关注，遇到重大社会事件时会设法与之联络，希望在广播界形成舆论引导之势。1948年12月3日，上海招商局江亚轮在吴淞口外发生爆炸沉没，超过三千人不幸遇难。江亚轮惨案善后会王培基律师特地通过在上海民营广播界颇有人脉的凤鸣广播电台创始人袁凤举介绍，邀请上海民营播音界沈菊隐、筱快乐、於斗斗、杨志清、唐梦态、叶一声等数十人在天天饭店相聚，介绍事件情况以及善后进展，"请协助宣传，伸张正义，并邀请前往出事处参观"②。这种操作方法和今天的公关宣传颇有相似之处。

由于民国时期声音资料基本散佚，无从考证这类新闻述评有多少说的成分，又有多少是唱的形式，但至少可以说，民营广播的新闻评唱有明确的节目名称、固定的艺人、以新闻评述为内容主体，并且实际上起到了新闻评论节目的作用，可以将其视为新闻评论主持的一种雏形。

(二)娱乐节目串联互动、灵活驾驭

早期广播电台为了吸引听众，丰富娱乐节目，通常会约艺人上门，在电台直播各类曲艺、戏曲节目，曲目转换衔接时便需要播音员上下串联，或插播广告，或连通互动。以此为契机，一些播音员开始尝试摆脱简单播读，用丰富、灵活的主持语态串联介绍。

---

① 姚芳藻.筱快乐与陆克明的广播争吵[J].胜利无线电,1946(6):22.
② 广播网:王培基招待播音界[J].播音天地,1949(1):5.

以《阿富根谈生产》闻名全国的沪语播音员万仰祖,1937 年便加入上海民营广播电台,担任沪语播音员。当时,他只有十八岁。1940 年,上海华明烟草公司为推销自家"大百万金"牌香烟,在广播电台买下固定时段开辟冠名节目《大百万金空中书场》,专播各类评弹,这也是上海首创的评弹空中直播节目。万仰祖便是这一节目的播音员。和一般播音员只是简单介绍评弹演出不同,万仰祖熟知评弹艺术家的艺术特色,因此总是在串联衔接时对艺人表演加以评论性的介绍。① 以今天的眼光来看,这种串联介绍有鲜明的个人色彩,与节目之间关系非常紧密,应属于节目主持范畴。

在大量传播实践中,播音员们很快发现,以个人身份直接与听众对话、积极互动可以产生很好的传播效果,尤其是电话互动最为直接、迅捷。

上海是现代中国电信事业最早起步的城市,1876 年美国人贝尔发明电话,第二年,上海轮船招商局便有了早期对讲电话。1937 年 8 月,上海电话局分营的电话局所共有九个,营业范围覆盖当时整个上海市政府管辖区域,总容量超过 5800 号。② 逐渐普及的电话,让听众可以直接打电话到电台,点播歌曲、发表感想,播音员随时进行处理,颇有后来电台热线节目的雏形。只是当时还不具备将电话直接接入直播的技术条件,只能由播音员或者编辑对电话内容进行记录,然后再转述出来。曾在民营广播担任播音员的上海人民广播电台播音员龚敏芝介绍:"只要听众打电话来台里点歌,我们就会尽可能地满足听众的要求。在一张电话单子上往往写着某路几弄几号,某先生、小姐所点唱的歌曲或戏曲等简要信息,我们是根据这张单子上的内容来介绍的。"③对于当时的听众来说,播音员可以接听自己的电话,并将自己点播的歌曲、传递的祝福马上在广播里播出,无疑是一种莫大的鼓励,激励听众产生收听黏性。

除了点播互动,还有大量问答互动。孤岛时期著名的沪语播音员唐霞

---

① 艾红红.中国民营广播史[M].新北:花木兰文化出版社,2016:151.

② 霍慧新.电话与近代上海城市[M].北京:科学出版社,223-224.

③ 龚敏芝,余娟,陈娅.一直没有离开钟爱的广播事业[J].上海广播电视研究,2019(2):24-27.

辉就是这种主持形态的优秀践行者。作为华东无线电台的播音员,她主要为经营国药的三友实业社、童春堂国药店售卖保健品、药品。在节目里,她既播出广告,播讲新闻、故事,串联戏曲演唱,还随时回答听众来信。她口齿伶俐,回答听众来信时幽默俏皮,充满关爱,很快成为上海播音界的明星。而唐霞辉最为人称道的便是她聪颖灵动的听众互动环节。

作为医药广告节目主持人,唐霞辉与听众的互动,首先是医学问题。通过不断学习,她熟悉了所销售的医药产品,可向听众提供相关的用药指导。为了让唐霞辉的回答更有专业性,华东电台专门聘请了医生作为节目顾问,如此她便可以根据医生提供的资料,对听众的问病求医进行有根据的答复。遇到有听众因为穷困无钱买药,唐霞辉还在节目里动员大家捐款。①

随着节目的走红,信件、电话大量涌来,唐霞辉回忆:当时在华东电台小小的播音室旁,"每到晚上七至九时,就成了我们的电购部,三根外线,再加上二只对讲机,一阵阵的电话铃声,不绝于耳,使我应接不暇,更有一大束一大束听众们的来鸿,几乎叫绿衣人(指邮递员)跑酸了腿,外埠,如宁波,无锡,南京,只要在信封上写'上海唐小姐收',那么这封信就会丝毫不曾遗留地送到我的手中"②。在这些听众来信来电中,更多的互动内容是关于世情百态的,既有夫妻矛盾、婚姻恋爱,也有青年就业、升学等关乎人生前途的困惑,还有些不正经的社会闲人,来电调笑。试举几例:

问:偷鸡与投机,有什么分别?(何许人问)

答:偷鸡不着,不过蚀掉一把米;投机失败,要到黄浦滩边去表演游泳初步的"入水式"③

问:你的嗓子,动听极了,我想称你一声金嗓子好吗?(尤爱芬女士问)

答:金嗓子之称,愧不敢当;并且大家已经公认周旋小姐是金嗓子

① 艾红红.中国民营广播史[M].新北:花木兰文化出版社,2016:149.

② 唐霞辉.这些美丽忧伤的过去[J].播音天地,1949(6):6.

③ 佚名.有问必答:唐小姐信箱[J].艺海周刊,1940(24):14.

的了,我怎能冒她的牌子? 尤小姐,我的嗓子是破毛竹爿做成,不是金属而是植物质,现在设立"信箱",纸上答话,只好说是"纸嗓子",我国手工造纸,都以毛竹做原料,那么我这"纸嗓子"还是破毛竹嗓子的变相。①

　　问:糖小姐,我同你做个朋友,请你看《李阿毛与唐小姐》。(顾小弟弟问)

　　答:小弟弟,你把我这唐字,写做粽子糖的糖了,可是你喜欢吃糖果的吗? 近来米价很贵,你送我"一担米",谢谢! 我很高兴同天真烂漫的小朋友轧朋友,影戏没有工夫看,请你少吃点糖果,省下钱来买三友补丸,补得身体强壮,做一个小英雄。②

　　这些听众有的心怀爱意,有的热衷开玩笑,有的专门出难题……对于不同的听众,唐霞辉采取不同的回应策略。对于满怀真诚的热心听众,她既接受了听众的好意,又用开玩笑的方式拉近和听众的距离,顺便还插入产品介绍。对于那些不怀好意的试探,她则以四两拨千斤的方式讽刺回应,听得人会心一笑,"家里有无线电的朋友,不论男女老幼,莫不知有唐小姐,莫不喜欢听她的报告。"③

　　综上,在民国时期的商业电台,与听众之间的频繁互动已经成为播音员工作内容的重要组成部分,集中体现了主持人的社会性与人际性,而这,正是主持人区别于播音员的重要标志。

(三) 少儿节目轻盈灵动、活灵活现

　　伴随着广播电台快速发展,面对特定听众群体播出的对象性广播节目纷纷面市,如教育节目、青年节目、妇女节目、儿童节目等。这些节目多以名家演讲、授课等方式展开,或以播音员播讲来自报纸杂志的专题稿件,充实节目内容。这其中,出于听众群体的特殊对象性特点,播音员在儿童节目中

----

① 佚名.有问必答:唐小姐信箱[J].艺海周刊,1939(12):19-20.
② 佚名.有问必答:唐小姐信箱[J].艺海周刊,1940(24):14.
③ 佚名.三友人.上海之莺:唐小姐[J].艺海周刊,1939(1):5-6.

的播报方式已经具备了明显的主持传播特征。

儿童节目主要面向中学以下的少年儿童展开,这个阶段的孩子尚处于天真纯净的童年时期,未熟练掌握书面语,对具体、形象的人物和故事更感兴趣。当时虽然经过了五四运动的洗礼,白话文已经成为报纸杂志的主要语言,但受数千年文言表达影响,许多报纸杂志的文章写得半文不白,不可能直接播讲给小朋友们听,必须根据儿童语言特点、心理特点进行有针对性的二次创作,用接近日常口语的方式交流。

中央广播电台吴祥祜、刘俊英、张洁莲三位播音员联合主持的《儿童节目》便是其中典型。她们设计了一个小主人公——吴暄谷:父亲工作总要去各省考察,因此吴暄谷也得到了游历各地的机会。一路上,他和各地的小朋友们交朋友,回来以后因为想念朋友,于是不断地给各地小朋友广播公开信。此后,许多小朋友将他引为知己,去信交流。① 这些书信不但在广播里播出,还在《广播周报》上连续刊发。当然,这一切都是三位播音员编辑安排的。在节目里,播音员用符合儿童语言特色的通俗表达、亲切口吻,将吴暄谷的一路见闻娓娓道来,向小朋友们介绍祖国大好河山、历史地理知识,和小朋友们分享心得、交流思想。在这档别出心裁的节目中,播音员超越了现实生活里的自我,创造了一个虚拟角色,这在后来的主持人角色研究中被称为"化妆角色"② 。用这种特殊主持手法,《儿童节目》以丰富的内容、奋发的精神、生动的语言、鲜明的人设、跨媒体互动,成为早期对象性节目的代表作,显现出鲜明的主持态特点。

北平市第一汇文小学的老师孙敬修也是深受儿童欢迎的少儿节目播音员。1932 年,三十一岁的孙敬修因北平市教育局的安排,组织学生去北平广播电台演播节目。一次偶然的机会,孩子们提前结束表演,空播时间里,孙敬修临时顶上,播讲了一个《狼来了》的故事。此后,受电台邀请,他便在北

① 汪学起,是翰生.第四战线:国民党中央广播电台掇实[M].北京:中国文史出版社,1988:36-38.

② 潘世权.试论广播节目主持人的角色转换:珠江经济台十年主持人实践研究[M]//壮春雨,吴国田.主持人足迹(下).北京:中国广播电视出版社,1999:657-666.

平广播电台面向少年儿童播讲故事。一段时间后,孙敬修的故事节目实际上成为一个综合性少儿节目,其中既有他自己编写、演播的故事,也有儿童歌曲教唱,还有新闻时事、生活常识、安全提醒以及听众互动。这些内容都由孙敬修一个人设计安排、播讲串联,他成为实质上编播合一的少儿节目主持人。

　　在组织播出节目的时候,孙敬修时刻把孩子们的需要放在首位。为了丰富节目内容,他在故事前面自弹自唱儿童歌曲,其中许多都是他便根据中国民间曲调、外国歌曲曲调,自己填词编写的,为的是教导孩子们爱学习、尊师长、护同学,如《念书歌》《苦学生自慰歌》《大烟别再抽》等,歌词通俗易懂,贴合孩子的日常生活。介绍这些歌曲时,他总是直接以对话的口吻,把孩子们当作朋友进行真诚的交流。在介绍《快快放下烟斗》时,他说:"小朋友,你的爸爸抽大烟吗? 今天我教你们唱一首歌,叫《快快放下烟斗》,等你学会了,唱给你那抽大烟的爸爸听,劝他别再抽大烟了!"①孩子稚嫩天真的歌声让不少家长内心深受触动,来信表示从此戒烟。在编组新闻的时候,他也总是选择和儿童安全有关的新闻,例如儿童交通事故、游泳意外、触电、院墙倒塌砸伤等,并加以评论教导,加强孩子们的安全意识。此外,他还会回复孩子们的来信,替他们发声求助。有声有色的播讲、丰富多元的内容,让孙敬修深得少年儿童的喜爱。

　　综上,虽然民国时期的广播节目还没有"主持人"这个明确的称呼,但大量播音员以第一人称出现,用个性化的口语方式直接驾驭节目进程,与听众进行直接话语交流,实质上已经具备了节目主持人的各项要素。如果以主持内容类型区分,甚至已经形成了新闻节目主持、社教服务类节目主持、文娱节目主持的基本样貌,并根据节目特点形成特定类型节目主持艺术风格。而这些节目的播音员也需要具备主持人的业务能力——独立构思、临场应变的个性化语言表达能力,串接节目的各个组成部分的节目驾驭能力,设计、组织、编制节目的综合创作能力。因此,我们有充分理由认为,在中国播音事业早期阶段,节目主持人已经出现,节目主持活动开始显现出较为完整

① 孙敬修.我的故事:孙敬修回忆录[M].成都:四川少年儿童出版社,1989:164.

的雏形。

三、文艺演播大显身手

在广播发展早期,大部分娱乐节目由播音员、艺人团体在广播里实况演播,或是在演出剧场里直接架设设备进行直播。这意味着,岗位分工还不甚精细的广播发展初期,播音、主持、演播、歌唱等多种声音表达艺术常常集聚在播音员一个人身上。播音员根据播出需要,随时灵活转换身份,兼容多种播出形态。

政党广播出于对播音员政治身份的考虑,对播音员的社会活动管理严格,多兼任台内自组的文艺节目、广播剧演播,不能随意流动。

广播剧是广播电视文艺中最具代表性的艺术形态之一。它以广播媒介为载体,以语言、音乐、音响为创作元素,尽最大可能将听觉艺术的魅力发挥到极致。[1] 抗战时期,国民党中央广播电台创作了一批借历史外衣宣传抗战的广播剧,如《卧薪尝胆》《木兰从军》《风波亭》《文天祥》等。虽然限于当时技术条件,只能反复排练后现场指挥,一次性播出,但在不断尝试之下,广播剧演播已经初具规模,具备有声语言创作能力的播音员自然成为当仁不让的主角。其中,1935年年底播出的《西施》共有近三十人参演,播音员吴祥祜主演,借吴越春秋的故事,大谈救国之道,主调昂奋,高潮迭起。[2]

在解放区人民广播电台,由于物质条件限制,播音员需要承担多种演播工作。延安新华广播电台开播初期,由于缺少反映根据地文艺生活的唱片,播音员徐瑞璋、姚雯就"当起了演员在话筒前唱歌、吹口琴"[3]。齐齐哈尔新华广播电台1946年7月就开办长篇小说配乐连续广播,由女播音员杨露绮

---

① 周华斌,朱宝贺,董旸.中国广播电视文艺大系(1977—2000)广播剧卷:上卷[M].北京:中国广播电视出版社,2008:1.

② 汪学起,是翰生.第四战线:国民党中央广播电台掇实[M].北京:中国文史出版社,1988:45.

③ 徐瑞璋.重返延安忆当年[G]//北京广播学院新闻系.中国人民广播回忆录:第3集.北京:中国广播电视出版社,1990:35.

播讲茅盾长篇小说《腐蚀》，机务科科长洪涛同时播放唱片进行配乐。[①] 1948年11月8日，济南新华广播电台开播第一天便有播音员薛冰演播革命故事，后来又增设演播《李有才板话》《白毛女》等剧目。为了凸显广播特色，提升演播效果，播音员薛冰"去听本市艺人的评书大鼓，学习那种语调，请他们教给我打板，学习合辙押韵，我又采用了话剧的对白，和诗歌朗诵等形式充实到'故事演播'里来"[②]。

在民营广播电台，播音员常常既是主持人又是演者，甚至作为文艺团体的组织者、经营者统揽文艺节目播出。40年代上海著名播音员哈丽莲、哈蓓蓓姐妹便是其中代表。姐姐哈丽莲以联谊话剧团演员入行，是国民党上海广播电台播音员，同时先后在青年电台、金都电台、民声电台兼职工作。在播音的同时，哈丽莲组织广播话剧团演员一起在电台演播发扬民族正义的广播话剧。[③] 妹妹哈蓓蓓擅长弹奏钢琴，中学未毕业便进入民声广播电台担任播音员，组织了民声歌唱社、民声广播剧团，播送广播剧。[④] 姐妹俩通过播报与歌唱、演出结合，在电台承揽时段，接洽广告，争取更大的生存空间。

综上，民国时期，广播播音、演播、演唱等岗位之间的分工尚没有形成清晰、明确的界限，只要是在话筒前以有声语言艺术形态展开的工作，都可能被纳入播音员工作范畴，这也对播音员的语言艺术能力提出明确要求。

---

① 林青.齐齐哈尔新华广播电台的回忆［G］//北京广播学院新闻系.中国人民广播回忆录：第3集.北京：中国广播电视出版社，1990：229.

② 薛冰.我怎样演播故事［G］.刘茂林，温玲进.济南人民广播电台四十年.济南：济南出版社，1989：72-73.

③ 哈丽莲.我的人生发生了转折［G］//上海音像资料馆，上海文广新闻传媒集团节目资料中心.老广播人口述历史.上海：学林出版社，2009：80-81.

④ 蓓蓓.我的从业经历［J］.胜利无线电.1946（6）：20.

第三节　播音员选拔与准入体系初步搭建

一、民国时期的播音员选拔机制

在广播发展早期,播音活动标准缺失,更没有专业教育体系,广播电台招募播音员主要通过三种方式:社会关系介绍、内部选拔考核与公开招聘。

(一)社会关系介绍

社会关系介绍是指播音员经由一定社会关系介绍进入广播电台工作的情形。在有需求的时候,广播电台工作人员向亲友等多种社会关系散发消息,寻找具有一定知识水平、声音动听,会说标准语言(包括国语、英语、粤语、闽南语等众多播音语言)的人士担任播音员。这种介绍工作的情况在民国时期普遍存在。

1926 年 10 月 1 日,哈尔滨广播无线电台正式开始播音。早期播音员里,汉语播音员基本以社会关系介绍而来。例如,1928 年 8、9 月间入职的女播音员李淑玲,是由当时在哈尔滨广播无线电台担任电报员的未婚夫陈宝珊介绍来的。据《寻踪识迹——哈尔滨电台史话》记载,出生于 1908 年 4 月的李淑玲当时只有十八岁,河北河间人。在接到未婚夫的消息后,具有师范学历,能够讲流利北平话的李淑玲前往哈尔滨担任播音员,并与陈宝珊结婚。抗战期间,大量北方学生离开沦陷区,向南流亡,凭借各种社会关系谋职求生。贵州广播电台播音员朱以平便是其中一员。1943 年,上中学的朱以平随哥哥一起离开北平,经由西安、重庆,一路流落到贵阳。在姐夫的介绍下,进入贵州台担任播音员。①

相对正式播音员来说,民营广播电台的播音艺人多出身曲艺界,基于师徒、同门、同乡等关系形成相对稳定的工作渠道。播音艺人加入某个剧团,

① 播音员自传[J].广播周报,1947(51):16.

就意味着获得较为稳定的工作机会。新都电台的知名播音员陆一贞,是上海市播音协会理事长、著名播音员沈菊隐的女弟子,在其门下学习播唱技艺,待到出师就去新都电台做了报告小姐。来自南京的陈琦,1949年1月加入上海艺声广播话剧团,2月就开始在艺声电台播音。① 被誉为"播音皇后"的大业电台播音员朱美玲,嗓音清甜,娓娓动听,是"被她的一位亲戚一手提拔起来的,因为天资聪颖,居然奠定了她今日皇后的地位"②。民生电台的沪语播音员龚敏芝也曾回忆:"1947年,我经人介绍进入了民营'民声'电台,担任播音员。一年后,转到了'金都'电台。"③

(二) 内部调配选派

内部调配选派,是指由广播管理者、经营者在自主控制领域内选拔、调配播音员。

新中国成立以前,人民广播播音员主要以内部选拔、工作调配的方式安排。基本流程一般是主管领导发掘符合政治要求、语言要求的备选人员,通过谈话征求并确定工作意向,之后调派到广播电台进行试播,合适就留任,不合适再转任其他岗位。1940年12月,延安新华广播电台开播后的第一批播音员徐瑞璋(麦风)、萧岩、姚雯、孙茜都是在延安的中国女子大学学生,在读期间服从分配进入播音岗位。

1945年8月,在抗战胜利的欢呼声中,延安新华广播电台复播,这一阶段的播音员李慕琳、孟启予、于毅、钱家楣、杨慧琳、王恂、吴作贤等,都是根据工作需要调配来的。孟启予正在鲁迅艺术文学院专攻美声唱法,时任鲁艺副院长的吕骥找她谈话征求意见时,孟启予毫不犹豫地答应了。据她回

---

① 美羽."神秘女郎"陈琦[J].播音天地,1949(6):2.

② 草出.报告皇后? 播音专家? 朱美玲面红耳赤[J].新上海,1947(55):4.

③ 龚敏芝,余娟,陈娅.一直没有离开钟爱的广播事业[J].上海广播电视研究,2019(2):24-27.

忆,当她报到时,"李慕琳同志比我先一个月调到广播电台参加播音工作"①。1946年初,只有孟启予一个播音员带病工作,同时孩子也病了,实在难以坚持。情急之下,党组织了解到刚刚从延安中学毕业的王恂是北平人,便直接调派他来电台工作。②当年6月,王恂离开电台奔赴前线参战,于是钱家楣被调到延安新华广播电台,与孟启予共同播音。1947年9月,为了加强广播工作,又"调来了一位播音员——杨慧琳同志"③。

随着革命形势的进展,大量广播战报、对蒋军讲话、俘虏名单等需要富有力量的男声播报。因此,在王恂离任以后,寻找一位合适的男播音员成为当时领导口播部的梅益的一项紧迫的工作。但相比女播音员,合适的男播音员寻找起来要困难得多,"他(梅益)从文工团员、男电话接线员中挑选,竟没有选中一个"。直到1947年8月16日,"他忽然想起,编辑部不是有四个会说普通话的男同志吗,何不叫他们来试试!于是便和语言广播部主任温济泽同志通知编辑部四个能说普通话的男同志都去试试音,其中有齐越和杨兆麟。"④最后,齐越被选上,从此走上了近半个世纪的播音之路。

解放战争进入全面战略反攻阶段后,解放军一路势如破竹,各地大量接收、新建人民广播电台,需要一批广播干部。大批播音员从各个革命岗位选调而来,作为接管广播电台的主力成员,随军长驱直入,接管、创办各地方人民广播。

作为被调派的播音员,在走上播音岗位之前,许多人已经在原有专业上学习数年并具备一定专业水平。孟启予是专攻美声唱法的专业声乐演员;

① 孟启予.我在延安新华广播电台播音的时候[G]//中国广播电视学会史学研究委员会,北京广播学院新闻传播学院新闻系.延安(陕北)新华广播电台回忆录新编.北京:中国广播电视出版社,2000:142.

② 王恂.XNCR,我想念你[G]//中国广播电视学会史学研究委员会,北京广播学院新闻传播学院新闻系.延安(陕北)新华广播电台回忆录新编.北京:中国广播电视出版社,2000:147.

③ 钱家楣.陕北战争期间播音工作的片断回忆[G]//中国广播电视学会史学研究委员会,北京广播学院新闻传播学院新闻系.延安(陕北)新华广播电台回忆录新编.北京:中国广播电视出版社,2000:152.

④ 杨沙林.用生命播音的人:忆齐越[M].北京:中国广播电视出版社,1999:54.

齐越毕业于西北大学俄语专业,做一名专业翻译是他的志向;西北新华广播电台播音员赵勉参加革命前,已经学医数年。之所以更改职业道路,投身播音事业,主要是由于播音员的极度缺乏。1948年9月,华东局宣传部宣传科科长周新武在《华东广播电台筹建报告》里向上级反映,干部问题上"最大的困难是播音员。那里除了山东本地人外,全是江浙干部,能说普通话的一些一二·九运动时代的干部,都已成为相当负责人,抽不出来。现在的四个,没有一个在身体上没有毛病的,一个根本无法工作,就这还是跑了很久才找到的,这需要上级大力帮助才成"①。

尽管背景不同,但出于对革命工作的热情,出于对党的忠诚,播音员们积极响应,放下个人追求,服从党组织工作的安排,奔赴战斗岗位。萧岩回忆:"作为一个共产党员,我还是愉快地服从了组织上的决定。"②赵勉勉励自己:"现在我既然投身革命,革命事业的需要就是我的志愿,我有什么个人的志愿和爱好不能放弃呢? 就是让我上战场,我也会愉快地出发。为革命连牺牲生命都在所不惜,现在让我干广播工作,我能有什么意见呢? 很痛快地就答应了。"③抱着为革命事业贡献力量的一腔赤诚,人民播音员遵从组织决定,在播音岗位上兢兢业业,从无到有地开创了人民播音事业。

(三)社会公开招考

随着广播事业发展,播音员作为一个专业岗位,凸显出技能的专业性。30年代以后,播音员需求量大增,光靠社会人脉介绍、内部选拔难以寻觅到高水平播音员。公开招聘考试,成为广播电台选拔播音员的重要方式。

1.国民党广播电台播音员招考情况

国民党高级领导人非常重视广播在推动政治认同、扩张政治影响方面

---

① 华东广播电台筹建报告[M]//中央人民广播电台研究室,北京广播学院新闻系.解放区广播历史资料选编.北京:中国广播电视出版社,1985:315.

② 萧岩.延安播音生活回忆[G]//中国广播电视学会史学研究委员会,北京广播学院新闻传播学院新闻系.延安(陕北)新华广播电台回忆录新编.北京:中国广播电视出版社,2000:113.

③ 赵勉.回忆西北台初期的播音工作[G]//北京广播学院新闻系.中国人民广播回忆录:续集.北京:中国广播电视出版社,1986:221.

的作用。国民党中央广播电台自成立初始,便以宣扬党义为目标,为实现国民党及其政府的政治目标服务。然而,区区 500 瓦的发射电力实在难以覆盖较远地区。"纵然报告员字字清楚,重复播出,远地收音者仍感抄录困难,差误累累。"①在这样的技术条件下,播音员的专业能力对广播效果的影响尤为深远。

为了改善传音效果,1932 年 11 月,国民党中央广播电台扩建成 75 千瓦大功率电台,覆盖范围大大增加,组织机构也随之扩充,第一次向社会公开招考播音员。关于此次招考的时间,目前有两种说法。据汪学起、是翰生考证,1933 年,电台总工程师冯简赴北平主持招考播音员。②"中国广播公司"研究发展考训委员会于 1978 年出版的《"中广"五十年纪念集》中的记载则与之有所出入:"民国二十一年(1932 年)夏季中央广播事业管理处考取了三位女播音员,都是东北人,是管理处委托北平赵元任博士,刘复博士代为考取的。"③

对比可见,在主考人方面,"中广"记录的主考人是赵元任、刘复(刘半农)两位博士,二人都是著名语言学家,国语运动的主要领导者。赵元任还是《国语留声机课本》与留声机唱片的修订与录制者,1931 年担任国语委员会常委会主席,可以说代表了国语最高权威。刘复即刘半农,博士毕业于法国巴黎大学,专修语音学,是新文化运动的一员干将。对比之下,冯简是一位无线电科学家、工程师,留德工学博士,嘉定人。虽然他主持了大电台的工程建设事宜,但隔行如隔山,在播音业务方面可以说是个门外汉。考虑到当时国民党大电台第一次面向社会招考播音员的历史背景,主考官很可能是一个考核小组,冯简作为用人单位领导担任主考,赵元任、刘复两位语言学家作为专业考官,共同展开考核。

---

① 张宗栋.抗日战争前夕的广播事业[G]."中广"六十年编辑委员会."中广"六十年.台北:"中国广播公司",1969:40.

② 汪学起,是翰生.第四战线:国民党中央广播电台掇实[M].北京:中国文史出版社,1988:24-25

③ 元始播音员:刘俊英与吴祥祜[G]//"中国广播公司"研究发展考训委员会."中广"五十年纪念集.台北:"中国广播公司",1978:155.

在考试时间上,"中广"版的招考时间为 1932 年夏天,在招聘中胜出的三位播音员,是伴随大电台开播同时亮相的:"十一月十二日,'中广'在远东最大的广播机开幕,传来'中央广播电台,XGOA'清脆悦耳的声音。"①这一说法听起来合情合理。然而,对比《赵元任年谱》可知,1932 年 3 月 22 日,赵元任离开上海抵达美国旧金山,出任清华留美学生监督处主任,此后一直在美工作,直到 1933 年 10 月返抵上海。当时的交通条件不比今天,坐船来回美国至少一个多月,赵元任怎么可能瞬间移动回北平参加考试呢? 不过,赵元任出席考试并非不可能。《年谱》显示,1933 年返抵上海之后,11 月,赵元任与夫人北上,于 26 日抵达北平,在北平"与熊佛西、刘半农、白涤洲、刘廷藩、邓先生会晤。……在北平一住十七天,后回上海"②。前后交叉印证,可能是 1933 年 11 月赵元任在北平期间,与刘复、冯简共同参加了此次考试。

如此重磅的主考人规格,可见中央广播电台对播音员的期待之高。从考试内容来看,笔试不但包括历史、地理、国文、数学四门基础科目,还有一个特别考试:"通篇用拼音字母写一行文自然流畅的文章"③。这无疑是在考核考生的国语基础。在笔试之后,还有面试。最后,刘俊英、吴祥祜、张洁莲三人在数百名报名者中脱颖而出,被录取为中央广播电台的播音员。张洁莲在短暂工作后离开,刘俊英、吴祥祜则几经历练,成为全国知名的播音员。在抗战期间,二人都为宣传抗战尽心尽力,刘俊英甚至被日本报纸称为"南京之莺"。

此后,国民党中央广播事业管理处多次进行播音员招考,其中 1935 年、1936 年的招考都在《广播周报》上进行了全程公告。

考试对报名资格设定了较为严格的限制。在政治面貌上,必须是国民党党员;在学历、年龄门槛上,必须是大学毕业,年龄在二十二岁到三十五岁之间。考试流程也较为规范。1935 年招考时,考生需要"具备最近二寸半身

---

① 元始播音员:刘俊英与吴祥祜[G]//"中国广播公司"研究发展考训委员会."中广"五十年纪念集.台北:"中国广播公司",1978:155.

② 赵新那,黄培云.赵元任年谱[M].北京:商务印书馆,2001:188.

③ 汪学起,是翰生.第四战线:国民党中央广播电台撷实[M].北京:中国文史出版社,1988:25.

相片两张,履历(需附注永久通讯住址)一纸,连同证明文件(须文凭或盖有校印及校长名章之正式证明书),一并缴纳本处总务科审核,发给投考证"①。考试分为笔试、口试两项,和此前相比,笔试内容门槛放低,只需要考核常识、国语或英语两门,根据笔试成绩选拔进入口试。评分是以组织形式进行的,而非听凭个人喜好。笔试"由各科科长主任及考试员严格核给分数,公开评定成绩",口试时则"由评判员十人各记成绩"②,然后综合所有评委的评分和评语,经过集体讨论,最终得出录取结果。

1936年的考试设置更为复杂,除了提交学历证明文件,还要求"并于可能范围附在校各门成绩单","亲自来处缴纳本处总务科登记,再经半小时之口试,核定后方发给投考证"③。这就意味着,在参加正式笔试之前,报名时就要先通过一次口试,才能拿到准考证。考试环节从两试变成了三试。在校期间的成绩,也成为录取的参考因素。

公开招考给播音员录取设置了较高的门槛,宁缺毋滥。1935年的招考报名"参与笔试者凡二十九名,……计录初试合格者国英语共十五人",最后只正式录取了英语报告员一人,国语报告员仅录备取两名。1936年,传音科在7月、8月连续进行了两次招聘考试,一共只录取了五名国语播音员,一名英语播音员,同时以成绩名次为先后,备取五人。如果正取人员不能及时报到,则备选人员递补。同时,录取人员都要经过三个月的试用,试用期满且考核合格以后才能转正。

有中央广播电台做模板,地方台也模仿这种方式,招考播音员。1932年,北京台发出招考播音员广告,要求"女生需在高中毕业,18岁以上25岁以下;男生需大学或专科毕业,年龄在20岁至30岁之间,并以国语纯粹、学识优良、发音清晰、身体强健为合格。考试科目为国文、英文、史地常识。笔试合格后举行口试:读文告、讲故事、述新闻。录取后实习一个月,期满分派

---

① 中央广播无线电台管理处招考报告员简则[J].广播周报,1935(16):23-24.

② 中央广播无线电台管理处招考报告员简则[J].广播周报,1935(16):23-24.

③ 中央广播事业管理处招考技术、播音补充人员简则[J].广播周报.1936(91):55.

工作"①。抗战全面爆发之后，迫于各方面形势，中央广播电台没有再进行如同30年代这般高规格、高影响力的招聘考试。

从招聘效果来看，通过规范且具有相当规模的公开招聘考试，中央广播电台有效地聚集了一批在播音业务上具有相当优越条件的播音员。更重要的是，招聘活动提升了播音员的社会地位。作为伴随着现代电子媒介诞生的专业技术工种，播音员在相当长一段时间里并不为人们科学认知。中央广播电台以当时的国家电台位置，用规范的招聘流程、严苛的招聘要求，让社会各界开始意识到，播音工作是一项重要且富有极强专业性的现代传媒技术工作，优秀的播音员是值得尊重的专业技术人员。

2.人民广播播音员招考情况

人民广播在新中国成立前也曾采用公开招聘的方式招募播音员，尤其是率先解放的东北地区广播电台，在革命工作迫切需要的时候，"东北新华广播电台、承德新华广播电台、吉林新华广播电台、长春新华广播电台等都曾在报纸上刊登招考播音员的广告"②，尽快补充广播电台宣传人才。

从当时的考试公告来看，对考生的门槛一般要求中学学历，报名时需提交本人履历。考试内容同样分为笔试、口试两个部分。陈尔泰收集的报纸资料显示，1946年7月12日刊登在《新嫩江报》的《西满新华广播电台招考广播员》说明，"考试主要为口才及阅读能力"；1946年7月承德新华广播电台招考女播音员时，考试科目为"政治常识、国语及口试"；佳木斯（即东北）新华广播电台的招聘考试科目为"作文、发音、社会常识、口试"③。招考程序较为简单，要求也不高。佳木斯新华广播电台只要求"身世清白，发音清晰，具有伪满国高毕业之同等学力"；承德新华广播电台要求"能操国语，口才清楚，能为人民服务，热心于宣传事业"④。对学历也没有复核或要求担保，报考人携带详细简历即可来报考。

---

① 赵玉明,艾红红,刘书峰.新修地方志早期广播史料汇编:上[M].北京:中国广播影视出版社,2016:29.

② 黑龙江省广播电视厅,等.东北人民广播史[M].沈阳:辽宁人民出版社,1991:61.

③ 陈尔泰.中国广播史考[M].北京:中国广播电视出版社,2008:212.

④ 陈尔泰.中国广播史考[M].北京:中国广播电视出版社,2008:212.

招考要求与当时的历史条件有直接关系。1946 年前后,东北、热河地区军事争夺频繁,政治局势不稳。抗战后期,苏联对日宣战,苏军进入东北,粉碎了日本关东军的抵抗,就势接管东北,我党力量随之进入。但很快,中苏关系又发生变化。1945 年 8 月,国民党政府与苏联签订《中苏友好同盟条约》,苏联在条约中作出了"不支持中共,只支持国民党政府"的承诺。① 1946 年 6 月,国民党军队开始对解放区展开全面进攻,东北、热河局势越发复杂。以承德为例,1945 年 8 月中旬,八路军冀热辽军区入驻承德,接管了日伪承德中央放送局,重建承德广播电台,1946 年 7 月 7 日,承德新华广播电台正式开始播音。但是,仅仅过了一个月,国民党军便于 8 月中旬进犯热河,承德新华广播电台奉命拆迁,全部设备转移。② 在这种历史背景下,很难对播音员招考门槛、组织流程提出过高要求。

实际上,在拉锯战的焦灼时期,希望通过公开招聘揽获政治坚定、业务过关的播音员几乎是不可能的。1946 年春天,佳木斯新华广播电台在《合江日报》上登了招考二十名广播员的启事,"来报考的只有 10 人。在 7 月初考试时又有两人作弊。最后根据政治、文化、口语水平录取了四人,还只有尤潮、吕正远两人前来报到。""在 8 月份又在报上登一次招考播音员的启事,结果,没有报名的。"③最后,还是靠党组织调集,才把播音员队伍组织起来。

1947 年解放军东北夏季攻势胜利结束,东北战局发生了扭转性变化,播音员招聘工作逐渐走上正轨。1948 年 5 月 28 日,东北新华广播电台正式从沈阳迁回哈尔滨,开始播音。9 月,东北新华广播电台招聘播音员时,要求"甲、能说标准国语,且口齿流利。乙、有中等以上文化水平。丙、年龄在 25 岁以内,无室内之累,男女均可。丁、参加革命工作一年以上或现在高中以上学校学习,历史清白"。报名时,"可请本人原属机关或学校,地方由区以

① 田保国.民国时期中苏关系(1917—1949)[M].济南:济南出版社,1999:246.

② 黑龙江省广播电视厅,等.东北人民广播史[M].沈阳:辽宁人民出版社,1991:17-18.

③ 周叔康.回忆东北新华广播电台的筹建过程[G]//北京广播学院新闻系.中国人民广播回忆录:第 3 集.北京:中国广播电视出版社,1990:234-235.

上政府，写具证明，直接来本台报名"。①

很明显，这次考试在年龄、政治面貌、语言能力上的要求都较之前大幅提升，尤其是对政治面貌的考量，不但要有组织对其进行证明，还将政治面貌（参加革命工作一年以上）与学历水平（现在高中以上学校学习）组成二选一的关系，甚至要求报考者是未结婚成家的单身青年，以便更加专注地投身革命工作。可见，在政治局面相对稳定时，党对于播音员要求水涨船高。

3.民营广播电台播音员招考情况

在民营广播电台，根据发展需要，也展开了播音员公开招聘活动。和政党电台相比，民营电台更需要播音员依靠自身的声音魅力招徕客户，因此一般没有对政治面貌的要求，更侧重于考察候选者的语言艺术能力。1946 年初，上海民营广播逐步恢复。为发掘播音人才，上海民声广播进行了公开招考活动，一百多人应征投考。"其中有对 X 艺术及富具经验者，亦有语调优美者，亦有口齿清晰者"②，可见竞争激烈。最终，声调、语气、音韵三者都更为出色的周雯拔得头筹，成为民生电台播音员。上海人民广播电台的播音员张芝，也是凭着一口流利的北京话，在十七岁时通过考试进入民营金都电台，担任播音员。③

相较而言，政党广播对于播音员的选拔更为严谨。基于现代电子媒介在宣传上的强大能量，国共两党政治力量都对播音员的选拔给予高度重视，尽可能采用科学的现代管理方式招揽、培养人才。不同之处在于，新中国成立之前，居于全国执政地位的国民党能够借助行政力量，以较为严谨的公开招聘的方式来选拔业务能力优秀的大学生，并且随着广播业务的整体发展，更看重具有较高综合文化素质、具备国际传播能力的播音员。在政治面貌要求上，则以自身国民党党员政治身份和高级党员保证的行政方式加以限制。然而，真实效果却不尽如人意。由于国民党自身力量涣散，漏洞百出，

---

① 陈尔泰.中国广播史考［M］.北京：中国广播电视出版社，2008：212.

② 杨晶朋.X 小姐小传（五）学者风度 周雯小姐［J］.胜利无线电 1946（5）：16.

③ 张芝，王颖.我上的是社会大学［G］//上海音像资料馆，上海文广新闻传媒集团节目资料中心.老广播人口述历史.上海：学林出版社，2009：122.

看似现代、科学、严密的招聘最终流于形式。

共产党面对人才紧缺的情况,充分发挥内部组织方面的优势,以革命理想为召唤,以内部调派为主要方式调配适合岗位需要的青年人才。这些年轻人怀抱革命理想,充分调动自身积极性、主动性,克服种种困难,在实践工作中边干边学,快速成长为优秀的人民播音员。与此同时,没有放弃公开招聘这一人才招揽方式,在社会条件稳定的情况下,同样可以通过这一途径招揽人才。

二、民国时期的播音员职业准入

民国时期,播音员主持人的行业准入没有明确的政府管理规定,仅有《通饬各广播电台用国语报告令》《指导全国广播电台节目播送办法令》要求广播电台须使用国语播音。除此之外,再无说明。力量不同的电台往往根据自身的实际情况选拔播音人才,选拔标准各不相同,但都在几个共同维度上提出要求。

(一)嗓音条件与国语能力

清末以来,"书同文、语同音"成为中国政府一致认同的现代国家语言建设目标。国民党高度重视国语推行工作。1930 年,国民党中央通令全国推广注音符号,在教育系统全面推行国语教学,并要求党部、行政机关带头使用国语,做出良好表率。基于国民党中央对国语推行的重视,加之广播传播对音色的要求,国民党所属电台均将播音员的国语水平和嗓音条件作为重要准入标准之一。

中央广播电台首批招录的几位播音员都有比较好的国语水平。"刘小姐是黑龙江人,原籍是河北。吴小姐是吉林人,原籍是广西。张小姐是哈尔滨人,原籍是山东。"[①]且就读于师范院校等大专学校。1935 年 4 月 25 日,国

---

① 元始播音员:刘俊英与吴祥祜[G]//"中国广播公司"研究发展考训委员会."中广"五十年纪念集.台北:"中国广播公司",1978:155.

民政府交通部发布《通饬各广播电台用国语报告令》,要求各广播电台均须使用国语播音。[①] 有了法令,政府电台更当以身垂范。

在人民广播创建初期,即便广播人才奇缺,普通话依然是必要的准入条件。1946 年 6 月,温济泽主持制定了《新华总社语言广播部暂行工作细则》,其中强调播音"要用普通语的口语"[②]。1948 年 10 月 7 日的《陕北台播音组关于训练和培养播音员的意见》也明确播音员的选拔标准必须包含"能操流利的国语"[③]。

尽管国共两党的政党广播都对播音员国语水平提出较高的准入要求,但这一标准执行得并不绝对。国民党中央广播电台开播初期,缺人的时候,也顾不得什么讲究,各种地方口音轮番上阵。"有一次,竟由总务科长陆以灏播音,他说的是一口地道的江苏太仓话,还夹带着一些方言俚语。"[④]遇到这样的播音,不但收音员无法准确记录,影响政党信息传播,普通听众也难以忍受,纷纷去信批评。

中共方面,受历史条件制约,把党的声音传播出去是第一位的。抗战胜利后,延安新华广播电台复播,据负责主持技术工程的付英豪回忆,当时恢复语言广播的技术问题在很短时间里实现了突破性进展,仓促之中,来不及选派播音员,曾在清华大学就读的高级技术人员唐旦、付英豪只好临时上阵,播起了新闻。即便是相对稳定时期,也有不少来自江苏、广东等地带有方音的播音员仓促上阵,一边播一边学。

相比较政治广播,以营利为主导的民营广播电台更注重播音员的音色、反应、演艺能力,以此提升娱乐节目、广告的播出质量。况且民营广播发射

---

① 上海广播大事记[G]//上海市档案馆,北京广播学院,上海市广播电视局.旧中国的上海广播事业.北京:档案出版社,中国广播电视出版社,1985:814.

② 新华总社语言广播部暂行工作细则[M]//中央人民广播电台研究室,北京广播学院新闻系.解放区广播历史资料选编.北京:中国广播电视出版社,1985:119.

③ 陕北台播音组关于训练和培养播音员的意见[M]//中央人民广播电台研究室,北京广播学院新闻系.解放区广播历史资料选编.北京:中国广播电视出版社,1985:186.

④ 汪学起,是翰生.第四战线:国民党中央广播电台揭实[M].北京:中国文史出版社,1988:24.

功率有限,以本地接收为主,接地气、能吸引本地听众的沪语、粤语、闽南语,甚至英语播音员更有号召力。例如被冠以"报告皇后"之称的唐霞辉、朱美玲,嬉笑怒骂播唱时事的筱快乐,后来上海人民广播电台著名主持人"阿福根"万仰祖,都是沪语播音员。

梳理民国时期的播音员基本情况可以发现,在广播早期发展阶段,国语尚未全面普及,播音专业教育尚未建立,具备较高国语水平、嗓音条件好、富有语言艺术表现力的播音员属于稀缺人才,很大程度上依赖先天条件,例如籍贯,成长是否在京音地区,学习过程是否涉及师范、声乐、表演等与国语练习相关的内容,优秀播音员的出现充满偶然性。

(二) 政治面貌与政治素养

国民党将中央广播电台视为宣传利器,自然对播音员的政治面貌有所要求。在 1935 年、1936 年中央广播电台的公开招聘考试里,都将"本党党员"作为首要条件,在考试里也有专门的党义科目,以笔试等方式考核备选播音员的政治素养。考试通过后,还需要在 7—10 天内拿到党内具有一定声望人士的担保书,"连同党证,亲缴本处报到"①。

抗战期间,国民党对政治纯洁性的要求不断加码,成为中央广播电台播音员至少要经过三道政治手续。一是填写志愿书;二是签署职员互相担保书,由电台内部工作人员以自身工作进行担保;三还要"现职文官荐任以上或武官校官以上或党务工作人员总干事以上二人之保证"。具保人对被保人附有明确的政治责任:"如有违背党务工作人员服务规程及其他叛党行为,保证人愿负法律上连坐之责任。"②可见,国民党电台的播音员需同时满足自我保证、同行保证、两人以上党内干部保证三重限定,以此确保播音员政治纯洁性。

然而,貌似严密的要求在执行时却有不少漏洞。考虑到播音员岗位的

---

① 中央广播无线电台管理处招考报告员简则[J].广播周报,1935(16):23-24.

② 汪学起,是翰生.第四战线:国民党中央广播电台掇实[M].北京:中国文史出版社,1988:226.

重要性,一批中共党员利用国民党广播电台播音员组织管理中的漏洞,潜入其中。曾任华东新华广播电台播音组组长的夏之平,抗战期间在杭州加入中国共产党,成为一名地下党员,抗战胜利后,受党组织指派,打入国民党浙江广播电台。据她回忆,"在我打进去之前,已经有好几个共产党员在里面了,电台的编辑部基本上是我们掌握的。"①

中共对播音员的政治面貌要求同样非常严格。1948 年 10 月 7 日,《陕北台播音组关于训练和培养播音员的意见》指出:"播音员应具备之条件:a.要有一定的政治水平,b.能操流利的国语,c.相当于初中以上的文化程度和文艺修养。"②可见,在早期人民广播的播音员准入标准体系里,国语水平是第二位的,第一位是政治素养。

但与国民党流于形式的互保政策不同,人民广播更注重在选拔过程中对播音员政治背景的考察,在革命队伍里选拔具备业务能力的同志,尤其是延安新华广播电台,播音员基本上是来自根据地的知识青年,经过革命大学的系统性政治学习,具备较高的政治素养。第一批女播音员都来自中国女子大学——毛泽东亲自主抓创办的专门培养妇女干部的高等学校。孟启予来自延安鲁迅艺术学院,而鲁艺筹建是为"培养抗战艺术干部,提高抗战艺术的技术水平",将来"为抗战胜利以后建立独立自由幸福的新中国而工作"。③

此外,许多播音员早年多有参加革命工作的经历,具备强烈的革命主动性。徐瑞璋曾在四川参加抗敌演剧队。萧岩 1936 年在北平读书时参加过学生运动,1939 年就加入了中国共产党。孟启予在中学期间参加了中国共产党组织的抗日救亡运动,被吸纳为中共党员。齐越在西北大学读书时积极参加学生运动,游行时,校警举起步枪准备向学生射击,危急关头,齐越"从

---

① 夏之平.同志式的感情比家人还亲[G]//上海音像资料馆,上海文广新闻传媒集团节目资料中心.老广播人口述历史.上海:学林出版社,2009:42.

② 陕北台播音组关于训练和培养播音员的意见[M]//中央人民广播电台研究室,北京广播学院新闻系.解放区广播历史资料选编.北京:中国广播电视出版社,1985:186.

③ 马颖."上海国立音乐专科学校"与"延安鲁迅艺术学院音乐系"之比较[J].乐府新声(沈阳音乐学院学报),2010,28(02):112-115.

同学队伍中冲出，打了举枪校警一巴掌，夺过了枪，威风凛凛地守卫着校门"①。正是因为从内心具备极高的主动性，将播音工作视为参加革命、实现政治理想的路径，人民播音员在工作中才会毫无保留、全力以赴。

(三) 综合文化素养

民国时期，播音员的综合素养已经引起了媒体机构的高度重视。和纯美的音色相比，较强的综合素质是政党广播播音员更为重要的能力。

国民党电台在招考播音员时设置了综合文化素养考核科目，并从笔试和口试两个方向逐层展开。1933 年中央广播电台播音员招考，笔试要考历史、地理、国文、数学。在面试环节，代表电台的主考人冯简 "在文、史、哲、地领域内广泛提问，弄得不少青年大汗淋漓"，最后脱颖而出的刘俊英却能对答如流，"这场口试，似乎变成两位朋友的促膝谈心和切磋"②。另一位被录取的播音员张洁莲，高中毕业于师范专科，"她才思敏捷，已是小有名气的文学青年(《东北沦陷时期作家作品索引》列着她的名字和部分作品)"③。

此后的数次考试，在笔试科目上对考生能力要求逐渐调整，更进一步加强了对文化综合素质的准入要求，例如在播音员的招募专业里删除了大学音乐系。民国时期，大学音乐教育注重音乐专业能力培养，并不强调文理知识。将大学音乐系从招募专业里剔除，代表着国民党中央广播电台提高了综合文化素质的准入底线。

在中国共产党领导的人民广播方面，要实现毛主席 "不能播错一个字" 的要求，至少需要有能力认识、学习文件。新中国成立前，对播音员的综合文化素养基本要求是需要有中等以上学历。在有限的公开考试中，笔试科目里同样设置了常识、国语。

政党广播播音员的综合素质要求，与当时播音员岗位职能设置有密切

① 杨沙林.用生命播音的人:忆齐越[M].北京:中国广播电视出版社,1999:20.

② 汪学起,是翰生.第四战线:国民党中央广播电台掇实[M].北京:中国文史出版社,1988:24-25.

③ 陈尔泰.中国广播史考[M].北京:中国广播电视出版社,2008:128.

的关联。

首先，民国时期广播尚不普及，在当时的技术条件下，播音员不仅需要播读稿件，还需要完成播放唱片曲目、调控调音设备等一系列操作，要求播音员至少应对电子设备有一定程度的认知。在大城市学习、历练过的大学生自然成为首选。

其次，在广播发展早期，几乎没有专业记者，稿件主要来自通讯社及报纸。受通信条件与文化惯性的双重影响，当时的文字稿件依然带有浓重的文言痕迹，尤其是国统区，新闻稿"用韵目代日，干支代时，古国名代省，加上编辑老爷们以梁任公的笔法写出，每条新闻都是'古色古香'"①。播音员需要自行选稿并将稿件进行口语化处理。人民广播播音员同样需要参与稿件编辑，编播人员一起就播出的文件精神进行讨论学习。身兼编辑播音于一身，自然对播音员的综合文化素养提出了高要求。

和政治广播相比，商业广播的播音员群体以游艺播音员为主，通常是戏曲、曲艺、演唱方面的专业艺人，提供大量娱乐性质的广播演出，期间穿插广告播音。因此，和学历水平相比，有明确的演艺特长、艺术能力突出更为重要。1937 年，交通部曾对上海播音界教育程度进行调查，结果："四百五十七人中，计出身私塾者一百五十九人，占播音界全体人员三分之一；出身小学者九十九人，占全体人员五分之一，其中小学未毕业者七十四人；出身中学者一百二十人，占全体人员四分之一；曾受大学教育者十八名，占全数二十五分之一。"②核算下来，当时上海商业播音界只受过中学及以下教育的占到八成以上。可见，商业电台对播音员的综合文化素养要求并不高，也没有明确的准入底线。

---

① 元始播音员：刘俊英、吴祥祜［G］//"中国广播公司"研究发展考训委员会."中广"五十年纪念集.台北："中国广播公司"，1978：156.

② 《申报》关于交通部停止敦本等八家电台播音权的报道［G］//上海市档案馆，北京广播学院，上海市广播电视局.旧中国的上海广播事业.北京：档案出版社，中国广播电视出版社，1985：230.

第四节　播音员组织管理体系初步建立

中国要从"奉天承运"的超验信仰转为法理型统治,必须建立与法理型统治相适配的现代行政系统。在韦伯看来,这种现代行政体系就是科层制。通过各类专业机构管理框架,各种职位按照等级原则组成一个有序的体系,按照既定的生产流程与规章制度运转。作为一种现代传播活动,中国播音事业的发展,同样离不开现代化的管理制度和专业组织,为事业全面发展提供坚实、有效的支持。

一、民国时期广播播音总体规制

中国广播事业发展早期,北洋政府和南京国民政府对相关事业的政策性管理措施主要集中在硬件上,如 1924 年《装用广播无线电接收机暂行规则》、1930 年《装设广播无线电收音机登记暂行办法》,涉及无线广播电台设立、装机、收听的各个环节,但对广播内容管理则较少涉及,针对具体播音工作的全国性统一管理制度更是付之阙如。

1928 年 12 月 13 日,国民政府颁行《中华民国广播无线电台条例》,第一次从播音内容的角度对广播电台做出限定。第十一条规定,广播电台的业务范围只能有四种:"公益演讲;新闻、商情、气象等项之报告;音乐、歌曲及其他娱乐节目;商业广告,但不得逾每日广播时间十分之一。"第十二条则规定:"广播电台不得广播一切违背党义、危害治安、有伤风化之一切事项,违者送交法庭讯办。"①

1932 年 11 月 24 日,国民政府交通部颁发《民营广播无线电台暂行取缔

---

①　中华民国广播无线电台条例[G]//中华民国广播无线电台条例.上海市档案馆,北京广播学院,上海市广播电视局.旧中国的上海广播事业.北京:档案出版社,中国广播电视出版社,1985:175.

规则》,对这一限定做了再次强调,业务范畴只能为:公益演讲;新闻报告(必要时交通部得制止之);音乐歌曲及其他节目;商业报告(不得逾每日广播时间 2/10)。除了正面规则,第二十二条还设定了播音内容负面清单,包括:"不服从交通部派检察员之指导与监督""播送不真确之消息或新闻""播送危害治安或有伤风化之一切言论、消息、歌曲、文词"①。一旦违反,轻则停止播音,重则取消执照、没收机件、处以罚款。

1935 年 11 月,国民政府对全国广播电台的播音内容进行全面整顿。要求各台提前送交节目表,如有变动提前五天报备。次年 4 月颁布行政院令,要求全国广播电台"每天下午八时至九时零五分(星期日除外),须一律转播中央台节目"②。10 月 28 日,交通部公布中央广播事业指导委员会第四次会议通过的《指导全国广播电台播送节目办法》,此办法包含了编排节目、节目内容、播送时间及附则四个板块。这是南京国民政府第一次以全国广播电台为管理对象,做出具体的节目播送办法规定。

对于播音员来说,这是中央政府第一次对播音语言提出明确要求:"除娱乐节目外,对于教育演讲及新闻报告节目应以国语播送为原则",如果暂时不具备国语播送条件,兼用方言的,"应另加教授国语节目"。对播音节目内容也有涉及,要求公营广播电台应主要承担教育演讲、新闻报告,民营广播电台在上述方面播送时间不得少于 20%,并要求"不得播送有干禁令或偏激之言论、诲淫诲盗迷信荒诞之故事及歌曲唱词"③。但对于内容与原则之间如何界定,并没有给出细则。民国时期,许多广播电台的播音员都是采编播一体,这种模糊的规定给主管部门随意执法制造了空间,也给播音员的内容创作增加了不确定的风险。

---

① 交通部.民营广播无线电台暂行取缔规则[G]//倪延年.中国新闻法制通史:史料卷:上.南京:南京师范大学,2015:215-216.

② 《新闻报》关于行政院令饬全国广播电台一律转播中央台节目的报道[G]//上海市档案馆,北京广播学院,上海市广播电视局.旧上海的广播事业.北京:档案出版社,中国广播电视出版社,1985:221.

③ 交通部.指导全国广播电台播送节目办法[G]//倪延年.中国新闻法制通史:史料卷:上.南京:南京师范大学,2015:245-246.

1937 年 4 月 12 日，交通部同时公布了两则关于播音内容审查的规定。一为《播音节目内容审查标准》，具体提出了播音内容的十条负面清单："一、违反本党主义者；二、危害本国安全者；三、妨害社会治安者；四、违反善良风俗者；五、侮辱他人或先哲者；六、宣传迷信者；七、词句猥亵者；八、违禁物品或违禁出版品之广告；九、危害身心之药物或场所之广告；十、其他违背政府法令者。"①如若被主管部门判定属于上述各项情形之一，将被要求修正或全部禁止。与此前的指导意见相比，《审查标准》提出了更为详细，也更为广泛的禁止范围。其中既有出于党派利益的限定，也有出于维护公序良俗、社会秩序的公共性质的考量，同时给政府自由裁定留下空间。

另一则广播内容规制为《民营广播电台违背〈指导播送节目办法〉之处分简则》，它将不遵守 1936 年《指导全国广播电台播送节目办法》的行为处分列为三个等级：警告、停播、取消执照。三种处分等级或累次叠加，或一票否决。其规定：未经审批擅自播出或与播音定本不符，不遵守各类指示等播出行为(共五条)将被处以警告处分；违背禁娱令以及各种社会公共道德，有损现代文明价值、社会公共秩序(共七条)的播出内容将被处以停播 1—7 天的处罚。和前两者长篇累牍的烦琐规定相比，直接停播一个月或吊销执照的顶格处罚，所涉情况则要简单得多："甲、为他国宣传危害本国安全；乙、诋毁或违背政府法令；丙、诋毁或违反本党主义；丁、妨害社会治安。"②

同一年，中央广播事业指导委员会还出台了《教育节目材料标准》，对民营广播的新闻播报内容出处进行限定："国内外重要新闻均根据中央社稿或采用当地报纸上的'中央社电'或收录中央电台之广播新闻。"③此后，抗日战争全面爆发，解放战争接踵而至，时局动荡，再鲜有重要的全国性广播法规出台。

总体来看，通过一系列广播法规，国民政府逐渐收紧了对广播播音的内

① 交通部.播音节目内容审查标准[G]//倪延年.中国新闻法制通史:史料卷:上.南京:南京师范大学,2015:250.

② 民营广播电台违背《指导播送节目办法》之处分简则[M]//赵玉明.中国现代广播史料选编.汕头:汕头大学出版社,2007:82-83.

③ 教育节目材料标准[J].广播周报,1937(136):34.

容管制,并且将违规行为与处罚直接关联,形成内容钳制。在语言形态上,则明确以国语为标准语言。

二、国民党广播电台播音管理机制

(一)国民党广播电台播音员管理机构设置

就目前资料来看,将播音员作为重要成员纳入正式管理机制,始于国民党中央广播无线电台。根据1928年7月12日国民党中央宣传部提请第一五五次常务会议通过的《设立中央广播无线电台计划书》,中央广播无线电台在设立之初便归属国民党中央执行委员会直接管辖,台内组织架构如图2-3所示,共分四个层级,最高层级为主任,相当于电台台长;第二层为正副技师,相当于总工程师;第三层为报告员、管机员、事务员,分别负责播音、日常机务管理、日常事务工作;第四层为辅助人员。当时的《电台职员录》记载,全台共十二人,主任吴道一,正技师刘振清,副技师俞日尹,报告员黄天如,另有专门的报告助理陈振珠。[①]从排序来看,报告员位列主任和正副技师之后,处于第四位,可见在当时的电台组织架构里,播音员作为内容播出的第一责任人,其重要性仅次于全面负责技术工作的工程师,位

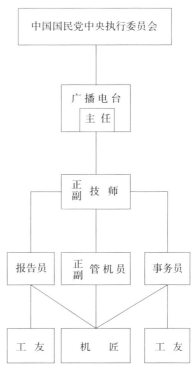

图2-3　国民党中央广播无线电台组织系统图

(资料来源:《设立中央广播无线电台计划书》,载《中国国民党中央执行委员会广播无线电台年刊》,1929年,第4页。)

①　中央执行委员会广播无线电台职员录[Z]//中国国民党中央执行委员会广播无线电台年刊.1929:32.

列专业技术人员层级之首。在中国广播发展早期,基于无线电技术的基础性作用,科学技术人才稀缺,从保障播出的角度考虑,各台往往采取工程师立台的策略。这一组织安排,足可见国民党电台对播音工作的重视程度。

75千瓦大电台成立后,中央广播无线电台管理处的组织系统随之改革,整体组织结构大幅度扩张,第一次单独设立组织单元专门负责播音工作。根据1932年8月25日第四届国民党中央执行委员会第三十五次常委会会议核准修正的《中央广播无线电台管理处组织条例》,中央广播无线电台管理处直属于国民党中央执行委员会,下设总务、技术、传音三科,编译、报务两室,其中传音科又设有征集、播送两股(见图2-4)。

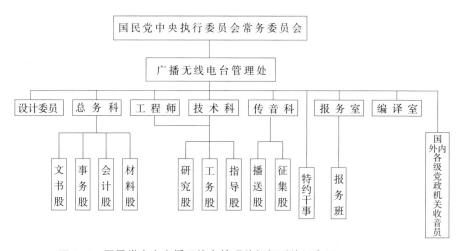

图2-4 国民党中央广播无线电管理处组织系统示意图

(资料来源:吴道一主编《"中广"四十年》,台北"中国广播公司",1969年,第12页。)

以今天的管理职能分布来看,征集股类似于编辑部,承担了节目内容具体的采访、编辑、组织工作,包含设计内容(包含新闻、演讲、文娱、广告等)、编排节目、广告审核以及地方通联工作。具体的播出工作则归属播送股管辖,其具体职能包括:"甲、关于播送节目之讲述、解释、传发事项。乙、关于收听转播中外各台播音事项。丙、关于各处发音室管理运用事项。丁、关于研究训练发音技能事项。"[①]播音员无疑属于播送股管辖。

---

① 吴道一."中广"四十年[M].台北:"中国广播公司",1969:7-10.

国民党各地方广播电台的播音员管理机构基本与中央广播电台相似，1936 年 3 月 8 日开播的上海市政府广播电台由上海市广播无线电管理处管理，管理处主任、副主任下设立播音组、技术组。播音员归播音组管理。西安广播电台台长下分总务股、工务股，由总务股负责节目编排、征集、播送，播音员属总务股管理①。1947 年 5 月北平广播电台组织系统表中，设有传音科，科下设播送股和监听股。②

综上，基于政治宣传目的和党派自身既有的组织层级管理制度，国民党广播电台在成立之初便将播音员纳入现代化的管理机构，通常与编辑混合编组，并未单独设立管理机构。

（二）国民党广播电台播音管理制度

1.播音员人事管理制度

西迁以后，中央广播事业指导委员会在重庆期间召开了第 6—28 次会议，讨论决定了大量与广播宣传事业有关的事项。其中，与播音员管理直接相关的有 1941 年公布的《中央广播事业管理处广播技术员、播音员服务规程》，明确国民党的广播业务人员"为适合广播事业特殊需要起见"，首先要"依照党务人员服务规程"办理，播音员的去留，都要经过正式的人事手续，并报中央广播事业管理处进行审批、登记、确认。③

对于在职播音员，中央广播事业指导委员会将其纳入广播业务工作人员进行管理，分为四等，每个等级都给出了较为详细的任职要求。例如一等播音员需满足以下四项之一："1.国内外大学毕业得有高级学位对文字语言具有特长经考验或甄选合格者;2.国内外大学音乐或戏剧系毕业曾任指挥或导演有二年以上之经验经考验合格者;3.对于播音工作有特殊技能丰富经验并有事实证明而夙著声誉者;4.曾叙本处二等播音员而工作在四年以上著有

① 中央广播事业管理处西安广播电台组织条例[J].中央周刊,1936(425):36-37.
② 北京市地方志编纂委员会.北京志·新闻出版广播电视卷·广播电视志[M].北京:北京出版社,2006:239.
③ 赵玉明.中国广播电视通史[M].北京:中国广播影视出版社,2004:45.

成绩者。"①需要说明的是,这里的播音员是较为宽泛的指称,包含了一般意义上的播音员以及广播剧导演、音乐演奏人员等。

20世纪40年代的中国大学毕业生凤毛麟角,还要同时具备较好的播音技能,自然属于精英人才。因此,国民党广播电台给出了优厚的薪资条件。根据《规程》,四个等级的播音员对应二十七个薪酬级别:"一等技术员播音员自第十三级起至第一级止,二等技术员播音员自第十七级起至十一级止,三等技术员播音员自第二十一级起至第十五级止,四等技术员自第二十五级起播音员自第二十七级起至第二十级止。"②一等播音员薪水在240—600元,相当于大学教授的薪资。不过,不同等级的播音员之间差距巨大,最低档的二十七级工资每月只有80元。即便如此,播音员依然属于高薪职业。30年代末的英资纱厂属于纺织业工资水平较高的企业,日工资一般在0.8元左右,最高不超过1.5元,且为男性。③以此测算,每月工资最高不过30元,连最低等级播音员的一半都不到。稍加精进,二十五级播音员的薪资便可以达到100元,是普通工人的三倍以上。

此外,《规程》还设计了详细的奖惩、请假、出差、抚恤、退休、报销等制度,可以说,民国时期,国民党广播电台已经形成了一套相对完整的播音员现代人事管理系统。

2.播音工作职责

广播发展早期,技术人才缺乏,分工尚不十分细致,除了日常播读稿件、组织播出之外,播音员还需要兼任其他工作。通常情况下,播音员需要对节目负责,完成选稿、编辑、送审、播送工作。有时播音员还要参加广播剧、文艺演出等工作。此外,播音室设备的基本操作、管理等技术工作,也需要播音员承担。

在战时前线广播,由于交通不便,信息闭塞,报纸很难送达,许多消息需

① 谢鼎新.民国事业史[M].北京:团结出版社,2021:236.

② 谢鼎新.民国事业史[M].北京:团结出版社,2021:237.

③ 朱邦兴,胡林阁,徐声.上海产业与上海职工[M].北京:生活·读书·新知三联书店,2014:81-82.

要收听各个电台的广播获取。为了收集信息、组织稿件，播音员实际上还担任了收音员的工作，每天晚上节目播出结束后，都要收听重庆中央广播的记录新闻并进行详细记录，作为第二天新闻节目的材料。①

3.播音工作规范

国民党中央广播电台管理机构制定了较为详细的日常播音工作规范。播音员以值班制为基本工作方式，一天分为三班，彼此之间值班轮替，必须提早到达以准备节目播出。南京时期，无论值早班午班或晚班，如果每天不满八小时，还需要坐班从事其他相关工作，如剪贴报纸、编辑特殊稿件，或帮着唱歌，演播音剧等。② 到重庆后，坐班制度取消，播音员以完成节目播送为核心任务展开工作。

基于播出安全和播出效果考虑，播音员编辑稿件后需提送传音科科长进行审核，如有不合适的地方，修改并审核通过后才能播出。节目一旦定下，将通过《广播周报》提前一周公布，非突发事件不得随意更改已经预告的节目内容。1945年交通部接办北京广播电台，也对播音员工作流程提出比较严格的规定："播音员依照值班表所定班值班，并于开始前十五分钟到播音室准备""播音员不能迟到早退""播音员请假需于前一日呈准并自请代理人""播音员不得在发音室谈笑及吃零食""播音员日常应禁止饮酒及食用刺激性或有碍声带之物""播音员于播音前须详读原稿、标点，签名后慎重播出""播音员对演播者有不适于播送之言词，有监督打断之责"；等等。③ 在贵阳、陕西等地方广播电台，同样执行编辑、审稿、轮替值班的工作流程。④

在日常播出中，常见的突发情况主要有两种：一是突然发生的节目变动，以特约演讲最为常见。这类节目通常邀请各界知名人士前来电台进行

---

① 范小梵.风雨流亡路：一位知识女性的抗战经历[M].济南：山东画报出版社，2008：179-180.

② 斯超.我是一个播音员[J].客观，1945(3)：12.

③ 北京市地方志编纂委员会.北京志·新闻出版广播电视卷·广播电视志[M].北京：北京出版社，2006：239.

④ 张友岚.半年来的播音生活[J].广播周报，1948(75)；姜薇.一位播音员的日记[J].青年生活，1947(13/14)：254.

演讲,但如若嘉宾临时有事缺席或迟到,播音员必须及时做出反应,填补因此产生的节目空档。二是机械故障导致直播中断。遇到此类情况,需及时通知技术人员,填写表格,说明故障发生的时间与情况,并签名上交。

4.播音业务管理

日积月累,国民党广播电台的播音员和播音管理者们逐渐意识到播音不是一项机械的技术工作,需要播音员具备极高的复合素质与综合能力。1947年,曾任中央广播电台传音科科长、《广播周刊》编辑的陈沅在《电影与播音》杂志连续发表了《漫谈广播》《播音员应具备的条件》《编排播音节目之延请》《播音剧与舞台剧》四篇广播播音文章,从中我们可以窥见国民党广播电台管理者对播音业务的认识。

在《播音员应具备的基本条件》一文中,陈沅提出:"一个全才的播音人员,不但是可以担任播音工作,而且是可以担任戏剧工作,一个全才的播音员,不但是评论撰述员,而且是一个采访员。换句话来说,一个播音员应具备的基本条件,至少能够有下面的几个条件:(一)国语要纯正;(二)常识要丰富;(三)思想要正确;(四)行动要敏捷;(五)对于时事有认识;(六)要有随机应变智能;(七)编撰讲材要迅速;(八)对于音乐戏剧有修养;(九)有播放音盘的技巧;(十)要有刻苦耐劳的精神。"①在这篇文章中,陈沅对十则条件进行了详细解读,涵盖语言素养、政治素养、文化素养、技术素养四大方面,今天来看,依然具有一定的启发意义。

在实践中,国民党广播电台也试图通过业务研讨、竞赛等形式提升播音员业务能力。如抗战胜利后复建的北平广播电台,曾专门组织播音员试播,相互观摩,并在以台长为首的业务周会上由各部门负责人集体评议,以求改进。② 在重庆期间,中央广播电台传音科曾举办过一次播音人员播音比赛。③

---

① 陈沅.播音员应具备的基本条件[J].电影与播音,1947(1-2):16-19.

② 北京市地方志编纂委员会.北京志·新闻出版广播电视卷·广播电视志[M].北京:北京出版社,2006:239.

③ "重庆之莺"刘若熙[G]//"中国广播"公司研究发展考训委员会."中广"五十年纪念集.台北:"中国广播公司",1978:160.

不过，对播音业务的高标准严要求只局限在部分广播电台，从当时播音员写下的日记、发表在报刊上的文章来看，许多播音员并没有较好的职业意识。自南京到重庆从事播音工作的斯超在报刊发文描绘播音生活时坦言："这是有种神圣的节操的任务的，而在我这老朽的播音员却已经是麻木了。我一踏进发音室，除了感觉到空气窒闷外，其他倒没有什么。"①贵阳台播音员姜薇认为，和报刊记者相比，"我们是偏重技巧的，工作不呆板，生活自由的，没有责任的负担"②。发表在报刊上的文章尚且公开如此言说，在实际工作中对待播音业务的态度可想而知。要达到陈沅所设想的十大要求，可以说道阻且长。

三、新华广播电台播音管理机制

（一）新华广播电台播音员管理机构设置

人民广播诞生之后，播音员便在党的直接领导下开展工作。伴随播音事业逐步壮大，以及播音技术问题的逐渐解决，播音员管理机构设置方式进行阶段性调整，逐渐走向科学、全面、完善。

1.第一阶段：1940年12月至1946年6月作为通信技术人员，由军委三局和新华社共同管理

这一阶段，播音员被认为具有更强的技术属性，参照无线电发报员的管理方式，归属军事无线电管理部门——军委三局管辖，业务上由新华社和军委三局共同领导。③ 1945年延安台复播后，新华社在编辑科下专门成立口头广播组，负责播音稿的撰写与编辑。但在播音员管理上，依然沿用了早期新华社通信技术人员管理的方式，归属军委三局管辖，"三局广播科设播音

---

① 斯超.我是一个播音员[J].客观,1945(3):12.

② 姜薇.一位播音员的日记[J].青年生活,1947(13/14):254.

③ 新华通讯社.新华社80年辉煌历程[M].北京:新华出版社,2011:35.

组(播音员三人)担任播音工作"①。

可见,在人民广播初生阶段,播音员被定位为无线电技术人员,管理上采用了业务与人事管理分开两条线的方式,但已经以科组形式建立起专门的播音员管理机构。

2.第二阶段:1946年5—7月间至1947年6月归入新华社电务处管理

1946年5月,国共谈判濒临破裂,内战一触即发。中共中央决定,对新华社和解放日报社进行了重大改组,实行报社合一,以通讯社为主的"战时体制"②,所有消息由新华社负责编发。7月,廖承志到任社长,同时领导两社事务。这一改革将党的新闻宣传工作力量向新华社集中,以应对战时新闻队伍的大规模转移与全国军事报道通讯网的建立。此次改组,原属编辑科的口头广播组扩大为语言广播部,温济泽任语言广播部主任,下辖编辑四人、助理编辑二人。

此次改组,新华社还成立了电务处,将此前较为分散的无线电台进行集中管理,延安台播音和机务工作也从军委三局划归新成立的新华社电务处。语言广播部1947年向新华总社提交的报告记载,三局广播科并入新华总社时,"播音组原拟并入语言广播部,但因电台和广播部不在一起,未果"③。可见,由于技术上的原因,当时播音员依然和电台发射机构一处办公,无法和编辑部门合署,因此依然保留了通信技术人员管理方式,但是其上属单位从军事通信部队转为新华社通信技术机构,正式成为新闻宣传队伍的一员。

3.第三阶段:1947年6月至1949年6月并入新华社语言广播部

语言广播部成立后,制定了一系列关于广播宣传工作的规章制度。1947年6月10日,语言广播部向新华社社委会提交了《对目前改进语言广播的几点意见》,在组织方面第一条便提出编辑部与播音组分立造成的工作困难,认为:"若按目前情形不变,则应确定电台与总社的关系。若离开邯郸

---

① XNCR陕北阶段工作的简单总结[M]//中央人民广播电台研究室,北京广播学院新闻系.解放区广播历史资料选编.北京:中国广播电视出版社,1985:122.

② 新华通讯社.新华社80年辉煌历程[M].北京:新华出版社,2011:40.

③ XNCR陕北阶段工作的简单总结[M]//中央人民广播电台研究室,北京广播学院新闻系.解放区广播历史资料选编.北京:中国广播电视出版社,1985:123.

电台,则应成立一独立机构,包括编辑部、电务处、行政处等部门,播音组属编辑部,编辑部内设收音组,抄收国民党电台广播(这件事很重要)。"①这一意见首次提出将播音组纳入编辑部管理,并希望社委会讨论通过后给出具体指导意见,好拟定具体实施办法。

当时,陕北新华广播电台转移到太行山麓的涉县。此时,播音室在沙河村,编辑部在西戌村,两个村子相隔不到三公里。从地理距离来说,已经具备了广播部与播音组合并的基本条件。在1948年5月的编播往来书信里,温济泽亲切地称呼为播音组为五组②,可见此时播音组已经转隶语言广播部管辖。

以专门科组的形式组织播音员的管理方式普遍应用于各地人民广播电台机构。1945年8月30日在张家口正式开始播音的晋察冀新华广播电台,下设编辑科和播音科,播音科科长丁一岚,有两名女播音员,两名男播音员。③ 1946年9月创立的合江广播电台组织分为总务、机务、广播三科,广播又分编辑、播音两组,科长一人,编辑四人,播音员四人。④ 1948年华东新华广播电台还在筹备时,播音组便已经作为一个独立科组成立,开展密集的业务学习。

1949年3月25日,陕北新华广播电台随中共中央迁入北平,更名为北平新华广播电台,9月27日,北平更名为北京,电台随之更名为北京新华广播电台。12月5日,北京新华广播电台第一台定名为中央人民广播电台(简称央广),成为名副其实的中央之声、全国人民之声。播音组也随之进行机

---

① 新华总社语言广播部.对目前改进语言广播的几点意见[M]//中央人民广播电台研究室,北京广播学院新闻系.解放区广播历史资料选编.北京:中国广播电视出版社,1985:131.

② 陕北新华广播电台编播往来书信选[M]//中央人民广播电台研究室,北京广播学院新闻系.解放区广播历史资料选编.北京:中国广播电视出版社,1985:146.

③ 综合《张家口广播电台开始广播》《晋察冀广播电台五月一日恢复广播》《晋察冀新华广播电台最近停止广播》等资料。详见中央人民广播电台研究室,北京广播学院新闻系.解放区广播历史资料选编[M].北京:中国广播电视出版社,1985:251-262.

④ 解放区广播电台介绍(一)[M]//中央人民广播电台研究室,北京广播学院新闻系.解放区广播历史资料选编.北京:中国广播电视出版社,1985:85.

构调整,依然以科组为单位进行专门业务工作,人事安排也自然延续,孟启予任组长,丁一岚任副组长,继续领导播音组工作。①

回顾人民播音员的管理机构建设过程,可以发现存在两种管理思路。一种将播音员作为专业技术人员,与无线电技术人员并列。这一机构组织方式将播音作为一种单纯的技术工作,将播音员类比为文字发报员,是以声音传递军政重要信息的技术工种。

这种思路产生有其历史必然性。在中共发展早期,无线电通信资源极为紧缺,无线电通信部队如同党中央的耳目喉舌,合为一体。口头广播与文字广播都源于无线电技术,在当时信息技术条件与制度安排惯性影响下,这一安排可以理解。而当广播发展到一定阶段后,作为大众传播媒介的独立性逐渐显现,此时出现了第二种管理思路——将播音员列为内容生产者,与广播文字编辑纳为一体管理。伴随着认识上的改变,人民播音事业在管理机构设置上逐渐理顺思路,将播音员管理机构从通信部队转入新闻机构技术部门,最终从技术部门转入内容生产部门,以更加科学的方式推动播音事业的持续发展。

与国民党广播机构将播音员和编辑混为一体管理不同,人民广播从一开始便高度重视播音工作,将播音员以独立科组的方式进行管理,工作内容相对更为纯粹,要求更为严格。毕竟,在有限的传播条件下,播音员如同声音战士,口头语言便是他们战斗的武器,需要特别重视,加强学习与训练,提升专项技能,服务党的舆论宣传工作。

(二)新华广播电台播音管理制度

1.坚持党的领导

人民播音事业诞生之初,播音员归属军委第三局管理,"革命战士"是播音员们共同的身份,也象征着崇高的使命。在经军委三局政治处批准传唱的《XNCR之歌》里,他们这样定位自身:"我们是XNCR,我们是革命战士,我

① 中央人民广播电台台史编写组.中央人民广播电台台史资料汇编(1949—1984)[G].内部资料,1990:616.

们播送党的声音,我们放射党的光芒。让党的声音,自由奔放,让党的光明,照耀四方。"①内战全面爆发前,延安新华广播电台的播音员、编辑们还组成自卫军,拿起枪练习射击。三次战斗转移期间,编播人员与新华社同事们一起,在廖承志的带领下边工作边转移,随时做好战斗准备。

作为党的喉舌,新华广播电台的播音管理制度最重要的原则便是"听党指挥",始终坚定党的领导。1943 年 3 月 20 日,中央政治局会议讨论通过《中央机构调整及精简的决定》,撤销了中央党报委员会,增设宣传委员会,负责统一管理中共中央宣传部、解放日报社(包括新华社、广播电台)、中央党校、文委、出版局的工作。此后通过报社合并的机构改革,党中央进一步加强了对党的新闻宣传系统的领导,每一阶段的宣传方针,都由中央讨论决定。作为宣传战线上的革命战士,播音工作在党中央和新华社的部署下,始终听党指挥,为党说话。

2.建立播音语言规范

为了准确、有效地传达信息,新华广播电台通过一系列规范、文件、领导指示,很快形成了一套具有中国共产党特色的播音规范。其中,与播音语言规范直接相关的重要文件有《新华社语言广播部暂行工作细则》《XNCR 陕北阶段工作的简单总结》《对目前改进语言广播的几点意见》《关于土改等报道的检讨》《新华总社语言广播部部务会议决定》《陕北新华广播电台编播往来书信选》《播音手续》《编辑发稿工作细则》《口播清样送审办法》《陕北台播音组关于训练和培养播音员的意见》《北平新华广播电台训练播音员的方法》《邯郸台口播编辑技术初步经验》《邯郸台播音技术的点滴经验》等二十余件②。这些文件明确了语言广播机关的任务,对播音工作的重要性、规范性都做了详细的规定。

---

① 丁戈.XNCR 之歌[G]//北京广播学院新闻系.中国人民广播回忆录:第 3 集.北京:中国广播电视出版社,1990:31.

② 姚喜双在《中国解放区新闻播音语言规范》里统计了与解放区播音语言规范形成有直接关系的各类文件、领导指示、书信、批文、管理办法、规定等(不含回忆录等间接文献),共计 24 件。详见姚喜双.中国解放区新闻播音语言规范[M].北京:语文出版社,2007:13—16.

在播音规范性方面,主要有以下三点要求。

一是播读语音准确。播音员能够使用准确的国语,时刻校对字音,保证读音准确。延安新华广播电台刚刚开播时,徐瑞璋和姚雯每天用《新中华报》练习播音,查字典,研究吐字发音。

二是播读不能出错。1948 年,中共中央发布《关于 1948 年土地改革工作和整党工作的指示》,全文三千三百字。原件照片可见毛泽东对这一文件的批示:"新华社广播(文字及口头,但不发英文广播),在一切报纸上边发表,注意不要译错及发错。"稿件送到新华总社语言广播部后,时任新华社副社长范长江批注:"抄两份,要一字不错,字字清楚。"温济泽指定齐越播出,并转达毛泽东对播音员提出的"不要播错一个字"①的要求。从此,"不要播错一个字"成为新华广播电台播音工作的基本要求,并在各类业务讨论、规定文件里反复强调。1948 年 7、8 月间拟定的《播音手续》提出:"(四)播音时必须严格依照原稿,不得错漏或更改一字。(五)如发现播错,应立即重播……若系重大错误,应请示编辑部负责人,正式发表更正。"②在实际工作中,播音员们互相警醒,并由专人监听,发现错误后及时提醒纠正。

不能播错,是当时的战斗形势决定的。新中国成立之前,红色政权对外宣传的路径非常有限。无线电信号不受地理阻隔,可以穿透敌人对根据地红色报刊的封锁。为了准确传达党的主张,播音务必做到一字不差。在中共中央及领导人的再三要求下,这逐渐成为人民播音工作一条铁的纪律。

三是播读语气、语调等技术应用要符合新闻稿件的内在意义。在陕北新华广播电台时期,播音组便时常召开学习会,共同学习文件精神,讨论播音方法。在齐越保存的《播音工作总结》里,就有温济泽与齐越对具体播音技巧方面的探讨,包括对语气、语调、语速的处理,对声音清晰度、响亮度的追求等。播音员们也在日常工作中认真准备,根据稿件内容,设计相应的声

---

① 陕北新华广播电台编播往来书信选[M]//中央人民广播电台研究室,北京广播学院新闻系.解放区广播历史资料选编.北京:中国广播电视出版社,1985:146.

② 播音手续[M]//中央人民广播电台研究室,北京广播学院新闻系.解放区广播历史资料选编.北京:中国广播电视出版社,1985:159.

音技术，在不断磨炼中逐渐形成了富有科学性的专业认知。播音组组长孟启予提出："播音第一位的是准确。理解要准确，表达要准确。因此，就要深刻理解稿件的内容，掌握它的精神和实质。"从内容出发，而不是片面追求语言形式。这一业务思路给了齐越极大的启发，成为他"参加播音工作以来的一个转折点"①。

3.探索专业管理机制

面对快速扩张的播音员队伍，党组织意识到，播音员作为一支广播战线上的专业队伍，需要进行规范的专业培养，以专门性方法进行管理。延安、陕北新华广播电台时期，播音组的队伍逐渐稳定，专门的管理制度建设逐步展开。主要可以分为三个方面。

其一是组织展开政治学习。广播机构管理者开始意识到，播音员需要了解宣传方针、策略，了解各项业务动态，才能做好党的宣传员。具体措施上，每天播音组组长都要向播音员们传达重要文件精神，组织学习。组内定期召开时事讨论会，由播音员轮流作主题发言，了解全国重要时事变化。在根据地，经常有村镇、机关召开政治学习会、讨论座谈会等，在保证工作的情况下，播音员们经常成建制参加学习。齐越在日记里记载，就在某次时事讨论会结束后，沙河村召开劳动英雄座谈会，播音员们留下值班人员，集体去参会，听劳动模范讲翻身前后的生活对比，接受阶级教育。②

其二是规范播出程序。将播音员工作分为播出前、播出中、播出后三个阶段进行管理。播出前由播音组组长组织，播音员们集体根据文件精神准备稿件，核查字音，查证缺漏，和编辑部时刻保持密切沟通，确保稿件万无一失。对于重要稿件，播音员还需要进行试播，由播音组多人一起听播音员播读，提出意见，及时改正。播出过程中，编辑部主要负责人和播音组都会组织监听，对播读错漏或者不流畅、不准确的地方都要记录下来，每月形成总结汇报给编辑部。播出结束后，组内需及时召开总结会，对重要稿件播读的情况进行分析，展开批评与自我批评。齐越回忆，在1948年按照毛主席"不

---

① 齐越.献给祖国的声音[M].北京：中国广播电视出版社，1991：25.

② 齐越.献给祖国的声音[M].北京：中国广播电视出版社，1991：19.

要播错一个字"的要求播读《关于 1948 年土地改革工作和整党工作的指示》后,组内召开总结会,对一个时期的播音工作进行总结。会上同志们既肯定了齐越没有播错一个字的成绩,也对他在前一个时期片面追求"语气自然"而容易播错进行批评。

其三是规范播音员队伍培养。在长期工作中,各方管理者逐渐认识到,播音员是在话筒前进行重要工作的宣传工作者,需要根据其工作特殊性有针对性地进行培养。1947 年 6 月,语言广播部发出《对目前改进语言广播的几点意见》,提出要有计划地培养广播编辑干部(擅长编写单播稿)、广播评论员和播音员。[①] 1948 年 10 月,《陕北台播音组关于训练和培养播音员的意见》提出,应将训练、培养播音员作为一项有步骤、有组织的工作安排有计划地具体展开,以保证接收敌台、建立新台时能够顺利接任,并提出了任用播音员的基本条件、培养路径、培养方向等。1949 年 8 月,《北平新华广播电台训练播音员的方法》总结出台内培训、见习的规范性培训流程,概括为"带徒弟、集体讨论、在工作中学习,并借总结经验逐步加以提高"。

综上可见,从延安走来的人民播音事业,依托党领导的宣传组织机构,在新中国成立之前就已经初步建立起一套行之有效的专业队伍管理机制,从播音工作流程、工作规范、培训提升等多个方面展开探索,并获得了大量有效经验,形成一系列播音管理制度,为日后人民播音事业的进一步发展奠定基础。

四、民营广播电台播音管理机制

(一)民营广播播音员行业组织的建立

1.民营广播行业组织的建立与发展

新中国成立之前,民营广播电台相对独立性较强,政府职能机构对广播

---

① 新华总社语言广播部.对目前改进语言广播的几点意见[M]//中央人民广播电台研究室,北京广播学院新闻系.解放区广播历史资料选编.北京:中国广播电视出版社,1985:131.

电台以原则性、规制性的总体管理为主。民营广播电台的播音员多采用雇佣方式,可以专任,也可以兼职,还可以自包时段组织播出,形式灵活、组织松散。在这种情况下,民营广播电台逐渐形成了以行业协会为社会团体组织对播音业进行协调管理的组织方式。

1932 年 10 月,在上海亚美电台、元昌电台的号召下,上海民营电台的第一个联合组织——"中国播音协会"正式成立。虽然名头不小,但实际上只是一个范围较小的民间组织。以此为基础,1934 年春天,国民党上海市执行委员会核准办理了上海市无线电播音业同业公会许可证书,11 月 11 日,播音业同业公会在上海市商会成立,并推举福音电台负责人王完白为主席,苏祖国(亚美电台)、陈子桢(国华电台)等九人为执行委员会委员①。这里的"播音"是广义上的"广播"意义,指通过广播电台所进行的一切有声语言传播信息的活动。因此,播音业同业公会实质上是上海市广播电台界的行业协会,负责出面打理涉及整个上海广播业的各项公共事务。

孤岛时期,地处租界的民营广播电台依然存在一定生存空间。为了谋得生计,1938 年,公共租界工部局属下的二十八家民营电台组成上海市民营广播电台公会,对战时募捐、广播广告、播音员管理等行业规则进行协商拟定。

抗战胜利后,国民政府对上海广播业进行了整体清理整顿。孤岛时期成立的上海市民营广播电台公会被认定为非法组织,此后上海电信局对民营广播电台进行重新审核,到 1946 年夏天,只批准了二十二家民营台营业。②。

为了加强对民营广播电台的管制,上海市社会局委任抗战前民营广播电台公会的主理人王完白、苏祖国、张元贤、凌曙东四人为民营无线电业整理委员,于 1946 年 10 月 11 日重新成立电台公会,并更名为"上海市民营广

① 《申报》关于播音业同业公会成立的报道[G]∥上海市档案馆,北京广播学院,上海市广播电视局.旧中国的上海广播事业.北京:档案出版社,中国广播电视出版社,1985:240—241.

② 赵玉明.中国广播电视通史[M].北京:中国广播影视出版社,2014:86.

播电台商业同业公会"。值得注意的是,此次电台公会是在上海地方党政当局的主导下组建的。经历了抗战烽火,上海当局意识到,民营广播电台同样是一支舆论力量,可以通过行业协会对民营广播界进行管理。既有政府支持,又有行业首领牵头,在抗战胜利后的数年时间里,行业协会对上海民营广播界影响颇深。

上海民营广播行业公会组织的成立与运营,拓展了民营广播组织介入社会治理的空间,也启发了其他民营广播电台较为发达的城市。1947 年,南京市首都、益世、金陵、建业、青年等多家民营电台经由南京市社会局批准备案,筹备组织同业公会①;天津华声、中行、中国、世界、友声五家民营广播电台发起成立天津民营电台联谊会。

2.上海市播音员联谊会的成立

上海民营广播电台的播音员多为游艺人员,主要是各类戏曲、曲艺、滑稽戏演员,平时既在剧场演出,也通过广播演出。在上海,专门的游艺协会作为行业组织早已存在,因此早期广播电台行业公会成立时,并没有专门成立播音员行业组织,遇事以游艺协会派出相关人员代表协商即可。

随着民营广播播音事业的逐渐发展,一方面,民营广播业出现了大量专职播音员以及专门在广播里从事歌曲演唱、话剧演出,同时兼顾节目播音的艺人,其职业特征、行业环境、运营方式均呈现出独特之处。另一方面,播音员与广播电台之间的关系也颇为复杂,既有广播电台直接雇佣的报告员,也有自组广告社承接电台时段播出的播音员,与电台实质上为商业合作关系。因此,电台公会和游艺协会并不能完全代表民营广播播音员的利益,成立专门的行业协会成为必然。

据 1938 年的报刊,当时上海已经有游艺播音联谊社,统一接洽游艺播音员广告播出事宜,保护游艺播音员利益。这可能是中国最早的播音艺人协会组织。1947 年 4 月 5 日,上海民营电台播音员们假座游艺协会会场,举行上海市播音员联谊会筹备会,决议于 21 日召集全市播音员举行成立大会,"凡在本市各电台的播音员,而以播音广告作为营业者,不分性别,都得为该

---

① 尤.首都电台决筹组同业公会[J].胜利无线电,1947(15):33.

会的会员"。办会宗旨为："联络感情，研究学术，宣扬社教，提高文化水准及求改进同业的福利。"①大会选举滑稽剧播音名家、滑稽戏剧公会理事长沈菊隐为理事长，钱无量为常务监事，徐道明、黄兆熊为常务理事，朱瘦竹、李竹庵等为理事，周柏春、徐清风、金志英为候补理事，钱无量、骆月楼、顾合才为监事，唐笑飞为候补监事。② 上海民营广播电台播音员行业协会组织正式成立，意味着在上海民营广播界，播音员正式成为一个独立的行业，以协会组织的方式进行引导与管理。

（二）民营广播播音员行业组织的作用

1.建立行业秩序，维护团体利益

无论是广播电台同业公会还是播音员联谊会，首要作用便是建立行业秩序、维护行业利益。1946 年上海市民营广播电台商业同业公会拟定《上海市民营广播电台商业同业公会业规草案》，划分法令、电台机件及设备、营业、节目、处罚、人事六个部分，对行业运行规则进行整体规制。同年，公会发布《上海市民营广播电台商业同业公会播音合同草案》，用固定合同样式规范广播商业广告的经营准则。一系列要求、号召，通过参与协会核心活动的各个电台负责人传达、贯彻，逐渐扭转抗战胜利初期上海民营广播无序竞争的混乱局面。

与电台公会相比，播音员行业协会更注重对播音员利益的直接保护。孤岛时期，受战争影响，上海商业凋敝，广播电台之间的竞争异常激烈，在各个商业电台自由演出的游艺播音员报酬被大幅压低，甚至为了争取播出机会免费播出。为了保护自身利益，1938 年，弹词界、申曲家、苏滩界、滑稽界自发结成游艺播音联谊社，制定统一的价格、章程，碰上有人邀请，便要求直接联系游艺播音联谊社，根据统一的播出章程和价格收费，"每次播特别节

---

① 播音界的好消息：播音员联谊会即将成立[J].胜利无线电,1946(02):20.
② 艾红红.中国民营广播史[M].新北:花木兰文化出版社,2016:186.

目时须收费若干,谁也不能再尽义务"①。由此形成有效的行业保护。

抗战胜利后,上海电信局加强了对民营广播电台的管理,要求电台每隔半个小时须报告呼号,以便飞行、航运与地面进行联络。应此要求,电台同业公会提出从1947年4月1日起所有电台节目由每档四十分钟改为三十分钟,向播音员收取的时段电费也相应降低,从原来的五十万、七十五万、一百万减为四十万、六十万、八十万等。②虽然看似做了相应调整,但仔细计算可以发现,播出时间缩短了25%,承包价格却只降低20%,直接压缩了游艺播音员的获益空间。播音界迅速反应,由游艺协会派出沈菊隐、李竹庵、周柏春等代表向公会提出抗议,要求维持原状,并组织上海全市游艺播音员集体罢播以示抗议。经过一番争执协商,最终播音员团体与电台公会达成协议,答应改以三十分钟为一档节目的基本播出时长,但是价格按3月比例相应缩减,以保证播音员团体的经济利益。

从时间线来看,3月播音员业界与电台公会提出抗议,4月便召开筹备会组织成立上海市播音员联谊会,可见此次抗议事件直接促进了上海市播音员联谊会的正式成立,当时的报刊甚至直接将播音员联谊会定义为"为反对民营电台增加电费而发起"③。可以说,维护自身行业利益,是播音员协会组织的首要任务。

2.推动职业意识,增强身份自觉

在旧中国,"吃开口饭"的戏曲、曲艺演员一直处于社会底层,很难得到公众的认可与尊重。播音界自身也较为松散,"素向没有联络,漫无组织"④。在新的媒介环境里,播音业面临新的发展机遇。一批民营广播电台播音员逐渐认识到,播音员作为一种诞生于现代大众传播媒介的新型职业,具有过去一般曲艺演员所不具备的舆论影响力,亟须凝聚新的职业共识,建立职业

① 吕布.特别节目的将来[G]//上海市档案馆,北京广播学院,上海市广播电视局.旧中国的上海广播事业.北京:档案出版社,中国广播电视出版社,1985:475.

② 探马.电的波折! 闪电新闻:民营电台公会播音联谊会发生小纠纷! [J].胜利无线电,1947(14):17.

③ 人韦.电台消息[J].沪光.1947(17):3.

④ 播音界的好消息:播音员联谊会即将成立[J].胜利无线电,1946(2):20.

身份自觉。

1949年，上海市播音员协会经由沈菊隐的上海新村服务社出版《播音天地》杂志，意在"建立一个播音的评论标准"，同时"普遍地灌输播音的学识，以求听众和播音员的进步"①。创刊号刊登上海市播音员协会理事长沈菊隐所撰的《播音员的责任与使命》一文，开宗明义提出："播音是神圣的事业，播音员是神圣的自由职业，播音员的素质、学识和修养是播音事业发展的决定因素。"②将播音员推向一个前所未有的社会高度。

在这篇文章中，沈菊隐详细叙述了广播切实作用于国家社会建设的重要作用，尤其是游艺节目可以寓教于乐，通过为大多数人喜闻乐见的娱乐剧情"寓以教化的意义，那么无形中自然可以收到移风易俗，潜移默化的教育力量"③。因此，游艺播音员完全可以用话筒作为宣传工具，做更多裨益国家社会的事情，让社会人士转变对游艺人员的认识。

此后，《播音天地》几乎每期都会刊登此类职业教育文章，如上海滑稽播音名家於斗斗的《播音舆论》、宗彝的《播音员确应负教育之责》、西利非的《播音员的水准》等，以提升行业对自身社会责任、职业自尊的认同。从这些文字可以看出，一些有经验的播音员虽身处民间，但已经深切体会到这一行业并非仅仅提供简单的娱乐消遣，而是借助广播这一现代声音媒介向社会大众展开舆论宣传，因此必须承担起相应的社会责任。

不同于一般通俗刊物、流言小报总是把播音员当噱头，以惊悚标题、低俗品位博眼球，《播音天地》以郑重又饶有趣味的笔法，介绍了大量民营广播电台的优秀播音员，或总结他们的艺术风格，或由播音员自述成才之路，或刊载优秀节目反馈文章，多方面展示播音员立体、正面，易于为政府和社会大众普遍接受的形象。

陈西平撰写的《播音员一字评》系列文章，用一个字概括知名播音员的风格，再加以延伸阐释，如曾水手是"硬"，"与其正在罗宾汉，飞报所撰之文

---

① 一声.编者的话[J].播音天地,1949(1):7.

② 沈菊隐.播音员的职责与使命[J].播音天地,1949年创刊号:1.

③ 沈菊隐.播音员的职责与使命[J].播音天地,1949年创刊号:1.

字作风想象,有啥说啥,宛如山东人讲话,说得透彻。讲得弹硬,听众们都听得过瘾"。筱快乐是"重","报告两声,说说两句,却是分量沉重,句句有种,如听老师教训"。周瑛是"稳","口齿纯熟,脱尽火气,即是商业广告报告,亦是平稳有致,无穷凶极恶之感听来宁静清谈,如谈家常"。① 二十余位播音员各具特色的播音风格在陈西平笔下栩栩如生,如有耳闻。《西北风和播音风》则是对播音员大胆抨击社会不公现实的行为进行毫不吝啬的褒赏:"多么会说又会骂的播音风啊!说得贪官满脸通红,骂得奸商心肉疼痛,人间的一切罪恶都因之而远遁了!代表大众人民说心中的话。"②这些正面反映播音员业务能力、社会责任感的文章、评论,引导播音员团体提升社会责任感,主动提高自身业务水平,树立正面形象,促进行业健康发展。

---

① 陈西平.播音员一字评[J].播音天地,1949(2):1.
② 刘长源.西北风和播音风[J].播音天地,1949(2):2.

第三章 探索迂回:中国播音事业布局建设

(1949—1978)

1949年10月1日,中华人民共和国宣告成立,中央广播事业管理处随之改组为广播事业局,直属中央人民政府政务院新闻总署。1952年新闻总署撤销以后,广播事业局的行政管理归属随国家行政机关调整多次变动,但在宣传业务上始终由中共中央宣传部直接领导。

在中共中央的高度重视与支持下,在新中国成立后的近三十年里,中国广播电视事业发展迅猛,党和国家的声音深入农田乡镇,成为人们了解党和国家方针政策的窗口。1958年北京电视台开播,现代电子传播媒介从声音走向声画全通道。到1980年,全国广播综合人口覆盖率达到约50%,电视综合人口覆盖率约30%。① 有多少个广播电台、电视台,就有相对应数量级的播音员队伍。在紧锣密鼓的建设声浪中,开启了社会主义播音事业基础布局建设。

---

① 江澄.改革开放以来我国广播电视覆盖的发展[J].广播与电视技术.2006(10):27-29.

第一节　新中国播音员队伍的整合与扩张

一、新中国成立初期播音员队伍大整合

从解放战争后期到社会主义改造全面完成,在前后约八年时间里,中共中央宣传部、中央广播事业管理处及其后续管理广播电视事业的中央行政机构直接领导广播事业进行了全面的社会主义改造。播音员队伍随之展开全国性的大整合。

(一)大量调派新播音员

考虑到战争时期敌我矛盾尖锐的现实状况以及播音员岗位的重要性,1948 年 11 月 20 日中共中央发布了《中共中央对新解放城市的原广播电台及其人员政策的决定》,明确放弃了对原旧广播播音员的使用,提出在组建城市工作队时,就"必须配备若干广播编辑与广播员,准备入城后即开始工作"①。

在这一指示下,解放区各地广播电台播音员纷纷被抽调编入准备接收城市各项工作的干部工作队,同时在投奔革命工作的青年大中学生里选拔抽调了一批青年,经过政治培训以后承担接收任务。在这一过程中,不少具有语言基础的青年学生被分配担任播音员。后来中央人民广播电台著名播音员、播音语音发声学的重要奠基人徐恒,便是在 1948 年从南开大学投奔解放区以后,被分配到未来的天津新华广播电台担任播音工作。1949 年 1 月 14 日,徐恒跟随解放军部队一起,冒着炮火入城,接收电台,播出天津新华广播电台的第一声。

---

① 中共中央对新解放城市的原广播电台及其人员政策的决定[M]//中央人民广播电台研究室,北京广播学院新闻系.解放区广播历史资料选编.北京:中国广播电视出版社,1985:334.

然而,此时人民广播家底尚薄,兼具政治能力与城市管理能力的干部奇缺,懂电台、会广播的更是少数。部队占领以后,经常只有两三个人负责接收电台,很难保证给每一座接收电台都配备一位播音员。为此,解放区各个电台纷纷抽调播音员,支援新解放城市的人民广播建设,例如华东台在只有四个女播音员的情况下全数调出。即便如此,也只能保证重点城市:"一个去南京台,一个去杭州台,我(苏玥)和夏之平同志去上海。"①甚至因为大量人员抽调,一些根据地电台自身也出现了播音员紧张的情况,"邯郸台及准备接太原台之人员,已极紧凑,故今后不宜再削弱上述两台人员,以分散使用"②。

为了解决这一现实问题,中共中央宣传部在给华北局宣传部的指示中提出了因地制宜的干部配备方法,先"由剧团文工团抽调临时广播员,暂兼编辑"③。

(二)接收与改造原旧电台播音员

如前所述,解放区既有播音员队伍人力不足,无法满足大量新接收电台需要,且当时的播音工作仍具有一定的技术门槛,除了播读稿件以外还要"兼放音员,负责开机、试音、调音、放唱片、放钢丝录音、计时等值班任务"④。从来没有担任过播音员的解放军工作人员在初接手时确实遇到一些困难。而旧广播员里,很多人缺乏政治信仰,仅仅将其视为一份职业技术工作,并没有顽固的反动思想。因此,根据全国解放过程中的实际情况,中共中央于

---

① 苏玥.最初的日子[G]//北京广播学院新闻系.中国人民广播回忆录:续集.北京:中国广播电视出版社,1986:268.

② 中共中央宣传部关于新解放城市广播电台问题给华北局宣传部的指示(一九四八年十一月十九日)[M]//中央人民广播电台研究室,北京广播学院新闻系.解放区广播历史资料选编.北京:中国广播电视出版社,1985:338.

③ 中共中央宣传部关于新解放城市广播电台问题给华北局宣传部的指示(一九四八年十一月十九日)[M]//中央人民广播电台研究室,北京广播学院新闻系.解放区广播历史资料选编.北京:中国广播电视出版社,1985:339.

④ 周新武.华东人民之声:华东新华广播电台、华东人民广播电台史实[G].北京:中国广播电视出版社,1994:410.

1949 年 9 月发布《中共中央关于旧广播人员政策的补充指示》，对原有政策进行了一定程度的调整："旧广播员经甄别除政治上确属反动不用外，其余仍可在我们的负责管理教育下留用，这对我们没有坏处。"①经过严格的政治考核，一些原国民党及民营广播电台的播音员被留用，在工作中改造学习，服务人民。曾在国民党山东电台担任播音员的蔡美娴，后来还在江苏人民广播电台担任播音组组长。上海台则在成立之初就留用了五位原国民党上海广播电台播音员：施燕声、施岁华、哈丽莲、何凤倩、仓凯纳。②

新中国成立后，全国陆续开展对私营广播电台的社会主义改造。其一，接管、查封了一批以私营台为名义，实际上由退台的国民党政府支持的广播电台。其二，对违反军管会条例和人民政府相关法令的广播电台，勒令停播。其三，以公私合营的方式，由人民政府出资购买股权、收购广播器材，逐步完成私营企业的社会主义改造。1953 年，由上海私营电台合并而成的联合广播电台正式并入上海人民广播电台，其私人股份、财产由上海市人民政府作价九亿元(旧币)一并购买，上海私营电台的社会主义改造就此完成。

伴随着私营电台的消失，曾经名噪一时的广播明星们有的转行另觅出路；有的回到专业曲艺领域，再创辉煌，如马三立、侯宝林等名家，不再受广告限制，专攻广播相声，终成一代大师；有的投身人民广播，成为新中国播音员队伍的有生力量。上海联合广播电台并入上海人民广播电台时，上海人民广播电台播音组吸纳了十五位上海联合广播电台播音员，以三十三人的规模成为当时编辑部规模最大的科组，其中包括在上海百姓中颇有声望的民营广播电台沪语播音员万仰祖、张芝等人。

整合之后，原来分散、凌乱、各自为政的状态不再，中国播音员队伍统一归入人民广播系统，由国家有关行政主管部门和各级人民广播电视机构进行直接管理。播音员自此成为国家声音的象征，代表党和政府发出新中国人民之声。

---

① 中央关于对旧广播员政策的补充指示[J].宣教工作通讯.1949(2)：11.
② 周新武.华东人民之声：华东新华广播电台、华东人民广播电台史实[G].北京：中国广播电视出版社,1994:409.

二、"十七年"时期播音事业下沉基层

1950 年初，全国有人民广播电台四十九座，且主要集中在省会以上城市，而地域广阔、人口众多的中国农村地区，与现代广播事业几乎是隔离的。

"无线电广播事业是群众性宣传教育的最有力的工具之一，在我国目前交通不便、文盲众多、报纸不足的条件下，作用更为重大。"①随着社会主义改造的全面展开，广播事业通过多种方式快速下沉，从中心城市逐渐进入中小型城市、县城、乡镇乃至村社。1950 年 4 月 22 日，新闻总署发布《关于建立广播收音网的决定》。1951 年 9 月 12 日，新闻总署、中华全国总工会联合发布《关于在全国工厂、矿山、企业中建立广播收音网的决定》，要求凡是没有建立广播台或收音站的工矿企业，都应在行政方面的帮助和当地人民广播电台的协助下，将有线广播电台或收音站建立起来。② 城市基层政府、厂矿、部队乃至社区、学校纷纷建立起自己的广播站。

农村广播方面，县级广播站以及遍及全国的农村广播网呈现出史无前例的快速发展态势。1952 年 4 月 1 日，全国第一座以县为区域范围的广播站——吉林省九台县广播站正式播音。它利用电话线传送广播，将广播引入农村，为建立农村有线广播网提供了范例。1955 年 10 月 11 日，毛泽东在七届六中全会上明确提出要"发展农村广播网"③；两个月后，在《征询对农业十七条的意见》中又提出："在七年内，建立有线广播网，使每个乡和每个合作社都能收听有线广播。"④1956 年 1 月，中共中央颁布的《全国农业发展纲要（草案）》第三十二条规定："从一九五六年起，按照各地情况，分别在五年或十二年内，基本上普及农村广播网。"⑤在中央明确指示、强力推进下，经

---

① 中国社会科学院新闻研究所.中国共产党新闻工作文件汇编：中（1950—1956）[G].北京：新华出版社，1980：64.

② 赵玉明.中国广播电视通史[M].北京：中国广播影视出版社，2004：178-179.

③ 毛泽东.毛泽东文集：第六卷[M].北京：人民出版社，1999：475.

④ 毛泽东.毛泽东文集：第六卷[M].北京：人民出版社，1999：510.

⑤ 赵玉明.中国广播电视通史[M].北京：中国广播影视出版社，2004：196.

过十余年大力建设,到 1966 年春,全国有县级广播站两千多座,放大站和公社广播站八千四百三十五座,广播喇叭八百七十二万只。有线广播喇叭普及到 77% 的人民公社、54% 的生产大队和 26% 的生产队。1976 年年底,全国建成县级有线广播站二千五百零三座,安装有线喇叭一亿一千三百万只。①

除了转播中央人民广播电台的节目,各级广播电台、广播站始终保有一定量的自办节目。以吉林省为例,"文革"以前,吉林省共有省市级广播电台七座,每天都要制作大量的自办节目。1957 年,长春电台自办节目有《长春新闻》《综合》《文艺》《周末剧场实况》等,共三百分钟。1958 年,通化人民广播电台全天播音七小时四十分钟,其中自办节目五小时五分钟,占总播出时间 66%。60 年代的白城人民广播电台自办节目有五小时四十五分钟,占全天播音时间的 76%,农牧业稿件又是其中的重点,占到 60% 左右。②

县级广播站也不例外。1953 年初,九台县广播站每天播音两次,播音时间为三小时五十分钟。广播内容和播出时间如下:

第一次播音(11:00—12:50)

11:00—11:05 开始曲

11:05—11:30 综合节目

11:30—11:40 音乐

11:40—12:00 地方通讯

12:00—12:30 文艺节目

12:30—12:45 转播中央人民广播电台新闻

12:45—12:50,终了,预告下次节目

第二次播音(17:30—19:30)

17:30—17:35 开始曲

17:35—18:00 农村通讯

---

① 赵玉明.中国广播电视通史[M].北京:中国广播影视出版社,2004:243,279.

② 吉林省地方志编纂委员会.吉林省志·新闻事业志·广播电视[M].长春:吉林人民出版社,1991:125-133.

18:00—18:30 农村广播站联播节目

18:30—19:00 文艺节目(星期一、三、五)、综合节目(星期二、四、六)

19:00—19:20 转播省电台新闻

19:20—19:30 终了,预告次日节目①

　　从当时的节目表可以看出,县级广播站麻雀虽小,五脏俱全,具备较为规范的节目编播体系,大量时间用来播出自制的新闻、通讯、文艺节目,甚至还组织下一级乡镇广播站搞联播。各个乡镇(公社)广播站自然也不能示弱。基层播音员往往直接来自社会,从教育系统、艺术团体、知青学生中选拔产生。中国播音事业正是通过一个个"小麻雀"般的地方广播台站自办节目,从中央走向地方,从城市进入农村,在广袤的祖国大地上迈开坚实的步伐。

三、电视播音员队伍诞生

　　1958 年 5 月 1 日,中国第一家电视台——北京电视台开始试播。电视事业的诞生,带来了一个前所未有的职业——电视播音员。在缺少先例的情况下,电视播音员首先从优秀的广播播音员里挑选。中国第一位电视播音员沈力,1957 年考

图 3-1　中国第一位电视播音员沈力②

入中央人民广播电台担任播音员,在电台工作一年以后被选入北京电视台。1958 年 9 月 2 日 19:00,北京电视台正式开始播出电视节目,二十五岁的沈力成为中国电视屏幕上的第一人。

---

　　①　吉林省地方志编纂委员会.吉林省志·新闻事业志·广播电视[M].长春:吉林人民出版社,1991:207.

　　②　我们共同走过:沈力的荧幕人生[EB/OL].(2010-5-17)[2022-10-29].https://tv.cctv.com/2010/05/17/VIDE1355590535412166.shtml? spm = C55924871139. PGHhEC-ZjcTkS.0.0.

1959 年下半年,经周恩来总理特批,北京电视台得以在全北京市高中学生中选拔播音员。台人事处和中央广播事业局干部处组成的选拔小组对一千多名高中生进行各项考核,1960 年,北京市二十二中的学生赵忠祥和北京市女十二中学生、曾在《祖国的花朵》里扮演角色的吕大渝被选中,成为第二批播音员。由沈力、赵忠祥、吕大渝组成的播音组承担了"文革"前电视台所有节目的播音工作。一般来说,沈力、赵忠祥负责相对沉稳严肃的新闻、政治节目,吕大渝则负责青少节目和文艺节目。没有专职的化妆师、服装师,都是播音员自己动手,美工师帮忙裁剪。直到 70 年代末彩色电视开播,才有了第一位专职化妆师。

和广播创立初期相似,新生的电视播出均为直播,这就意味着电视播音员需要像话剧演员一样在不同的演播室里不断转场,保证节目播出。例如在节目刚开始时在演播室出图像,介绍新闻大致内容,然后趁着十几秒的片头音乐时间,迅速转场进入配音室,对着监视器上正在播出的电视新闻画面进行直播解说。如果电视新闻播出结束后还有文艺演出,那么播音员还要赶去文艺演出的演播室,进行演出报幕。节目虽然看起来像是摄录完成再播放,实际上却是七八个工种当场合成的。①

这种工作方式给播音员带来很大的压力,也形成了电视播音员独特的工作方式。其一,电视解说需要对着画面直播进行,不但需要和画面配合,还需要和音乐配合,做到严丝合缝。其二,当时没有提词器,播音员需要将出镜稿全文背诵。一旦遇上紧急稿件,就会给播出带来很大风险。其三,受限于技术条件,演播室时常出现一些小技术故障,面对镜头,播音员必须临危不乱,沉稳应对。其四,由于是直播,播音员不能有一点到岗时间上的疏忽,一旦错过,就是非常严重的播出事故。

面对全新的事业,该如何把握广播播音和电视播音的异同之处?第一代电视播音员在短时间内用自己的大胆探索给出了答案。

60 年代初,沈力在《广播业务》上发表了《电视广播中的播音工作》,提

---

① 吕大渝.走近往事:一位共和国第一代女电视播音员的自述[M].北京:中国文联出版社,1999:159-160.

出电视播音工作和广播播音工作一样，都是党和政府宣传工作的重要组成部分。由于出图像的工作特性，电视观众看得见播音员，而播音员却看不见观众，只能靠想象，透过面前空泛的镜头，看见观众渴望的眼神。因此，电视播音员必须饱含着真切与热情，将电视机前的观众想象为自己熟悉的亲人朋友，迅速调动情感和观众见面。

电视播音工作还有一个重要的特点，便是更加强调个人风格。沈力、赵忠祥、吕大渝三人年龄、性别、性格都存在差异，观众一看就能轻易分辨，如果三个人都播成一个样子就会显得过于死板。为此，沈力在《业务小结》中提出，电视播音员应该在掌握基本要求的前提下，展现自己的个性，创造不同风格。通过对节目传播对象、节目内容、形式、播音员在节目中的作用等因素"进行具体分析，寻找出既适合节目内容，又能发挥个人不同风格的播法"①。

可以说，沈力对电视播音员工作的特性理解是超前的。她敏锐地意识到，电视播音员作为与观众见面的传播者，其作为一个"人"的特性会被放大，播音员需要以一个独立个体的身份与形象与观众建立联系。这种理解为沈力成为中国电视荧屏上第一位固定栏目主持人打下基础。

北京电视台开播以后，一批地方电视台紧锣密鼓地开始筹建。1958年10月上海电视台成立，同年12月哈尔滨电视台开始播出。到1961年年底，全国已建立电视台、实验电视台和转播台二十六座。三年困难时期，电视播出规模压缩，只保留了北京、上海、广州、沈阳、天津、哈尔滨、长春、西安电视台的正常播出。②

早期电视台播音员大多人员紧缺。上海电视台开播时，只有一名专职女播音员沈西艾，负责所有节目播报、串联、配音工作，有时还要外出采访、

①　中央电视台研究室，主持人节目研究委员会.中国荧屏第一人：沈力[M].北京：中国广播电视出版社，1999：34-35.

②　赵玉明.中国广播电视通史[M].北京：中国广播影视出版社，2004：218，233.

接待,甚至在直播电视剧里饰演角色①。1960 年,增加了男播音员赵文龙。②
1973 年,由于彩色电视开始试播,工作量增加,播音员增至三人,70 年代后期
增至六人。③ 这些播音员大多是从剧团、电台调用,例如上海人民广播电台
播音员黄其就借调到电视台,同时还要兼顾电台的播音工作。1959 年开播
的广州电视台,两位播音员陈昌猷、何玉芬,不但包揽了各类节目的配音、串
联、演出、朗诵,还经常参与文艺节目的组织,担任编导、剧务等工作。

　　总体来看,"文革"之前,中国电视播音事业虽然人数少,但质量并不低。
为了开启新的事业,播音员大多来自优秀广播播音员队伍或专门选拔,不但
形声俱佳,且具备较高的专业素养和综合素质,能够适应节目编播一体化的
要求,并形成了一定的电视播出经验,为 80 年代电视播音主持事业的全面发
展打下良好基础。

四、"文革"期间播音员队伍发生结构性波动

　　1966 年 5 月 16 日,中共中央政治局扩大会议通过了《中国共产党中央
委员会通知》(简称《五一六通知》),标志着"文化大革命"全面爆发,承担着
意识形态工作的广播电视部门首先受到大规模冲击。原有的播出安排完全
被打乱,自办节目纷纷撤销,造反派自办节目,宣扬"造反有理"。1967 年 1
月 11 日,中共中央发出《关于广播电台问题的通知》,要求地方广播电台实
行军事管制,12 月 12 日,中央广播事业局军管小组进驻中央广播事业局,以
此为标志,广播电视系统的混乱状况结束。④

　　"文革"期间,播音事业受到极大破坏,播音员队伍发生结构性波动。中

　　① 《上海广播电视志》编辑委员会.上海广播电视志[M].上海:上海社会科学出版
社,1999:481.

　　② 赵文龙.虽然艰苦,但值得留恋[G]//上海音像资料馆,上海文广新闻集团节目
资料中心.老电视人口述历史.上海:学林出版社,2009:93.

　　③ 《上海广播电视志》编辑委员会.上海广播电视志[M].上海:上海社会科学出版
社,1999:481.

　　④ 赵玉明.中国广播电视通史[M].北京:中国广播影视出版社,2004:253-255.

央人民广播电台一大批著名播音员在运动中遭受迫害，被迫离开话筒。中央广播事业局局长梅益被定性为"黑帮分子"，播音员齐越、潘捷、费寄平三人作为"黑帮分子"梅益"招降纳叛"的大红人，被揪上台陪斗。齐越进入播音区的出入证被没收，个人被定为"反党反社会主义分子、国民党特务分子"，甚至要求每天公开"摆摊"反省。更有甚者，堵着"牛鬼蛇神"孟启予、丁一岚，剃去一半头发。①上海人民广播电台著名播音员陈醇，1969 年至1972 年被下放至吉林省四平地区，与上海下乡知青们一起接受贫下中农再教育，70 年代中期又被下放到"五七干校"。② 1974 年以后，情况有所好转，在周恩来总理的亲切关怀下，齐越等一批从延安走来的播音业务骨干得以重返工作岗位。

　　和中央人民广播电台类似，省级广播电台的播音员队伍也发生剧烈震荡。1967 年 1 月 11 日，中共中央发出《关于广播电视问题的通知》，要求地方广播电台只转播中央人民广播电台的节目。尽管 1 月 23 日中共中央又发出《关于广播电台问题的补充指示》，提出"在实行军事管制时期，地方电台可以自编一部分节目③"，但实际上，在"文革"造成的政治高压氛围里，自办节目的空间非常狭窄，许多省级台直接取消了自办节目，全天转播中央人民广播电台节目。即便是保有少量自办节目，也以不出"错"为前提，采取"新闻靠报纸、文艺靠样板戏"的办法，保障安全播出。没有节目，自然不需要播音员。1953 年时，江苏人民广播电台有播音员十二人，"文革"期间因政治历史问题牵连，老播音员有的调出，有的"靠边"，几乎无人可用，只能"从南京师范大学等高等院校广播站调进了几个播音员，北京广播学院分来了几个

---

① 杨沙林.用生命播音的人：忆齐越［M］.北京：中国广播电视出版社，1999：156-157.

② 陈醇.齐越精神永恒［M］//北京广播学院播音主持艺术学院.永不消逝的声音：缅怀齐越教授专辑.北京：北京广播学院出版社，2004：23.

③ 中国广播电视年鉴编委会.中国广播电视年鉴.1986［M］.北京：中国广播电视年鉴社，1987：1090.

播音系毕业生,此时播音队伍基本上是新成员"①。在吉林省,1966 年初,吉林电台播音组有十五名播音员,1966 年至 1969 年期间,随着自办节目停止播出,十一名播音员先后调离播音组,全台只剩下四名播音员。② 在畸形的政治高压之下,老播音员队伍被打散,原来"爱憎分明、亲切自然"的播音风格消散,变成了"高、平、空、冷、僵、远"的语调。这种状况一直到 80 年代以后才得以逐步调整。

"文革"期间,新闻行业整体呈收缩态势,但是,以农村广播网为代表的基层广播建设依然保持了比较高的建设速度。1973 年,全国农村 95%的生产大队和 91.4%的生产队通了广播,61.5%的农户有了广播喇叭。全国农村有线喇叭达九千九百万只。③ 全国县级广播站普遍建立。此外,社区、工厂等城市基层收音站、广播站也广泛普及。

遍及城乡的广播设施以转播中央、省级广播电台节目为主,同时自采自编一些基层新闻,反倒保留了一定程度的自主性。基层播音员大多来自各行各业,没有受过专业训练,凭着一腔热情,以采编播合一的方式报道基层新人新事。著名主持人敬一丹"文革"期间曾在黑龙江下乡,当时她只是一名没有受过任何专业训练的普通知青,偶然被调派到林场广播站担任播音员。"在这小小广播站,我是广播员、记者、编辑、技术员、站长,采编播彻底合一,我干得认真而充实。"④和敬一丹同为 1976 级北京广播学院播音专业学生的韩菊,70 年代曾是新疆特克斯县广播站播音员,除了播音,还要下乡采访,"我还学会了修入户小喇叭,学会了骑摩托车,还学会了开手扶拖拉机……"⑤敬一丹另一位同班同学关蕾,曾在北京第二通用机械厂广播站担任播音员,小小广播站,一共两个广播员。由于没有受过专业教育,基层播

① 江苏省地方志编纂委员会.江苏省志·广播电视志[M].南京:江苏古籍出版社,2000:348.

② 吉林省地方志编纂委员会.吉林省志·新闻事业志·广播电视[M].长春:吉林人民出版社,1991:106-107.

③ 赵玉明.中国广播电视通史[M].北京:中国广播影视出版社,2004:278.

④ 敬一丹,等.我——末代工农兵学员[M].武汉:长江文艺出版社,2017:73.

⑤ 敬一丹,等.我——末代工农兵学员[M].武汉:长江文艺出版社,2017:75.

音员在业务水平上普遍比较生涩,一边模仿学习,一边工作。

整体来看,"文革"期间播音员队伍架构发生了明显变化。在新中国成立初期,中国的播音员队伍主要集中在北京、上海等大型中心城市,随着广播事业在全国基层范围的普遍发展,逐渐形成了以中央级播音员为领头,省市播音员为中坚,县级播音员为基础的金字塔结构。然而,"文革"期间,从中央到省级播音员队伍被打散,一批正值职业黄金期的优秀播音员失去话筒前发声的机会,即便留岗工作,也只能在有限的空间里艰难维持。与此同时,随着基层广播站持续建设,县乡广播站规模不断扩张,大量上山下乡的知识青年、中学生在艰苦条件下充任广播员,走上了播音之路,金字塔的底端变得更为庞大,整体结构趋向平面化。

第二节 社会主义播音创作形态基本确立

一、新闻播音:规范表达的语言样板

中国地域辽阔,人口众多,普遍教育水平一直很低。据统计,1949 年全国文盲率在 80%,经过数次扫盲运动,到 1982 年才降低到 22%。[1] 因此,广播电视最主要的功能就是将党和国家的方针政策第一时间传递到田间地头、厂矿工地。这当中,新闻播音无疑是最主要的,也是最重要的播音样态。

从当时的节目表来看,新闻、文告、通讯、评论、行情等占据每天播出时间的相当体量。以中央人民广播电台为例,1949 年时,一天播出四次新闻节目,到 1956 年已经增加到十五次。[2] 其中,占据一早一晚的两档新闻栏目是当之无愧的重头戏。

1950 年 4 月 10 日,《新闻和报纸摘要》(简称《报摘》)的前身《首都报纸摘要》节目在央广首播,1955 年 7 月起固定为早晨播出,主要介绍《人民日

---

① 胡鞍钢.充分发挥中国制度优势[J].学术界,2020(02):5-26.

② 喻梅.新中国播音创作简史[M].北京:中国传媒大学出版社,2016:52.

报》、新华社等七家新闻机构消息。晚间播出的《全国联播》则创办于 1951 年 5 月 1 日,当时称为《全国各地人民广播电台联播节目》,1955 年 7 月 4 日改名为《各地人民广播电台联播节目》,简称《全国联播》①。三十多年来,党和国家的重要文件、法令、政令,都首先在《全国联播》节目中广播。虽然每档节目只有半小时,但是这两档节目全天要播出五次(包括三次重播),首播时全国各级地方广播电台同步转播,由此形成了"全国听《联播》,人人听《报摘》"的文化景象。

通过《全国联播》《报摘》,一批优秀新闻播音员脱颖而出,齐越、夏青、林田、葛兰、于芳等著名播音员,都是通过这两档节目成为全国播音员学习的典范。齐越播读的新闻通讯《谁是最可爱的人》《县委书记的榜样——焦裕禄》,夏青播读的新闻评论"九评"②都是一个时代的播音代表作。与央广新闻节目看齐,地方广播电台纷纷设立报道地方新闻的节目,选派最优秀的播音员进行播音,而他们模仿学习的对象,就是央广一早一晚的两档新闻节目。

新中国的新闻播音从延安风格承续而来,体现出准确清晰、朴实庄重、积极向上的整体风貌。1952 年 12 月 9 日,在第一次全国广播工作会议期间召开的播音工作座谈会上,来自央广以及北京、天津、上海、东北、云南、甘肃等省市的七十三名播音员进行交流,并在座谈会情况报告中一致认为:"每个播音员都应当时刻记住,他是在人民广播播音,他是人民的喉舌,他要使自己的声音真正表现出伟大的中华民族气魄,他要使广播的一字一句都打动人心。"③在这一指导思想的引领下,新闻播音"爱憎分明、刚柔并济、严谨

---

① 中央人民广播电台简史编写组.中央人民广播电台简史[M].北京:中国广播电视出版社,1987:41.

② "九评",指 1963 年 9 月 6 日到 1964 年 7 月,中共中央在《人民日报》上刊发的 9 篇评苏共中央公开信的文章。1956 年苏联共产党二十大后,中苏两党在国际共产主义运动路线和策略等问题上出现分歧并逐步激化。1963 年 6 月,苏共中央发表《给苏联各级党组织和全体共产党员的公开信》,对中共进行抨击。针对苏共的批评,中共中央连续发文回击。

③ 中央人民广播电台台史编写组.中央人民广播电台台史资料汇编(1949—1984)[M].内部资料,1985:623.

图 3-2　中央人民广播电台著名播音员　夏青（左）　齐越（右）

生动、亲切朴实"①的风格成为这一时期的整体播音风格的代表。

　　遗憾的是，这一认识并没有持续贯彻下来。随着一浪又一浪的运动，新闻播音的调门也越来越高。到"文革"时期，原有的优秀播音经验被抛弃，真情实感被抹杀，不顾新闻稿件的实际内容、听众的收听心理，高声喊叫、声嘶力竭的播音成为主流。

　　1976 年，周恩来、朱德、毛泽东相继去世，这些事情真实地影响着播音员的心绪，新闻播音作品打动人心。1976 年 1 月 8 日，方明播出了周恩来逝世的消息。同年 9 月 9 日，夏青播出了毛泽东逝世的消息，即《告全党全军全国各族人民书》。他们出色的语言表达和对感情分寸的把握，是这一时期优秀播音创作的体现。② 粉碎"四人帮"以后，人们喷涌的真情实感在新闻播音领域爆发，林如播音的长篇通讯《一封终于发出的信——给我的爸爸陶铸》，方明、葛兰播音的为"天安门事件"平反的消息，方明播音的通讯《生活的目标》等以真挚的情感、丰满的表达，引起了强烈的社会反响，在新闻播音专业领域起到拨乱反正、接续传统的作用。

　　除了一般的新闻播音，这一阶段还继续保留了记录新闻这一特殊的新

---

① 　喻梅.新中国播音创作简史［M］.北京：中国传媒大学出版社,2016:99.

② 　姚喜双.播音主持概论［M］.北京：高等教育出版社,2012:286.

闻播音形态。新中国成立之初,全国只有约四百万台收音机,交通不便,报纸发行也比较困难。在这种情况下,记录新闻成为迅速、广泛传播新闻信息的重要渠道,协助党和政府及时部署工作,高效联系群众。在 1957 年 5 月 6 日以前,中央人民广播电台每天播出两档《记录新闻》,每档两小时,专门以记录速度播读重要新闻、政令文告等,便于各地方政府、部队、学校、厂矿等单位抄收记录,然后通过黑板报、油印小报等途径进行二次传播。据统计,1951 年,全国以抄收《记录新闻》为基本内容出版的通俗报刊有四百多种。中国人民志愿军各部队印发的《广播新闻》《战壕简报》《战地传单》,大都是根据《记录新闻》广播的内容编辑的。①

和一般新闻播报相比,记录新闻需要以较慢的速度播读,需要一个字一个字地播,要求吐字清晰、声音控制力强,句子结构明确,重点突出,通常需要连播两遍,工作量很大。因此新播音员在播读记录新闻的过程中往往得到很大的锻炼。50 年代进入央广的著名播音员林如、王欢、刘伟、葛兰等,以及上海台的著名播音员陈醇,都经受过这一阶段的锻炼。随着新闻传播事业的整体快速发展,《记录新闻》的重要性逐渐下降。1957 年 5 月 6 日,晚间《记录新闻》撤销。1976 年 11 月 8 日起,央广《记录新闻》的常规播出停播,只有遇到重要新闻时,才在晚间不定期播出。1978 年 11 月 6 日,《记录新闻》整体撤销,记录播音这一形态也正式退出历史舞台。

二、广播大会:特殊的互动式主持

为配合新中国成立、抗美援朝、社会主义改造等一系列政治行动,中国人民广播工作者创造性地发掘、扩展、放大了"广播大会"这一广播节目形态,将其发展成动员、组织群众直接参与政治运动的媒介工具。

形式上,广播大会通常由广播电台在某一地设置中心会场,各界人士在现场进行政治动员讲话、演出相关文艺节目,同时将中心会场的情况通过广

---

① 中央人民广播电台简史编写组.中央人民广播电台简史[M].北京:中国广播电视出版社,1987:41.

播传递到分会场。分会场一般由行政机构、单位、工厂、学校组织集体收听，并根据中心会场的进程，组织开展呼口号、现场控诉、合唱歌曲、签名请愿、签立公约、写保证书等群众活动，还可以通过热线电话联系中心会场，发表评论、献词，甚至派代表到现场献花、献旗、反映情况，进行多方面的互动。虽然当时还没有热线电话直接切入直播的技术能力，但中心会场主持人（当时称播音员或司仪）会及时将记录下的分会场群众来电内容播报出来，实现会场之间的互动。如此反复，不断鼓动人们的情绪。广播大会的规模根据群众活动组织规模不同，少则数万，多则数十万乃至百万人。在五六十年代，这种有组织的线上线下大型群体互动式传播，让人民群众在群体行为里收听信息，参与运动，有效地推动了阶段性中心工作的开展。

以1951年劳动节前夕华东人民广播电台组织开展的庆祝五一广播大会为例。当时在抗美援朝战争背景下，广播大会连续进行了三天，"全华东十五家人民广播电台及二十二家私营电台同时转播，三天内各城市及农村有组织地收听大会实况的听众，有六百万人以上"①。大会现场接到徐州、南京、苏州以及上海各工厂、学校、里弄、工商界两千多次电话，向大会报告有四十多万人在缔结和平公约宣言上签名。

在广播大会这种节目形式里，播音员既是活动主持人，也是节目主持人，需要根据现场情况及时进行内容更新、互动组织，因此无法完全按照准备好的文字稿来播读，只能事先拟定大致程序以及宣传语，然后根据现场情况灵活掌控，驾驭大会进程，甚至还要临场应变，随机补台。上海人民广播电台播音员回忆，广播大会的直播"一般都没有文字稿，全凭播音员临场发挥，这类播音，可以说就是现今主持人主持各类节目的前身"②。

1951年无锡台举办"苏南人民反对美帝武装日本"广播大会，据当时估算，这次广播大会仅仅在苏州、无锡、常州、镇江四个城市，听众就达到一百

① 《上海广播电视志》编辑委员会.上海广播电视志[M].上海：上海社会科学院，1999：212.

② 周新武.华东人民之声：华东新华广播电台、华东人民广播电台史实[G].北京：中国广播电视出版社，1994：410.

万。大会上,一位妇女带着血衣来到现场,要求控诉日军残酷杀害她弟弟的罪行,但由于情绪太过激动,泣不成声。关键时刻,无锡台播音员吴垲立刻接过血衣,代为控诉,起到很好的效果。可见,能够主持广播大会的播音员,需要具备高度的政治素养、业务素养,不管是播读信息、主持大会进程、鼓动现场情绪,还是随机应变,都能够应对得当。

在鼓动群众投入生产、参与运动方面,广播大会在一个阶段里起到了非常重要的作用。到50年代末,广播大会发展到极致,1959年4月至1960年4月这一年间,中央人民广播电台与国务院各部门及群众团体共举办广播大会十九次,平均每两个月三次,每次都有几百万人收听。[①] 1961年以后,受当时政治、经济、社会形势变化影响,广播大会逐渐减少。但作为一种近似于现场直播活动主持的早期形态,为后来的节目主持人出现奠定了早期基础。

三、实况转播解说:有稿与无稿相结合

(一)重大活动实况转播解说

直播集即时性、现场感、参与感于一身。通过电波,千里之外的听众能够从声音里了解到新闻发生现场的情况,身临其境地感受到现场的氛围。新中国成立前后,为了壮大新生的人民政权声势,尽快形成统一的现代国家认同、政治认同,重大活动实况直播便成为各地人民广播电台普遍开展的重要宣传活动,由播音员进行全程解说。

1949年10月1日举行的开国大典实况转播,无疑是新中国实况转播活动的一次标志性事件。北京新华广播电台负责转播,全国人民广播电台以及各地私营广播电台同步实况转播。下午2时55分,北京新华广播电台播音员齐越和丁一岚作为解说员,开始对开国大典进行全程解说。

从解说方式来看,开国大典的实况转播解说全程根据既定稿件播读。

---

① 王娜,于嘉.当代北京广播史话[M].北京:当代中国出版社,2013:37.

从当年 8 月底开始，胡若木和杨兆麟、高而公等分工编写实况广播稿，一次又一次到郊外去采访阅兵式和分列式的演习，以及各受阅部队的情况。同时，他们还深入参加游行的各机关、团体、学校、工厂、乡村，了解情况。由杨兆麟等人执笔起草实况广播稿，编辑部反复讨论和修改。播音员丁一岚、齐越每次都参加讨论，深入了解情况，领

图 3-3　播音员齐越与丁一岚直播解说开国大典

会稿件的精神。① 经过反复练习，终于迎来了开国大典的日子。实况转播现场，话筒设置在天安门城楼西侧的平台。丁一岚和齐越轮换，根据现场情况交替朗读广播稿。为了确保播出内容和庆典程序相吻合，胡若木和杨兆麟也在现场，"用手指点或者点头示意，告诉丁一岚、齐越现在应该播出哪一段"②。

　　相比而言，地方进行的庆祝大会和游行实况广播，播音员解说更为自由，尤其在新中国成立初期，规制尚未成型，游行庆典活动又较多，需要播音员根据现场情况即兴解说、灵活调度。北平和平解放后，天津举行了声势浩大的"庆祝平津解放大游行"，在天津的解放军、各单位、工厂的群众积极参加，"他们手持红旗，打着横幅，扭着秧歌，喊着口号，一队队经过各主要街道。这是解放后第一次大规模的群众活动，那热烈的景象真是难以形容"。天津人民广播电台提前在游行路线上设置转播点，每个转播点配备一位播音员，对这次游行进行了全程直播。由于缺少经验，"没有事先的演习，也就没有事先的采访，及时采访的稿件也极少，全凭播音员边看边说。"③华东人

---

　　① 周迅.记者的战斗生涯:杨兆麟的不平凡经历[M].北京:中国广播电视出版社，2008:79.

　　② 周迅.记者的战斗生涯:杨兆麟的不平凡经历[M].北京:中国广播电视出版社，2008:82.

　　③ 徐恒.我的播音路[M].内部资料，2018:67.

民广播电台播音员施燕声回忆,1949 年的国庆节庆祝大会和游行实况转播进行了十四个小时,播音员的广播文稿无论如何也不够用,因此可以对会场内的景观做口头介绍。"一个气球在我身边飞着,我就随口介绍:'一个气球在我身边,我一伸手就可以摸到。'事后听众反映感到亲切。"①

(二)体育比赛实况解说

50 年代,体育比赛实况转播开始出现,并随之诞生了一种新的播音形式:体育解说。

1951 年 1 月,苏联男子篮球队访问上海,并计划与上海沪联队、学联队进行三场比赛。苏联队是当时的世界强队,并且是新中国成立后第一支来华访问的外国球队。这一消息很快传遍了上海,球赛门票抢购一空。买不到票的球迷纷纷致电上海电台,要求现场转播。根据听众建议,上海台决定实验性地开展篮球比赛现场广播,并把现场解说的任务交给了著名电影演员陈述以及上海台播音员张之。

决定现场直播比赛时,距离开赛只剩一天时间了,两名解说员面临着巨大的播出压力。陈述是上海知名的电影演员,在上海台客串主持节目。和陈述搭档的是上海台播音组副组长张之,曾参与上海台 1949 年国庆游行实况解说。对于两人来说,虽然有一定脱稿表达的基础,但是"现场广播球赛,没有广播稿,全靠临场发挥,难度较大"②。

在五六十年代,严格按照稿件播音是正规播音工作的基本样态,"绝不播错一个字"更是铁的纪律。但是,体育转播解说呈现出截然不同的语言样貌。赛场上,只有比赛规则和程序是既定的,赛况则始终处在变动之中,比赛会呈现出什么样的精彩场面完全未知,播音员不可能按稿播读,只能即兴解说。为了更好地完成任务,陈述和张之紧急准备,先观看了 1 月 8 日苏联

---

① 周新武.华东人民之声:华东新华广播电台、华东人民广播电台史实[G].北京:中国广播电视出版社,1994:421.

② 张之.回忆我第一次现场广播球赛[G]//中华人民共和国史广播电视编辑部.当代中国广播电视回忆录.北京:中国广播电视出版社,1995:366.

队和沪联队的一场比赛，认识苏联队的主力队员，掌握双方出场队员的名单和每个队员的号码、身高和年龄。1月9日晚，上海台全程转播了苏联队和上海学联队的比赛。张之"偏重解说篮球比赛中的技术战术，陈述烘托场上气氛"①，两人配合默契，圆满完成了转播任务。听众纷纷打来电话，表示希望听到更多体育比赛的实况转播。

新鲜的节目与播音形态引起了中央人民广播电台的注意。1951年5月，新中国第一次举办全国性的体育比赛——全国篮球排球比赛，央广借调张之前去进行实况转播解说，同样取得良好效果。先例一开，体育实况转播解说日渐常态化。1952年在北京举行的八一运动会、1959年举办的第一届全运会、1961年第二十六届世界乒乓球锦标赛、1965年举行的第二届全运会、北京国际乒乓球邀请赛等，央广都进行了实况转播。赛事项目从最初的篮球、排球扩展到足球、乒乓球、举重、拳击等多个运动项目，甚至包含200米超越障碍竞赛、马术、摩托车等特殊项目。1953年，张之调央广工作，象征着体育解说作为即兴表达的代表播音样态，被正式认可。

伴随着体育实况转播的常态化，体育解说逐渐形成具有自身特色的标准化创作流程，其创作规律也逐渐浮出水面。

第一，无稿不等于无准备，恰恰相反，体育解说高度重视赛前准备工作，要求解说员必须事先了解赛事规则、赛事背景、比赛双方的特点、弱点、技战术能力等，研究不同赛事的解说节奏。

第二，体育不是政治的真空地带，在国际体育界，同样存在着基于国家利益的斗争与合作。基于这种历史语境，体育解说并不意味着脱离政治语境，解说员需要在体育解说的过程中激发民众的爱国主义情感，召唤民族与国家认同。"没有把握，特别是违反政策或是有损运动员形象的绝对不说。"②即便是在中苏对抗的篮球赛当中，也要注意对双方介绍的比例，不能

---

① 张之.回忆我第一次现场广播球赛[G]//中华人民共和国史广播电视编辑部.当代中国广播电视回忆录.北京:中国广播电视出版社,1995:366.

② 陈文清.记新中国体育比赛实况解说的奠基人——张之:上[J].中国广播,2009(08):22-26.

让听众觉得"一边倒"。

第三,体育解说对播音员的即兴描述能力和语言感染力提出了更高的要求。为了提高自己的语言能力,张之坚持每天练习,"那时,我住在上海电台6楼,面对着外滩黄浦江,路上有行人、车辆,江上有各种轮船来往,我就练习解说过往的行人和车船,我自己起了个名叫作'口头解说'。"①1961年,张之的徒弟宋世雄正式开始解说体育赛事。他认为,体育解说"不仅需要在赛前有关于此次比赛的整体立意,全盘构思,严谨的布局,而且更需要在赛时的尖锐眼光,敏捷的思维,快速的分析和归纳,以及灵活的生动的遣词造句能力。这样才能在转播中得心应手,游刃有余"②。

总体来看,实况转播解说仍可以分为有稿和无稿。在一些大型庆典类活动、文艺演出中,能够实现事先彩排、内容固定,出于播出安全考虑,一般以有稿播音为主。但在体育赛事转播里,现场情况不断发生变化且无法预知,只能在充分了解背景信息的前提下进行即兴解说。出于体育赛事在国际政治沟通上的特殊作用,即便是在政治气氛高度紧张的年代,依然保留了体育赛事解说这一形态,为人民播音事业在即兴口语表达方面实现传统的保留与延续。

四、角色播音:个性化传播的重要实践

新中国成立以后的节目主持内容多样,形态丰富,尤其是对特殊对象的服务型节目如少儿广播、对农村广播、科教广播、对工厂广播等,内容多元,创作灵活。尽管大多时候播音员还是以写稿播读的形式,但是出现了一大批有"角色"、有"身份"的播音员,成为当时的"空中名人"。

上海台沪语广播是这一节目类型里的典型代表。工人节目《王小妹谈

---

① 张之.回忆我第一次现场广播球赛[G]//中华人民共和国史广播电视编辑部.当代中国广播电视回忆录.北京:中国广播电视出版社,1995:368.
② 宋世雄.宋世雄自述:我的体育世界与荧屏春秋[M].北京:作家出版社.1997:96.

时事》（后来改名为《王小妹谈生产》）、评论节目《阿富根谈生产（谈家常）》①名噪一时。民国时期就蜚声上海滩的著名沪语播音员万仰祖化身老农民"阿富根"，与另一位虚拟人物"生产队小干部王小妹"一起谈天说地，用家常话的方式介绍生产经验，沟通农村群众。"王小妹"由邓平生、钱英菲两位播音员固定演播，她既在工人节目里对工人播讲时事，又是《阿富根谈生产》里的生产队小干部，和阿富根一起对农民广播。尽管身份并不完全统一，但听众不以为意，反倒增加了对"王小妹"这一抽象身份的认可度。这两档节目以沪语方言播音为主，用演播、对话的方式进行节目主持，轻松自然，贴近生活，非常适合文化水平不高的工人、农民收听，特别是在市郊广阔田野和农民家中，只要一到节目时间，到处都能听到"阿富根"和"王小妹"的吴侬软语。节目被评为"全国优秀广播节目"，江苏、浙江等二十多个兄弟省市台前来取经交流。②

　　角色化播音全靠播音员来塑造一个全新的人设。"阿富根"这个名字本身就寄托着广大农民"拔掉穷根栽富根"的希望。他的人设是"农村里一个有文化、有见识的老农民"。与他搭档的女播扮演提问者"王小妹"的角色，人设为"村里的妇女主任"。③"王小妹"的播讲人邓平生回忆，为了播好"王小妹"，播音员和记者编辑常常下工厂、下农村，体验一线生活。在工厂，她向工人们播讲革命故事，和编辑一起采访工人；在农村，她去农村里找"王小妹"的原型，一大清早跟生产队长跑田头，了解农村干部的职责。④ 经过详细的前期工作，逐渐找到"王小妹"的具体设定：一个"讲话爽气，对农事安排也

---

①　两个节目名称同时存在，根据实际播出题材灵活使用。例如涉及农业生产方面的内容就用《阿富根谈生产》，涉及思想教育内容则用《阿富根谈家常》。

②　主创微访谈："就从一个词一句俚语开始喜欢沪语"[J].上海广播电视研究，2021（02）：98-103.

③　郭心华.转型中的延续：沪语广播（1949—1963）[J].上海广播电视研究，2021（02）：57-72.

④　邓平生，舒凤，裘一婧、陈娅.那时候，我就是"小妹"[G]//上海音像资料馆，上海文广新闻传媒集团节目资料中心.老广播人口述历史.上海：学林出版社，2009：127-128.

是很熟悉的,而且还要通情达理"的农村干部。当时,有稿播音仍是节目主体,为了更接近工人、农民的日常语言,展现出鲜活的基层气息,编辑在打磨稿件时,常常与播音员商量;播音员在录制之前再三试播,一一改掉较为拗口难懂的词句。①

尽管不少角色化播音主持是使用方言形态,但并没有因此降低语言艺术水平。1963年齐越在上海台交流时对沪语播音员的工作给予了高度肯定,表示虽然听不太懂,但是对照稿件,依然能感觉到"语调、语气很有特点,地方化,生活气息浓厚、朴素、亲切、自然,值得我们普通话的播音员学习。我这个不大懂沪语的人,都被吸引住了"。值得注意的是,生动自然并不意味着"纯天然、原生态",齐越敏锐地发现,尽管用沪语广播,但是播音员传达的思想是连贯的,意思是完整的,语气表达是合乎分寸的,语言接近于生活。另外,他们不只是在字面上、词句上强调、加工,而是用内在的语言(也就是戏剧上的潜台词或内在语),作为基础的语气来表达。② 不管是外部技巧还是内在思维,都表现出了很高的理性控制,体现出艺术语言的特点。

在上海台的带动下,市郊许多广播站也开设了角色化播音节目,例如青浦县人民广播站《阿秀宝谈生产》、南汇县人民广播站《阿梅仙谈生产》、崇明县人民广播站的《老张谈生产》、松江县人民广播站的《张阿大谈生产》,从这些"虚拟主持人"的名字便可以看出,都是以本地农民的典型形象作为人设,结合本地方言,形成虚拟角色进行传播。在上海以外,江苏台办起了农村评论节目《王大姐谈生产、谈家常》,云南台的《大众生活》节目里有虚拟人物"魏庭中"(谐音"为听众")主持的《听众信箱》,这些都是通过角色化的方式,以生活化的语言面向基层广播,是播音事业对个性化传播的重要实践。

五、文艺演播:有声语言艺术的创新探索

新中国的广播文艺事业飞速发展,播音员不仅要播出新闻,还承担着演

---

① 汪韵之."阿富根"永远属于农民兄弟[J].新闻记者,1993(09):26-27.

② 齐越.献给祖国的声音[M].北京:中国广播电视出版社,1991:66.

播文艺节目的任务。与话剧、曲艺演员不同,播音员从事文艺演播时以播音艺术为本体,强调在坚持语言规范性的基础上进行艺术创作,为播音事业开拓了重要的内容领域。

(一)文学作品演播

小说演播是"以广播为载体,利用播讲者的声音塑造各种形象的文学艺术形式,是语言艺术的重要组成部分"[1]。由于文学作品资源丰富,制作成本低,播出效果好,小说演播从一开始便成为文艺演播的重要形式,并且在发展过程中形成了以上海台和天津台为代表的南北风格,呈现"南陈北关"的文艺演播南北双雄格局。

新中国成立初期,华东·上海台就设立了故事节目,故事的主人公涵盖人民解放战线上的各行各业,有"民兵队长、识字班长、妇女代表、劳动模范、战斗英雄、优秀少年、将军和领袖们,一个故事讲好了,其作用不亚于一次通俗的政治报告"[2]。进行故事演播的播音员有郭冰、袁庆吾、金锡润等人。1957年后,陈醇接替播出故事节目。60年代,陈醇演播了《烈火金钢》《创业史》《欧阳海之歌》等几十部文学作品,尤其是《烈火金钢》,成为那一时期在华东地区产生巨大影响力的文艺作品。

作为北派演播代表人物的关山,1956年开始在天津电台从事播音工作,"三年之后,在正常播音之余,又录开了长篇小说"[3]。在天津电台的安排下,1959年的《青春之歌》成为关山第一部播讲的长篇小说,一经播出便引起了社会强烈反响。此后,关山陆续演播了《红旗谱》《铁道游击队》《创业史》《铁道游击队》等长篇小说。关山的演播风格更为豪迈激越,充满真挚的情感、高昂的情绪,既能让故事牵动人心,又能在播讲中渲染气氛,鼓舞听众情绪。

① 蔡智.广播小说播讲的表达技巧[J].新闻爱好者,2020(09):91-93.

② 周新武.华东人民之声:华东新华广播电台、华东人民广播电台史实[G].北京:中国广播电视出版社,1994:411.

③ 关山.我与小说播讲[J].中国广播电视学刊,1995(08):62.

受天津地域文化影响,除了革命题材小说以外,关山还录制了一些武侠题材的作品,如 1968 年录制的《津门大侠霍元甲》。他充分考虑到天津地区的语言特点和武侠作品的风格特征,"在外部技巧上注重节奏与重音的交替使用,并考虑到天津地方语言特点,注重语流音变和儿化音的使用"①。形成独具一格的演播艺术。

人们对于故事的追求是永恒的。在政治宣传需要和精神文化生活需要的双重推动下,即便政治运动的高峰时期,文艺演播依然诞生了新的作品。例如关山录制的中篇小说《闪闪的红星》、虹云播讲的《海岛女民兵》、马超播讲的《金色大道》、曹灿播讲的《艳阳天》等,都是这一阶段文艺演播的代表作。

(二)广播剧创作

1952 年我国从国外引进了磁带录音技术,广播剧从直播转为录制,有了更大的创作空间,在艺术上渐趋成熟。

在广播剧创作中,语言是最为重要的构成元素,包括了对话、独白和旁白、解说三种类型。② 与小说演播不同,广播剧的对白、独白都是有具体人物角色的声音表演,旁白、解说则相对独立,以知情旁观者或者主叙事人的身份出现,主要负责交代故事背景、描绘戏剧场景、介绍人物关系、营造故事气氛、描绘人物心理等,有助于将听众快速拉入戏剧场景之中,并作为一种转场方式灵活运用。

新中国成立后,在"广播要自己走路"的指导思想下,充分发挥广播声音媒体特点展开文艺创作成为广播电台发展的重要内容。1949 年 11 月,上海成立上海广播剧团,专门负责广播剧创作,主要靠邀请电影话剧演员支持创作。1954 年,上海广播剧团并入中央广播剧团。在当时专业语言工作者稀缺的情况下,许多播音员也加入广播剧创作中。在基层台更是播音与演播

---

① 李婷婷,王志刚,张海燕.关山小说播讲艺术风格研究[J].沧州师范学院学报,2021,37(04):93-96.

② 王雪梅.中国广播剧史论[M].中国传媒大学出版社,2007:79.

广播剧不分家。《人民日报》1951年的一篇报道记载："国营上海第十棉纺织厂里逮捕了以积极面貌出现的特务分子，工友不明真相，纷纷议论，该厂广播台马上针对这件事用广播剧、对话、说书等形式，进行解释，使真相大白，因而提高了工人的政治警惕性。"①工厂广播站自编自创的广播剧自然不可能邀请专门的演员来演播，只可能是广播站播音员以及有一定语言基础的先进工人来担当角色演出。不过从总体来看，广播剧里的角色语言已经脱离播音员的主要工作职责，在后来的发展中更多被视为一种声音表演艺术。

（三）20世纪50—70年代文艺演播特征

20世纪50—70年代，广播逐渐成为组织日常生活、笼罩社会听觉环境的重要媒介，在媒介历史演进的浪潮里，文艺演播正式成为一种有别于朗诵、话剧、曲艺的有声语言艺术，并逐渐形成了自身创作与发展规律。

首先，与曲艺相比，文艺演播具有较强的语言规范性。在许多广播电台，语言工作者人才资源紧缺，文艺演播并非独立的艺术表达，而是播音员日常工作中的一部分。在关山的工作安排里，上午"他播出新闻评论通讯和工人农民青年等政播节目，下午就录制长篇小说，每天播出字数至少在两万字左右"。陈醇日常也需要承担大量的播音任务，"白天报'市场物价'，晚上'对台喊话'"②，横跨新闻播音、广播现场报道、广播实况解说等多种类型。作为党的喉舌，播音员们在日常播出中锻炼出字正腔圆、铿锵有力、正气昂扬的表达风格，并将其融入演播风格之中。

其次，基于播音员的职业身份，更倾向于将演播文艺作品看作"播音"而非表演。在演播时，播音员更倾向于借鉴人物通讯的播音方式，以转述的心理视角，结合自身经验，以播出理性统领创作行为。陈醇和关山在播讲文艺作品前，都会做大量的案头工作，甚至专门访问原作者，请作者帮助解读文

---

① 孟文.工厂有线广播台的作用[N].人民日报，1951-09-13(3).
② 邵鹏，徐晓依，虞涵.声音的印记：播音艺术的风格流变：基于陈醇口述史[J].浙江工业大学学报（社会科学版），2020，19(04):390-394,399.

本,采访了解作品反映的历史事实。研究者对此评价:陈醇的播音创作被认为体现一种伽达摩尔说的"视域的融合",也就是说他把作品、作家的风格,和自己对作品的理解、自己的表达风格融化在一起。①

最后,文艺演播必须借助广播进行传播,因此必须充分考虑媒介传播的特点。在文本上,播讲者往往需要对作品进行修改转换,甚至部分结构调整,以便于听众在单向流动的时间里有效接收信息。在语言上,尤其要注重语音和语义的清晰度,"要注意清晰明隙,要保证不管怎样急促的语句也要给人留下明白的印象"②。在声音控制上也需要充分考虑到广播传声的技术特点,"我们通过话筒再现生活中的真实场景,还要考虑到音量、语气、节奏、话筒距离和方向……"③

纵观新中国成立后三十年,党和国家成功树立起了现代声音规范性样板,充分发挥广播传播在政治宣传、动员群众、组织社会、提供娱乐等方面的作用。在不断尝试、发展的过程中,播音员作为广播有声语言的主要创作主体,充分发挥自身能动性,创造出多种类型的播音创作形态,极大地拓展了现代媒介语言的创作边界,丰富有声语言艺术的可能性。

第三节　播音员机构运行模式基本成型

新中国成立后,人民播音事业蓬勃发展,播音员队伍快速扩张,但是真正具备专业能力,能够胜任岗位要求的职业播音员依然是稀缺资源。如何快速地选拔、培育、管理"又红又专"的人民播音员,满足社会主义广播事业发展的需要,成为这一时期播音事业发展的重点。

---

① 仲梓源.用真情吐字归韵,传和谐顿挫之声:陈醇60载播音艺术的人生启示[J].艺术百家,2011,27(6):194-196,154.

② 关山.理解·感情·技巧:谈谈小说播讲[J].现代传播,1980(04):40-51.

③ 关山.理解·感情·技巧:谈谈小说播讲[J].现代传播,1980(04):40-51.

一、形成内部调配为主导的选拔机制

（一）组织内部选拔调动

新中国成立后到改革开放之前，从大中学生、知识青年里组织内部选拔，是选拔播音人才的主要方式。

近水楼台先得月，台内选拔简单直接。1950 年，夏青从北京新闻学校毕业，被分配到中央人民广播电台做编辑、记者工作，因为嗓音洪亮、吐字清晰，通过内部试音选拔成为播音员。方明初中毕业后报考了中央广播事业局技术人员训练班的无线电发射专业，1958 年 4 月调至中央人民广播电台担任录音员。1960 年，方明通过内部选拔加入播音员队伍。

台内选拔之外，更多还是从大中学校里组织内部招考。1956—1957 年，中央人民广播电台从北京高中毕业生中先后调入梁钊、王琦等一批新人，培训后担任播音员①。这一方法在一些普通话语音基础较好的地方台也得以应用。1960 年初，吉林电台从长春市第十一中学和第十二中学挑选一批学生充实到电台，其中就包括六名播音员②。

第一代电视播音员的选拔也是以这种方式进行。1958 年 5 月 1 日，北京电视台开播，1960 年初，北京电视台只有沈力一名从央广调来的播音员，选拔电视播音员成为当务之急。"播音界在那时认为，培养一个称职的人手，要从很年轻的时候开始，声音才会有可塑性。"③为了解决电视台播音员紧缺的问题，周恩来总理指示，打破当时北京高中生不能在高考前参加招工的规定，特批北京电视台在北京市应届高中毕业生中选拔播音员。

电视播音员选拔分为初试面试和录像试镜两个环节。第一代电视播音

---

① 北京市地方志编纂委员会.北京志・新闻出版广播电视卷・广播电视志［M］.北京：北京出版社，2006：241.

② 吉林省地方志编纂委员会.吉林省志・新闻事业志・广播电视［M］.长春：吉林人民出版社，1991：106.

③ 赵忠祥.岁月随想［M］.上海：上海人民出版社，1997：97.

员吕大渝回忆:"我们七八个同学被带进了小播音室。播音室的一张绿绒面桌子和一把椅子后面是块浅灰色的褶幕。屋顶上安装了几个演播灯,桌子两旁还各有两台落地灯。桌子上安着两个话筒。面对桌子还有两台底下带着大圆盘可以升降的摄像机。这里的装备跟电影厂的摄影棚有点相似……一个戴着耳机的胖姑娘,不知是在听着谁的指令,让我们七八个同学轮流在镜头前面随便说几句话并且回答问题,还要朗诵一段,然后再向左转、向右转……接着该朗诵点什么了,我念了首唐诗:'故人西辞黄鹤楼,烟花三月下扬州。孤帆远影碧空尽,唯见长江天际流。'"①其实,在学生们懵懵懂懂地试音试镜的时候,北京电视台副台长、曾任中央人民广播电台播音组组长的孟启予正和几位专家一起,"挤在狭小的导播室内,从监视器上进行观察"②。初试以后,被选中的学生还要去同仁医院检查声带,此后再进行复试。复试的内容依然是面试与试镜,地点在早期中央电视台的心脏——80 多平方米的演播区进行,梅益局长亲自坐镇。经局领导最后定夺,赵忠祥、吕大渝被录取为北京电视台播音员,高中未毕业便直接参加工作。

从 50 年代到 70 年代,全国广播事业都有了空前发展,对播音员的需求激增。然而,受政治运动影响,以北京广播学院为代表的专业院校培养工作几经波折,"文革"期间陷于停滞。1974 年恢复招生时,当年录取名额只有二十人③。之前培养的播音员也远远无法满足全国数千家电台的需求。于是,广播电视系统内逐渐形成一套内部选拔机制:基层广播站从中学毕业生、退伍军人、知识青年里选拔具有潜质的年轻人担任播音员,在实践中训练成长,再根据其专业水平,通过基层培训等方式进行发掘,逐层上调。

1976 年北京广播学院播音系招录的工农兵大学生,大部分都是通过这个路径层层选拔出来的。中央电视台著名主持人敬一丹当时在黑龙江省通

---

① 吕大渝.走近往事:一位共和国第一代女电视播音员的自述[M].北京:中国文联出版社 1999:135.

② 周迅.大海的一朵浪花:孟启予的广播电视生涯[M].北京:中国广播电视出版社,2008:145.

③ 中国传媒大学.校史撷英:六.中国传媒大学网上校史[EB/OL][2022-8-1].
http://www.cuc.edu.cn/2014/1016/c1653a26697/pagem.htm.

河县清河镇下乡插队，被委任为新胜林场广播站播音员。因为工作优秀，被调到上一级广播站——清河林业局广播站担任播音员。马进德是新疆伊犁人，中学毕业后当了近两年小学教师，1973 年 6 月调入伊利巩留县广播站当播音员，在新疆人民广播电台在伊犁地区举办的广播员培训班上被看中，调入新疆人民广播电台。[①]

(二) 专业院校毕业分配

新中国成立后，为了适应广播事业发展对专门人才的需求，1954 年中央广播事业局开始兴办技术人员训练班，其中就包括专门培养播音员的短训班，中国播音专业教育从此起步。1958 年 9 月 2 日，中央广播事业局直属的第一所高等专科学校——北京广播专科学校在中央广播事业局技术人员训练班的基础上正式成立，学制两年，从高中毕业生里招生。1959 年 9 月 7 日，在北京广播专科学校的基础上，北京广播学院正式成立，在新闻系下开办播音专业。

专业学历教育的发展为播音人才选拔机制开创了一条新的路径。与过去面向在职播音员的短训班不同，学校招生直接面向高中生，具备完整的课程设置与教学安排，培养出一批具有较强专业素养的年轻播音员。但是在改革开放之前，北京广播学院的办学情况一直不稳定。受三年经济困难、"文革"影响，北京广播学院数次开办又停学，即便正常招生时，一年至多能培养三四十人。对于正处于快速发展期的人民广播事业来说，无疑是杯水车薪。因而在一线广播电视机构中，专业院校培养的播音员仍属凤毛麟角。

二、确立独立科组为主要组织模式

经过多年探索，中央、省级广播电台电视台逐渐形成了独立的播音员管理机构，如播音组、播音科，归属编辑部、播出部、总编室等核心组织机构领导，负责播音员日常管理事宜。

---

① 敬一丹，等.我——末代工农兵学员［M］.武汉：长江文艺出版社，2017：77.

在中央人民广播电台,播音员管理机制随台组织机构和分工调整,经历了数次变化。中央人民广播电台成立时,播音员以科组形式进行管理,孟启予、丁一岚、齐越历任播音科科长。1950 年 7 月,台内试行编播合一,播音科改为节目科。但这种实验并没有持续多久,到了年底,播音组又再次独立,播音员唯一工作即为播音,不担任编写稿件、监听、放唱片与安排节目等工作,编播正式明确分家。① 1954 年 7 月至 9 月,中国广播工作者代表团访问苏联,随团出访学习的齐越带回了大量苏联经验,播音员管理机构也根据苏联广播电台的机构设置进行改组。徐恒回忆,“播音组设置‘艺术指导’一职,由齐越担任,下设播音员委员会,由几个主要播音员担任;其任务是负责播音业务的提高。艺术指导直接向总编负责,播音组长则由总编室主任领导。”②两年后,播音组由总编室主任丁一岚分管,依然保留了艺术指导和播音员委员会,但具体组织则实行对内、对外广播分家,成立对内播音组和对外(对华侨、对台湾)播音组。1963 年,播音组提级为播音部,此后二十年里,聂耶、刘庆珍、林田先后担任部门主任。③ 央广的播音员管理机构调整,实际上是一个播音工作专业化的过程。播音员作为一个单独的工作环节,与节目生产部门分离,只负责广播节目生产的最后环节——文稿播读。

受中央人民广播电台影响,各地方台逐渐根据其机构设置方式进行调整,设立单独的播音组、播音部,规范播音创作流程,完善管理制度。天津台在建台之初便设立了播音组,1951 年,电台将播音员分派到当时的综合科、职工科,分别负责综合台、职工台、广告台的播音工作。1953 年,为便于播音员进行业务学习,又将播音员集中组成播音科。④ 地市台同样采用这种模式。1949 年,辽西人民广播电台将播音员纳入编播股管理,次年将编播股分

① 中央人民广播电台台史编写组.中央人民广播电台台史资料汇编(1949—1984)[M].内部资料,1985:635.

② 徐恒.我的播音路[M].内部资料,2018:91.

③ 中央人民广播电台台史编写组.中央人民广播电台台史资料汇编(1949—1984)[M].内部资料,1985:635-636.

④ 天津市地方志编修委员会办公室,天津市广播电视电影局,天津广播电视电影集团.天津通志·广播电视电影志:上[M].天津:天津社会科学院出版社,2004:257.

为编辑、播音两股，形成以编辑部为核心，以节目内容为区分组别的主要方法，播音组单独设立。

由于早期电视业规模有限，因此电视台播音员的行政管理设置相对简单。北京电视台只有三位播音员，上海电视台只有一位播音员，直接归播出部门管理。1973年，上海播音员增至三人，便将播音员和音乐编辑、录音员合在一个行政组里，称音响组，直接隶属台办公室，工作统一调度。①

专业科组的机构设置方式，催生了一系列严格的管理制度。在天津台，播音管理制度规定：每篇稿件必须准备三遍，不找编辑记者对稿不能播出。出了差错，按性质要逐级写出书面检查。② 广东人民广播电台播音组在"文革"前便已经制定了播音员守则，有了备稿、试播、值班、监听、差错率统计、培训及上岗标准等一系列制度、规定。全组月平均直播差错率不超过万分之一。③ 山东人民广播电台播音组则建立了值班制度、稿件试播制度、监听制度等，还在长清县(现济南市长清区)平安店村设立了自己的收听点，全组轮流到收听点调查研究，收集意见。④ 严格的制度将播音创作活动的全过程都纳入行政管理之中，锤炼播音员严肃认真的工作态度，锻炼播音员在播读稿件时动员全部身心力量，将稿件播准播好，推动人民播音事业快速走上正确的发展道路。

三、建立常态化的播音员培训机制

在缺少高等专业院校培养的情况下，行业培训成为播音员提升业务能

---

① 《上海广播电视志》编辑委员会.上海广播电视志[M].上海:上海社会科学出版社,1999:481.

② 天津市地方志编修委员会办公室,天津市广播电视电影局,天津广播电视电影集团.天津通志·广播电视电影志:上[M].天津:天津社会科学院出版社,2004:257.

③ 《广东广播电视志》编辑委员会.广东广播电视志[M].广州:广东人民出版社,1996:132.

④ 山东省地方史志编纂委员会.山东省志·广播电视志[M].济南:山东人民出版社,1993:116.

力的主要渠道。从培训内容来看,主要分为以下三个方面。

(一) 政治理论与时事学习

人民播音员是党的宣传员。在中国整体社会改造如火如荼的进行过程中,在国内外政治形势不断动态变化的时代背景下,在播音员队伍整体基础弱、政治背景多元化的现实条件下,政治学习成为播音员在岗培训的首要内容。

通过播音员管理机构在日常工作中集中传达宣传工作精神、学习政策文件等方式,加强播音员的政治素养,以更好地把握政策导向,传递中央精神。徐恒在50年代早期担任天津台播音组组长,据她回忆,每天早上总编室都要召开编前会,传达上级指示,播音组组长需要列席会议,并在会后"把这些指示及时传达到每一个播音员,这样在播出国内消息时就有了主心骨"①。在西南边陲,云南人民广播电台"在传达重要文件和上级指示精神时,领导总是让播音员一起听,帮助播音员及时了解形势和任务,了解党的意图"②。

以党组织为载体,各类政治学习活动在各级广播电视机构展开。首要任务就是组织学习马列主义、毛泽东思想的经典理论著作。上海人民广播电台播音组除了要求参加全台统一布置的学习外,还自行组织时事、政策学习,每周两次共四小时,并规定不得占用工作时间,有时学完一个内容还进行测验。③ 经过政治学习,不少播音员的思想状况发生了巨大改变:曾在上海民营广播电台工作多年的播音员张芝申请入团,还在1960年被评为上海市文教系统的先进工作者。"我感觉我是在为人民服务了,不是为私人老板播广告了。呼第一声'上海人民广播电台'呼号心情很激动。"④

① 徐恒.我的播音路[M].内部资料,2018:92.

② 云南省地方志编纂委员会.云南省志·广播电视志[M].昆明:云南人民出版社,1996:117.

③ 《上海广播电视志》编辑委员会.上海广播电视志[M].上海:上海社会科学出版社,1999:333.

④ 张芝,王颖.我上的是社会大学[G]//上海音像资料馆,上海文广新闻传媒集团节目资料中心.老广播人口述历史.上海:学林出版社,2009:122.

(二) 深入基层联系群众

人民播音员是为最广大人民群众服务的。然而许多年轻播音员来自大中院校,毕业便进入电台工作,对基层工农缺少了解。播音员属于机要人员,工作任务重,又不能随便和陌生人交往,生活简单。因此深入基层,在劳动中改造自身成为一种提升播音员综合素养的有效方法。播音员们走出狭小的播音间,与基层工农同吃同住同劳动,将政治学习与社会实践密切联系在一起,用拓展自身经验的方式,改造主观世界,全心全意地将自身的思想感情和人民的思想感情紧密地联系在一起。

在天津这座重要的工业城市,播音员们"去的最多的是工厂,纺织厂、卷烟厂、自行车厂、炼钢轧钢厂等等"①。50 年代初,云南电台的播音员为办好对农村广播中的《赵大爹和李宣传员》对话节目,多次和编辑到田边地头,把稿件念给农民听,根据农民的意见修改。② 在内陆大省四川,从 1961 年到 1965 年,四川电台专门分批抽调部分播音员前往煤矿井下、农村基层,"与工人、农民同吃、同住、同劳动"③。这种参加劳动,向工人、农民学习的活动,极大地改变了播音员们对服务对象的认知,再备稿时,播音员对稿件里的人物形象有了具体的感受,不再是头脑里贫乏的想象,"内心里就马上浮现了有关的各种活生生的人物,他们的形象姿态,他们的喜、怒、哀、乐,帮我更好地理解和表达稿件内容"④。

除了专门的一线采访实践,当时广播电台承揽了大量面向一线的宣传活动。年轻的播音员们被派往基层,参与现场宣传、演播故事、文艺演出等。民国时期上海颇有知名度的民营广播电台播音员哈丽莲,在加入人民广播初期就接受了这样的任务。1950 年,上海杨树浦发电厂遭炸,时任华东人民

---

① 徐恒.我的播音路[M].内部资料,2018:69.

② 云南省地方志编纂委员会.云南省志·广播电视志[M].昆明:云南人民出版社,1996:117.

③ 四川省地方志编纂委员会.四川省志·广播电视志[M].成都:四川科学技术出版社,1996:90.

④ 贵州台记者.播音员到农村去[J].广播动态(内部刊物),1957(56):11.

广播电台台长的周新武委派哈丽莲和编辑记者前往杨树浦发电厂,进行政治宣传,给工人鼓动加油。接受这一深入基层的宣传任务以后,原本对中共南下干部心有芥蒂的哈丽莲瞬间放下了患得患失之心。在工厂,她和编辑记者一起,利用工人吃饭的时间"在食堂里面又是唱歌,又是唱快板,空了就跟他们聊,跟他们一道下车间"①,用各种方法带动工人的生产热情。

抗美援朝时期,通过广播节目,许多播音员和志愿军指战员建立了书信往来。齐越在播出著名长篇通讯《谁是最可爱的人》之后,收到了大量来自前线战壕、坑道的书信、明信片、贺年片等,甚至有志愿军战士用缴获的降落伞制作成书签,同信一起寄给齐越。其中,志愿军战士崔鲜疆的来信和齐越的复信刊登在1953年1月15日的《人民日报》上,并由齐越亲自在中央人民广播电台播出。② 这些特殊的听众来信让播音员们感受到巨大的革命热情和真挚的革命友谊。1953年,齐越随第三届赴朝慰问团前往朝鲜进行随军广播、采访,进一步加深了与一线指战员之间的联系。

(三)播音业务专项学习

俗话说"拳不离手,曲不离口",播音员的业务培训是在职培训的重要内容。充分借鉴了中国传统语言艺术"师傅带徒弟"的教学方式,同时利用广播电台的现代组织体系,设置制度化、系统化的培训内容。

20世纪60年代初,由北京广播学院培训的一批青年播音员被分配到中央人民广播电台,其中有铁城、徐曼、雅坤、虹云、丁然等人。为了尽快培养青年播音员,在齐越的提议下,播音部建立了播音员青年队,队长为铁城,副队长为徐曼。据雅坤回忆,齐越的要求非常严格,一篇三百字的新闻稿,"教我翻来覆去地念,过来过去地录,全篇政策思想要掌握,一字一句也不放过。弄了半年,他才认为表达得可以了,符合要求"③。在上海,陈醇、黄其等优秀

---

① 哈丽莲,王颖.我的人生发生了转折[G]//上海音像资料馆,上海文广新闻传媒集团节目资料中心.老广播人口述历史.上海:学林出版社,2009:82-83.

② 杨沙林.用生命播音的人:忆齐越[M].北京:中国广播电视出版社,1999:93.

③ 聂耶.难忘的声音:播音部工作回忆片段[G]//中华人民共和国史广播电视编辑部.当代中国广播电视回忆录.北京:中国广播电视出版社,1995:177-178.

播音员负责对新播音员进行一对一辅导。在地方台，则更多通过组织收听、学习中央人民广播电台的播音，来提高自身播读水平。例如云南台要求播音员每天收听中央人民广播电台《新闻与报纸摘要》和《全国联播》节目，在了解国内外重大时事的同时，学习央广的播音风格和技巧。

不过，单纯模仿中央人民广播电台的播音，很难真正提高自身的业务能力，反而容易陷入画虎不成反类犬的困境。华东台许多播音员来自民营广播电台，擅长以亲切自然、柔声细语的服务态度广播，单纯模仿央广播音既生硬，又刻板。为此，华东台播音组重新制定了学习计划，建立了严格的监听和播前试播制度，重要稿件，播前请编辑讲解稿件的中心思想，请名演员来台讲表演方法，请声乐家来台讲科学发声……并着重在各自的播音基础上扬长避短①，逐渐形成既符合人民播音要求，又具有海派特色的播音风格。

除了"以老带新"的教学辅导，"集体备稿"为核心的试播制度也成为提升业务水平的有效方法。50年代初期，中央人民广播电台的播音组建立了试播制度，播音员自己完成备稿以后，在播出前要播给编辑和其他播音员听，根据大家的意见进行改进调整，然后才能正式播出。这种试播制度逐渐普及到各个省台，即便是没有重大稿件播出，也逐渐以这种形式举办业务学习会。此外，年轻播音员通常被安排大量参加群众活动，面对面地向群众播出，讲故事、领口号等，既锻炼语言基本功，也密切了与群众之间的联系。

当时，中国播音学尚在酝酿之中，向戏曲、曲艺、声乐、戏剧等相关艺术形式学习，成为增强有声语言基本功的主要方式。50年代，山东台多次请有关专业工作者对播音的用气发音、吐字归音、语言表达等进行指导，学习太极拳运气功夫，跟戏曲曲艺演员学练声、咬字，学唱单弦、大鼓书，还练口形操和朗诵。② 1957年徐恒重返天津台后，带领播音员们开展朗诵活动。通过语言艺术训练，播音员们的语言基本功得到了有效提升，其声音表现力、

---

① 周新武.华东人民之声：华东新华广播电台、华东人民广播电台史实［G］.北京：中国广播电视出版社，1994：412.

② 山东省地方史志编纂委员会.山东省志·广播电视志［M］.济南：山东人民出版社，1993：116.

感染力也都相应地得到了明显改善。

种种业务学习在五六十年代到达高潮。"文化大革命"开始后,播音理论和业务建设遭破坏。在"左"的路线影响下,早先建立起的播音理论和积累的播音经验,统统被污蔑为修正主义黑货。由政治代替一切,所有播音理论学习、播音业务培训、播音语言基本训练都被迫停止、中断。①

第四节　播音员行业管理体系基本建立

一、初步形成播音员行业准入评判体系

在社会主义中国体制内,广播电视机构为国家所有,播音员作为国家工作人员,在各级党委、政府管辖之下开展工作。新中国成立后的三十年里,一直没有推出正式的播音员职业准入标准,主要靠主管部门在一些核心要素上进行引导,初步形成了评判播音员职业准入的坐标系。

(一)政治面貌要过硬

广播是党的喉舌,作为直接掌握话筒的人,播音员的政治面貌成为走上职业道路的前提条件。新中国成立后,中央人民广播电台播音员均需按照机要人员的标准经过政审,"严格审查家庭历史、个人思想品格、行为作风,有一点儿问题都通不过"②。

在上海,情况则更为复杂。人民广播电台建台之初,播音组成员背景各不相同,既有从华东人民广播电台南下的夏之平、张之带领的八人播音队伍,也有原国民党电台的施燕声、施岁华、哈丽莲、何凤倩、仓凯纳五位播音员,还有社会公开招聘来的播音员。1953 年 6 月 27 日,公私合营上海联合

① 姚喜双.播音主持概论[M].北京:高等教育出版社,2012:285.
② 刘辰莹.以规矩论方圆:聚焦中国广播记者编辑播音员主持人职业道德准则[J].中国广播,2005(03):4-10.

广播电台股份有限公司成立，1956 年 6 月，联合台停止播音，联合台的播音员并入华东·上海人民电台，成员有张芝、万仰祖、陈淑莲、周亦芳、张达夫等十五人。至此，播音组共有播音员三十三人，是编辑部最大的组。① 在这支播音员队伍里，成员虽然来历不同，但都通过了严格的政治审查，并在工作中不断学习，改造思想。然而，随着 1958 年后"左"的路线在党内的错误实行，他们中的大部分人受到冲击，到"文革"，"几已无一幸免"。十一届三中全会以后，其中多数人改行，到 90 年代时，返岗在岗的只有六人。

从延安走出来的革命播音队伍，其核心播音员的政治定性也在各类运动中起伏波动，并直接决定工作资质。1958 年，播音界的领袖人物、中央人民广播电台播音员齐越受反右斗争扩大化的影响，被迫离开话筒，前往沧州农村劳动改造，一年后才回到北京。"文革"期间更是被当作"危险分子"，进了劳改专政队。直到 1972 年，在周恩来总理的亲自关怀下才恢复播音工作②。

政治过关，才能走到话筒前。不仅在大台如此，基层也是如此。齐越曾在 70 年代参观访问一家工厂广播站，工厂领导介绍，广播站的播音员是从思想作风好的青年工人中挑选出来的，只有首先是一名优秀工人，才能真情实意地播好以工人为对象的节目稿，真正打动工人们的心。"平时表现不好，嗓子再好，我们也不叫他到话筒前工作。"③

综上可见，新中国成立之后，政治标准成为衡量一位播音员能否上岗的首要条件，尤其是在靠近政治中心的中央及省级广播电台，要求尤为严格。即便业务能力再强，如果政治上不过关，也与话筒无缘。然而，一旦以"左"的路线为代表的不合理的政治运动爆发，播音员的政治面貌就会受到不合理的定性，并直接影响播出资质。

---

① 周新武.华东人民之声：华东新华广播电台、华东人民广播电台史实[G].北京：中国广播电视出版社,1994:409.

② 杨沙林.用生命播音的人：忆齐越[M].北京：中国广播电视出版社,1999:164-169.

③ 齐越.献给祖国的声音[M].北京：中国广播电视出版社,1991:44.

(二)普通话水平要过关

建立全国统一的现代标准语言是新中国成立以后的一项重要工作。1955 年 10 月,教育部和中国文字改革委员会一起召开了全国文字改革会议,将推广以北京语音为标准音的普通话作为全国文字改革工作的主要任务之一。1956 年 2 月 6 日国务院发布《关于推广普通话的指示》,明确将普通话定义为"以北京语音为标准音,以北方话为基础方言,以典范的现代白话文著作为语法规范"。3 月,陈毅主持召开中央推广普通话工作委员会第一次会议。此后,各省区市相继成立推广普通话工作委员会。基于广播电视在语言传播上的示范意义,普通话水平成为播音员职业准入标准的核心要素,一系列对于播音员普通话语音标准的要求陆续发出。

1955 年 4 月 2 日,时任中央广播事业局局长的梅益在中央人民广播电台播音业务学习会上指出:"声音、语言标准化和播音技巧的问题,这些都需要锻炼的……播音员在祖国语言标准化工作中,担负着重要的使命。"1956 年 2 月 20 日,《国务院关于推广普通话的指示》指出:"全国播音人员……都必须受普通话的训练。"1956 年 4 月 10 日,文化部在《关于贯彻国务院推广普通话的指示的通知》中指出:"电台播音员……应比其他文化人员更早地学会说普通话。"①

由于缺乏具体的普通话评级标准,当时只能凭经验在选拔考核的过程中判断备选播音员的普通话水平。1960 年,北京广播学院以短训班形式挑选中学生培养播音员,负责招生的徐恒和马尔芳去北京各个中学寻找生源。二人都曾在中央人民广播电台从事播音工作,徐恒还担任过播音组组长,二人通过大量试听,凭经验挑选出嗓音条件好、语音面貌好的学生。北京电视台成立后,也是从北京中学生里选拔播音员,"由电视台人事处和中央广播事业局干部处组成的小组,曾跑遍北京市近百所中学,挑选了一千多个高中

---

① 祝捷.中国播音主持评价标准体系发展研究[M].北京:中国广播电视出版社,2013:5.

生应试,历经四个月的甄选,完成了寻找电视播音员的工作。"①

如果说有来自中央人民广播电台、中央广播事业局等中央级播音员的把关,凭经验选拔尚具有较高专业度;那么到了基层,对于普通话专业水平的考核更多是一种直观的听觉感受。20世纪50年代以来,全国农村有线广播网发展迅速,但是,专业教育的发展速度远远跟不上广播系统的极速扩张,大量播音员由基层自行选拔。当时推广普通话的工作方针是"重点推行,逐步普及",首先在教育、公务系统强力推广。一些经过普通话培训的地方干部、中小学教师成为基层青年播音员的"伯乐"。

十七岁的杨曼1968年从北京回到山东禹城老家,成为一名知青,因为在集市上买东西时操着一口北京口音,碰巧被县委干部发现,调入县广播站担任播音员。② 在湖北广济县插队的知青柳小平因为一个偶然的机会,在全县举办的阶级教育展览上当讲解员,被县委主要领导发现,推荐给县广播站,"梅均公社有个高个子知青普通话讲得好,可以当广播员!"③可见,在没有政治顾虑的情况下,基层播音员的首要条件便是普通话好,而这个标准取决于基层干部的判断。

总体来看,探索发展时期的新中国播音事业已经开始形成较为稳定的准入评判价值体系,政治面貌过硬、普通话水平过关成为两大硬性标准。不过,由于普通话水平等级测试尚未出台,政治面貌也很难量化,因此标准尚没有形成具体的可衡量指标。综合素养方面,由于招募基本以大中学生为对象,潜移默化中确立了中等学历以上文化水平的标准。

二、建立全国范围内播音员联系机制

新中国成立后,由中央人民广播电台的牵头,逐渐形成了以全国播音员

---

① 吕大渝.走近往事:一位共和国第一代女电视播音员的自述[M].北京:中国文联出版社1999:134.

② 敬一丹,等.我——末代工农兵学员[M].武汉:长江文艺出版社,2017:77-78.

③ 敬一丹,等.我——末代工农兵学员[M].武汉:长江文艺出版社,2017:80.

业务研讨会为龙头,自上而下逐层普及的培训交流机制。全国播音员队伍得以在纵向上保持相对稳定的联系,并显现出较为一致的面貌。

1952 年 12 月 9 日,在第一次全国广播工作会议期间,中央人民广播电台播音组牵头召开播音工作座谈会。来自北京、天津、东北、云南、甘肃、上海、西南以及中央人民广播电台和北京市台的七十三名播音员参加会议。

1955 年,广播事业局专门召开全国播音业务学习会,召集全国广播电台的播音员代表交流播音工作经验,这也是新中国成立后第一次播音员专题会议。在会上,广播事业局局长梅益、局地方广播处处长左荧都在作了发言。梅益的讲话涉及播音创作的方向、播音工作的态度,以及创作手段、情感、技巧和修养等多方面的问题。[①] 左荧则明确提出:播音员掌握着现代化的宣传工具,在全国语言规范化进程中具有强大的示范意义。同时,播音员不仅仅是"传声筒""肉喇叭",而是掌握着现代化宣传工具的党的宣传员。从职业特性上来说,"播音是一种语言艺术活动"[②],它独立于演员艺术、说唱艺术、朗诵艺术,是具有很强创造性的艺术活动。此外,梅益和左荧的讲话都对播音工作提出了具体的期待和要求,明确了播音员努力的方向。

此次会议期间,中央人民广播电台播音组介绍了播读社论、新闻、通讯以及进行实况转播的经验。1954 年 7 月随广播事业局前往苏联访问学习的齐越,在会上做了题为《关于向苏联播音员学习》的报告,系统介绍了苏联播音员管理机制、培养方法、播音技巧要领等方面的情况。此外,还邀请语言学家吴晓铃讲授汉语知识,"艺术界专家作了斯坦尼斯拉夫新基表演体系、演员修养、台词和练声、怎样保护嗓子等专题报告"[③]。

两次全国性播音工作会议明确了播音员的政治使命、光荣任务,将播音

---

① 祝捷.中国播音主持评价标准体系发展研究[M].北京:中国广播电视出版社,2013:93.

② 左荧.播音是一种语言艺术活动[M]//赵玉明.风范长存:左荧纪念文集.北京:中国传媒大学出版社,2005:84.

③ 中央人民广播电台台史编写组.中央人民广播电台台史资料汇编(1949—1984)[M].内部资料,1985:623.

工作定位为"广播宣传工作中的一个重要环节"①，播音员的政治地位提高到"党的宣传员"的位置，对播音创作活动的独立性、艺术性都进行了高度总结。

两次全国播音工作会议具有很强的针对性。新中国成立后，百业待兴，各行各业都急需人才。播音员多为具有中高学历的稀缺人才，很多人身具多种能力，在各条战线都能发挥自身才干。面对日复一日的播音工作，许多人认为播音工作只能播读别人写的稿件，缺少创造性，也没有什么个人前途。"'想跳槽'成了普遍现象，以至中央广播事业局到了不能不管的程度。"②播音员队伍普遍存在的思想问题，亟须中央广播事业局高度重视，并从政治和业务上给予播音员方向性指导，使播音队伍稳定下来，逐步提高。

全国播音业务学习会的作用是巨大的，它极大地带动了各地方机构播音业务学习、培训的热潮。各个大区内的省市台纷纷召开区域性的播音业务研讨会，进一步学习、落实全国广播工作会议和全国播音业务学习会的指示、精神，同时在会上通过现场录音评比、朗诵联欢等形式研讨播音业务问题。1957 年，华北区播音员业务研讨会在天津举行；1958 年 12 月 2 日到 11日，由四川台和重庆台主持，在重庆召开西北、西南各台播音工作经验交流评比会议。③ 一些省份之间还互换播音员，进行协作交流，相互切磋技艺。

除了横向的省区间协作交流，富有经验的上级台、老台也积极展开面向下级台、新台的播音业务培训，定点帮扶。中央人民广播电台的播音员经常去各地省市广播电台讲课。天津台为将设立的河北台短期培训过编播人员，并在北戴河设了一个文艺分台，在夏季的几个月，派播音员轮流去值班。④ 上海台向浙江、安徽、青岛、厦门等省市广播电台输送多名播音骨干，

---

① 左荧.播音是一种语言艺术活动[M]//赵玉明.风范长存：左荧纪念文集.北京：中国传媒大学出版社,2005:85.

② 徐恒.我的播音路[M].内部资料,2018:98.

③ 运用语言的工具,坚定地为无产阶级的政治服务：西北、西南各台播音工作经验交流评比会议报告[J].广播动态(内部刊物),1959(4):2.

④ 徐恒.我的播音路[M].内部资料,2018:71.

还为面向台湾地区进行广播的"前线广播电台"培训了第一批播音员。①

借助不同层级的业务学习会议,全国播音队伍得以在短时间内有效提升业务能力,业务学习会也成为这一时期全国播音员队伍彼此联系、互相参照的有效机制。

三、开创播音专业高等教育体系

(一)训练班:播音专业教育萌芽初现

1954年3月,为满足快速发展的广播事业需求,中央广播事业局开办技术人员训练班,培训收音、发送、维护、播音等专业领域的中等技术人才,补充各地广播电台技术力量。随后又多次开办播音员短训班,由中央人民广播电台招考,由此成为人民播音专业教育的开端。

1958年9月2日,在原中央广播事业局技术人员训练班的基础上,中央广播事业局直属的第一所高等专科学校——北京广播专科学校正式成立,学制两年,培养具有大专学历的广播电视技术人才。1959年9月7日,在北京广播专科学校的基础上,北京广播学院正式成立。

作为我国第一所广播专业高等院校,北京广播学院在新闻系下开办播音专业,但播音专业并未在办学之初便独立招生,依然以短期训练班的形式进行招生、教学。第一批学生于1960年秋季入学,1961年2月便毕业分配到各个广播电台。其中,铁城、徐曼、丁然、金峰、雅坤、虹云等十八人进入中央人民广播电台,成为一个时期内的播音骨干,家喻户晓。

短训班第二批学生则是在1961年从在校本科生中选拔而来,即从全院三个系、两个年级(1959级、1960级)中挑选普通话好、语言基础表达能力强的学生,再加上各地方台派送学习人员,共同组成1961级播音专业班,共三十三名学生,集中进行两个学期的播音技能培训,直接派往各地方电台

---

① 《上海广播电视志》编辑委员会.上海广播电视志[M].上海:上海社会科学出版社,1999:333.

工作。

没有在建校伊始便设立学历教育，主要有三方面原因。

其一，60年代初，我国广播电视事业急速发展。1949年10月，全国范围内人民广播电台只有四十五座，1960年有一百三十七座。电视方面，继北京电视台之后，许多省市也纷纷建立电视台。到1961年年底，全国已建立电视台、实验电视台和转播台二十六座，并且预计到1962年发展到五十座。①"坐上火箭"的广播电视事业对普通话播音员的需求非常迫切，已经等不及长达三四年的学历教育培养。

其二，播音专业教育的独立性仍在摸索之中。一方面，左荧调任北京广播学院副院长，主持新闻系工作，他曾提出播音员不是单纯的技术人员，应该"编播合一"。在这一思想引领下，新闻系学生承担了作为未来播音员的可能。新闻系开设语音课程，用大课理论加小课实践的方式学习标准普通话。另一方面，当时中国各行各业受苏联影响较深，苏联播音员培养以在职培训为主，并不主张单独设立播音专业，认为："广播工作包括各个方面的内容，需要精通音乐、文学、戏剧、政治理论、工业、农业、科学、新闻等各方面知识的人才。要想由一个高等学校来培养各方面的人才是不可能的。"②播音专业是否作为一个独立专业进行招生、学习仍在酝酿之中。

其三，播音专业师资力量奇缺。在北京广播学院建校之初，担任现代汉语语音课的老师只有王璐一人。1960年，曾任中央人民广播电台播音员的徐恒、马尔芳陆续调入北京广播学院。只有三个人的教学组显然无法承担完整学历教育的任务，即便是短期训练班，也需要大量外聘北京电影学院、中央人民广播电台、广播艺术团等各大高校以及艺术团体的相关专业老师展开教学。

尽管没有以正规学历教育为形式，但培训班时期播音专业教学的雏形初具。过去，在职培训主要以"师傅教徒弟"的方式具体带教，缺少系统性、

---

① 赵玉明.中国广播电视通史[M].北京：中国广播影视出版社，2004：218.

② ［苏］波兹德尼亚克.怎样培养广播干部？[G]//中央广播事业局.苏联广播工作经验（内部资料），1955：293.

理论性,没有完整的课程设置和教学计划,也缺少稳定的师资。在左荧、徐恒、马尔芳的共同努力下,播音专业培训形成了政治、文化、专业三大课程板块。

政治方面,除了全校必修的"形势任务讲座""政策讲座"和"社会知识讲座",新闻系还开设人民广播史课程,培养学生树立播音员的使命感、责任感;文化方面,新闻系汉语教研组和文学教研组分别开设相关课程;最具特色的有声语言艺术,邀请北京电影学院台词教研组组长吴清老师开设"语言技巧"课,邀请央广和北京电台的老播音员担任播音专业课老师,并进行小课辅导。在"练声"问题上,一方面向中国社会科学院语言研究所周殿福老师请教,采用"绕口令""两字词"作为练声教材和方法;另一方面请中国广播艺术团的曲艺演员当老师,用教唱单弦儿来练声。[1] 在完成了三个多月的课堂讲授与训练后,全体学员从 1961 年 1 月 11 日起,分别到中央台、北京台、天津台、河北台进行为期一个月左右的岗位实习。由此可见,在播音专业学历教育开始招生之前,北京广播学院已经初步形成了从课堂到实习的播音专业教育课程体系。

两次短期培训也给制定科学的专业招生方式提供了实践经验。在相同的师资力量、接近的培训时长前提下,经过徐恒、马尔芳专业选拔的 1960 级短训班学员成材率较高,大量学生入职后快速崭露头角,成为独当一面的播音员。但是,经由学院内部选拔的第二批训练班学生,则"大部分普通话不过关:语调带着方言味儿,语音有的 z、zh 不分,有的 f、h 不分,还有的 n、l 不分,而且他们都是二十来岁,早已过了矫正语音的最佳时期,想让他们说纯正的普通话,真是难上加难"。"我们虽然竭尽全力,但效果并不理想,以至这批学生毕业被分到各地方台后,经过一个时期,大部分转回做编采工作了。"[2]实践证明,作为专业语言艺术教育活动,需要遵循艺术教育的基本规律,这也给播音专业教育的独立性、特殊性,乃至播音学科的独立性提供了实践基础。

---

① 徐恒.我的播音路[M].内部资料,2018:117-118.
② 徐恒.我的播音路[M].内部资料,2018:118-119.

总体来看，播音专业短期培训班教学实践，初步建立起播音专业教育的课程体系、教学方法、教学规范，积累了一批相关师资力量。这些从实践而来的宝贵经验，为播音专业教育事业奠定了基石。

（二）广院大专班：播音专业学历教育起步

在开办了两次短期培训班之后，国家遭遇"国民经济三年困难"。1961年，根据党中央的部署，全国电台从一百四十六座缩减为八十五座，全国高校招生人数由三十万压缩到十五万。在这一大背景下，北京广播学院也随之精简机构，并于当年停止招生，被列为"调查裁撤"的范围。

1963年，全国经济形势有所好转，5月24日，国务院下达《关于恢复北京广播学院的通知》，同意恢复北京广播学院。根据教育部安排，1963级招生规模为八十人，其中播音专修科招生四十人，占整体招生规模的50%。[1]这次招生，是播音专业第一次面向高中毕业生招收大专学历专业学生，意味着播音专业学历教育正式起步。

为了保证招生质量，学校向教育部门申请纳入艺术院校高考序列，播音专业被纳入艺术院校招生范畴。1963年6月22日至24日，播音专业进行了为期三天的提前考试，这也成为播音主持艺术专业学历教育历史上第一次入学专业考试。[2]1964年，学校再次招收新闻系中文专修科播音班（大专）学生，经过高考及后期补录，共招收三十九人，学制三年。

从1963级开始的播音专业学历教育，代表着播音专业走上独立发展道路。招生方式上，确定了以艺术专业招生为前提，兼顾文化课的基本模式。教学团队方面，以王璐、徐恒、马尔芳、张颂为核心的教学团队，建立起语音发声教学、播音业务教学两大专业教学领域。课程设置上，有了系统的教学计划，分政治学习、播音业务、专业基础三大板块展开教学。这一模式运行

---

[1]　中国传媒大学.校史撷英：七［EB/OL］.（2014-10-16）［2022-10-9］.http://www.cuc.edu.cn/2014/1017/c1653a26699/pagem.htm.

[2]　中国传媒大学.校史撷英：七［EB/OL］.（2014-10-17）［2022-10-9］.http://www.cuc.edu.cn/2014/1017/c1653a26699/pagem.htm.

多年,至今仍有非常深远的影响。在教材建设上,一批用于教学的内部教材编纂完成,促进了播音学科理论的逐渐成型。在教学方式上,理论大课为牵头,实践小课为具体指导的教学模式进一步稳定,成为此后延续数十年的播音专业教学特色方式;播音专业教育开始呈现其独立性和特殊性,为1977年本科教育开展奠定了良好的基础。

(三)工农兵大学生:"文革"期间的播音专科教育

1966年"文化大革命"爆发,高考招生制度被废止,个人出身和政治表现取代了文化素质和知识水平,决定一名青年是否具有接受高等教育的权利,播音专业教育事业遭遇重大挫折。北京广播学院不但被迫停止招生,甚至在1971年被强令撤销。直到1974年,在周恩来总理的亲切关怀下,学校才恢复招生。首批复校招生专业里,便有播音专业,共招收三十名工农兵大学生,以两年为学制进行专科学历培养。

停滞八年之后,学校面对的是比建校之初更为艰难的处境,教职工被遣散,图书馆、校舍、教学设备乃至课桌、床铺都被瓜分、占用,只能边建设边办学。学生来源则面向社会招收工农兵学员。根据1970年6月27日中共中央批转《北京大学、清华大学关于招生(试点)的请示报告》,工农兵大学生的招生条件是:"政治思想好,身体健康,具有三年以上实践经验,年龄在20岁左右,有相当于初中以上文化程度的工人、贫下中农、解放军战士、青年干部以及有丰富实践经验的工人。贫下中农不受年龄文化程度的限制,还要注意招收上山下乡知识青年。招生办法是实行自愿报名、群众推荐、领导批准和学校复审相结合的办法。"[1]从1974年到1976年,播音专业以这种方式连续招生三年,培养了一批大专学历的工农兵大学生。

虽然招生的文化起点从高中学历降到了初中文化,但是,播音专业的招生依然保留专业考试、单独招生的方式,只是在招生流程上,限于当时的实际情况进行了调整。

不同于以往多在北京地区招生,工农兵大学生面向全国招生,地方推荐

---

① 金铁宽.中华人民共和国教育大事记[M].济南:山东教育出版社,1995:894.

成为主导。由于缺少统一的招生标准,使得工农兵大学生的整体水平参差不齐。来报到时,有的学生已经是富有经验的成熟播音员,也有不少来自各行各业,不乏警察、医生、工人等从来没有接触过专业播音的学生,文化基础也差别很大,给教学带来很多困难。好在招生时至少对学生的基本语音条件、语言能力进行入门考核,保证了学生在专业学习潜力上的可能性。

工农兵大学生是"文化大革命"的特殊产物,在这一时期,以课本、教师为中心的教学方式被彻底改变,全国大学的学习内容被统一设置为三个板块:"以毛主席著作作为基本教材的政治课;实行教学、科研、生产三结合的业务课;以备战为内容的军事体育课"①,并要求各科学生都要参加生产劳动,这给注重实践教学的播音专业教学造成很大的困难。

为了不耽误专业学习,北京广播学院播音专业的老师们想了多种办法,徐恒老师尽量把播音专业学生安排在县广播站实习,让老师在各个县广播站之间东奔西跑,教授课程,这样既完成政治任务,又尽可能减少对专业学习的影响。1975 年,齐越从中央人民广播电台调入学院任教,极大地加强了学院专业教学力量。"文革"末期,张颂老师组织 1974 级工农兵学员班,集体创作了播音业务理论性著作《为革命播音——献给基层广播站播音员》,让学生在创作中加强理论认知。在多方努力之下,这一阶段,依然培养了一批日后在各级广播电视机构里挑起大梁的播音员主持人。

(四)恢复高考:播音专业高层次学历教育开启新阶段

1977 年 10 月,即将恢复全国统一高考的消息传遍大江南北,570 万人参加了年底进行的高考。1977 年高考要求"考生应具有高中毕业或相当于高中毕业的文化水平"。招生办法是:"自愿报名,统一考试,地、市初选,学校录取,省、市、自治区批准。考试分文理两类,由省、市、自治区拟题,县(区)统一组织考试。"②对于此前招生最为看重的"政治审查"环节,则由组织推荐调整为学校审核。1977 年的高考改革,让学校完全成为招生的主体,播音

①　金铁宽.中华人民共和国教育大事记[M].济南:山东教育出版社,1995:894.
②　金铁宽.中华人民共和国教育大事记[M].济南:山东教育出版社,1995:1026.

专业高等教育事业从此走上科学的发展轨道。

经研究申报,北京广播学院在 1977 级招收编采、播音、摄影三个专业,在招生方式上,经中央广播事业局和教育部联合审核同意,播音和电视摄影两个专业参照艺术院校招生办法进行,即经过全国高考之后,在初选上线考生中根据志愿,由学校派遣专业老师进行面试,最终决定录取名单。5 月 8 日教育部正式明确北京广播学院从 1978 年开始"参加全国重点院校第一批录取"。5 月 30 日中央广播事业局、教育部联合发文"(78)广发政字 328 号""(78)教学字 463 号":同意北京广播学院播音、电视新闻摄影专业从 1978 年起参照艺术院校招生办法进行招生。① 这一系列文件的发布,从国家层面明确了播音专业作为艺术类专业的特殊性,为播音专业的招生理顺了行政通路。

1978 年 3 月 14 日,北京广播学院 1977 级新生开学典礼隆重举行,恢复高考后第一批录取的播音专业学生共三十三人正式成为我国第一批播音专业本科学生。半年以后,即 1978 年 10 月 9 日,即 1978 级新生入学。1979 年,北京广播学院开始招收硕士研究生,第一批专业里便有齐越、徐恒担任导师的播音基础理论、播音发声学研究方向。

从 1963 年正式招生到 1977 年恢复高考,再到 1979 年开始招收研究生,尽管办学时断时续,但是从萌芽时期的短期训练班,到实现专科学历教育,再到启动本科教育、研究生教育,播音专业教育实现了从无到有的突破,成为独立的高等院校学科教育体系。

---

① 中国传媒大学.校史撷英:十七[EB/OL].(2014-11-26)[2022-10-9].http://www.cuc.edu.cn/2014/1126/c1653a26755/pagem.htm.

第四章 百花齐放:中国播音事业繁荣发展
(1978—2014)

党的十一届三中全会以后,广播电视系统发生了根本性变化。为了进一步贯彻十一届三中全会精神,1980 年 2 月 25 日至 3 月 7 日,全国广播事业规划会议召开。同年 10 月 7 日至 18 日,中央广播事业局在北京召开第十次全国广播工作会议。会议明确了广播电视应当为党和国家的中心工作服务,当前党的工作重心转移到社会主义现代化建设上来,广播电视的中心任务就是为经济建设服务,为四个现代化服务。①

1983 年 3 月 31 日,第十一届全国广播电视工作会议在北京召开,会上出台了一项重要政策——"四级办广播、四级办电视、四级混合覆盖"(简称"四级办")。从 1983 年到 1988 年,全国广播电台、电视台的数量平均每年递增 30%以上。1998 年底,全国广播电视播出机构达到二千二百一十六座,其中县级广播电视台达到一千二百八十七座。②

广播电视事业大发展带来了播音事业前所未有的繁荣发展。1960 年全国广播电视机构不足百家,播音员千余人。1993 年统计,仅主持人总数就不少于三千人。③ 到 2018 年,全国播音员、主持人队伍已经达到三万一千人。④

---

① 赵玉明.中国广播电视通史[M].北京:中国广播影视出版社,2004:305.

② 赵玉明.中国广播电视通史[M].北京:中国广播影视出版社,2004:337,507.

③ 中国电视节目主持人代表团访美总结报告[M]//白谦诚.主持人第五辑.北京:中国广播电视出版社,1995:319.

④ 国家广播电视总局.2018 年全国广播电视行业统计公报[R/OL].(2022-08-01)[2023-1-10].http://www.nrta.gov.cn/art/2019/4/23/art_2178_43403.html.

一个百花齐放、万紫千红的时代徐徐拉开帷幕。

第一节　节目主持人诞生：播音事业多维拓展

新中国成立后，严格按照稿件进行播读的播音员是中国播音事业职业主体。80 年代，主持人的横空出世打破了这一行业格局，播音事业从此开启了一个新的维度。主持人成为重要的播音活动主体，中国播音事业的面貌发生了巨大改变。

一、破壳：主持人节目的酝酿与实验

（一）《空中之友》：徐曼的对台节目主持

1981 年元旦，中央人民广播电台播音员徐曼首次在对台广播的《空中之友》节目中以节目主持人的身份出现。这是中国大陆地区广播播音事业首次出现节目主持人这一身份。徐曼一改"文革"时期播音员高八度的嗓音和不紧不慢的保险调，用清甜温和的声音，平易近人的语气，亲切柔美的语调，向台湾同胞传递新年的问候：

"亲爱的同胞们，新年好，从今天开始，我给诸位主持《空中之友》节目，我姓徐名曼，'徐'是'双人徐'，'曼'是'罗曼蒂克'的'曼'，从我的名字，同胞们可以看出，我是一个性格开朗的人，我喜欢到处有我的朋友……我将向诸位奉献上我这个真挚的朋友之心，奉献上我的真诚而热烈的友谊……我愿通过空中的电波，为海峡两岸的同胞服务，我将不辞辛苦……"①

《空中之友》是一档融政策、信息、知识、服务为一体的综合性专题服务节目，主要为台湾听众介绍祖国大陆的情况，讲解党和政府的方针政策，帮

---

① 黄俭.红绽雨肥梅：访中央人民广播电台"空中之友"节目主持人徐曼小姐[J].新闻记者，1984（08）：15-17.

助台湾同胞解决实际问题,和台湾听众们以通信互动的方式谈论社会、人生等多元社会话题。在主持《空中之友》时,徐曼根据台湾同胞的听觉习惯,适当加入了一些虚声、气声,让声音效果更加柔和自然。这一节目很快在海峡两岸引起强烈反响,宝岛听众的信件如鸿雁般接连飞来,表达了对徐曼的喜爱,更多的还有对祖国大陆的怀念与渴望,甚至一些回乡台胞声称,正是因为徐曼亲切、热情的主持,促使他们下定决心返乡:"徐曼的形象征服了许多像我这样的人。我所以回来,可以说徐曼给了我很大的勇气。"①

基于《空中之友》的良好传播效果,1982年初,对台广播各个节目都改成了主持人形式,由播音员担任主持人。1983年,主持人模式逐渐扩展到中央台各类综合性节目,十三个播音员先后以主持人身份播音。②

这一阶段,中央人民广播电台的"主持人"主要是一种播出形式上的调整。虽然主持人在节目里以个人身份出现,但大多并不参与节目内容创作,只是在语言表达方面多下功夫,钻研如何用通俗、口语的方式,向听众进行亲切自然的讲述。

(二)广东电台:开启粤语节目主持尝试

在中央人民广播电台推出主持人节目后三个月,地处改革开放前沿的特区广东也开启了主持人节目改革。1981年4月,《大众生活》栏目的子栏目《大众信箱》率先开启主持人节目的尝试,编辑李一萍担任主持人,回答听众有关事业理想、友谊爱情、婚姻家庭等诸多方面的问题。节目播出20多天,就收到听众来信一千多封。1982年,主持人节目改革进一步延伸到更多社教服务类节目,《大众科学》栏目的《空间科学馆》《科学信箱》《家庭顾问》版块,《文化生活》栏目的子栏目《楷叔谈戏经》都开始采用主持人形式。③

---

① 许伟,陈昭.曲曲乡音架彩虹:记《空中之友》节目主持人徐曼[J].新闻战线,1984(08):35-36,13.

② 中央人民广播电台台史编写组.中央人民广播电台台史资料汇编[M].内部资料,1985:633.

③ 白玲,申启武.从"珠江模式"到跨域式发展:广东广播改革开放30年历史回顾[M].广州:暨南大学出版社,2008:17.

相对而言,广东电台的改革更强调主持人在节目创作中的主导性功能,使主持人深入地参与节目创作。李一萍主持《大众信箱》,全程自己编写稿件,自己播讲;《家庭顾问》栏目主持人丁纪明,与另一位客座主持人以聊天对话的方式,为听众介绍衣食住行生活服务信息;《楷叔谈戏经》则由周郁与著名粤语话剧演员张悦楷共同主持,幽默风趣、谈笑风生,给听众带来文娱方面的服务信息。在这些节目里,主持人高度掌控内容,灵活控场,构成节目主体内容,且具备采编播多种业务能力,深度参与节目的设计和实施,可以说,是真正具有内容生产能力的节目主持人。

(三) 电视节目主持:试验性不定期出现

1980 年 7 月 12 日,中央电视台《观察与思考》栏目开播,电视屏幕上第一次打出"主持人"三个字。

《观察与思考》是中央电视台创办的第一个带有评论性的电视新闻节目,以当时社会上存在的一些矛盾和问题为对象,进行较为深入的剖析。[1] 在第一期节目《北京居民为什么吃菜难》里,主持人庞啸同时也是这期节目的出镜记者。不过,这一栏目当时并没有形成固定播出,直到 1988 年 10 月,《社会瞭望》和《观察与思考》栏目停播合并,新开《观察思考》,才固定下栏目的播出安排——每周日晚黄金时间播出 20 分钟,以及固定的节目主持人——肖晓琳。

1981 年 7 月到 11 月,中央电视台推出一档知识性节目《北京中学生智力竞赛》,节目中设计了一位类似老师的人物,由他来宣布、评判知识竞赛的问题和答案,让节目既有课堂的严肃又不至于死板,既有竞争又有趣味。我国第一位电视男播音员赵忠祥担任主持人。[2] 与此类似的还有 1981 年上海电视台在少儿节目里创办的《智力游戏竞赛》,邀请小观众到现场参与竞答,

---

① 中央电视台.中央电视台的第一与变迁:1958—2003[M].北京:东方出版社,2003:27.

② 高贵武.主持传播概论[M].北京:中国传媒大学出版社,2007:54.

上海木偶戏剧团演员陈燕华担任主持人,进行总体掌握、引导和判断。①

综上,从1980年初到1983年左右,这一阶段,广播电视机构开始尝试性地提出主持人概念,试验主持人节目的可行性。这种试验首先从特区开始。《空中之友》是对台广播,主要面向台湾听众,连使用"主持人"这一称呼也是根据当时台湾地区广播节目习惯"引进"的。② 广东台地处珠三角,直面港澳听众,直接借鉴香港经验,广播节目《大众信箱》《文化生活》,电视综艺节目《万紫千红》等首批主持人节目都是粤语节目,相对来说受众群体人数有限,传播语境特殊,给改革留下了相对宽松的容错空间。

在节目类型上,首批主持人节目普遍先从服务型、综艺型节目开始。这类节目强调以听众为中心,为听众提供翔实、充分的服务,主持人更容易转变语态,贴近受众。在播出频率上,先从非固定栏目开始。《观察与思考》《北京中学生智力竞赛》都是阶段性播出的节目。在这种显得颇有些小心翼翼的试验里,富有人格和语言双重魅力的主持人开始如晨星般逐渐闪现。

二、绽放:节目主持人横空出世

(一)《为您服务》:中国电视第一档主持人节目

1983年元旦,中央电视台改版后的《为您服务》栏目出现了一位端庄文雅、真诚亲切的女主持人——沈力,她也是中国大陆电视屏幕上第一位固定栏目的专职节目主持人。作为一档日播的生活服务类栏目,《为您服务》节目里60%的内容都是来自观众直接的困惑,其方针可以归结为"三个性,即

---

① 《上海广播电视志》编辑委员会.上海广播电视志[M].上海:上海社会科学院,1999:482.

② 白谦诚.节目主持人:改革产物·个性魅力·新闻主播:兼与《简析当今中国广播电视节目主持人理论中的几个误区》一文商榷[J].中国广播电视学刊,1996(05):59-64.

知识性、趣味性、实用性,还有八个字,即通俗、短小、及时、实惠"。①

在这个栏目中,沈力既是主持人,也是制片人,全权负责节目创作。因此,她更加明确地将自己的个性色彩贯穿到节目主持的表达之中。在一次教做凉菜节目开始时,编辑为主持人写了这么一段:"这几天,天气真热,天一热,很多人就吃不下饭。那天,我到食堂买饭,听见几个同志正在议论,他们说一看见炒菜就发腻。看来盛夏酷暑大家都喜欢吃点凉菜,我们从今天开始,分四个星期,向大家介绍四种凉菜的做法。"这个写法没什么问题,但沈力认为,自己个性比较古板,平时不喜欢多言多语,更不喜欢没话找话说。习惯于有话则长,无话则短。于是就改写成:"伏天到了,很多同志热得吃不下饭,常喜欢吃点凉菜,我们准备从这周开始,分四次向您介绍四种凉菜的做法。"②二者对比,在内容上几乎没有差别,但是以主持人个性为前提改编主持词,能让主持人作为"人"的个性色彩更加鲜明,更好地与观众进行思想情感交流。全心全意为观众服务的沈力很快受到全国观众的喜爱。1983年,沈力在全国专栏节目评选中被评为优秀主持人;1984年,获全国优秀新闻工作者称号;1991年,获"金话筒"开拓奖特别金奖。

(二)春节联欢晚会:电视综艺晚会主持人亮相荧幕

1983年春节对于中国电视史和播音史而言都具有重要的标志性意义。这一年,中央电视台第一次以直播方式播出春节联欢晚会。除夕当晚,人们齐聚一堂,在欢声笑语中欣赏富有艺术性的文艺节目。现场还设立了四部热线电话,观众既可以打电话点播节目、表达情感,还可以参加有奖猜谜活动,充分参与到节日联欢活动中来。晚会进行时,热线电话始终不断,将近十小时的连续超负荷作业,线路都给烧热了。③

---

① 中央电视台研究室,主持人节目研究委员会.中国荧屏第一人:沈力[M].北京:中国广播电视出版社,1999:48.

② 中央电视台研究室,主持人节目研究委员会.中国荧屏第一人:沈力[M].北京:中国广播电视出版社,1999:64.

③ 黄一鹤.难忘除夕夜:从1983年春节联欢晚会谈起[J].电视研究,1999(05):58-59.

在这次具有创举意义的晚会里，中国大陆（内地）电视综艺节目第一次出现了主持人。[①] 四位主持人王景愚、刘晓庆、马季、姜昆都是经验丰富的演员，用真诚的语言、丰富的表演方式点燃观众的情绪，架起表演者和观众之间的桥梁。黄一鹤这样描述他当初设置主持人的初衷：春节晚会是一台主题非常鲜明的节目，主持人在节目中充当编导者的代言人，直接用语言完成主题的深化和点睛，而主持人这种人性化的符号也使得单个、零散的节目具有了凝聚性，主持人相当于整台节目的黏合剂。其次，主持人是节目进行中的情感催化剂，推动情感流动的进程。从整台节目来看，主持人就像是一艘船的导航员，引领观众在不同节目和不同艺术样式中穿行，并且完成节目从感性层面到理性层面的过渡与提升。[②]

春节联欢晚会一炮走红，"节目主持人"形式很快获得高层认可。1983年3月，原广播电视部召开第十一次全国广播电视工作会议。会后，中共中央以当年第三十七号文件批转了广电部党组《关于广播电视工作的汇报提纲》，提出"要尽可能采取谈心和对话的形式以及节目主持人的形式，以增强新闻报道的吸引力和说服力"。这是中央文件第一次提到"节目主持人"，标志着"节目主持人"已得到中央的正式认可，极大地推动了我国节目主持人的发展。[③]

（三）珠江经济广播：开启广播主持人时代

1986年12月15日清晨5时，一家"大众型、信息性、服务型、娱乐型的电台"[④]——珠江经济广播电台（粤语台）正式与广大听众见面。珠三角地区

---

① 1981年，被定义为综合性杂志式文艺节目的广东电视台粤语栏目《万紫千红》正式开播。内容既有综艺晚会，也有风光旅游节目，主持人谭国治、樊玉婵、钟新宁等人在其中进行串联。因此，若不考虑方言因素，中国电视屏幕上的综艺主持人，《万紫千红》当属先者。

② 周涛.春节联欢晚会节目主持人的角色定位与传播理念[D].北京：中国艺术研究院，2008.

③ 高贵武.主持传播概论[M].北京：中国传媒大学出版社，2007：55.

④ 白玲.广播的跨越：广东广播插图史[M].广州：暨南大学出版社，2012：104.

的听众惊讶地发现，珠江经济广播的整体面貌和过去听到的广播大不相同。

其一，在编排上，整个频率播出以二至三小时为单位划分为若干个板块，每个时段突出不同主题，例如早晨以新闻、信息为主，晚上则注重知识性、服务性和娱乐性，周六、日再另外设计一套特别节目。在大板块里，还有一些小栏目如半点新闻、整点信息等（见图4-1）。如此，全天播出形成完整的、流动的声音盛宴。

播音时间	主持人节目 日	主持人节目 一 二 三 四 五 六	经济科技信息 每天	新闻 每天
5:30 开台				
6:00	星期天，早晨！	珠江晨曲	—市场信息5分钟 —综合信息5分钟	—中央台新闻10分钟 —天气预报(7:05)
6:30				
7:00				
7:30			—科技信息5分钟	—早晨新闻专辑10分钟
8:00				
8:30				
9:00	星期俱乐部	朝朝新节拍	—市场信息5分钟 —金融信息、物价信息5分钟	—体坛快讯5分钟
9:30				
10:00			—海外商情5分钟	—新闻与交通消息5分钟
10:30				
11:00	游戏一百分			
11:30				
12:00	热线电话	午间快语	—综合信息5分钟	—新闻与交通消息5分钟
12:30				
13:00			—供销行情5分钟	
13:30	三江水暖			—中午新闻专辑10分钟
14:00				
14:30	农村天地		—综合信息5分钟	
15:00				
15:30	南国艺苑	休息 / 南国艺苑	—科技信息5分钟 —供销行情5分钟	—天气预报(13:20)
16:00				—体坛快讯5分钟
16:30			—金融信息、物价信息5分钟	
17:00	少年乐园	少年乐园		—简明新闻5分钟
17:30				
18:00	话筒前后	七彩黄昏	—今日信息总汇（粤语）10分钟	—简明新闻5分钟
18:30	八面来风			
19:00	长篇小说或连续广播剧			—新闻与交通消息5分钟
19:30				
20:00	八面来风	旋转歌厅	—今日信息总汇（普通话）10分钟	
20:30				—新闻与交通消息5分钟
21:00	农村天地（重播）		—综合信息5分钟	
21:30				
22:00	鸳歌夜话		—科技信息5分钟 —今日信息总汇（粤语）10分钟	—下午新闻专辑10分钟
22:30				
23:00				
23:30			—今日信息总汇（普通话）10分钟	
0:00				
0:30				—体坛快讯5分钟
0:40 收台				

图4-1 珠江经济广播夏时节目时间表（1987年4月12日起施行）

（资料来源：白玲、申启武著《从"珠江模式"到跨域式发展——广东广播改革开放30年历史回顾》，暨南大学出版社，2008年，第32-33页。）

其二,播出普遍采用直播样态,经过播控接入的每一个电话、主持人说的每一句话都会实时播出,以此实现多方交流、互动直播。

其三,主持人成为整个板块播出的核心人物。珠江经济广播开播第一天上午,主持人周郁就接听了十七个热线电话,全部为直播播出。① 基于现场直播、热线接入的播出形态,主持人不可能照本宣科,按稿播读,只能准备提纲,在播出中灵活应对,整体把控。

珠江经济广播的出现有着充分的必然性。首先,广东毗邻港澳地区,共享珠三角区域空间,地域文化有着充分的同质性。80 年代中期,广州可以轻松接收到香港广播电台的信号。共同的地域属性,共同的文化基础,共同的语言环境,又夹杂着对"外面世界"的向往,让香港电台在广东地区有相当高的收听率。1985 年,广东台在广州拾取部分街道进行随机抽样调查,发现当时广东台与香港台的收听比例已经达到了 3∶7。1984 年 12 月 19 日,《中英联合声明》正式签署,香港回归指日可待。面对复杂的政治形势,加强对港澳地区的宣传力度成为广东电台必然承担的责任。

其次,80 年代中期,"先走一步"的广东对内改革,对外开放,商品经济快速发展,市场空前繁荣。在现代社会,经济发展高度依靠信息沟通,不管是股市行情,还是市场动态,市民较之前有了更为迫切的信息需求。

再者,由于改革先行一步,又毗邻港澳,电视行业在广东快速发展。1983 年,广州市每百户居民已经拥有电视机九十一台。省台平均每日播出时间达到二十二小时四十分钟。② 面对来自电视这个新媒体的竞争,电台必须拿出些真本事来,将声音传播的特色发挥到极致,才能抢占市场。

事实证明,珠江经济广播的改革切实有效。开播三个月后,广播竞争态势迅速改变,收听比例从原来的 3∶7 改变为 7.8∶2.2。③ 开播第一年,寄给珠江广播电台的信件超过一百万封,省电台每天接到听众电话两三百个,当

① 白玲.广播的跨越:广东广播插图史[M].广州:暨南大学出版社,2012:114.
② 曾广星.横空出世:广播"珠江模式"的理论与实践[M].北京:中国广播电视出版社,1999:18-19.
③ 曾广星.横空出世:广播"珠江模式"的理论与实践[M].北京:中国广播电视出版社,1999:22.

年在节目中播出的共计三千个。

全天超过十九个小时的大板块直播节目,给了主持人充分的施展空间,涌现出一批富有个性活力、业务能力精湛、广受听众欢迎的明星主持人。率先主持热线电话节目的周郁被听众亲切地称为"周郁姐姐",把她当作知心朋友,生活里的大小事、心里话都愿意和她说说,听听她的意见,周郁也总是以关切与温暖回馈听众。

"珠江通四海,经济第一台。"以珠江模式为蓝本,全国各地的广播电台纷纷展开改革,一大批集合了采编播全能的广播主持人成为节目的核心人物。例如上海台《蔚蓝信箱》主持人蔚蓝、《为您服务》主持人文仪、《小茗时间》主持人小茗,广东新闻台文涛、河南台陈明、山东台王伟等,都在听众中产生强烈反响,成为 80 年代末到 90 年代初期广播主持界的代表人物。

三、腾飞:"三驾马车"齐头并进

(一)新闻主持:改变中国新闻语态

1.电视新闻主持:改革进入深水区

1992 年春天,邓小平南方谈话进一步阐明了改革开放的重大意义,回答了当时人们对于市场经济的疑惑,以解放思想、实事求是的精神,坚定了中国人将改革开放和现代化建设进行到底的信心与决心。一年后,在中央领导的首肯下,中央电视台拉开了中国电视新闻改革的序幕,也正式开启了中国新闻节目主持事业。

1993 年 5 月 1 日晨 7 时,中央电视台一档全新杂志型栏目《东方时空》正式开播,四十分钟的节目时长里设置有《东方之子》《生活空间》《东方时空金曲榜》《焦点时刻》四个定位不同、各具特色的小栏目,以主持人形式与观众见面。首批主持人有《焦点时刻》主持人张恒,《东方之子》主持人胡健,《生活空间》主持人李平,《东方时空金曲榜》主持人施翌等。从此,"早间"这一直以来的冷门时段不再冷门,中国人开始改变习惯,早上打开电视机,在《东方时空》的片头曲里洗漱进餐。

图4-2　1993年5月1日《东方时空》开播第一期

1996年1月20日，《东方时空》在迎来播出第一千期之际进行改版，用《面对面》代替《金曲榜》，使新闻杂志的特征更加鲜明。栏目开始设置总主持人，白岩松、水均益、敬一丹、方宏进成为第一任总主持人，轮番与观众见面，逐渐成为栏目的灵魂与标志。2000年11月27日，《东方时空》再次改版，时长增加到两个半小时，集专题和新闻资讯于一体，强化了新闻性、服务性。①

作为中国电视改革急先锋，《东方时空》对中国新闻改革最重要的贡献便是改变了电视的语态，新闻语言从充满了"拽大词""高八度""排比句"的模式转变为一种新的叙述方式——"要像说话一样地说话，要给信息传播带上强烈的个性色彩"②。主持人，便是实现这一转变的关键人物。《东方时空》的主持人以朋友的身份，以拉家常的方式介绍新闻、发表观点，并在表达的过程中传递出自己鲜明的个性、敏锐的才思。

改革的序幕一旦拉开，便很快形成规模效应。1993年5月，经济频道新

① 中央电视台总编室研究处.中央电视台频道栏目选介[M].北京：中国广播电视出版社，2003：37.

② 孙玉胜.十年：从改变电视的语态开始[M].北京：生活·读书·新知三联书店，2003：49.

闻专题节目《一丹话题》开播。这是中央电视台第一个以主持人名字命名的栏目。在这档栏目里,主持人敬一丹全面参与采编播工作,调动起自己特有的"主动、活跃、由衷、敏感",把"'真我'与'职业的我'结合在一起"①,与观众形成一种熟人般的亲密联系。

1994年4月1日19点38分,被誉为"中国舆论急先锋"的《焦点访谈》栏目在央视一套开播。作为我国第一个舆论监督的节目,《焦点访谈》以热点、焦点、难点新闻事件为选题方向,采用演播室主持和现场采访相结合的结构方式②,主持人翟树杰、柏杨、方宏进、方静,兼任报道叙述者和新闻评论员的双重角色,对全国上下普遍关注的热点问题进行采访、评论。1996年5月17日,《新闻调查》开播。栏目以"探寻事实真相"为口号,主持人本人就是调查记者,"以策划为先导,以编导为主体,以记者、主持人为栏目形象,形成稳定有序的程序化生产模式"③。著名主持人长江、董倩、王志等就是从这个栏目走出来的。一时之间,全国各地电视台都诞生了一批"小《焦点访谈》""小《新闻调查》"栏目,舆论监督蔚然成风。

回顾中央电视台90年代的新闻改革,其核心是新闻报道生产逻辑发生变化,从"传者中心"开始转向"以观众为中心",将观众的需要和党的宣传任务相结合,新闻制作单位内部管理逻辑随之调整。通过改革,主持人有了充分的主动权和控制权,能够在节目里发表评论、主导采访、引领节目发展脉络,充分展现自己的个性和水平。改革操盘手、新闻评论部第一任主任,后担任中央电视台副台长的孙玉胜将其称为"主持人主权",并总结出新闻节目主持人的成长路径:"记者—名记者—主持人—名主持人"④。

① 敬一丹.《一丹话题》得失录[M]//白谦诚.主持人第五辑.北京:中国广播电视出版社,1995:114.

② 杨伟光,刘世英.杨伟光口述实录:我在央视当台长[M].北京:新星出版社,2017:38.

③ 杨伟光,刘世英.杨伟光口述实录:我在央视当台长[M].北京:新星出版社,2017:57.

④ 孙玉胜.十年:从改变电视的语态开始[M].北京:生活·读书·新知三联书店,2003:363-366.

1993 年以来,中央电视台新闻评论部成为著名新闻节目主持人的摇篮,涌现一大批著名新闻主持人。他们大多没有播音专业学历背景,风格也各不相同,但相同的是他们都具有丰富的记者经历,在新闻实践中锤炼出各自不同的个性魅力与表达风格,其成长路径基本遵循"从记者到主持人"的规律。基于新闻一线的历练,他们时刻与采访对象、与观众保持平视的视角,用直面新闻真相与本质的勇气,为观众提供更有观察力、穿透力的新闻节目,走出了一条电视新闻节目主持人的成功实践之路。

2.广播资讯主持:打造城市声音节奏

90 年代初,全国各地广播电台开展频道专业化建设,交通台、音乐台、经济台等专业化频率陆续成立。北京电台从 1993 年开始持续十年推进专业广播建设,形成新闻、经济、生活、交通、音乐、教育、体育等专业广播设置。到21 世纪初,广东电台已经建构了一个拥有九个专业频率的广播格局。在诸多专业频率中,交通台是用户关注度极高的一个频率。1991 年 9 月 30 日,中国大陆第一家以交通信息为主导的广播媒体——上海人民广播电台交通台诞生。截至 2005 年,全国有交通广播六十多家,除了西藏自治区,全国各省（自治区、直辖市）都开设了自己的交通广播频率。①

在系列台建设过程中,"珠江模式"得到进一步的贯穿、放大,主持人普遍拥有更多节目自主权;以更偏向自然口语的广播口语语体代替书面语,随时进行快节奏的播出已经成为广播资讯节目主持的主要方式。

以交通广播为例。出于服务交通人群的目标,大量滚动播出路况、即时资讯成为交通广播的主要内容。听众可以获取大量及时、全面的路况信息,还能够充分、全面地参与广播。例如通过热线电话、手机短信等方式上传路况信息,在栏目里与交通建设、交警部门的负责人直接对话,彼此增加了解,沟通互信。主持人就是这一切的掌控者,在日复一日的节目播出里打造城市生活的声音节奏,塑造充满动感的城市声音景观。

---

① 秦晓天,谢先进.交通广播发展历程与思考［J］.现代视听,2007（01）:39-42.

(二)谈话节目主持:引领社会公共话语场

谈话节目包含了对话专访与群言谈话两种形态。二者的核心都是以人际传播、口语交流为节目主体,实现信息交换、情感共鸣、共识凝聚,而主持人便是这场公开谈话的主导者。

1.《东方直播室》:谈话节目主持开先河

1993年1月19日,上海东方电视台首创《东方直播室》,开启国内电视谈话节目的先河。这档栏目围绕热点社会话题,邀请嘉宾和观众代表在演播室展开直播讨论。观众也可以打进热线电话,参与讨论。节目一经播出,迅速在上海引起轰动,讨论话题之复杂与多元,充分展现出上海作为先行一步的改革城市,社会生活里出现的种种变革。

直播谈话节目的样态对主持人的知识积累、文化素养以及临场应变能力提出了极高的要求。主持人曹可凡、袁鸣因为参加上海电视台组织大中学生自采自编的《我们大学生》《你我中学生》栏目进入主持人行业,并从《东方直播室》开始为上海市民所熟知。《东方直播室》还邀请了大量嘉宾主持人,如《文化晚茶》的主持人上海作家蒋丽萍,著名导演、演员李家耀,《情法面对面》栏目的主持人律师陶武平。这些主持人没有经过专业的镜头前语言表达训练,客观上摆脱了播音员标准生硬的腔调,以生活化的语言,真诚地说自己想说的话,开启了一种新的镜头前语言模式:口语谈话。

此后,各个地方台也出现了一些实验性谈话节目,例如黑龙江电视台《北方直播室》、广东电视台《岭南直播室》、广州电视台《夜谈》等,但基本都局限于地方播出,尚没有引起全国性的反响。

2.《东方之子》:一对一访谈模式主持

上海率先引入谈话节目模式之时,央视也展开了新闻改革。1993年5月1日开播的《东方时空》子栏目《东方之子》便是其在谈话节目形态上的初尝试。《东方之子》的访谈对象主要是对国家有贡献的影响力人物,通过主持人和嘉宾的对话,树立起优秀人物的形象。根据节目设计,栏目主持人就是访谈记者,对谈话的进程具有绝对主动权,需要充分调动自己的感受、理解、表达,通过和访谈对象的对话来表现人物思想,展现时代精神。在开播后的两年时间里,《东方之子》先后出现过二十多位主持人,大多数是来自社会各界的知识人士,胡健、白岩松、王志、崔永元都是在这个节目里开始了自己作为主持人的尝试。

3.《实话实说》:群言式公共谈话节目主持

面对改革浪潮之下产生的社会问题与思想涌动,中央电视台新闻评论部意识到,中国电视舆论场迫切需要更大的谈话空间。为此,他们参照国外"Talk Show",即"脱口秀"谈话节目形态,开始尝试创作大型谈话节目。

1996 年 3 月 16 日,《实话实说》正式开播,每一期围绕一个社会话题,邀请嘉宾和普通观众代表到现场进行讨论。在理念上,《实话实说》有明确的价值观,提出:"《实话实说》节目本身不需要观众俯首称臣,聆听说教,而是要唤起观众的平民自尊意识。只有社会成员自尊意识的普遍建立,责任感

图 4-3　1996 年 3 月 16 日,崔永元主持《实话实说》

才会产生,社会才能进步。"①栏目把谈话现场设定成一个"家庭客厅"的氛围,主持人担任主人的角色,论辩双方是"嘉宾",现场观众是"客人"。作为客厅主人,《实话实说》主持人崔永元以强烈的平民意识、真诚坦荡的胸怀,以及独一无二的智慧与幽默,成为中国谈话节目主持经典人物。

崔永元毕业于北京广播学院新闻系,原为中央人民广播电台编辑,后加入央视新闻评论部担任策划。在一场公共客厅式的谈话里,崔永元不仅要组织嘉宾、观众共同参与,一起探讨社会生活或人生体验的某一话题,还要在这一过程中潜移默化地发挥正确的导向作用。为了更好地实现这一目的,崔永元尽可能参与每个话题的前期筹备工作,参加座谈会、请教专家、与策划编辑沟通讨论,力争把每个话题的内在理论逻辑理顺弄清,这样才能对

① 时间,乔艳琳.“实话实说”的实话[M].上海:上海文化出版社,1999:112.

话题具备足够深入全面的认知,实现对谈话脉络的把握。

崔永元的可贵之处,还在于在他的主持充分展现出对谈话氛围的精妙把握。他总是能够以机智、幽默的口语,营造出一种心领神会的微妙氛围,让谈话现场充满诙谐,在愉悦的氛围里营造最大范围的认同。他貌不惊人又带着点"蔫坏儿"的形象,似乎总也穿不好的西装,都成了个人化的标签,让主持人从高高在上的舞台中央走下来,成了"一个朋友、同学或是一个年龄相仿可以托着办点事的邻居"①,观众们将他亲切地称为"小崔"。

90年代,中国经济快速发展,方方面面都在发生巨大的变化,迫切需要一个公共话语空间,充分交换意见,形成共识。在崔永元的引领下,《实话实说》及其代表的谈话节目样态迅速火遍全国,成为各个电视机构打造社会公共话语空间的重要媒介场所。

4.广播谈话节目主持:用声音沟通心灵

90年代的中国电信事业迎来高速发展,数字程控设备的大范围应用让固定电话走进千家万户。2002年中国的电话用户总数超过两亿户。② 电话直播手段普遍进入广播领域,大量听众的电话参与让节目更充满活力。其中,两种类型的谈话节目最为引人瞩目。

一类是政务热线节目,通常邀请政府相关部门工作人员乃至主要负责人,就市政公共事务接受市民投诉,就公共政策的制定、颁行展开公开讨论,架设起市民与政府之间的"空中桥梁"。例如上海电台谈话类直播节目《市民与社会》,市民可以打电话到节目,与应邀到直播间的政府工作人员直接对话。在这类节目中,主持人通常起到"安全阀"与"沟通者"的双重作用,既组织群众反映问题,同时又要把控底线,避免情绪化的偏颇,让政府的声音同样为听众所理解。

另一类是深夜谈话热线节目。如北京电台的《人生热线》节目,深圳电台的《夜空不寂寞》,浙江电台文艺台的《伊甸园信箱》,上海东方广播电台的

---

① 杨伟光,刘世英.杨伟光口述实录:我在央视当台长[M].北京:新星出版社,2017:64.

② 本书编委会.大跨越:中国电信业三十春秋[M].北京:人民出版社,2008:44.

《相伴到黎明》，杭州西湖之声广播电台的《孤山夜话》以及中央人民广播电台的《星星夜谈》《子夜星河》《情感世界》（后续发展为《神州夜航》《千里共良宵》）等，都是在主持人的引导下，听众与特邀嘉宾或主持人就婚恋家庭、人际交往、社会万象等话题展开讨论。

城市化进程加速的90年代，大量年轻人离开乡土社会到城市工作生活，变动的人生、全新的环境，引发多种涉及道德、心理的人际问题。在社会缺少相应的专业心理疏导支持的情况下，夜话节目成为疏导社会情绪、调节社会心理的重要路径。夜话主持人通常有着鲜明的风格，一方面他们认真倾听，善于共情，另一方面又总是犀利直言，用干脆直爽的分析拆解听众心里的一团乱麻。《夜空不寂寞》主持人胡晓梅、《伊甸园信箱》主持人万峰、《相伴到黎明》主持人叶沙，都是其中代表人物。

（三）电视综艺娱乐主持：与普通民众同欢乐

1983年，春节联欢晚会打开中国电视文艺晚会的大门，然而限于制播能力，直到20世纪90年代，电视综艺节目才真正在中国电视荧屏上全面绽放。

1990年3月14日，中央电视台《综艺大观》栏目与观众见面。作为中央电视台第一个综艺节目知名品牌，《综艺大观》延续了春节联欢晚会的模式，汇集歌唱、舞蹈、小品、音乐演奏、曲艺、戏曲等精品节目进行现场直播演出，被称为"小春晚"。

图4-4　《综艺大观》节目主持人倪萍、周涛、王刚

　　主持人是《综艺大观》的一张名片,刚开播时主持人为演员王刚、歌手成方圆,两年后,来自山东的话剧演员倪萍成为专职主持人,与相声演员牛群、主持人赵忠祥搭档,将《综艺大观》的影响力推上一个新台阶。倪萍的外貌端庄秀丽,极具中国传统女性之美。她真诚温暖的笑容,倾心交流的姿态,极富人情味的表达拨动了亿万观众的心弦。为了寻找倪萍的"接班人",栏目专门进行了选拔活动,来自北京电视台的周涛在选拔中脱颖而出,成为《综艺大观》新主持人。2000 年,活泼可爱的年轻主持人曹颖加入,三代女主持人接力,塑造了《综艺大观》的品牌形象,也给观众留下不可磨灭的记忆。

　　1990 年 4 月 25 日,央视与正大集团合作的《正大综艺》开播。与《综艺大观》不同,这是一档将益智类游戏节目与旅游节目、文艺节目相结合的栏目。90 年代初,逐渐富裕起来的中国人开始走出国门,了解世界。《正大综艺》的兴办正迎合了这一社会浪潮。一方面,毕业于北京外国语大学的杨澜先后和相声演员姜昆、主持人赵忠祥搭档,在演播室为大家组织游戏,介绍节目;另一方面来自台湾的外景主持人李秀媛、谢佳勋带领观众游览海外风光,了解不同国家和地区的风土人情,带有台湾腔的普通话和活泼灵动的表达,给听众带来充满新鲜感的视听感受。"不看不知道,世界真奇妙"成为中国电视观众耳熟能详的节目标志语。1994 年杨澜离开《正大综艺》赴美求学,主持人王雪纯、袁鸣、程前、林海陆续接替。王雪纯的甜美可爱,袁鸣的青春活力,程前的潇洒自如,林海的风度翩翩,都与《正大综艺》栏目气质相得益彰。

　　与此同时,各地电视台也纷纷开办综艺节目,全国涌现出一批优秀的综艺节目主持人。他们不但要承担起组织节目、串联信息的基本职能,还要完成修改主持词、现场采访、即兴评论、应变控场等多项工作,将自己的个性特点、形象特质与栏目质感相融合,形成和谐一致的效果。例如 1990 年 7 月上海电视台开播的《今夜星辰》栏目,集影视歌舞、奇趣绝技于一体,主持人叶惠贤同时承担栏目策划任务并参与采编过程。叶惠贤以即兴主持、急智控场闻名,总是能即兴发挥创造,用精妙的语言渲染主体、烘托气氛、掌握节奏、鼓舞人心,成为海派主持风格的代表人物。

　　经过十多年改革开放,中国老百姓开始追求更为丰富的精神文化生活。

电视机从黑白变为彩色，家家户户都安装了电话，观众越来越多地涌起参与节目的渴望。地方电视台在这一方面率先实践，参与式互动综艺节目打开了草根娱乐登堂入室的大门。

1993 年东方电视台开播后，《快乐大转盘》《智力大冲浪》《五星奖》等以观众参与为主，结合益智、游戏、表演的综艺节目陆续开播。1994 年杭州电视台西湖明珠频道开播的《明珠欢乐夜》，1996 年湖南经视开播的《幸运3721》，都集合了明星、游戏与重奖的元素，将嘉宾互动、观众现场参与、抽奖、拼盘演出等合为一体，气氛热烈。上海台主持人曹可凡、陆英姿，杭州台主持人刘忠虎，湖南经视主持人仇晓、孙鸣杰等都以轻松活泼的主持风格赢得本地观众喜爱。1997 年 7 月 11 日，湖南卫视《快乐大本营》开播，将"明星+观众+游戏"的节目模式搬上卫视荧屏，主持人既把控节目进程，又和嘉宾、观众玩在一起闹在一起，共享快乐时光。这股"快乐旋风"也让主持人李湘、何炅成为具有全国影响力的游戏类节目主持人。

《快乐大本营》一炮打响之后，游戏类节目风行全国。1998 年 11 月 22日，央视推出大型互动式观众参与节目《幸运 52》，让这股浪潮更显激荡。这档节目引进了欧洲电视博彩节目模式，观众可以报名到现场参与节目；也可以在观看直播时拨打电话同步参与互动游戏，或者等待突如其来的幸运来电。妙趣横生的环节配上"砸金蛋"的夸张形式和家电大奖，不断刺激着观众的神经。主持人李咏无疑就是这场狂欢的仪式主持者。他一改央视男主持人老成持重的主持风格，大波浪卷发、闪亮的礼服和"有话不好好说"[1]的表达方式，不断煽动荧屏内外观众的情绪。可以说《幸运 52》是第一个具有全国影响力的互动式电视综艺节目，李咏用他富有强烈感染力的主持风格开启了这场狂欢大幕。此后，新世纪的曙光里，平民狂欢成为娱乐节目的主旋律。

---

① 李咏.咏远有李[M].武汉：长江文艺出版社，2009：145.

四、超越:21 世纪的信息加速与全民狂欢

进入 21 世纪,大众传播在新技术的加持下不断加速,受众充分参与到信息传播的过程中来,公共信息世界的结构在逐渐拉平,而主持人则成为这张信息传播网络中的重要连接者、组织者以及领导者。

(一)电视新闻节目主持:用直播连接世界

2003 年 7 月 1 日,央视新闻频道开播,这是中国第一个全天候播出新闻节目的电视频道。遇到重大新闻事件时,频道便取消日常节目,由主持人坐镇展开直播特别节目。1993 年北京申奥特别节目、1997 年香港回归连续 72 小时直播、1999 年澳门回归直播等陆续与观众见面。新闻频道开播后,直播活动大量增加,仅开播当年,就有《中国第一条跨海铁路——粤海铁路正式开通》现场直播节目,两个小时里从海陆空三个维度进行长距离跨海移动直播;在全国两会直播节目中,"本台评论员"首次亮相荧幕;3 月 20 日伊拉克战争爆发当日,央视一套在 10 时 43 分中断节目,开始播出《伊拉克战争直播报道》;5 月 21 日,《2003,站在第三极》电视直播报道成为人类第一次全程直播珠峰登顶活动;等等。

大量的新闻直播活动对新闻主持人的综合能力提出高要求,既需要串联衔接,组织推进节目;还要报道信息,发表评论;遇到各种突发情况,主持人更要作为播出的"安全阀",起到"把关人"的作用,紧急处置,保障播出平稳进行。因此,能否参与主持大型新闻直播活动,成为衡量新闻主持人水平的一种标准,尤其是在 2008 年,经历了北京奥运火炬传递、特大冰雪灾害、汶川大地震的考验之后,涌现出白岩松、水均益、张泉灵、李小萌、董倩等一批具有较高新闻职业素养,为观众普遍认可的知名新闻主持人。

90 年代后期,地方卫视开始上星播出,卫视迎来发展机遇。2003 年 7 月 7 日上海文广集团推出"第一财经频道",并于 10 月 23 日开播东方卫视。东

方卫视以"中国都市旗帜、国际传媒标准，社会制作窗口，全国城市平台"①为定位，从早 7 时《看东方》开始，一直到深夜时分的《东方夜新闻》，形成以《看东方》《东方快报》《城际连线》《环球新闻站》《直播上海》《东方夜新闻》等新闻直播节目为核心的资讯编排格局，并大量引入现场直播报道，打造全天候与全球新闻事件时空平行的信息氛围。这种突破地域局限，将新闻视角延展至全球的海派气度，同样表现在新闻主持人身上，骆新、叶蓉、潘涛、袁鸣等已经具有一定观众基础的沪上知名主持人借此登上新的台阶。骆新犀利精准的新闻评论，袁鸣的国际关系专业视角，潘涛、叶蓉的沉稳与锐利共生，都通过新闻节目主持的舞台为观众认可，进一步树立主持人品牌，扩大影响力。从整体来看，上海新闻节目主持人节奏更明快、形象更活泼，呈现出一种"现代的、国际的、青春的、海派的都市风格"②。

借助新闻直播节目的普及，中国普通民众与世界实现前所未有的同步，自身的生活与周遭以及远方紧密联系在一起。新闻主持人就是观众亲密的同伴，共同迎接信息加速、全球共时的新世纪。

（二）电视谈话节目主持：用倾听赢得信任

继《实话实说》之后，大量电视谈话、访谈节目登陆荧屏。据不完全统计，1999 年年底，国内电视谈话节目已达 70 余个，到 2000 年年底，国内有多达 170 个谈话节目。③ 谈话节目主持人并不以能言善道为标准，能够在倾听、回应、共情之中推进谈话，在嘉宾、观众之间形成有效沟通，成为此类主持人的基本素质。

从节目形态来说，电视谈话节目可以分为一对一的对话式谈话节目，和一对多的群言式谈话节目。前者如中央电视台的《东方之子》《艺术人生》《大家》《面对面》《看见》《对话》，东方卫视的《可凡倾听》，香港凤凰卫视出

---

① 李良荣.掌"度"的艺术［C］//陈梁，徐威.东方卫视现象：跨区域媒体品牌建设探索.上海：文汇出版社，2004：120.

② 程洁.东方卫视在整合矛盾中发展［C］//陈梁，徐威.东方卫视现象：跨区域媒体品牌建设探索.上海：文汇出版社，2004：108.

③ 王群，曹可凡.谈话节目主持概论［M］.北京：中国传媒大学出版社，2007：1-2.

品的《鲁豫有约》,阳光媒体集团出品的《杨澜访谈录》,北京东方欢腾公司出品的《超级访问》,都是以社会知名人士或新闻事件当事人为访谈对象,揭开名人身上的神秘面纱,展现新闻当事人的真实样貌。主持人在有限的时间里,引导主人公将自己的人生故事娓娓道来,给观众带来启发与思考。

在这一类型访谈节目中,涌现出一批风格各异的访谈节目主持人。《艺术人生》主持人朱军、《鲁豫有约》陈鲁豫以浓厚的情感色彩著称;《可凡倾听》主持人曹可凡以儒雅、亲切以及具有睿智见解的谈话方式为观众喜爱;《杨澜访谈录》主持人杨澜、《对话》主持人陈伟鸿则更多显现出理性对话的风格;深耕新闻人物访谈的中央电视台主持人王志、董倩均展露出深厚的采访功底;李静、戴军共同主持的《超级访问》则开启了娱乐人物访谈的新风格,李静洒脱开放,时常用插科打诨的方式打破明星"架子",而歌手出身的戴军更为细腻冷静,两人搭档合作默契,谈话过程展现出亦庄亦谐的色彩。

对社会名人,主持人尽可能让他们走下"神坛",显现出他们的真实面貌;对普通人,主持人则更注重倾听与理解,展现他们平凡又充满戏剧色彩的人生。中央电视台 1995 年开播的《半边天》是我国第一个女性专题节目。主持人张越访问了大量有着独特人生经历的普通女性,以宽厚、机敏、真诚赢得了女性观众的普遍喜爱。

群言式的谈话节目多以当下社会热门话题为中心,聚焦普通人在生活中面对的困境,邀请法律、情感专家和观众代表共同探讨。在这些节目里,普通百姓带着自己的故事、情感、愿望、意见走进演播室,成为谈话的主角,尤其是情感类谈话节目,长期以来具有很强的生命力,如湖南台《真情》(主持人汪涵、仇晓)、天津台《爱情保卫战》(主持人赵川)、江西台《金牌调解》(主持人张艳、章亭)、湖北台《大王小王》(主持人王芳、王为念)等,始终在荧屏上保持亮度。在这样一个对话、交流的平台上,主持人更像是谈话对象的朋友,有着足够的耐心、诚意与理性,倾听不同人物的内心,组织不同声音展开对话、沟通。

和其他主持类型相比,谈话节目主持人以明确的个人身份全方位介入谈话的组织过程,展现出更多的个人色彩,推动主持人角色中"人"的部分进一步放大。主持人成为原本拥有不同话语权人群之间的枢纽,借助节目这一媒介公共空间,实现不同社会阶层之间的沟通互信,为促进社会和谐发展做出贡献。

(三)电视综艺节目主持:让观众成为主角

21世纪的最初十年,以春节联欢晚会为代表的综艺晚会节目形态发展到了极致,以朱军、周涛等为代表的晚会主持人成为一个时代的电视文化仪式代言人。与此同时,观众开始成为综艺节目的主角,全面、充分地参与到节目中来,主持人以更为开放的、戏剧化的个人形象、主持风格投身综艺节目主持。

2003年10月28日央视首推大型互动式综艺节目《非常6+1》,此后2004年《星光大道》、2010年《我要上春晚》《我们有一套》相继面世,一大批有特殊才艺和情感故事的普通百姓登上央视舞台,和明星一起同台演出,甚至通过节目选拔,登上央视文化仪式的巅峰——春节联欢晚会。游戏类节目方面,《超市大赢家》《快乐主妇》《开心辞典》《一槌定音》分别从消费知识、艺术品知识等方面展开参与式竞答游戏,加上原有的《幸运52》,央视逐渐形成了活泼、开放又各具特色的综艺主持人群体。主持人李咏、高博作为帮助普通人圆梦的助推人,或激情飞扬,或憨实幽默,和普通人的梦想一起舞动。王小丫、尼格买提、朱轶、方琼等游戏节目主持人则更多显现出生活化的一面,王小丫、方琼的开朗、清新,尼格买提的青春活力,朱轶的诙谐调侃,形成各自鲜明的主持风格。

经过数年发展,上星卫视快速成为国内综艺娱乐界的中坚力量,湖南、上海、浙江、江苏构成泛综艺节目顶尖力量阵营,覆盖中国人的周末娱乐收视。湖南台《快乐大本营》《智勇大冲关》《天天向上》《百变大咖秀》《超级女声》等,浙江卫视《我爱记歌词》《爱唱才会赢》《我是大评委》等,东方卫视《我心唱响》《加油!好男儿》《我型我秀》等,江苏卫视《非常了得》《一站到底》《芝麻开门》等;各方节目通过卫星展开空中综艺大战,带动综艺节目主持人影响力再升级。湖南卫视有汪涵、何炅、马可、"快乐家族"主持团、"天天兄弟"主持团,浙江卫视有华少、朱丹、左岩、沈涛,江苏卫视有孟非、李好、彭宇等。他们在节目里和观众玩在一起,闹在一起,甚至把自身作为一个娱乐人物投身节目,电视综艺节目主持人也因此成为最靠近娱乐圈的主持人明星。

(四)广播主持:让陪伴快乐起来

21世纪的技术变革带动广播听众参与方式的扩展,从热线电话到短信,再到社交媒体微博、微信,交互的门槛更低,操作更便捷,文字、图片乃至声音片段都可以加入广播互动之中。听众不仅仅满足于较为正式的信息参与,还与主持人轻松调侃,分享心情。广播节目的服务性与娱乐性在互动之中融合,创造出新的广播主持样态。

北京交通广播早晚高峰节目《一路畅通》是北京广播媒体第一个引入短信互动的节目,一开始只是将短信设计为听众参与点歌、回答问题的渠道之一,但不久,群众的力量就打破了节目设置,越来越多的短信内容滚动在短信显示屏幕上——问路的、求助的、发表言论的、反映问题的,还有让主持人猜谜的、分享心情的。主持人刘思伽清楚记得,《一路畅通》收到第一条跟点歌无关的短信是在2002年4月5日,"那天是清明节,下雨,路上特别堵。就有条短信息,说大家都堵车觉得挺烦的,可是我在皇城根儿遗址公园,看到紫玉兰在树上盛开着,可漂亮了"①。

当交互内容从刚性的新闻信息扩展为柔性的情绪共享,一个流动的空中社群便诞生了。《一路畅通》主持人王佳一、刘思伽、顾峰、杨洋、李莉、罗兵都在这方面做了大量尝试。通过大处着眼、小处着手的话题设计,给听众留下丰富的互动空间。而在听众的激发之下,主持人的语言艺术才能和创作激情也被点燃。北京交通广播另一档著名节目《欢乐正前方》正是以主持人王为、闻风为主角,加入主持人表演、脱口秀等元素,并通过设置一些开脑洞的问题,如"手机掉在马桶里了怎么办?""王为小的时候是什么样?",向听众征集答案,极大地调动了听众参与节目的积极性,为节目提供了新的原创性内容。

在交流互动的过程中,信息本身有时候并不一定那么重要,"公开的气

---

① 徐泓.超越:北京交通广播解析[M].北京:北京大学出版社,2003:55.

氛以及共同的经验和互动的探讨将创造真正的社区"①。在这一内在逻辑的引领下,互动式娱乐的节目组织方式甚至延伸到新闻节目领域。中央人民广播电台文艺之声 2011 年推出新闻脱口秀栏目《海阳现场秀》,主持人海阳和小艾默契搭档,以脱口秀的方式说新闻,是中国第一个获得"金话筒"奖的脱口秀节目。在节目里,主持人经常有意识地制造与听众"协同合作"生产节目内容的机会,例如开辟听众讲段子的互动板块《大家来说笑》,每天评选节目直播的"段子王",在说说笑笑里拉近了彼此之间的距离,创造出一种互相陪伴的社区场景。

综上,与电视综艺节目主持不同,广播节目主持通常以滚动的资讯、流动的话题、真诚的服务为主线,以娱乐为副线。但通过娱乐,主持人下沉为听众信息与心情的双重服务者。正如《1039 交通服务热线》主持人高潮东所说:"热线修车,就是连修车带修人,要修出那快乐的心情,听众听我们的节目能变得快乐些,我们的目的就达到了。"②

第二节 播音创作活动的传承与创新

一、新闻播音:走下"神坛"的有声语言艺术

(一)播报式播音:"把调子降下来"——以《新闻联播》为例

打倒"四人帮"后的数年时间里,播音事业逐渐进入过渡阶段,直到 1980 年 10 月 7 日至 18 日,中央广播局在北京召开第十次全国广播工作会议,明确指出:"过去适用的播音腔要改革,除发布政令、宣读重要报告、播送重要政治性文章语调必须庄重外,一般来说,播音员要像知心朋友一样与听众朋

---

① 胡泳.众声喧哗:网络时代的个人表达与公共讨论[M].桂林:广西师范大学出版社,2008:276.

② 徐泓.超越:北京交通广播解析[M].北京:北京大学出版社,2003:59.

友谈话,播音速度要根据时代的节奏加以调整。"①改革思想带领播音事业冲出探索的迷雾,开启新的发展征程。

1981年8月,中央广播事业局召开了第二次全国播音经验交流会。这次会议的重点是批评当时新闻播音存在的问题,主要是受长时间"左"的影响以及"十年动乱"的破坏,形成高调门喊叫式的播音方法、僵化的播音腔,导致"严肃有余,亲切不足"。会上概括出"冷、僵、远"三个字:"冷"是态度感情问题,播音员对稿件的思想内容理解不透,感受不深,脱离实际,言不由衷;"僵"是语言表达问题,照稿念字,语调呆板,或从声调上模仿,千篇一律。提出要打破播读腔,使语言口语化、生活化,要克服以教育者自居的思想,满腔热情为听众服务。②

国家广播电视部和中央人民广播电台主要领导也对转变播音风格提出了具体要求。1982年3月,在播音部新闻播音业务会上,中央人民广播电台台长左漠野提出"清新、活泼、朴实、流畅"的要求,播音要加快节奏。③ 1983年,广播电视部部长吴冷西在第十一次全国广播电视工作会议中提出:"除发布政令,宣读重要报告,播送政治性文章,语调必须庄重以外,一般来说,广播员要像知心朋友一般,同听众、观众谈话。亲切不等于轻浮,庄重不等于古板。播音速度要根据时代的节奏加以合理调整。"④

所谓降调,实际上是从单一的高亢宣读转变为真正符合稿件内容需要的播报,以更为明快的节奏、新鲜的时代气息引领语言技巧,传递时代之声。在这一思想指引下,中央人民广播电台、中央电视台开始了大量实践。中央人民广播电台以《新闻与报纸摘要》、《全国各地人民广播电台联播》(后更名为《全国新闻联播》)、《新闻纵横》为代表的新闻播音成为新时代典范。

---

① 姚喜双.播音主持概论[M].北京:高等教育出版社,2012:289.

② 中央人民广播电台台史编写组.中央人民广播电台台史资料汇编(1949—1984)[M].内部资料,1985:631.

③ 中央人民广播电台台史编写组.中央人民广播电台台史资料汇编(1949—1984)[M].内部资料,1985:632.

④ 中央人民广播电台台史编写组.中央人民广播电台台史资料汇编(1949—1984)[M].内部资料,1985:628.

1978 年 1 月 1 日,中央电视台《新闻联播》栏目开播。作为集合全国电视机构之力,着意打造的权威电视新闻栏目范本,《新闻联播》集合了"意识形态传达和国家身份强化"①功能。1980 年 10 月召开的第十次全国广播工作会议作出决定,要求"中央台的'报摘''联播',中央电视台的'新闻联播',应为各级广播电台、电视台、县广播站必转节目"②。1982 年党的第十二次全国代表大会召开期间,重大新闻的发布时间从 20 点的中央人民广播电台《全国各地人民广播电台联播》提前至 19 点的中央电视台《新闻联播》。自此,《新闻联播》作为国家政治新闻权威发布者的定位正式确立。

全国转播,定时收看。在八九十年代,晚餐前后打开电视看《新闻联播》几乎成为一种条件反射式的行为。各地纷纷以《新闻联播》为样本开设地方新闻联播节目,作为地方党政机关发布权威信息的通道。作为栏目直接出头露脸的人,《新闻联播》播音员承载着远远超出一般新闻播音员的仪式性功能,播音员本人因此成为国家意志和标准语言的象征,被人们称为"国脸",其播报方式也被认为是"降调"后的新闻播音标准语态。

随着时间推移,《新闻联播》逐渐形成了几代播音员队伍,共同构成总体稳定,又随时代变化的播音风格典范。初创时,《新闻联播》的播音员有赵忠祥、邢质斌、李娟、刘佳,1980 年代,经北京广播学院科班培养的罗京、李瑞英、张宏民、卢静、李修平等先后进入《新闻联播》,并很快成为中坚力量。90 年代,王宁、杨柳、张政、贺红梅等先后在《新闻联播》工作。优秀播音员创作出大量经典电视播音作品:罗京播出的邓小平讣告、党的十六届四中全会召开十七分钟临时直播稿都是播音创作史上的标志性作品。罗京以沉稳大气、富有时代气息的播音风格,同时又结合自身儒雅、敦厚的性格特征,成为观众公认的国家人格形象代表。

2007 年,康辉、郭志坚、海霞、李梓萌成为《新闻联播》新面孔,带来了一股年轻活力,与 90 年代的播音员群体渐成接力之势。2014—2015 年,李瑞

---

① 周勇,黄雅兰.《新闻联播》:从信息媒介到政治仪式的回归[J].国际新闻界,2015(11):105-124.

② 中央广播事业局办公室.全国广播工作会议文件选编[M].内部资料,1982:324.

英、张宏民、李修平、王宁陆续因年龄原因退出屏幕,2020 年潘涛、宝晓峰、郑丽、严於信成为新一代《新闻联播》主播。

图 4-5　两代《新闻联播》播音员

　　在播音业务上,《新闻联播》的播音规范、严谨,字正腔圆,音色明亮,播音员出镜形象端庄大方,直播几乎"零差错",体现出了很高的创作水平。在此基础上,不同代际播音员之间出现播音风格的明显变化。80—90 年代,整体更为端庄、有力,邢质斌甚至被报刊称为"小钢炮"①。不过,这并不意味着延续"文革"时期板起面孔的高调门。80 年代以来《新闻联播》时效性、节奏感不断增强,新闻的信息量大大增加。1982 年全年播出新闻四千九百六十一条,1990 年仅国内新闻播出量达一万零五百一十二条。半小时新闻由十五条增加到了三十五条左右②。整体信息量的增加让播音员必须加快语速,体现出更强的节奏感、新鲜感。逢年过节,播音员们也会换上喜庆的唐装、红色的领带,笑意盈盈地给观众送去温暖的祝福。

　　党的十六大以后,中央提出"贴近实际、贴近生活、贴近群众"的新要求,《新闻联播》增加了对民生服务类题材的关注,播音员的语气语调更加亲和,语速进一步加快,甚至在一些时候,播音员有了脱离既定文字稿件表达的空间。2013 年《新闻联播》尝试直播连线,在郎永淳与评论员杨禹就"舌尖上的浪费"问题进行直播评论后,郎永淳接过来说:"反对浪费,让我们从自己

---

①　彭苏.邢质斌:《新闻联播》里的小钢炮[J].半月选读,2007(4):36-37.

②　艾红红.《新闻联播》研究[M].北京:中国广播电视出版社,2008:36.

做起,就从今天的这顿晚饭开始吧!"虽然这样的尝试并没有持续,但整体语态的变化可见一斑。视觉形象上,服装色彩更为丰富、靓丽;景别调整为腰部以上的中景,让播音员的手能够完全展露出来;眼神、表情也更加丰满、盈润。

数十年来,《新闻联播》始终保持着对播音业务水平的高标准、严要求,强调语言的规范、准确、优美,内部长期坚持业务考试制度,"字音播报等业务80分以下成绩的都需要补考"①。它既继承老一辈播音员的播音传统,又加入新鲜的时代元素,至今仍是中国新闻播音的标杆之作。

(二)谈话式播音:民生新闻掀起的播音语言变革

1.说新闻:地方民生新闻的逆袭

1998年4月1日,香港凤凰卫视推出早间直播资讯节目《凤凰早班车》,主播陈鲁豫轻松自然近乎日常说话的方式让人耳目一新,这种播读方式很快引起全国性的模仿。

谈话式播音在内容上依托地方民生新闻,以关注本地事件、报道百姓生活为主。在语言表达方式上,以更接近日常口语的方式"说新闻"。2000年左右,谈话式播音席卷全国,其中比较有代表性的栏目和播音员有:中央电视台《马斌读报》(马斌)、湖南卫视《晚间新闻》(李锐、张晓丹)、黑龙江卫视《新闻夜航》(郑丽、修琳)、陕西卫视《新闻末班车》(杨芳)等;其中尤以立足本土、深耕地方、贴近社会民生的城市电视台和省级卫视地面频道新闻栏目为翘楚,如北京电视台《第七日》(刘元元)、《晚间新闻报道》(潘全心),江苏电视台城市频道《南京零距离》(孟非)等。一时之间,荧幕上刮起了一股富有强烈市民气息的活力之风。

2002年1月1日,江苏台城市频道日播类新闻直播栏目《南京零距离》正式开播,栏目主打民生新闻,宣称"我们就在你身边,我们与南京没有距离"。主持人孟非以光头形象出镜播报新闻,简洁明白、生动幽默又富有态

---

① 朱学东,吕岩梅.中国百名电视主持人访谈录:上[M].北京:中国广播电视出版社,2005:13.

度的"说新闻"风格征服了广大观众,再配上爽直犀利的评论,树立起鲜明的民生新闻"平民视角、平民情感、平民语言"的"孟非风格",在全国都具有很强的影响力,一时之间,很多地方都出现了和孟非形象相似的光头男主播。

北京电视台新闻栏目《第七日》的主持人刘元元也是一位代表人物。《第七日》的节目口号是"心疼老百姓,为老百姓说话"。在这一站位上,刘元元一改女播音员温柔端庄的传统,以清脆爽辣的京式播音风格广受北京地区观众喜爱。

总体来看,以"说新闻"著名的播音员普通话不一定非常标准,有时会夹杂一些方言词汇、腔调;他们的形象也不一定那么"标准",和大家惯常看到的浓眉大眼、端庄俊美的播音员颇有些差别,但是与受众有很强的亲近感,与地方民生新闻内容相得益彰。

2.方言说新闻:地方性的高调回归

中华大地幅员辽阔,各地都有自己的地域文化传统,尤其是在地方文化较为强势的两广、江浙、福建、川渝、云贵等地,方言是地域文化的集中代表。广东长期设有专门的粤语频道作为二套播出,沪语广播更是历史悠久。

改革开放后,一度中断的方言播音逐步恢复。1987 年 5 月,上海电台沪语播音节目大约占全台文字节目的 25%。由万仰祖、钱英非、顾超、李征等人主播的《阿富根谈生产(谈家常)》,由于采用将思想教育寓于家常话之中,娓娓道来且风趣活泼的播音方式,受到上海郊区听众的普遍欢迎。① 在 1986 年上海台举办的"你最喜爱的播音员"投票评选活动中,第二代"阿富根"钱超获得了第一名。在广东,方言节目更是改革的试验田。1987 年,广东电视台开办粤语《早晨》节目,每天早上直播两个小时,由六个节目主持人负责六个方面的报道,形成大板块的播出形式。②

进入 90 年代,根据国家规制要求,方言节目逐渐停播。21 世纪初,相关

---

① 《上海广播电视志》编辑委员会.上海广播电视志[M].上海:上海社会科学院,1999:333.

② 《广东广播电视志》编辑委员会.广东广播电视志[M].广州:广东人民出版社,1996:182.

政策有所调整，方言播音重现江湖。2002 年，"阿富根"更名为《谈天说地阿富根》，延续沪语播音经典。上海广播电视台成立后，沪语节目的生存空间相对宽松，出现了一批海派广播电视节目，如生活话题类的《阿拉上海人》《男人帮》《越播越扎劲》，新闻类的《阿拉听新闻》，故事类的《闲话上海滩》《阿拉讲故事》，财经类的《理财应建中》等。① 或者直接采用沪语播音，或者加入沪语元素，让节目海味十足。

　　同在江浙地区，2004 年开播的杭州电视台西湖明珠频道《阿六头说新闻》也在全国产生较大影响。节目主持人"阿六头"由西湖之声广播电台主持人安峰和杭州滑稽剧团资深演员周志华轮流担任。相比广播，电视的角色型主持人是一种明面上的"虚拟"，观众很清楚"阿六头"是塑造出来的虚拟形象。即便如此，观众依然喜爱他"消息灵通、正直大方、爱管闲事，有时有点冒失的这样一个人物化身"②。两位主持人吸收地方曲艺的表达特色，用本地话绘声绘色地说新闻，再加上唐装、扇子以及本地茶馆背景，支撑起"阿六头"作为坊间好邻里的媒介形象。《阿六头说新闻》节目开播后，收视率快速攀升，AC 尼尔森和央视索福瑞的平均收视率都超过了 10%，最高达到 15%以上。这对新闻栏目一般收视率只有 2%左右的杭州地区来说，无疑是一个奇迹。③ 一时之间，许多地方都出现了桌子上放着惊堂木、身着唐装、手持扇子的方言说新闻主持人形象。

　　方言播音的兴起，是在社会主义市场经济浪潮下，现代化城市对自身地方性的探索与建构。1992 年，中共中央、国务院下发的《关于加快发展第三产业的决定》中，将广播电视定位为"自主经营、自负盈亏"的第三产业。最大可能争取受众，成为广播电视机构生存的重要根基。对于在新闻资源和资金投入上都无法和中央级媒体相匹敌的地方媒体而言，寻找一种轻巧操

① 徐佳睿.沪语节目和沪语播音：在坚守中新生[J].上海广播电视研究,2021(02)：73-77.

② 张建民.电视地域新闻的个性化谋略：兼议《阿六头说新闻》栏目理念[J].中国广播电视学刊,2004(12)：34-35,41.

③ 张建民.电视地域新闻的个性化谋略：兼议《阿六头说新闻》栏目理念[J].中国广播电视学刊,2004(12)：34-35,41.

作又能最大限度俘获受众的方式,成为机构发展的当务之急。与此同时,经过了高速发展的八九十年代,原本强大的地方文化不可避免地被全球化、普遍性压抑,积蓄到一定程度之后,迫切需要找到出口释放文化诉求。两者相遇,"方言说新闻"作为城市广电媒体突围的有效个性化策略,爆发出很强的竞争力,大张旗鼓地宣示一座城市、一片地域在文化意义上的回归。

(三) 主播:主持人与播音员融合后的功能升级

1."主播"诞生的历史背景

新中国成立后,播音员一直是广播电视出声出像的主体。主持人形态出现后,播音员与主持人成为两条并行的职业轨道,泾渭分明。对于二者之间的关系,学界曾展开过激烈的争论,辩论焦点便在新闻节目,尤其是新闻消息类节目能否"主持"上。究其原因,这与中国播音主持事业发展的历史契机有复杂的关系。

五六十年代以来,播音员工作始终以新闻播读的"规范"为核心要求,庄重、严肃,声音与文本严丝合缝是最基本的要求。"文革"时期,政治化的口号式宣传曾鼓噪一时,带来的夸张变形的"播音腔"亟须纠正。对此,播音界进行了艰难的重建与开拓:科学总结老一辈播音员的优秀经验,建立中国播音学理论体系,以此为指导培养专业播音人才。

几乎是在同一时间,开放的大潮迫不及待地撞开了广播电视改革的大门,人民群众等不及播音事业在原有基础上按序孵化新的职业功能,迫切要求新鲜的声音加入公共媒介声音领域。顺应时代呼唤,许多没有经过专业播音训练的主持人横空出世,一方面能够不受传统刻板"播音腔"的影响,与受众自如谈话交流;另一方面,也因为不具备严谨的、规整的有稿播音能力,在必须一字一句照稿播读时容易出现识读能力不强、吃螺丝、卡壳、"跑冒滴漏"等现象。这使得许多人对主持人能否胜任新闻节目产生了直接怀疑。

两厢争执,实际上是高速发展的广播电视事业对播音提出了更高要求,传统播音训练模式培养的播音员普遍欠缺应变与评论能力,缺少个性,很难在原有轨道上快速实现自我孵化,必须依靠来自外界的力量打破桎梏,焕发新的生机。但非播音界的力量加入之后,又带来了新问题,最直接的便是非专业出身主持人不具备规范新闻播音能力，一旦产生业务差错，会直接对党和政府的宣传工作产生负面影响。二者实际上均不能满足时代对新闻消息栏目的要求，时代迫切呼唤具备主持人能力的新型播音员。

2.新闻主播入主新闻消息类栏目

2000年后，直播成为新闻节目播出常态，新闻时效性和节奏感增强，播出安全风险也同步提升，突发新闻随时插入，新闻排序需要临时调整，记者连线还可能出现技术故障。在这种情境下，播音员不能只做单纯播读稿件的"出声筒"，需要同时具备较强的采访能力、应变能力、播读能力。主播——这一结合了播音员与主持人，并进行了全面功能升级的播音员职业样态应运而生。

"主播"这一称呼的诞生基于对世界各国媒体实践的参照。在美国，电视新闻节目里最后出头露脸的那个人被称为 Anchor。观察者们发现，美国本土出版的中文报纸均将 Anchor 译为主播；在日本，NHK 电视新闻节目中，播音员出图像时会标出字幕"主播井太一郎"等；在中国台湾地区，Anchor 前加上修饰成分，写成 News Anchors，译为新闻主播；在中国香港地区则通用英国 BBC 广播公司的惯用术语，称主播为新闻报道员。①

中国电视荧屏上的"主播"更接近于对播音员功能的"升级改造"。在中国广播电视栏目的设置中，新闻消息类栏目始终占据核心位置，把新闻"播"好，是对新闻栏目中话筒前工作的基本要求。因此，新闻主播通常具有较强的新闻播读能力，能够胜任具有较高播读难度的新闻播报，满足观众对新闻信息的基本需要。

与新闻播音员不同，新闻主播同时能够有效地掌控演播室作为新闻直播活动核心中枢功能，调控节目内容，掌握节目进程。例如中央电视台国际频道主播鲁健在央视对伊拉克战争直播报道时，提前二十天就开始与主任、主编、国际组组长一同策划节目，不仅对节目类型、主要报道方式、专家沟通方式等进行研究和探讨，甚至还针对现场转接、突发情况的处理等细节问题

---

① 黄匡宇.电视新闻节目拒绝主持人[J].现代传播（北京广播学院学报），1996（06）:67-71.

进行了设计。最终在节目中架构起新闻播报、演播室访谈、新闻现场连线等形式综合穿插的系列直播报道。① 在这一部分,主播无疑承担着作为节目主持人的功能。

综合来看,新闻主播这一设置,恰如其分地将播音与主持两项工作结合起来,既满足了新闻播音传递信息的刚性需求,又为新闻节目直播播出、动态变化创造空间,可以说是一种功能融合后的升级换代。

二、文艺播音:多元绽放的有声语言艺术

(一)《小说连播》:长盛不衰的文学作品演播

小说演播和评书同属于以讲故事为主的有声语言艺术,它与评书的不同之处在于:语言上,小说演播要求更加规范;内容上,对小说的改编主要侧重于技术层面,一般不针对内容做较深的二度创作,忠于原著、照本宣科;表现手法上,小说演播没有固定程式、道具,全靠有声语言进行艺术创作。因此,综合来看,小说演播应属于播音艺术,而非曲艺或表演艺术。

中央人民广播电台《长篇小说连续广播》节目创办于 1958 年 5 月。粉碎"四人帮"以后,井喷的当代文学创作和丰富的历史小说积淀,都给《小说连播》提供了丰富的文本资源。80 年代,《小说连播》迎来了创作高峰。据统计,这一时期全国电台制作了大量小说连续广播节目,独家生产节目为主的就有八家电台:天津台 125 部计 2035 讲;北京台生产 109 部计 2687 讲;广东台 79 部计 3273 讲;央广 58 部计 2206 讲;黑龙江台 56 部计 1472 讲;鞍山台 42 部计 2446 讲;吉林台 40 部计 1730 讲。②

极速扩张的节目和听众需求,激发了有声语言艺术工作者的创作热情。一批优秀的演播艺术家在大量作品演播实践中脱颖而出,他们大多是播音员、演员,有的在"文革"前便已经积累了一定经验。经历了生活的磋磨,对

---

① 卢静,任悦,崔堃,董丽萍,李恩泉.关于培养电视新闻主播人才的思考[J].电视研究,2005(02):50-51.

② 叶咏梅.中国长篇连播历史档案:上卷[M].北京:中国广播电视出版社,2010:6-7.

人生、对世界有了更加丰富的体验,情感更为深沉,艺术表达越发成熟。上海人民广播电台播音员陈醇、天津人民广播电台播音员关山便是其中典型。1987年关山播讲《平凡的世界》,把这本小说的销量从初版时的几千册,一下子拉到了几十万册。中央人民广播电台更是群星荟萃,仅王刚播讲的《夜幕下的哈尔滨》在全国一百零八家电台转播,听众超过三亿人。1990年,中国广播电视学会《小说连续广播》研究委员会成立。在研究会的组织策划下,评选了三届全国听众喜爱的演播艺术家,共计四十一名。

90年代以后,《小说连播》经历了一段时间的低谷,如何在电视剧兴起的时代再次唤起人们对文学的兴趣,引发创作者们深深的思考。现实主义反腐题材、都市婚姻生活题材、历史传奇故事的、长篇报告文学、传记文学等作品类型的加入,带动文学作品演播风格的多样化发展。进入新世纪,《小说连播》选题进一步拓宽,现代商战、科幻小说纷纷进入,盘活了小说演播的当代表达。

文学作品随着时代变化,演播风格也自然随着作品,一道展现时代气息。徐涛、王凯、王明军、权巍、王勇、啸岚、小曾等青年演播艺术家崭露头角,风格也趋向多样化。既有相对传统的华美、雄浑、明亮、饱满,富有弹性和叙事感,也有了更为轻灵、诗意的表达,尤其是随着都市言情题材、少儿题材文学作品兴起,女性演播艺术家的创作空间更为广阔。例如啸岚演播的《后宫如懿传》《失恋33天》《何以笙箫默》《李春天的春天》《踮脚张望的时光》等,小曾演播的《和空姐同居的日子》《匆匆那年》《蜗居》《杜拉拉升职记》等作品,以清新甜美的风格让人耳目一新。

(二)《阅读和欣赏》:高雅隽永的文学节目播音

中央人民广播电台文学节目《阅读和欣赏》创办于1961年5月,主要介绍古今中外的文学、戏曲、会话艺术及文艺知识等,选题广泛,不过在总体上更为偏重介绍中国古典文学。"文革"以后,节目于1978年7月复播,主要介绍中国古典文学,适当兼顾现代文学,同时介绍一些文学知识。[①]

在节目结构上,通常先播读作品,再展开介绍,分析艺术特色。全部讲解完之后,再次播读作品,加深印象。80 年代,《阅读和欣赏》的文稿撰写邀请了臧克家、肖涤非、周振甫、周汝昌等知名学者,以及大学专业教师、文学研究人员,风格上讲求"文情并茂,意趣盎然,语言清新,深入浅出,播起来流畅上口,听起来自然入耳"[②]。不但为听众提供文学与声音艺术的享受,还能够提高听众的阅读能力和欣赏水平。

《阅读和欣赏》的稿件文学性比较强,书面语色彩浓厚,讲解内容又具有比较强的文学理论色彩,同时还要朗诵原文,因此对播音员的文学鉴赏能力、语言表达功力提出了很高的要求。不但要讲清楚,还要讲得有美感,能够体现出古典文学作品的神韵。面对高要求,播音员迎难而上,充分体现了文学节目播音的艺术性。《阅读和欣赏》的播音员并不固定,据统计,80 年代,方明的播音大约占三分之一,到了 90 年代,方明的播音更是占到了四分之三以上。[③] 此外,曹山、陈刚、常亮、铁城、林如、费寄平、林田、丁然、黎江、于芳、赵培、肖玉等都是《阅读和欣赏》主要播音员。

在长期实践中,《阅读和欣赏》逐渐形成了高雅端庄、沉稳大气、流畅自如的总体风格。在此基础上,不同的播音员又形成了各自的文学播音风格。方明、铁城的播音宽宏有力,气势磅礴,曹山明亮高昂,常亮叙事感强,林田热情明朗,雅坤、林如温婉沉郁,费寄平细腻饱满,谈话色彩比较浓。《阅读和欣赏》也因此成为播音员们重要的文艺播音代表作。

(三)电影录音剪辑:源自大银幕的听觉艺术表达

电影录音剪辑是我国特有的一种广播文艺节目形态,起步于 50 年代。其基本形态是将播音员的解说与电影片段进行混剪,重新组织声音叙事,完

---

① 中央人民广播电台台史编写组.中央人民广播电台台史资料汇编(1949—1984)[M].内部资料,1985:417.

② 中央人民广播电台台史编写组.中央人民广播电台台史资料汇编(1949—1984)[M].内部资料,1985:418.

③ 喻梅.新中国播音创作简史[M].北京:中国传媒大学出版社,2016:134.

整讲述电影故事。这一形态自 1960 年起以《广播影院》专栏节目的形式固定播出,"文革"开始以后中断。

进入 80 年代,随着国门打开,大量外国电影进入电影院,掀起了一股译制片热潮。然而,当时看电影是文化生活中的一件大事,许多偏远地区的群众要在电影上映半年之后才能看到,电影录音剪辑节目正好满足了听众对文化生活的渴望。据 1982 年中央人民广播电台听众调查显示,《电影录音剪辑》的收听率在所有广播节目中居第二位,仅次于《新闻和报纸摘要》节目。① 播音员以出众的语言艺术能力,录制了大量经典电影录音剪辑作品,如曹山的《虎口脱险》《叶塞尼亚》《基督山伯爵》《少林寺》等,费寄平的《列宁在 1918 年》《水晶鞋与玫瑰花》《甲午风云》等,潘捷的《红日》,雅坤的《王子复仇记》,方明《冷酷的心》,都是这一时期的代表作。

和一般的小说、散文演播相比,电影录音剪辑具备双重属性。它既是对电影的传播,又是创作者将自己的主观感受传播给听众的一种广播节目形式②,将电影从原来的视听综合艺术转换为声音艺术,产生新的艺术魅力。在这种节目形式里,播音员既是剧情的解说员,也是剧中人物、场景的描绘者,同时又抒发着自身对电影情节的感悟,引导听众借助听觉,驰骋于更加广阔的想象空间。节目对播音员的思想水平和艺术技巧都提出了极高的要求。

(四) 电视片配音:平实细腻的纪实性讲述

80 年代的电视片快速发展,出现专题片、政论片、纪录片等多种细分类型,实质上都是以现实生活为内容来源,具有一定叙事体量、内容深度的电视节目。配音是电视片重要的信息来源,起到"介绍信息、解释细节、衔接画面、渲染气氛、抒发感情"③的作用。

---

① 中央人民广播电台台史编写组.中央人民广播电台台史资料汇编(1949—1984)[G].内部资料,1985:430.

② 魏慧菊.浅议电影录音剪辑的性质和结构[J].新闻传播,2012(04):94.

③ 王明军,阎亮.影视配音实用教程[M].北京:中国传媒大学出版社,2014:1.

1983 年,陈铎、虹云主持的二十五集纪录片《话说长江》在中央电视台播出,不但二人的主持形态让观众眼前一亮,配音也堪称声音盛宴。"您可能以为这是大海是汪洋吧,不,这是崇明岛外的长江。"陈铎亲切温柔的开篇词,奠定了全片轻松自然的基调,"以一种平等的视角和讲解式、谈话式的语言和观众交流"①。

陈铎 1958 年考入中央广播实验剧团,成为一名话剧演员。与当时流行的大气浑厚的男声风格不同,陈铎的声音温柔细腻,丝丝入耳,充满了娓娓道来的讲述感和清俊儒雅的气质。虹云的声音则显得更加大气端庄,与陈铎互相配合,更显合宜。此后,陈铎又陆续解说了《话说运河》《梵净山》《雕刻家刘焕章》《九州方圆》等电视片,成为富有谈话感、交流感的电视片配音代表人物。周志强配音的纪录片《最后的山神》,赵忠祥、刘佳、陈铎配音的《丝绸之路》都采用了这种风格。

在保持语言整体规范的前提下,电视片配音开始打破过去平白直叙、规整播音的方式,"刻意追求发音和语言逻辑的个性化,通过寻找特殊的停顿和不合逻辑的重音,来制造特殊的声音效果"②。并且形成新的表达风格。赵忠祥和他解说的《动物世界》便是其中代表。

《动物世界》是一档从海外引进的电视纪录节目,采用拟人化的方式,从动物的视角,讲述悬念丛生的生存故事,展现自然界参差多样的生命状态。1980 年,赵忠祥开始解说《动物世界》。他改变常规断句处理方法,以整体意境的传递为大前提,通过"字断声不断的语流变化"塑造"鲜明的乐感节奏"③,唤起观众心中对自然世界的想象与向往。

90 年代后期,李易成为继赵忠祥之后在行业内具有极高知名度、美誉度的配音员。他曾经担任中央电视台纪录片频道的频道声和主要配音员,贡献了大量精彩的配音作品。代表作包括电视纪录片《周恩来外交风云》《改

---

① 孙承诺.从时代背景看纪录片中有声语言的创作[J].视听,2017(01):106.

② 张闳.现代国家声音系统的生产和消费[J].媒介批评,2005(00):3-15.

③ 李云朝,杜维真."无为"之中的空灵美:赵忠祥《动物世界》解说感情链管窥[J].中国广播电视学刊,1993(03):89-91.

革开放二十年》《邓小平》《再说长江》《圆明园》《美丽中国》等,以及大量引进的海外纪录片、纪录电影如《生命》《地球脉动》《人类星球》《冰冻星球》《迁徙的鸟》等,是90年代以来电视片配音的主要代表人物。他的声音雄浑富有磁性,语流起伏不大,但变化细腻,保持语言的内在情绪张力和丰富的语言表达层次,进而形成了"起伏平淡而极富张力"的语流特点,①富有端庄儒雅的气度。

20世纪90年代到21世纪初,随着电视片行业的整体发展,涌现出众多配音名家。徐涛的旁白浑厚华美、庄重大气;任志宏的《国宝档案》优雅深沉、诗韵十足,被称为"最具人文气质的声音";肖玉的《江南》平和舒展、温润如玉;这些解说者的声音和他们解说的纪录片相互依存、交相辉映,成为珍贵的视听艺术作品。②

2012年,电视片配音风格变化再起。中央电视台推出的美食类纪录片《舌尖上的中国》在海内外引起轰动,随之走红的是李立宏的配音解说,被称为"舌尖体"。李立宏的声音具有一定的颗粒感,在《舌尖上的中国》配音创作中,他一方面配合解说词,以故事化、趣味性的语调,塑造饶有情致的表达基调;另一方面灵活运用"留白"这一艺术化手法,加强长句内部停与连的长度对比,塑造表达的整体节奏感,创造余味悠长的意境之美。

(五)广告配音:商业语言艺术再出发

党的十一届三中全会以后,市场经济开始活跃,广告重返大众媒体。1979年1月28日,农历大年初一,上海电视台播出了内地第一条电视商业广告——"参桂补酒"广告。③ 同年,中央电视台成立广告科,并于12月开办"广告节目"。1980年1月,中央人民广播电台开办广告节目,每天在一、二

---

① 席骁.浅析李易的纪录片解说风格[J].视听,2016(09):112-113.

② 卢彬.纪录片解说鉴赏要素分析:以赵忠祥的《动物世界》解说为例[J].青年记者,2018(08):79-80.

③ 孙顺华.中国广告史[M].济南:山东大学出版社,2007:77-78.

两套节目播出共八十分钟广告。①

与广播电视广告同时出现的,是广告播音、广告配音。80 年代的广告播音主要由在职播音员完成,基本延续了自身的播音风格。90 年代后,随着中国广告行业的市场化发展,逐渐形成了以广告公司为制作单位,电视台为播出平台的合作模式,广告配音逐渐转变为市场化的商业配音活动。

这一阶段广告片配音出现两种主流风格,其一是雄浑、醇厚、富有力量感的男声。其核心是用宏大声量、夸张语势吸引观众注意,为企业塑造权威、具有公信力的形象。内地配音员大多熟练掌握这种方式,如李易、姚科、孙悦斌等 90 年代开始活跃的配音员均浑厚刚毅、掷地有声。但过犹不及,有的播音员基本功不扎实,为了追求力量感,片面使用声音的强控制方法,听起来又愣又硬,被戏称为"大力丸式"配音。

其二是以香港电影配音演员冯雪锐为代表的讲述式配音。为了追求与众不同的广告效果,许多广告公司在香港、台湾等地寻找配音员。在香港工作的电影配音演员冯雪锐便是 90 年代以广告配音进入内地市场。他着重以更加柔和、充满感性色彩的声音,塑造广告片试图营造的消费场景和氛围,例如在著名的雀巢咖啡广告里,一句标志广告语"味道好极了",承载的是家庭的温馨、对美好生活的向往,因此他着意用松弛的声音控制、具有讲述感的语气、下降式的句尾,传递这种品牌氛围感。"飞亚达为您报时",麦斯威尔咖啡"滴滴情浓,意犹未尽"都是冯雪锐这种讲述感广告配音的经典之作,也影响了李易、孙悦斌等内地著名配音员,拓展广告配音的创作思路。

2000 年后,广告形态更加多元,广告配音形式也随之进一步丰富。宣传主体既有商业产品,也有城市形象、品牌形象;形式上既有解说介绍,也有浪漫抒情、剧情短片。与之相适配,广告播音、广告配音的范围更加广阔,形态更加多元。语言表达上既有平实的讲解介绍,也有故事感的叙述,还有真人角色、动画角色,甚至特效声音。无论是哪种声音,都需要根据广告形态、商品特色、市场定位调整语言样式,使广告片的声音和商品融为一体,以语言

---

① 中央人民广播电台台史编写组.中央人民广播电台台史资料汇编(1949—1984)[G].内部资料,1985:467.

的艺术感染力为宣传主体添彩。

三、体育解说：激情飞扬的有声语言艺术

（一）宋世雄：走出体育圈的明星解说员

改革开放之后，中国开始频繁、广泛参加国际体育赛事，也在国内刮起了体育旋风。广播、电视纷纷启动实况转播，体育解说员开始成为大众关注的焦点人物。

新中国的体育解说事业以张之为第一代，张之的徒弟宋世雄为第二代。宋世雄嗓音高亢明亮，口齿伶俐，能够随着体育赛事的变化随时进行充满细节的描绘，不断烘托出比赛紧张、激动的氛围。在近五十年的职业生涯中，他转播了四十多个项目的超过两千场比赛，历经五届夏季奥运会，被誉为"国嘴"①，其中最具有代表性的当属中国女排五连冠的赛事解说。

1981 年 11 月，中国女排以七战全胜的战绩，第一次夺得世界杯赛冠军。此后，1982 年、1984 年、1985 年、1986 年中国女排连续五次捧起世界冠军的奖杯，在全国上下掀起了"女排热"。听众和观众对这些体育比赛的关注程度可谓是空前绝后，庆贺比赛胜利的人群能够在深更半夜涌向天安门广场，其规模和兴奋程度远不亚于后来的奥运会申办成功。②

中央人民广播电台和中央电视台对一系列比赛都进行了全程实况转播，由宋世雄担任解说。面对全国人民的热切关注，宋世雄顶住压力，不但以高昂的情绪、利落的口齿即时描绘出场上的每一个动作细节，还增加了许多女排训练过程中不怕吃苦、奋勇拼搏的背景故事，给主力队员郎平起了个外号"铁榔头"。这些细节和女排姑娘们在场上的顽强拼搏相得益彰，进一步激发了中华儿女的热血。宋世雄本人经此一战，也成为超越体育圈的偶像级播音员。他的解说风格流行一时，"模仿宋世雄"甚至作为节目出现在

---

① 魏伟.体育解说教程［M］.北京：人民体育出版社，2012：21.

② 鲁威人.我国体育解说的历史回顾［J］.现代传播，2003（04）：77—80.

大型文艺晚会上。

基于在体育解说事业上的杰出贡献,1995 年,宋世雄获美国广播电视协会国际广播电视节目主持人奖、美国电视主持人协会奖,是第一位获此殊荣的中国人。

(二) 第三代解说员:承上启下,全国开花

从 80 年代后期到 90 年代,一批年轻的体育解说员开始崭露头角,被称为第三代体育解说员。代表人物有中央电视台孙正平、韩乔生,广东电视台王泰兴、刘宁,浙江电视台金宝成,北京电视台宋健生等人。

在解说风格上,第三代解说员师承张之、宋世雄一脉,注重语言功底训练,嗓音高亢清亮,思维敏捷、反应速度快,常常口若悬河,滔滔不绝。但与宋世雄相比,他们开始逐渐减少对现场具体赛事动态的细节描绘,增加赛事介绍、运动员背景介绍、技战术分析等赛场之外的补充信息,增加分析、评论的分量,解说词也更注重艺术色彩。在 1994 年美国世界杯足球赛保加利亚对阵意大利的半决赛上,孙正平在解说罗伯特·巴乔的进球时说:"足球场上本没有路,罗伯特·巴乔硬是用双腿蹚出了一条路。"通过对鲁迅小说《故乡》名句的套用,超越了一般性的描绘,成为孙正平代表性的解说之一。

这种变化,和 80 年代以后媒介载体物质性变迁有着密切关系。广播体育赛事转播只有声音,没有画面;电视转播方面,80 年代电视机屏幕小,价格高,遇到举国关注的重大体育比赛,电视机总会摆放在公共空间如社区、餐厅、院落里,供一个片区里的居民共同观看。人多,屏幕小,观众其实不太看得清画面细节,倒是解说员的声音声声入耳。高亢明亮的嗓音、细致入微的现场描绘恰恰能够弥补画面的不足,满足受众需求。90 年代以后,电视机进入千家万户,屏幕尺寸越来越大,体育赛事转播在跟拍、追踪等摄像技术方面不断提升,观众可以更清晰地看清楚运动员的动作细节。此时,解说员再重复描述运动员动作就显得多余,而需要提供更多的补充信息与延伸,满足观众更深层的信息需求。

（三）第四代解说员：群雄逐鹿，自由挥洒

1994 年，中国足球甲级联赛开启，职业体育运动在中国正式亮相，极大地激发了传播业对体育比赛的关注，并引进境外高水平职业联赛落地播出。这一阶段涌现出的解说员被称为第四代体育解说员，代表人物包括中央电视台的黄健翔、张斌、刘建宏，河南电视台的宋玉杰，上海电视台的唐蒙、李兵，广东电视台的詹俊等。

与上一代体育解说员相比，第四代体育解说员整体语流趋于平缓，解说节奏和信息密度有所降低，更强调以娓娓道来的叙事口吻对赛事进程进行分析评价，让观众充分感受赛事本身的乐趣。体育解说员的个性也更加鲜明，并时常随着赛事变化展现出更加真实、自然，甚至看起来有些失控的情感。

2006 年德国世界杯足球赛八分之一决赛，意大利队对澳大利亚队，澳大利亚队犯规，意大利队获得宝贵的点球机会。解说员黄健翔激动地嘶吼道："卡布里尼、马尔蒂尼在这一刻灵魂附体！格罗索一个人，他代表了意大利足球悠久的历史和传统，在这一刻，他不是一个人在战斗，他不是一个人！"甚至喊出了"意大利万岁！"在中央电视台的世界杯转播解说中表现出如此强烈的倾向，引起舆论一片哗然，被称为"解说门"。

争议背后，实际上是人们普遍认为体育赛事距离意识形态领域较远，相对独立性强，以至于无论观众还是体育解说员本人，都对其在播音员队伍里的角色与身份较为模糊，以至于失去职业身份底线意识，至今仍值得警醒——体育解说员同样需要恪守播音员主持人行业的准则与底线，找准自身位置，为大众提供具有公共性的信息服务。

（四）第五代解说员：分项选拔，专业精深

2001 年北京申奥成功之后，中国进入北京奥运周期，开启全方位准备工作。北京奥运会设有二十八个大项三百零二个小项，面对如此庞大的体育赛事，迫切需要一批在各个单项、小项上具有一定专业能力的解说员。

2000 年，中央电视台体育频道举行"全国体育解说员大赛"，2004—2005

年又举办"谁来解说北京奥运"大赛,选拔、培养了一批在专业化、专项化方向上更为明晰的解说员。解说篮球的于嘉,解说排球的洪钢,解说以田径、篮球为主的杨健相继脱颖而出。与此同时,退役专业运动员的加入,提高了体育解说员的专业度,例如前乒乓球世界冠军杨影、前花样游泳运动员张萌萌,都是在退役后经过大学专业教育,进入体育解说领域。除此之外,还有更多的退役顶尖运动员以解说嘉宾的身份参与体育赛事解说。据统计,在2012年伦敦奥运会的近五十人解说大名单中,有十六位退役运动员,占到了伦敦奥运我国全部解说员人数的近40%。[①]

总体来看,改革开放以后,体育解说走上了高速发展之路,解说风格不断变化,逐渐从语言专业型转向体育项目专业型,更多提供项目介绍、赛事评论等深度信息。但始终不变的是对体育赛事的热爱与激情,对观众的真挚付出。

第三节 播音主持机构组织管理走向成熟

一、适应岗位需要,拓展选拔路径

(一)专业院校分配与校园招聘

改革开放以后,播音主持学历教育日趋完善。1977年北京广播学院正式恢复招生,首批便有播音主持专业四年制本科。此后,北京广播学院播音专业持续扩大办学规模,专业教育快速发展。除了本科教育以外,还设有高职、干训、第二学位、函授大专等多种层次的播音教育,为行业一线输送大量人才。1986年,计划中的第二所广播电视高等院校——浙江广播电视专科学校在杭州创立,以二至三年专科为主,主要为基层广播电视部门培养新

---

① 刘宇辰,冯强.国家队退役运动员入主体育解说阵营现象探微[J].体育文化导刊,2014,140(02):190-193.

闻、艺术人才。1990 年开始,学校正式面向全国招收应届高中毕业生。[①]
1994 年,学校更名为浙江广播电视高等专科学校,2004 年更名为浙江传媒学
院,升为本科院校。此外,广电部又在太原办起华北广播电视学校,在郑州
开办郑州广播电视学校两所中等专业学校,学制为二到三年,同样以播音专
业为重要的培养方向。

通过分层次建设,专业院校毕业的播音员快速进入全国各个层级广播
电视机构,很快成为播音员队伍的重要力量。以播音主持艺术专业学生为
主体对象的校园招聘逐渐成为广播电视机构选拔新人的主要渠道。

以中央电视台的播音员主持人招聘为例,校园招聘主要面向中国传媒
大学、浙江传媒学院等播音主持艺术专业院校,注重播音主持的专业性。选
拔程序共有三试:一试,送录像带,业务指导委员会、领导和专家组成招聘小
组考核;二试,台内录像;三试,台领导、业务指导委员会、专家提问。最后,
学习成绩加录像成绩,按分数高低选拔。[②]

面向专业学生的比赛也成为各级媒体校园选拔的重要通道。全国大学
生主持人大赛、北京大学生电影节主持人大赛、"五月的鲜花"全国大学生主
持人选拔赛、海峡两岸大学生电视主持新人大赛,都是具有全国影响力的大
学生主持人选拔竞赛。

(二) 专业比赛选拔

在播音主持传播走向个性化的趋势下,广播电视机构开始主办主持人
大赛,通过活动从社会面选拔主持人,有些甚至形成稳定机制,持续举办十
余年。

1988 年,中央电视台第一次举办"如意杯"电视节目主持人评选活动,以
竞争机制,评选出业余十佳主持人和专业十佳主持人,成为我国播音员主持

---

① 奚建华,彭少健.浙江传媒学院院志(1978—2008)[M].北京:中国广播电视出版
社,2008:330.

② 祝捷.中国播音主持评价标准体系发展研究[M].北京:中国广播电视出版社,
2013:117—118.

人大赛的开始。此后,中央电视台、中央广播电视总台先后举办七届主持人大赛,包括:1995 年第二届"金士明杯"主持人大赛、2000 年第三届"荣事达杯"主持人大赛、2004 年第四届"夏新杯"主持人大赛、2007 年第五届"白象杯"电视节目主持人大赛、2011 年第六届"艾诗缇杯"电视节目主持人大赛、2019 年及 2023 年中央广播电视总台主持人大赛。每一届都选拔出一批优秀获奖选手,充实央视播音员主持人岗位。

以 2000 年的"荣事达杯"主持人大赛为例。此次大赛的举办首先就是为了选拔优秀主持人。大赛制片人田永明坦言:"在运作这台大赛之前,台里提出要达到两个效果:第一是要实实在在为中央电视台挖出几个好的主持人来,因为中央电视台的 10 频道今年 7 月 8 日就要推出了。"甚至考虑"前十名当场与中央电视台签约"①。在环节设置上既有笔试也有竞赛型的面试:第一轮专业测试,加入嘉宾访谈环节,让选手现场采访嘉宾,并完成一档节目的主持;第二轮艺术阐释,考核选手现场即兴发挥的语言能力;第三轮英语问答,考核选手的外语能力和应变处理能力。

随着节目对象化、窄播化的趋势,针对某一具体节目类型展开的主持人竞赛,吸引了具有特殊专业能力的人才。例如上海东方广播电台音乐台Love Radio 举办的"明日之星"DJ 大赛,专门选拔专业音乐节目主持人。2005 年湖南卫视"闪亮新主播"大赛,主要为品牌综艺栏目《快乐大本营》选拔主持人,更注重选手的演艺能力。央视举办的少儿频道主持人选拔、《新闻会客厅》主持人选拔、《开心辞典》魅力新搭档选拔等,也都是具有较强针对性的主持人选拔。

在各类比赛中,2000 年 12 月开播的中央电视台《挑战主持人》节目是颇为特殊的存在。《挑战主持人》将主持人选拔内容做成了连续性的综艺栏目,前后播出了十年,为广播电视界选拔出一批具有发展潜力的主持人,例如李思思、尉迟琳嘉、王若麟、张蕾、杨帆等,甚至栏目主持人马东也因此走红。

---

① 孟菁苇.主持人大赛幕后的故事[N].中国消费者报,2001-03-21(A4).

(三)特色通道定向招聘

90年代以后,广播电视节目开始进一步细分受众群体的窄播化发展阶段,各类专业性较强的节目、频率频道甚至媒体机构不断涌现,通过各类通道定向推荐、招聘成为选拔人才的一种有效方式。

在体育节目领域里,从优秀运动员、教练员中吸收具有较好语言表达基础的人才成为一种行之有效的方法。例如前篮球运动员张卫平、前乒乓球世界冠军杨影、前短道速滑世界冠军王濛、前足球运动员徐阳、前体操运动员莫慧兰都是通过特别招募,开始担任体育解说员、主持人的。

2010年4月,中央电视台英语频道改版为英语新闻频道,成为中国第一个全天候英语新闻频道,覆盖一百二十六个国家和地区。为了寻找适配国际传播的主持人,中央电视台把视野投向外籍人才,面向社会,以"寻找中国面孔"为主题,招聘主持人。只要"热爱新闻事业,富于合作精神,具备扎实英语功底,学历在大学本科以上,年龄在四十岁以下的中国公民或外籍华人都可参与"①。

纵观改革开放以后播音员主持人人才选拔机制的变化,其与广播电视行业发展以及高等教育的蓬勃发展密切相关。

第一,播音主持学科建设以及学历教育体系大发展,直接改变了行业人才的供需关系,从供不应求变为供过于求,为主持人选拔提供了充沛的人力资源。

第二,播音员主持人自带名人效应。各类主持人大赛一方面可以选拔新人,另一方面可以作为媒体扩展品牌影响力的方式,吸引社会经济资源。

第三,广播电视大发展带来内容的专业化、窄播化趋势,使播音员主持人在专业领域的知识积累成为节目能否成功的重要因素。播音主持人才的选拔方向由此扩展到相关专业领域,选拔方式也从新人选拔逐渐延伸为对成熟主持人或专业人士的市场化合作遴选,以实现差异化竞争。

---

① 央视英语新闻频道招聘主持人[N].光明日报,2010-11-13(5).

二、适应节目需要,统分结合管理

新中国成立后,广播电台电视台普遍以央广为参照,建立专门的播音部、播音组统一管理播音员。改革开放后,主持人节目的出现打乱了原有的管理机制。经过多年磨合,广电机构逐渐形成了统分结合、灵活调整的管理方式。

(一)从统到分:播音组与栏目分头进行日常管理

1.新闻播音员以播音组为主要管理机构

在新闻播音领域,专门的播音员科组、部门依然是主要管理机构。中央人民广播电台1963年开始设立播音部,到1984年年底,中央台广播业务部门设置里依然设有播音部,与新闻部、时政部等并类为广播业务部门。①1986年,中央人民广播电台为适应节目改革的需要,把播音部从原来早、中、晚三个班,重新划分成新闻组、专题组和主持人组三个专业组。但随着主持人节目的发展,发现这种管理模式无法适应主持人节目播出的需要,于是又取消了主持人节目组②,将主持人分别放入各个频道和栏目进行直接管理,形成了台播音部和频道、栏目分别管理播音员主持人的格局,一直延续至今。

在中央电视台,1985年,新闻播音员全部调到新闻部,由新闻部统一管理。播音组一分为二,一部分人成为专门负责《新闻联播》播音的播音员,另一部分人负责其他节目,但其工作任务仍由播音组来统一安排。③ 新闻频道开播后,新闻中心设立播音部,负责《新闻联播》《晚间新闻》等重要新闻栏目

---

① 中央人民广播电台简史编写组.中央人民广播电台简史(1949—1984)[M].北京:中国广播电视出版社,1987:250.

② 北京市地方志编纂委员会.北京志·新闻出版广播电视卷·广播电视志[M].北京:北京出版社,2006:242.

③ 高贵武.主持人评价与管理:思维·路径·方法[M].北京:中国传媒大学出版社,2014:134.

的播音，并随时根据台内大型节目的需要进行调派。通过在重要新闻节目里站稳脚跟，播音部树立起全台播音业务的标杆。

这种管理方式很快普及到全国，各省、自治区、直辖市的地方新闻联播播音员大多归属播音科组直接管理，既能够聚拢播音顶尖力量，又便于组织开展业务培训、研讨以及相关服务工作。

2.主持人以节目所属频道、栏目为直接管理机构

随着主持人节目的发展，高度参与节目创作的主持人和频道、栏目形成更为紧密的工作关系，因此便逐渐归属频道、栏目管理，以便更好地与节目融为一体，形成主持人和栏目的固定对应关系。

在专业化广播频率，主持人与栏目之间的关系更是密不可分，经常一个人就是一支队伍，一个人就是一档节目。上海东方电台从1992年10月成立之日起就推行了主持人中心制，即主持人拥有人事聘用权、经费使用权和节目操作权，在得到监制的批准后，由主持人自行聘请编辑或助手，如果合作不愉快，可以重新选择合作伙伴。[①] 在播出过程中，主持人可以根据情况随机应变；监制则根据原定播出主题进行监督、监听、监控，直接向总监（部主任）和总编辑（台领导）负责。如此，主持人集采访、编辑、播音于一身，成为节目运作的核心人物。主持人中心制使主持人真正成为节目的灵魂和中心，在不违背节目总体构思的情况下，努力体现出鲜明的主持人个性色彩。音乐节目主持人方舟主持的《天天点播》节目创下沪上调频节目收听率之最。在谈到主持人中心制时，她深有感触地说："以前我播的是别人的东西，现在一档节目出来，完完全全是自己的，主持人成了真正意义上的主持人。"[②]

（二）由分到统：重组台级职能部门，加强播音员主持人管理

行业大发展吸引众多人才加入，但囿于编制，只能在制度改革中不断寻

---

① 赵腓罗.从金话筒"四连冠"看东方电台的人才管理[J].新闻记者,1998(05):25-27.

② 赵腓罗.从金话筒"四连冠"看东方电台的人才管理[J].新闻记者,1998(05):25-27.

求突破,台聘、频道聘、部聘甚至栏目聘、嘉宾主持……各类聘用关系层出不穷,客观上形成一定程度的混乱,增加播出风险。一方面需要广播电视机构根据现实需要改革人事聘任制度,另一方面亟须在台领导机构层面设立管理机构,对全台播音员主持人进行宏观管理。

2000 年,中央电视台成立了台播音员、主持人业务指导委员会,出台《中央电视台播音员、主持人管理办法》。通过加强管理,截至 2007 年 10 月 31 日,在岗的播音员、主持人总数不仅没有增加,反而由 2000 年的五百七十人减少到三百三十九人。① 2001 年到 2004 年,中央电视台又用四年时间实行编外人员公司化管理改革,将编外人员全部调整为企业聘用、劳务派遣的用工方式,不少原本处于编外状态的主持人调整为企聘。

中央人民广播电台则在台级层面成立播音主持指导委员会,实行播音员主持人上岗审核制度和年检制度,上岗审核内容包括:政治表现、工作表现、知识技能、岗位匹配度、岗前技术培训情况、普通话水平测试等级证书、广播电视播音员主持人资格考试合格证、本台技术上岗证、播音主持音频作品(10 分钟)。②

在各个地方台,在经过了二十年左右的高速发展,播音员主持人分散管理的弊端同样逐渐显现,天津电视台、北京电视台、北京电台、江苏广播电视总台、广东广播电视台等纷纷在台级层面成立播音员主持人专业管理部门。有的在总编室下成立播音主持专业委员会或者管理部,如天津电视台于 2004 年在总编室下成立播音管理科,同时成立主持人协会,对主持人进行统一管理。北京人民广播电台也改由播音主持管理部在业务层面上对主持人进行统一的管理。

和之前单纯以播音科组形式管理播音员不同,这一轮统合管理出现了一些新特点、新举措。第一,施行业务管理和人事管理相分离的方式,把主

① 赵化勇.中央电视台发展史(1998—2008)[M].北京:中国广播电视出版社,2008:374.

② 祝捷.中国播音主持评价标准体系发展研究[M].北京:中国广播电视出版社,2013:108.

持人的选拔试用、出镜核准、人才培养、跨部门流动、品牌宣传推广、违纪退出以及职称、评奖、行业活动等职能管理进行统合，在台级机构层面进行集中管理；日常工作制度、业务把关、绩效发放仍由频道、栏目直接管理。如此形成统分结合的立体管理架构。

第二，针对播音员和主持人工作的不同，进行一些分类细则的调整。例如北京人民广播电台针对播音员和主持人在工作上的差异，对播音员和主持人分别进行管理。选拔工作由播音主持管理部主要负责。同时，对现有的主持人每年进行两次资质审核，一次是在主持人对新节目竞标前进行资质认证，另一次是抽取常态的节目请评委进行评审。[①] 如此形成统分结合的立体管理体系，以适应播音员主持人日常工作运行和总体质量把关的双重需要。

第三，适当建立两级管理，给台级管理机构寻找落地抓手。由于台一级管理机构以宏观管理为主，如何将管理落到实处成为许多广播电视台播音员主持人管理体系建设的问题。上海自 2014 年启动全面整合之后，将原有分散的频道资源整合为大节目中心制。全台出声出镜管理委员会、播音主持业务指导委员会在宏观上对播音员主持人队伍进行整体把控，制定多项管理总则，包括《播音员主持人出镜出声管理规定》《员工网络行为守则》《员工手册播音员主持人篇》等，作为全集团播音员主持人都必须遵守的规定。同时在东方卫视中心、融媒体中心、东方广播中心等各个节目中心和子公司派驻主持人事务主管，负责中心、子公司内部的主持人事务管理，并与集团主持人管理部门直接对接。如此形成两级播音员主持人事务管理机制，建立上传下达的顺畅通道。

（三）合作制、经纪制成为播音员主持人管理的有效补充

2005 年 8 月 4 日，国家广电总局发布《广电总局关于进一步加强广播电视频道管理的通知》，提出："在牢牢掌握主要领导干部任免权、重大事项决

---

① 高贵武.主持人评价与管理：思维·路径·方法［M］.北京：中国传媒大学出版社,2014:142.

策权、资产配置控制权、宣传内容终审权的前提下,广播电台、电视台可将音乐、科技、体育、娱乐等节目制作业务、广告代理经营业务剥离组建公司运作。"广播电视机构与主持人的合作方式变得更加灵活,大量具有市场号召力的歌手、演员等演艺人员以项目合作的方式进入节目担任主持人。如《快乐大本营》主持人何炅、谢娜,《天天向上》主持团的沙宝亮、俞灏明、欧弟、王一博,《今晚80后脱口秀》主持人王自健,《金星秀》主持人金星,《年代秀》主持人赵屹鸥等。对于这些主持人,一般由台属制作公司与主持人签订合约,进行项目制合作。不过,市场化的主持人也必须通过播音员主持人资格考试,获取相应资质,并遵守相关的管理制度。

在市场化条件下,台内明星主持人也面临诸多与节目相关的市场化经营活动,亟须专业经纪团队进行相关事务接洽。2009年,浙江卫视节目中心成立演艺部,专门负责管理综艺节目主持人的一切相关事务,主要包括安排主持人的档期,主持人的宣传推广,主持人参与商业活动的申报审批,主持人业务拓展等①。2010年10月,江苏卫视为其名牌主持人孟非成立专门的经纪管理团队,在充分尊重主持人本人意愿和与主持人品牌形象相适应的前提下,打理其市场相关经纪事务,如安排档期、宣传推广、拓展商务等。湖南台则更进一步尝试以经纪约的方式签约主持人,主持人沈梦辰、李莎旻子、梁田都以全经纪约的方式实现合作。签约之后,卫视平台给这几位主持人提供了大量机会,提升知名度。堵不如疏,针对明星主持人带来的市场效应,这种专门面向市场运营主持人的方式,实际上已经成为主持人管理制度的有益补充。

三、适应发展需要,打造品牌主持人

在激烈的竞争环境下,"品牌"成为用户选择产品时最为直接的参考。作为在话筒、镜头前出声出像的人格化形象,播音员主持人无疑是一个媒体

---

① 高贵武.主持人评价与管理:思维·路径·方法[M].北京:中国传媒大学出版社,2014:142-143.

品牌的集中代表。集中力量打造品牌播音员主持人,提升媒体品牌的整体效应,逐渐成为播音员主持人管理的重要内容。

(一)播音员主持人的品牌形象塑造

1.整体打造播音员主持人外在形象

播音员主持人的屏幕形象是其带给受众的第一印象,因此对播音员主持人的外在形象要求很高,既要符合栏目需要、自身定位,又要能够引领社会审美。上海专门成立荧屏视觉形象管理委员会,通过各个频道(中心)的制作部服化团队对播音员主持人造型进行管理。邀请台湾造型团队为新闻中心主持人设计形象,为每一位主持人制作造型手册,并集结成总手册交由服化负责人负责监督。手册内容包括这名主持人最适合的颜色、发型、服装款式、尺寸、配饰等,并以图片形式成套搭配。一般情况下,主持人的服化造型搭配就在手册范围内进行挑选,以确保主持人形象的稳定性和专业性。

江苏则将这部分功能合并进入播音员主持人管理委员会,通过聘请专业形象设计团队对重点主持人进行包装设计。如江苏广电集团从2008开始聘请台湾团队连续三年,对频道重点栏目的骨干力量进行形象包装设计。2015年又聘请上海戏剧学院团队对江苏广电新闻中心的十一个重点栏目主持人进行形象包装设计。

2.塑造播音员主持人公益形象

作为党和政府的喉舌,播音员主持人形象必须突出公信力,才能获得人民群众的信任与支持。因此,使播音员主持人在节目、活动中凸显公益形象成为一种可操作性强、效果良好的品牌塑造方式。

在具体办法上,通过组织播音员主持人广泛参与社会公益活动、拍摄公益宣传片、将节目与公益活动相结合、出任社会公益形象代言人、将公益活动纳入考评机制等多种方式,全面塑造播音员主持人德艺双馨形象,赢得社会美誉度。上海文广不但组织播音员主持人公益活动,还在绩效考核、晋升方面增加相应板块,鼓励播音员主持人多参与公益活动,从机制管理上给予播音员主持人主动投身公益活动的动力。

(二) 播音员主持人的品牌立体化推广

播音员主持人代表着媒体形象,因此广电机构普遍以立体化、多渠道的手段推广播音员主持人品牌。比如通过频道宣传片、台歌音乐录影带、宣传册、台历挂历、社会广告等渠道露出、构建品牌播音员主持人形象。评奖评优活动是主持人激励措施中的重要组成部分,可以充分整合社会资源,营造舆论关注,已经成为推广主持人品牌的有效途径。

1987 年 11 月,珠江经济台举办第一次主持人评选活动,在一个星期的时间里便收到来自全国各地的三十万份选票,[①]选出了嘉欣、周郁、周鸣、林小溪、李丹、黄海、黄振宁、郑达、李一萍、赵彦红十位"听众最喜爱的节目主持人"。[②] 此后,珠江经济台每年都举办一次"听众最喜爱的主持人"评选活动,由听众投票评选,并举行盛大的颁奖礼。借助优秀主持人评选活动,珠江台不但遴选出优秀的节目主持人,迅速将其匹配到合适的节目,同时打造出一批具有明星效应的主持人。

这样的评选在许多广电机构均陆续展开。1994 年,北京市广播电视学会与市广播电视局联合举办北京市广播电视节目主持人评选活动,选出十佳主持人、十佳主持人提名奖,并举办了电视颁奖晚会和主持人经验交流会。2010 年,上海文广集团推出"名优新"播音员主持人评选活动,通过公司报送、网络评选、专业评审等方式对候选主持人进行全维度专业考量,选出十名名播音员主持人、十名优秀播音员主持人、五名新秀播音员主持人,并在年末以颁奖盛典的形式隆重揭晓。这项活动延续至今,每两年举行一次,成为沪上播音主持界的盛会。2002 年,中央电视台开始对播音员、主持人实行包括工作量化考核在内的综合考核评议。2003 年出台《中央电视台优秀栏目播音员、主持人特殊津贴管理办法》,并评选出 2002 年度和 2003 年度优秀栏目播音员、主持人各十名。2005 年又出台《中央电视台优秀播音员、主

---

① 《广东广播电视志》编辑委员会.广东广播电视志[M].广州:广东人民出版社,1996:128.

② 白玲.广播的跨越:广东广播插图史[M].广州:暨南大学出版社,2012:119.

持人评选办法》，评选出 2004 年、2005 年度优秀播音员、主持人各十名。[1]优秀播音员、主持人首先会在薪酬上有所体现，其次还可以登上中央电视台的挂历、年历等文化产品，成为品牌标志。

以上仅是播音员主持人品牌推广活动中的一些个例，实际上，从 80 年代开始，各类播音主持人的品牌推广活动花样繁多，不断创新，已经形成播音员主持人品牌推广的立体矩阵。

第四节　播音员主持人行业管理日趋完善

一、播音员主持人行业准入制度的建立与发展

（一）播音员主持人行业准入制度建立的历史过程

1997 年 6 月广播电影电视部颁布的《播音员主持人上岗暂行规定》，是我国第一个国家层面针对县级（含县级）以上普通话播音主持专职人员出台的行业准入规定。

《播音员主持人上岗暂行规定》要求中央人民广播电台、中央电视台、中国国际广播电台（以下简称中央三台）及各省厅（局）都应组建七至九人的播音员、主持人上岗考核领导小组，成员包括主管领导、有关专家及人事、宣传、播音等业务部门的负责人，负责对播音、主持上岗人员考核、资格审批、颁证等工作。资格审批的内容包含了政治考察、知识能力考核、普通话水平和言语表达能力考核。由各省自行组织考核。值得注意的是，《播音员主持人上岗暂行规定》对播音员主持人上岗证书设定了三年的有效期限，需要持单位考评、岗位培训记录换领资格证。即便在上岗证有效期内，也有行为负面清单，一旦触发了撤回机制，就会被取消上岗资格，收回证书，两年内不得

---

[1]　赵化勇.中央电视台发展史（1998—2008）[M].北京：中国广播电视出版社，2008：374-375.

申请上岗资格。

《播音员主持人上岗暂行规定》为国家层面制定的播音员主持人准入规范,起到了开创性作用。截至 2001 年 9 月,中央三台普通话播音员主持人持证上岗已达 90%。① 此后以此为基础,国家规定进行了多次升级。

2002 年 2 月 1 日,国家广播电影电视总局发布《播音员主持人持证上岗规定》,并以此为依据,制定了《〈播音员主持人持证上岗规定〉实施细则》《播音员主持人管理暂行办法》。

与 1997 年规定相比,2002 年规定主要针对已经在职的播音员主持人,明确提出国家广播电影电视总局负责制定全国播音员、主持人资格考试大纲,组织统一命题、统一考试。在具体流程上,需由省级以上广播电视行政部门根据规定对申请人进行资格审查,资格审查合格者才能参加全国播音员、主持人资格考试,并由省级以上广播电视行政部门对申请人进行政治考察和知识能力考核。合格者,由省级以上广播电视行政部门颁发播音员主持人上岗证书。②

2004 年 8 月,《广播电视编辑记者、播音员主持人资格管理暂行规定》正式施行,《播音员主持人持证上岗规定》废止。此次规定将资格考试进一步系统化、正规化、统一化,推行"全国统一大纲、统一命题、统一组织、统一标准的制度"③,面向社会(含应届毕业生)进行资格考试。考试采取笔试和口试相结合的方式,共有四项科目,分别为"综合知识""广播电视基础知识""广播电视播音主持业务(笔试)""广播电视播音主持业务(口试)"。资格考试实行十年后,到 2015 年,共计四万七千六百零一人次参加播音员主持人

① 祝捷.中国播音主持评价标准体系发展研究[M].北京:中国广播电视出版社,2013:14.

② 国家广播电影电视总局.国家广播电影电视总局令(第 10 号)[R/OL].(2001-12-31)[2023-03-20].http://www.gov.cn/gongbao/content/2002/content_61776.htm.

③ 国家广播电影电视总局.广播电视编辑记者、播音员主持人资格管理暂行规定[R/OL].(2016-03-29)[2023-03-20].http://www.nrta.gov.cn/art/2016/3/29/art_1588_43920.html.

资格考试,一万一千五百二十八人次取得播音员主持人资格考试合格证。①

2006 年《广播电视编辑记者、播音员主持人执业资格注册办法(试行)》发布,进一步明确了播音员主持人获得正式执业资格的流程,即首先需要通过资格考试,在连续从事播音主持工作满一年之后,由任用单位申请注册,三个环节都完成之后,才能取得执业资格并持有执业证书。自此,我国形成了以播音员主持人资格考试为敲门砖,涵盖资格考试、执业注册、从业权利与义务以及退出机制等全链条的播音员主持人行业管理体系。

(二)行业准入规范的要求与特色

1.以政治面貌与政治素养为首要条件

政治面貌、政治素养始终是播音员主持人的首要条件。

1997 年的《播音员主持人上岗暂行规定》第二章《基本条件》要求播音员主持人应当"(一)具有一定的马克思主义理论水平和政策水平,并能用以指导业务实践;(二)坚持党的新闻工作原则,在思想上、政治上同党中央保持一致;(三)有强烈的事业心和责任感,工作勤奋;(四)有良好职业道德,遵守纪律,作风正派,联系群众。"②

2002 年的《播音员主持人持证上岗规定》,开篇同样是政治要求:"(一)遵纪守法,有良好的职业道德。(二)熟悉国家有关广播电视宣传及管理的政策、法规、规定,并能用以指导业务实践。"③值得注意的是,因为资格考试的引入,诚信成为具有一票否决意义的品质。在资格考试的过程中,如果发现舞弊,作弊者不但会被取消当年考试资格,并在三年内不得报名参加考试。

2004 年的《广播电视编辑记者、播音员主持人资格管理暂行规定》通过对资格考试、注册手续两个环节的把控,对申请者的政治面貌、政治素养提

---

① 全国广播电视编辑记者、播音员主持人资格考试情况简报[C]//第二十三届媒体融合技术研讨会(ICTC2015)论文集.2015:16.

② 广播电影电视部.广播电影电视部关于播音员主持人上岗暂行规定[Z].1997-06-09.

③ 国家广播电影电视总局.播音员主持人持证上岗规定[R/OL].(2001-12-31) [2023-03-20].http://www.gov.cn/gongbao/content/2002/content_61776.htm.

出了明确、集中的要求："（一）遵守宪法、法律、广播电视相关法规、规章；（二）坚持四项基本原则，拥护中国共产党的基本理论、基本路线和方针政策。""有下列情形之一的，不能报名参加考试，已经办理报名手续的，报名无效：（一）因故意犯罪受过刑事处罚的；（二）受过党纪政纪开除处分的。"①

梳理改革开放以来国家相关行政管理部门对播音员主持人的准入要求可以发现，政治面貌、政治素养，一直是我国播音员主持人队伍准入标准里的首要元素。但其中的具体考量标准、考核方式，则在近二十年中发生了一些变化。1997年、2002年的规定将党纪法规、职业道德列为具体的政治门槛，并设置了负面退出清单，以政治考核为负面退出的主要依据，让准入制度成为可进可出，且具有震慑力的科学管理方式。2004年的《广播电视编辑记者、播音员主持人资格管理暂行规定》则再次进行综合调适，形成以思想站位为统领，法律法规、职业纪律、职业道德、社会影响全方位规制的准入体系，并通过播音员主持人资格考试，对申请者进行量化考核。

2.以语言规范性为业务标准线

作为专业的媒体语言工作者，语言能力无疑是播音员主持人准入规范的重要内容。

1982年，"国家推广全国通用的普通话"载入宪法；1985年12月16日，中国文字改革委员会更名为国家语言文字工作委员会（以下简称"国家语委"），直接隶属国务院。随后，在1986年召开的全国语言文字工作会议上，推广普通话成为新时期语言文字工作首要任务。推普工作方针调整为"大力推行，积极普及，逐步提高"②，公共媒体被定为新时期推普工作的榜样。1991年，国家语委推普司正式颁布了《普通话水平测试等级标准》。1994年，国家语委、国家教委、广播电影电视部联合发布《关于开展普通话水平测试工作的决定》，明确：专门从事普通话语音教学的教师和从事播音、电视、

① 国家广播电影电视总局.广播电视编辑记者、播音员主持人资格管理暂行规定［R/OL］.（2016-03-29）［2023-03-20］.http://www.nrta.gov.cn/art/2016/3/29/art_1588_43920.html.

② 袁钟瑞.新中国推广普通话70年［J］.汉字文化,2020（01）:1-5.

电视剧、话剧表演、配音的专业人员，以及与此相关专业的毕业生应达到一级甲等或一级乙等水平。并从1995年起逐步实行持普通话登记证书上岗制度。① 自此，"一级"，成为专业播音员主持人的普通话水平准入门槛。

语言能力不仅仅是普通话水平，还需要考虑先天条件以及综合表达能力。1997年的《播音员主持人上岗暂行规定》，单列了"语言文字条件"，除了普通话水平以外，要求："（一）嗓音良好，并具备一定的言语表达能力；（二）掌握现代汉语，具备一定采编能力"。2002年的《播音员主持人持证上岗规定》在此基础上增加了"形体语言表达能力"②，进一步拓展了语言能力准入标准的综合度。

2006年，总局根据2005年颁行的《广播电视编辑记者、播音员主持人资格考试办法（试行）》，制定了资格考试大纲，全国统一命题、统一组织的资格考试将语言能力作为测试重点。针对播音员主持人岗位特点，设置了笔试与口试相结合的考核方式。笔试科目"广播电视播音主持业务"包含了"普通话语音知识与播音发声""播音主持语言表达""播音主持业务"等直接涉及言语表达能力的理论性测试。口试内容则设置了新闻播报和栏目话题主持两个部分。应试者现场抽题，直接面对镜头录像，再由总局组织专家评审组对口试录像进行评分审核。根据《广播电视编辑记者、播音员主持人执业资格注册办法（试行）》，在省级（含）以上播出机构从事普通话播音主持工作的，口试成绩需达到A级等次；在其他制作、播出机构从事播音主持工作的，口试成绩需达到B级等次。只有口试达标，才能在对应等级的机构从事播音主持工作。

3.以综合专业能力为考核重要内容

在语言能力之外，新闻与广播电视专业知识是考核播音员主持人的重要内容。1997年的《播音员主持人上岗暂行规定》将这一要求明确为"掌握

---

① 姚喜双,韩玉华,聂丹,黄霆玮,孟晖.普通话水平测试概论[M].北京:高等教育出版社,2011:39.

② 国家广播电影电视总局.播音员主持人持证上岗规定[R/OL].（2001-12-31）[2023-03-20].http://www.gov.cn/gongbao/content/2002/content_61776.htm.

新闻专业基本知识"。2002 年的《播音员主持人持证上岗规定》,进一步提出播音员主持人应"熟悉并掌握新闻专业基本理论,具有较强的新闻采编业务能力"。

全国播音员主持人资格考试开始实行后,播音员主持人必须参加笔试科目"广播电视基础知识",考核范围为"党的新闻宣传工作基本方针和工作原则""新闻工作者的职业道德""新闻史论常识""广播电视节目概述""广播电视技术常识"五大内容。2016 年考试大纲对考试内容进行了较大规模的调整,删除了"广播电视技术常识",将"党的新闻宣传工作基本方针和原则"调整为"马克思主义新闻观和中国社会主义新闻事业的基本方针",改"新闻史论常识"为"新中国广播电视发展史",改"广播电视节目概述"为"广播电视常识",并在"新闻工作者职业道德"中增加了近年来发布的各项职业道德准则、管理办法、自律公约等条文。

4.以综合文化素养为补充条件

学历,无疑是播音员主持人综合文化素养的重要凭证。1997 年《播音员主持人上岗暂行规定》在第七条"知识、能力条件"中规定:播音员主持人须"具有大专(含大专)以上的学历,地(市)县台应具有中专及以上学历"①。2002 年《播音员主持人持证上岗规定》,将学历要求提升到了"大专(含大专)以上的学历"②。2004 年《广播电视编辑记者、播音员主持人资格管理暂行规定》延续了这一标准,要求报名参加资格考试者须"具有大学专科及以上学历(含应届毕业生)"③。

这些规定只对学历提出要求,但对具体学习专业并没有限定,而是追加了对于综合知识掌握情况的一般性要求。例如 1997 年《播音员主持人上岗

---

① 广播电影电视部.广播电影电视部关于播音员主持人上岗暂行规定[Z].1997-06-09.

② 国家广播电影电视总局.播音员主持人持证上岗规定[R/OL].(2001-12-31)[2023-03-20].http://www.gov.cn/gongbao/content/2002/content_61776.htm.

③ 国家广播电影电视总局.广播电视编辑记者、播音员主持人资格管理暂行规定[R/OL].(2016-03-29)[2023-03-20].http://www.nrta.gov.cn/art/2016/3/29/art_1588_43920.html.

暂行规定》要求除了新闻专业知识，还应"具有一定的社会科学知识、自然科学知识""具备较为准确的理解判断能力和业务实施能力"。在全国播音员主持人资格考试里，专门设置了公共科目"综合知识"，考试时间 90 分钟，总分计 100 分，题型为单项选择题和多项选择题。出题范围除了理论知识、法律知识以外，还包含了经济学知识、社会学知识、文学知识等内容。

二、播音员主持人行业组织的建立与发展

(一) 中国广播电视学会的建立与发展

自从 1983 年提出"四级办"政策以来，全国广播电视事业呈现出爆发态势，新机构、新技术、新节目、新现象、新人物层出不穷。然而，广电机构囿于日常工作繁忙，普遍对研究工作缺少关注，影响了广播电视事业的整体发展。

1986 年 10 月 15 日，经广播电影电视部同意，中国广播电视学会在北京正式成立。学会分为宣传、技术、管理三个部分，首批计划创立九个专业研究委员会，其中便有广播电视播音学研究委员会。

作为一个学术研究团体，中国广播电视学会是在国家主管部门的直接领导下成立的，主要任务是："组织会员研究广播电视理论、实践和历史，建设和发展中国的广播学、电视学；组织会员开展广播电视事业的调查研究，为决策的民主化、科学化提供有利的条件；召开学术研讨会议等。"第一届理事会共一百九十一人，设由十七人组成的常务理事会。此外，还聘请曾任广播事业局主要领导的梅益、温济泽、董林、周新武担任学会顾问。① 从这样的豪华阵容可见，学会的成立从一开始便受到国家主管部门高度重视。

中国广播电视学会成立后，各省(自治区、直辖市)陆续成立分会，根据各地实际情况下设若干个专业研究组，同样围绕以上内容开展活动，与总会形成既统又分，既密切联系又各自活动的整体格局。

---

① 中国广播电视学会成立大会文件资料汇编[Z].内部资料,1986:81-86.

2004 年,经国家广电总局和民政部批准,中国广播电视学会正式更名为中国广播电视协会。从此其职责范围不再局限于学术研究,更具有了全行业协会组织的性质。此后,根据国务院行政机构调整,进行了两次变更。2014 年更名为中国广播电影电视社会组织联合会,其范围扩展到影视全行业,并在联合会设立分党组,成立党委,全面负责广播影视系统社会组织的党建工作,确保党的方针政策在广播影视社会组织及其会员中得到及时传达贯彻。2019 年更名为中国广播电视社会组织联合会,范围有所收缩。

目前,中国广播电视社会组织联合会有五十三个专业委员会,会员单位包括中央广播电视总台、中国教育电视台、地方广播电视台等广播电视播出机构、制作机构和传输机构,中国传媒大学、浙江传媒学院等高等院校,总局主管的十四家全国性广播电视一级协(学)会,各省级广播电视协(学)会等两千余家,担负着广播电视行业自律、行业服务、维权和学术理论研究等基本职能。①

(二)播音学研究委员会的建立与发展

1987 年 8 月 16 日,作为中国广播电视学会首批九个专业研究委员会之一,播音学研究委员会(简称播音学研究会)在北京广播学院召开成立大会。这是我国广播电视播音界第一个全国性的专业学术团体。来自全国各省级广播电台、电视台的播音员代表和部分播音教学、研究工作者参加了成立大会,并通过了《播音学研究会章程》和《播音学研究会成立大会决议》,选举产生了领导机构。齐越被推选为名誉会长,夏青当选为会长,关山、刘佳、张颂、铁城等为副会长。② 1990 年,张颂任常务副会长。播音学研究会的办事机构常设在北京广播学院播音系。

播音学研究会成立后,根据学术团体的定位,主要在以下几个方面开展工作:

---

① 中国广播电视社会组织联合会简介[EB/OL].[2022-6-18].http://www.carft.cn/alliance/Intro.

② 喜双.播音学研究会成立[J].中国广播电视学刊,1987(03):77.

1.展开评奖活动

从 1988 年起,播音学研究会组织全国播音界开展优秀作品评奖,奖项称
"全国广播电视优秀播音作品奖",也被称为"专业委员会奖"。每年评选一
次,每次评出十个一等奖,即广播优秀播音作品五个,电视优秀播音作品五
个。① 后来又增设个人奖。1990 年,研究会开始组织评选"全国优秀播音论文
奖",当年就有十五人获得"彩虹杯"全国播音学术论文评选一等奖和二等奖。

2.组织学术研讨活动

播音学研究会成立后,一系列学术研讨活动紧锣密鼓地展开。1987 年
12 月 19—25 日,由播音学研究会与福建电视台、山西电视台联合召开的全
国电视播音学习研讨会在福建省福州市举办,二十三个省区市三十三家电
视台的三十九名代表参加了会议,二十八篇论文和三十多个电视播音节目
参加研讨交流。② 1988 年 4 月 4—8 日,播音学研究会与北京广播学院播音
系联合召开"播音发声学研讨会";9 月 15—19 日,在广州举行 1988 年度学
术年会。这些学术会议成为中国播音学建立自身理论体系,争鸣学术问题
的平台。据《全国首届广播电视优秀播音作品评选暨播音学研究会一九八
八年年会摘要》记录,张颂正是在这次会上提出"播音员应该涵盖主持人"的
命题,根据播音员和主持人的业务共性,他认为无论是播音员还是主持人,
都应该追求"三性、三感,即规范性、庄重性、鼓舞性,时代感、分寸感、亲切
感"。他也提出,无论是播音员还是主持人的内涵都是不断发展的。③ 这一
学术观点后来在学术界引发热烈的学术争鸣。

3.出版研究刊物

播音学研究会成立后,与襄樊市(现襄阳市)播音工作者协会、播音学会
达成合作,三家联合主办业务研究刊物《播音界》,以此作为播音学研究会会
刊,每一季度出版一次,刊登播音学理论研究成果,宣传播音界人物、事迹,

---

① 马玉坤,高国庆.张颂学术年谱[M].北京:九州出版社,2018:281.

② 中国广播电视学会秘书处.中国广播电视学会大事记(1986 年 9 月—2002 年
4 月)[M].内部资料,2004:17.

③ 马玉坤,高国庆.张颂学术年谱[M].北京:九州出版社,2018:280.

是一本具有学术特色的综合性刊物,在襄樊编辑出版,内部发行。①

播音学研究会成立后,在全国掀起了优秀播音作品评选、理论研讨的热潮,各个省(自治区、直辖市)也纷纷成立播音学研究会,借助学会平台进行省内的优秀播音作品奖评选以及理论研讨活动。就连一些原本播音事业并不发达的西部省份也加入其中。1991 年,5 月 24 日至 25 日,宁夏广播电视厅、宁夏广播电视学会播音学研究委员会在银川进行播音作品评奖并召开播音理论研讨会。这在宁夏还是首次。②

(三)主持人节目研究委员会的诞生与发展

主持人节目的出现,给中国播音事业打开新的篇章。1990 年 6 月 16 日,主持人节目研究会正式成立。研究会的正副会长为荣誉职务,由知名主持人担任,会长赵忠祥,副会长:沈力、宋世雄、徐曼、李一萍、陈铎、雅坤、虹云。同年 9 月 12 日,主持人节目研究会加入中国广播电视学会,成为中国广播电视学会直属的专业研究委员会之一。③

1992 年冬,研究会通过通信选举,产生了正式的理事会,负责研究会具体事务运行,理事长白谦诚,副理事长陆锡初、赵群、朱砚。④ 1993 年 4 月 8—10 日,主持人节目研究会召开第一届理事会,增选周郁、叶惠贤为副会长,更名为中国广播电视学会主持人节目研究委员会。⑤

主持人节目研究委员会定位为"研究广播电视主持人节目的学术团体",最主要的任务是为主持人事业的发展提供智力支持,其工作在以下四个方面影响最为深远。

---

① 《中国广播电视年鉴》编辑委员会.中国广播电视年鉴(1988)[M].北京:北京广播学院出版社,1988:546.

② 肖鸣.宁夏播音作品评奖、研讨会在银川举行[J].中国广播电视学刊,1991(04):37.

③ 白谦诚.主持人第一辑[M].北京:中国广播电视出版社,1991:182-183.

④ 白谦诚.主持人第二、三辑[M].北京:中国广播电视出版社,1993:376.

⑤ 1993 年前,各类文件均称其为"主持人节目研究会",自第一届理事会后,文件均改称其为"主持人节目研究委员会",进一步完善称谓。

1.组织节目主持人业务评奖活动

主持人节目研究会成立后，马上开始组织评奖活动。1990年的"开拓奖"是主持人节目研究会主办的第一项评奖活动，主要为了表彰在主持事业上具有开创意义的主持人。此后，全国广播电视"百优双十佳"节目主持人"金话筒奖"闪亮登场，每两年一次连续评奖，成为广播电视主持人的职业最高荣誉。

2.组织节目主持人学术交流活动

研究会成立后，三年内在国内召开了大大小小八次研讨会，如1996年举办的全国广播谈话类节目主持人研讨会、全国广播新闻评论类主持人节目研讨会等。

除了在国内广泛展开学术活动，研究会还组团赴美国和中国台湾展开学术交流。1993年9月，主持人节目研究委员会组织"中国电视节目主持人代表团"十四人访问美国，对美国三大广播网、公共电视网、派拉蒙电视公司以及纽约大学等三所高校进行为期二十天的业务交流与学术考察，这也是中国主持人第一次以主持人节目为主要考察对象进行国际交流活动。① 此次访问极大地开阔了主持人的国际视野，了解了美国主持人明星制诞生的社会基础和基本情况，在中外对比的过程中进一步明确了中国特色主持人发展道路。

3.组织节目主持人学术评奖活动

1993年，研究委员会主办首届全国广播电视主持人节目论文评选，评选出三十八篇获奖论文。1994年，研究委员会决定从一等奖中评选出一至五篇佳作，授予"金笔奖"，由中国广播电视学会颁发奖杯和证书，并在"金话筒奖"颁奖晚会上进行颁奖。② 此后，每两年进行一次的广播电视主持人节目优秀论文"金笔奖"评选，成为吸引全国广播电视主持人和专家学者广泛参

① 中国电视节目主持人代表团访美总结报告［M］//白谦诚.主持人第五辑.北京：中国广播电视出版社，1995：321-322.

② 中国广播电视学会主持人节目研究委员会关于设立全国广播电视主持人节目优秀论著"金笔奖"的决定［M］//白谦诚.主持人第四辑.北京：中国广播电视出版社，1995：111.

与的学术活动。

4.组织节目主持人学术书刊出版

1991年,在中国广播电视学会主持之下,《主持人》系列丛书开始出版。这套丛书兼具主持人节目研究委员会会刊性质和学术发表性质,一共出版十辑,记载了我国主持人事业以及研究会十余年的足迹。

(四)两会合并,建立播音主持委员会

随着事业整体发展,行业内外逐渐认识到,播音与主持同大于异,"都可以称为媒介传播者"①。将二者合并讨论,更有利于行业科学发展。2004年,经国家广电总局和民政部批准,中国广播电视学会正式更名为中国广播电视协会,从"学会"到"协会"的转变,意味着职能范围、工作内容、工作机制、组织形式的变化。借此机会,国家广电总局果断决定将播音学研究委员会、主持人节目研究委员会合并重组,新组建的播音主持行业社团经民政部批准,定名为:中国广播电视协会播音主持委员会。

2005年6月24日,中国广播电视协会播音主持委员会在北京京西宾馆召开第一次理事扩大会议。来自全国广播电视机构的播音员、主持人、行业领导和专家学者200余人参加此次会议。会议通过了中国广播电视协会播音主持委员会章程、播音主持委员会会长、理事长、常务理事名单。中国广播电视协会常务副会长李丹当选会长,中央人民广播电台播音主持指导委员会常务副主任铁城、中央电视台播音主持业务指导委员会执行主席李瑞英当选常务副会长;铁城当选理事长,李瑞英、张君昌当选常务副理事长;李瑞英同时担任秘书长;丁邦英等三十一人当选常务理事。② 在此次会议上,国家广电总局副局长胡占凡发表讲话,对播音员主持人委员会的工作职能与任务进行了明确定位,提出播音主持委员会要成为全国播音员主持人提

---

① 毕一鸣.重新审视播音与主持艺术:寄语中国广播电视协会播音主持委员会成立之时[J].中国广播电视学刊,2005(09):53-54.

② 共建一个播音员、主持人"温馨的家"[EB/OL].(2005-06-24)[2022-08-14].http://www.cctv.com/anchor/20050624/100723.shtml.

高全面素质的学校；成为播音主持行业的助手和参谋；成为中国播音主持学术研究的权威机构；成为为全国播音员主持人服务的平台。

两会合并之后，播音主持委员会改变了原来单纯作为学术研究团体的性质，转变为播音主持全行业的行业社团组织。在会员组成方面，进一步扩大会员吸纳范围：集体会员方面，经民政部门批准登记的省级、副省级广播电视社会团体下属的播音主持委员会，设有播音员、主持人的各级广播电视机构，经工商部门注册登记的有签约播音员、主持人的文化传播公司，设有播音主持专业(或方向)的高等院校都可以申请注册。个人会员申请也予以开放，各级广播电视机构和文化传播公司的在职或签约播音员、主持人只要承认相关章程，都可以申请成为会员。如此，不分体制内外，播音主持委员会将市场化的播音员主持人队伍及高校后备力量都纳入其中，几乎集合了全国播音主持工作者，为后续进一步展开行业自律、培训学习、理论研讨等行动打下了基础。

播音主持委员会成立后，首先针对行政部门难以介入却又真实存在的行业问题，例如主持人走穴、广告问题，主持人政治意识不强，道德劣迹等问题展开行业自律。2004年12月9日，国家广播电影电视总局正式公布《中国广播电视播音员主持人职业道德准则》，2005年5月8日，中国广播电视协会制定《中国广播电视播音员主持人自律公约》，播音员主持人委员会作为专业社会团体，对自律公约的制定、推动执行都起到积极作用。从此，作为行业社会团体，播音主持委员会成为在党和政府领导下团结、联系播音员、主持人的桥梁和纽带，在新时代发挥更大作用。

(五)中国电视艺术家协会主持人专业委员会

中国电视艺术家协会(以下简称中视协)成立于1985年，是中国共产党领导的、全国各民族电视艺术家组成的专业性人民团体，是党和政府联系电视界的桥梁和纽带，是繁荣发展社会主义文艺事业、建设社会主义文化强国的重要力量。中国电视艺术家协会是中国文学艺术界联合会的团体会员。①基于播音员主持人在电视艺术发展过程中不可或缺的重要作用,中国电视艺术家协会也开展了众多推动中国播音主持事业发展的活动。

2003年12月22日,中视协主持人专业委员会正式成立,列为中国电视艺术家协会下设的电视艺术专业委员会之一。第一届中视协主持人专业委员会会长赵忠祥,常务副会长白谦诚,秘书长由白谦诚兼任,以交流、评奖、培训为主要工作内容。

中视协有了主持人专业委员会以后,主持人相关培训、交流、评奖活动更加活跃,例如组织中国电视节目主持"新星奖"、海峡两岸电视主持新人大赛、新农村电视艺术节优秀电视节目主持人推选,举办中国电视十大名栏目名主持讲坛、海峡两岸电视主持人高峰论坛,开办全国主持人培训班等多种活动。

三、播音员主持人行业评价体系的建立与发展

(一)评优评奖:行业评价体系的风向标

专业评优评奖活动,无疑对从业者评价体系建设具有风向标的作用。新中国成立以来,播音主持行业从来没有进行过全行业性的权威评奖活动。直到播音学研究会、主持人节目研究会成立,才开始在全国播音主持界开展评奖活动,树立行业榜样,激励行业前进。

1. 中国播音与主持作品奖

从1988年起,播音学研究委员会组织全国播音界开展优秀作品评奖,称"全国广播电视优秀播音作品奖",也被称为"专业委员会奖"。1988年9月19日,首次评奖在广州揭晓,十个播音作品获"天河最佳奖",四十四个获"登峰优秀奖"。②1990年5月19日,第二届评奖评选出九个最佳播音作品

① 关于中国电视艺术家协会[EB/OL].[2022-8-14].https://www.ctaa.org.cn/page-10.aspx.

② 本报电.全国优秀广播电视播音作品评选结束[N].人民日报,1988-09-22(3).

奖。全国广大人民群众所熟悉和喜爱的十三名播音员获得"彩虹杯"播音荣誉奖。他们是：齐越、夏青、关山、陈醇、张颂、刘佳、虹云、徐曼、铁城、方明、林如、赵忠祥、宋世雄。①

1997 年中共中央宣传部批准设立中国播音与主持作品奖，作为中国广播电视学会主办的艺术类政府奖项，每年举办一届。1998 年 1 月 21—23 日，首届中国播音与主持作品奖评选活动在北京举行。评委会共收到各级电台、电视台的参评作品六十六件，分为广播播音、电视播音、广播主持、电视主持四类评选。经过认真审听审看，中央人民广播电台方明、铁城、雅坤，山东人民广播电台华强，北京人民广播电台王薇、燕文主播的五个作品获广播播音一等奖；中央电视台罗京、李瑞英、方静，北京电视台王业、张丽主播的四个作品获电视播音一等奖；中央人民广播电台傅诚励、中国国际广播电台黄铁骥、辽宁人民广播电台李珂、上海东方广播电台章茜主持的四个作品获广播主持一等奖；中央电视台赵忠祥、宋世雄、敬一丹、上海电视台叶惠贤主持的四个作品获电视主持一等奖。②

此后，中国播音与主持作品奖通常以作品评奖、学术研讨为一体，有时与中国广播文艺奖、中国广播剧奖一并召开颁奖和研讨活动。相比而言，作品奖数量较为宽裕。第二届中国播音与主持作品奖共有七十九件作品获奖。③ 2001 年度中国播音与主持作品奖获奖作品有六十个。④ 评奖一直持续到 2006 年播音学研究委员会与主持人节目研究委员会合并，转为"金话筒奖"作品类奖项。

2.全国广播电视节目主持人"开拓奖"

1990 年，主持人节目出现仅仅十年，但是初创时期的一些主持人已经离开岗位，或者离退休。为了表彰对主持事业发展做出突破性贡献的前辈，

---

① 李勇.全国最佳播音奖评选揭晓[N].人民日报,1990-05-21(3).

② 张君昌.首届中国播音与主持作品奖评选结束[J].电视研究,1998(03):63.

③ 第二届中国播音与主持作品奖颁奖会暨研讨会在济南召开[J].中广学刊.1999(4):10.

④ 张君昌.2001 年度中国播音与主持作品奖、中国广播文艺奖、中国广播剧奖颁奖会暨研讨会在太原举行[J].电视研究,2002(12):59.

1990 年 10 月,主持人节目研究会发起全国广播电视节目主持人"开拓奖"评奖活动。研究会聘请了十三位专家学者组成评委会,分为广播、电视两个组,分别由北京广播学院曹璐、王纪言两位学者担任召集人,组织阅评材料。此次评审并非只对某一次节目进行评审,而是强调对申报者的综合性评定:(1)比主持年限;(2)比知名度(包括在社会上的知名度和在广播电视界的知名度);(3)比素质;(4)比成就(包括获奖节目的数量与等级);(5)比贡献(指传、帮、带)。①

最终,1991 年 3 月 6 日,一百二十五名主持人荣获"开拓奖",其中李一萍、沈力、陈铎、赵忠祥、虹云、徐曼获特别金奖,天旭、王玉芬、叶惠贤、冬艳、刘璐、李东、李忠莲、张玉兆、张培、陈明、周郁、春莉、虹娟、钟钢、姜力、高丽萍、黄玲、晨光、谭国治、黎明、鞠萍等获金奖。② 实际上,这些主持人在业务水平上并非都属一流,初创时期的稚嫩与朴拙在所难免,但是评委会更看重"对主持人开拓创新精神的肯定与鼓励"③,希望通过评奖,激励主持人群体锐意进取,不断创新主持样态、主持风格,提升主持人节目质量,将中国广播电视主持事业推向新的境界。

3. 中国播音主持"金话筒"奖

1993 年,主持人节目研究委员会开始组织首次全国广播电视"百优双十佳"节目主持人"金话筒奖"评选活动。评选分为电视、广播两个组别,由广播电影电视部副部长刘习良、同向荣,北京广播学院副院长王纪言,北京广播学院教授曹璐先后牵头担任主任委员,经过初评、复评,于 1994 年 5 月揭晓。广播、电视各有十位节目主持人荣获金话筒奖,被分别授予"十佳广播

---

① 白谦诚.峥嵘岁月:见证中国节目主持人 25 年[M].北京:中国国际广播出版社,2006:102.

② 数据来源:全国广播电视主持人"开拓奖"获奖名单[M]//白谦诚.主持人第二、三辑.中国广播电视出版社,1993:1-3.

另据全国广播电视节目主持人"开拓奖"评选在太原揭晓[J].中国广播电视学刊,1991(03):105-107.名单稍有出入,总获奖人数为 124 人,虹云为金奖获得者。

③ 陆锡初.话说开拓奖[M]//白谦诚.主持人第二、三辑.北京:中国广播电视出版社,1993:12-13.

节目主持人"和"十佳电视节目主持人"称号，由中国广播电视学会颁发"金话筒"奖杯和获奖证书。

荣获首届"十佳电视节目主持人"称号的有：中央电视台的敬一丹、杨澜、倪萍、鞠萍、高丽萍，上海电视台的叶惠贤，北京电视台的丛薇，天津电视台的刘冰，广东电视台的芳芳，大连电视台的小叶。荣获首届"十佳广播节目主持人"称号的有：中央人民广播电台的雅坤、傅成励、曹山，海峡之声广播电台的钱锋，内蒙古人民广播电台的娜仁托娅，东方广播电台的方舟，山东人民播电台的王伟，河南人民广播电台的陈明，广东人民播电台的文涛，吉林市人民广播电台的钟钢。此外，中央电视台的赵忠祥、中央人民广播电台的徐曼被授予"特殊荣誉奖"。① 1995 年后，全国优秀广播电视节目主持人"金话筒"奖评选基本上每两年举办一次，评奖规模与种类基本一致。

2006 年，"金话筒奖"和中国播音与主持作品奖合并评奖，当年增设电视播音主持作品奖十个，广播播音主持作品奖十个。2007 年"金话筒奖"再次改革，从两年一度改为每年评奖，评奖类型进一步细分，分为作品奖和个人奖两大类，作品奖包括广播播音作品奖（五件）、广播主持作品奖（五件），电视播音作品奖（五件）、电视主持作品奖（五件），个人奖包括广播播音员主持人奖（十个）、电视播音员主持人奖（十个）。2014 年"金话筒奖"进行了最后一届评奖，广播播音作品、主持作品分开评奖，各列七件，广播播音员主持人十人，电视播音作品、主持作品各五件，电视播音员主持人九人。②

在长期发展过程中，中国播音主持"金话筒奖"逐渐形成了稳定的评选标准。参评者为中国大陆地区各广播电台、电视台在编或聘用的具有三年以上工作经历的专职主持人。要求：①牢记社会责任，坚持正确导向，自觉遵纪守法，遵守《中国广播电视播音员主持人自律公约》，信守职业道德，具有良好的社会形象。②具有扎实的语言、文字基本功，具有良好的表达、表

---

① 首届全国广播电视"百优双十佳"节目主持人金话筒奖评选活动揭晓［M］//白谦诚.主持人第四辑.北京：中国广播电视出版社，1995：51.

② 根据中国广播电视社会组织联合会网站金话筒奖获奖信息专栏整理［EB/OL］.［2022 - 08 - 14］. http://www.carft.cn/2015 - 03 - 22/d07cc7bb - 6bb6 - 496f - abc9 - a46300c1cfb8.html.

现能力和良好的综合素质。代表作时代感强,语言规范、语流畅达,声画结合、声情并茂,形态自如、大方得体,内容与形式统一。③在社会上具有一定的影响力,在大众中拥有良好的知名度。④鼓励积极有效的创新,鼓励人才脱颖而出。①

走过二十年历程,"金话筒奖"成为行业内公认的最高奖项,许多播音员主持人都将拥有一座"金话筒"奖杯视为重要的职业目标。荣获"金话筒奖"的播音员主持人自然也成为行业榜样。不过,随着广播电视行业发展高峰渐平,队伍力量相应进入稳定期,"金话筒奖"的发展出现了一些问题。其一,评奖过度强调在全国范围内普遍性的影响,导致地方台播音员主持人入选难度大。据统计,2006—2010年广播类获奖人员中,中央台所占的比率保持在三分之一左右,最多时达35%。电视类获奖人员中,中央台所占的比率控制在30%以内,但与地方台相比仍然占据多数席位。② 从所在区域划分来看,东中西部差距较大,东部为二百二十六人、西部为二十四人,中部为十七人,东部占比高达84.64%。③ 如此不平均的分布固然有客观原因,中西部地区受资金、人才等多方面因素掣肘,播音主持创新创优难度大,但将这种发展的缺憾表现在全行业权威评奖上,可能加剧不平衡局面。其二,即便有较大社会影响力,娱乐节目作品和主持人也难入选。其三,在新闻、社教等注重宣教的节目范围里,优秀播音员主持人可选择范围越来越小,尤其是2007年后,播音主持二奖合一后奖项骤然增多,一年评出四十个左右"金话筒",不少播音员主持人二度、三度获奖,奖项的含金量也自然下降。2014年后,"金话筒奖"停止评选。

4.其他政府及行业权威奖项

在国家级评奖活动的积极带动下,各省区市纷纷在各自区域范围内开

① 张君昌."大众号角"的时代锻造:解读"金话筒奖"评价标准[J].现代传播(中国传媒大学学报),2010(07):136-139.

② 于松明,陈玮.中国广电金话筒奖获奖人员构成特点分析:以2006—2010年获奖者为例[J].当代电视,2012(01):44-46.

③ 陈虹,张宏.弱冠之年:金话筒奖还能火多久?:金话筒奖二十年发展述评[J].新闻界,2013(19):33-37.

展优秀作品及个人评奖，甚至和"金话筒奖"评选形成送评关系。因数量众多，不一一列举。

播音员主持人作为节目重要组成部分，在其他权威评奖中也常有单项奖设置。1989年，第四届全国电视文艺"星光奖"单项奖开设主持人奖，此后连续评奖，赵忠祥、王雪纯、倪萍等优秀的文艺节目主持人都曾获此殊荣。

中国文学艺术界联合会和中国电视艺术家协会共同主办的电视奖项"金鹰奖"，在2003年第二十一届到2014年第二十七届期间设置了最佳电视节目主持人奖和优秀电视节目主持人奖。一般评选最佳奖一个，优秀奖五到十个。相比较"金话筒奖"，"金鹰奖"更注重对文艺类电视节目主持人的表彰，获奖者朱军、朱迅、孟非等人大多以主持文艺类节目为观众所熟知，与偏重新闻类播音员主持人评选的"金话筒奖"形成互补关系。

基于电视节目主持人在电视艺术中的重要作用，中国电视艺术家协会及下属一些分会均举办了一些特定领域内评奖活动，如2004年开始举行全国电视主持新星大赛，专门针对在地（市）级以上电视台（含地市级）主持节目不满三年的主持人，以此与"金话筒奖"要求必须从业三年以上的规定形成互补，更有利于推动电视主持新星的涌现。2010年由全国电视体育节目主持人研究会主办，中央电视台体育频道承办的全国首届最佳电视体育节目主持人评选，颁发了全国电视体育节目新锐主持人、优秀主持人、最佳主持人、终身成就奖等奖项。2011年以后中国新农村电视艺术界推选"优秀对农电视节目主持人"，2013年在全国企业电视范围内举行"全国企业电视优秀播音员主持人"推选活动，都是在各自领域范围内具有影响力的评奖活动。

如此，从20世纪80年代末到21世纪第一个十年结束之时，以中国广播电视学会和中视协两家为主办机构，同时从广播、电视、播音、主持四个交叉分类展开详细的作品和个人奖项评选，中国播音主持权威评奖活动已经形成立体矩阵，涵盖了播音员主持人职业生涯的各个门类、各个阶段，推动中国播音主持事业在一次次盛会之中走向成熟，也在后期因评奖过于频繁逐渐有泛滥之势。

(二)专业技术职务体系:行业评价体系的压舱石

1.播音员专业技术职务体系的总体设计

职称是专业技术人才学术技术水平和专业能力的主要标志。职称评审是按照评审标准和程序,对专业技术人才品德、能力、业绩的评议和认定。职称评审结果是专业技术人才聘用、考核、晋升等的重要依据。[①] 1985 年,国家人社部门开始制定实行专业技术职务聘任制度,正式实行专业职务责任制,建立以职务工资为主的结构工资制。1986 年 3 月 12 日,中央职称改革工作领导小组研究同意了广播电影电视部制定的《广播电视播音专业职务试行条例》和《关于〈广播电视播音专业职务试行条例〉的实施意见》,要求各地广播电视机构结合本地区、本部门的实际情况制定细则,并贯彻实施。播音员职称体系从高往低分别是:播音指导(正高)、主任播音员(副高)、一级播音员(中级)、二级播音员和三级播音员(初级)。

专业技术职务聘任制度施行评聘分开,所谓"评职称"实际上是评任职资格,确定具有相应等级职务资格以后,根据人事安排的具体需要,进行岗位聘任。作为一种评价体系,职称体系与播音员主持人职级晋升很快形成直接关系。1992 年,广播电影电视部便根据大多数广播电视机构岗位运行情况编制了《广播电视岗位规范》,明确作为广播电台播音员队伍领头人的播音指导,需具有高级专业技术职务的任职资格。作为播音员队伍中坚力量的主任播音员需具有相应的高级专业技术职务的任职资格。中级播音员、初级播音员需具有对应的中级、初级专业技术职务的任职资格。[②] 电视播音员队伍方面,播音指导岗位,同样需具有高级专业技术职务的任职资格。电视播音员要求需具有初级专业技术职务的任职资格。节目主持人岗位、电视体育解说员岗位均需具备中级专业技术职务的任职资格。[③] 随着相

① 人力社会资源保障部.职称评审管理暂行规定[R/OL].(2019-07-01)[2022-10-20].http://www.mohrss.gov.cn/xxgk2020/gzk/gz/202112/t20211229_431768.html

② 广播电影电视部.广播电视岗位规范[M].内部资料,1992:111-116.

③ 广播电影电视部.广播电视岗位规范[M].内部资料,1992:285-290.

关政策改变，目前播音主持专业人员各级别职称与事业单位专业技术岗位等级的对应关系为：正高级对应专业技术岗位一至四级，副高级对应专业技术岗位五至七级，中级对应专业技术岗位八至十级，初级对应专业技术岗位十一至十三级。

专业技术职务体系与播音员切身利益密切相关。它的建立，意味着播音员从此有了明确的技术职级，建立起以技术能力为评判标准的科层制体系。专业技术职务评审体系也因此成为整个行业评价体系的压舱石。主持人行业兴起之后，虽然有单独开设主持人专业职务聘任资格的呼声，但在2021年职称改革之前，国家人社部门一直将播音员与主持人视为一个整体，要求统一根据播音员职称体系进行评聘。

2.播音员专业技术职务评审的条件

《广播电视播音专业职务试行条例》设置了与职称等级对应的评审条件。总体要求上，以政治要求为首要："担任播音专业职务的人员，必须拥护中国共产党的领导，热爱社会主义祖国，努力学习马列主义、毛泽东思想，宣传和执行党的路线、方针、政策，实事求是，密切联系群众，遵守宪法和法律，恪守新闻工作纪律和职业道德，为实现党在各个时期的任务贡献力量。"①

从各类等级要求来看，主要从学历、工作年限、业务能力几个方面提出要求，综合考量，逐级提高。三级、二级播音员一般针对刚从学校毕业的新人，播音硕士学位可以直接评定二级播音员，工作两年左右评一级播音员；但如果是高中毕业，必须实际连续从事播音工作两年以上才能评定三级播音员；如果是大中专学历（播音专业），见习期满一年可以评定三级播音员，再工作满2—4年可以评定二级播音员。如果是播音博士学位获得者，则可以直接评定一级播音员，工作满2—3年后又可以评主任播音员。但是，在评定高级职称时，学历不再是首要条件，能否系统、深入地掌握播音理论和专业能力，有创新、有专长，具备一定的理论素养，对播音业务发展和队伍建设做出的贡献程度则成为关键。此外，评定一级播音员以上职称都需要掌握

---

① 广播电视播音专业职务试行条例［G］//广播电视电影电视部政策研究室.广播电影电视法规章汇编(1949—1987)，北京：中国广播电视出版社，1988：312.

一门外语。如此,根据播音员各自起点,逐级递升,形成从出校门到进入行业队伍再到高级人才的职业上升通道。

3.播音员专业技术职务评审的流程

评审程序上,《广播电视播音专业职务试行条例》提出设立专门的播音专业职务评审委员会负责播音专业职务任职资格的评审工作,按照行政等级逐层管辖:广播电视部评委会负责全国广播电视系统播音指导(正高)任职资格的评审,中央人民广播电台、中国国际广播电台、中央电视台、各省、自治区、直辖市评委会负责主任播音员、一级播音员的任职资格评审。县一级单位的评委会则负责二、三级播音员任职资格评审。①

评审时,需根据每年的人事程序安排,由播音员本人提出申请,提交相关证明材料,人事部门组织召开评委会,通过之后公布名单。职称评审初期,全国获得播音指导职称的播音员寥寥无几。1987年,中央人民广播电台只有夏青(耿绍光)、林田(翁斯英)、黄清旺(闽南语播音员)三人被评为播音指导,林如、方明、铁城、雅坤等知名的播音员为主任播音员(副高)。严格的标准,树立起专业职务晋升体系的严肃性,让广大播音员明确自身发展的路径,找到职业前进的方向、榜样,并在逐级晋升的过程中找到职业的自豪感。

(三)职业通道:行业评价体系的时代补充

随着播音主持事业的整体快速发展,技术职称通道已经难以满足急速扩张的播音员主持人队伍晋升需求。改革内部评价标准,为播音员主持人开辟一条新的业务上升通道,成为各个媒体机构打造符合自身特点的播音员主持人队伍的需要。

2000年以后,广播电视机构陆续开启内部职业通道机制建设,将考核与激励相结合,根据播音员主持人的实际业务能力和工作绩效评分等级,灵活上下,激发播音员主持人队伍的内生动力,焕发积极向上的工作状态,推动

---

① 广播电视播音专业职务试行条例[G]//广播电视电影电视部政策研究室.广播电影电视法规规章汇编(1949—1987),北京:中国广播电视出版社,1988:319.

品牌塑造。

湖南广播电台以"首席制"培养品牌主持人，根据主持人是否承担重点节目、品牌节目，收听率是否排名靠前作为常态考核，以不定期的业务竞赛为动态考核，在交通频道评选十位首席主持人。浙江广电集团也施行首席播音员、首席主持人等"首席"业务岗位制度，采取竞聘上岗，按期考核的方式，将"首席"作为岗位标杆，在薪酬、待遇上设立明显的等级差异，既起到榜样作用，也激励播音员主持人们不断挑战自我，勇攀高峰。

江苏广电设计了更为详尽的行政-业务双通道晋升制度，行政序列以人事部门已经成型的制度定档，此外再参照行政序列的等级平行设立单独的业务通道。业务通道的岗位等级与在岗时间、工作业绩、薪金水平直接挂钩，与职称评审分开。作为专业技术人员，播音员主持人可以在业务通道上直接找到自己对应的上升途径。

湖南893汽车音乐电台则将主持人分成了五个层级，分别是功勋级、明星级、首席、新秀、普通。根据其执行能力、创优能力、节目表现、团队协作等进行分层级管理，通过级别体现薪酬差距。这些措施将播音员主持人的品牌价值与人事体系直接关联，在机构内部形成一套播音员主持人评价体系，引领播音员主持人按照职业通道的方向不断前进。

四、播音员主持人职业道德准则的建立与执行

（一）制定播音员主持人职业道德准则的背景

早期播音员工作相对单纯，科层管理组织简单，人员政治考察严格。在加入中央人民广播电台前，"均经专业考试和政审，按机要人员严格审查家庭历史、个人思想品格、行为作风，有一点儿问题都通不过"[1]。因此较少出现复杂的管理问题。

---

① 刘辰莹.以规矩论方圆：聚焦中国广播记者编辑播音员主持人职业道德准则[J].中国广播，2005（03）：4-10.

随着广播电视事业大发展,数千家广播电视机构产生了上万个播音员主持人岗位,尤其是注重内容表达、个性展现的主持人岗位,吸引了大量来自各行各业"非专业人士"。他们中有的是学者、作家、导演,有的来自文艺界、曲艺界,曾是相声演员、歌手、演员,还有的来自社会各个层面,有着丰富的人生经历。在广播电视机构内部,播音员主持人管理方式也发生了很大变化,以科组形式专门管理只占很小一部分,大部分播音员、主持人分散在频道、栏目中,在管理上产生了诸多问题。

2003年10月,党的十六届三中全会决定专门谈及"深化文化体制改革"问题,要求"按照社会主义精神文明建设的特点和规律,适应社会主义市场经济发展的要求,逐步建立党委领导、政府管理、行业自律、企事业单位依法运营的文化管理体制"①。在这一指导思想的引领下,广电总局于2004年初成立准则起草小组,着手组织制定广电新闻工作者的职业道德准则,希望通过行业自律展开规范行动。

(二)播音员主持人职业道德准则的内容

2004年12月9日,国家广播电影电视总局正式公布《中国广播电视播音员主持人职业道德准则》,从责任、品格、形象、语言、廉洁五个方面对播音员主持人提出职业道德要求。

责任方面,首先明确"广播电视播音员主持人所从事的事业,担负着传播先进文化,弘扬民族精神,维护国家利益,促进经济社会发展,推动人类文明的崇高使命和社会责任"。要求播音员主持人忠诚党的新闻事业、遵纪守法、保守国家秘密等,共计六条。品格方面针对行业竞争中出现的一些不良现象提出呼吁,例如个人品行、节目制作格调、同行竞争等,以及涉及隐私权、肖像权、名誉权方面的操守,共计七条。形象方面要求树立良好形象,维护媒体公信力等,共计七条。语言方面,提出语言规范和语言格调方面的期许,要求"播音员主持人要积极推广、普及普通话""除特殊需要,一律使用普

---

① 十六大以来中央文化体制改革思想脉络[EB/OL].(2011-10-17)[2023-02-18].http://news.cntv.cn/china/20111017/114426_1.shtml.

通话""不模仿有地域特点的发音和表达方式,不使用对规范语言有损害的口音、语调、粗俗语言、俚语、行话,不在普通话中夹杂不必要的外文""不追求低俗的主持风格和极端个人化的主持方式"。廉洁部分针对部分播音员主持人成为"明星"之后从事商业活动的现象,给出明确的答复:播音员主持人"不从事广告和其他经营活动,不将自己的名字、声音、形象用于任何带有商业目的的文章、图片及音像制品中""不私自从事未经本单位批准的节目主持、录音、录像、配音工作以及个人赢利为目的的社会活动"。①

从这些具体的条款可以看出,《中国广播电视播音员主持人职业道德准则》内容层次丰富,既有宏观的政治把握,也有具体的业务指导,并且有意识地将播音员主持人在工作中可能遇到的意识形态、职业属性等问题具体化、情景化,并提出明确的要求,以提高播音员主持人的职业素养,规范职业行为。

(三)播音主持人职业道德准则的实行

不同于借助国家强制力量实现的规范性法律法规,《中国广播电视播音员主持人职业道德准则》属于行业自律,具有一定的柔性空间。总局在组织实施过程中主要采取加强培训、纳入资格考试范围,开展课题研究、行风检查等较为柔性的措施,让准则成为一种潜移默化的思想意识,贯穿于播音员主持人的日常工作。

2005年5月8日,为了更好地贯彻执行《中国广播电视播音员主持人职业道德准则》,中国广播电视协会制定《中国广播电视播音员主持人自律公约》,对《职业道德准则》着重突出的要点进行再次强调,对一些原则性表述进行更为具体化的约定,并将其和中国播音与主持作品奖及"金话筒奖"的参评资格相联系。如果违反,则取消参评资格,情节严重者,协会将建议行政主管部门取消其播音主持岗位资格。

以行业自律而不是条例法规来规范播音员主持人的业务活动,有两个

---

① 中国广播电视播音员主持人职业道德准则[EB/OL].(2007-02-08)[2023-02-18].https://www.cctv.com/profile/special/C17724/20070228/102601.shtml.

考虑。其一,在广播电视事业大发展的时代,播音主持事业急速扩张,节目形态花样百出,节目受众差异很大,节目语境各不相同,播音员主持人们面对的都是一个个具体的节目,一次次具体的播音主持传播活动。刚性的法律法规显然无法在实际上对播音员主持人的职业行为做出具体有效的约束。通过共同的道德行为规范,能够以相对弹性的方式要求从业人员进行自我约束。

其二,播音员主持人是代表媒体机构的个体传播者。播音员主持人要能够真正有效地贯彻落实意识形态宣传工作,必须在思想意识上真正接受自己作为党、政府和人民的喉舌应尽的责任与义务,才能在实际工作中灵活地、高效地实践自己的内心准则。实际上,这也是中国共产党从战争年代走来的老一辈播音员得出的具体经验在新时代的表达。

第五章　融合创新:中国播音事业蓝图再绘

(1996—2023)

　　1994 年 4 月 20 日,中国国家计算机与网络设施工程首次连入 Internet 的 64K 国际专线开通,成为国际上正式承认的真正拥有全功能 Internet 的第七十七个国家。互联网的开通,意味着中国进入信息时代,技术变革取代了政治变动,对中国播音主持事业发展变化起到决定性作用,开启了中国播音主持事业的融合创新之旅。

　　新媒介的发展总会带来一批新兴事物。很长一段时间里,各种类似、接近播音主持工作的人群,都被认为是播音员主持人行业的外延扩展,主播、主持人的概念被不断扩展、挪用,直到发展趋向成熟之后,才逐渐与原有播音主持事业形成制度性的区隔。为了对中国播音事业的整体发展脉络有一个较为清晰的把握,本章在历史分期上从中国播音主持事业进入互联网时代的时间点开始,在内容上对播音主持的原有含义和新媒介带来的扩展含义加以区分,但并不排斥相关内容的关联性,试图从事业发展的角度厘清播音主持事业在现代信息社会的专门意涵与发展历程。

第一节　中国网络播音主持事业的发端

　　1995 年 1 月,邮电部在北京、上海开通了 64K 专线,以电话拨号、DDN 专线以及 X.25 网等方式向社会提供 Internet 公众接入服务。中国互联网进入商用阶段。① 互联网技术进入中国以后，与计算机技术的发展相互推动，迅速与中国的经济发展、文化变迁以及政治构建等结合起来。

第一批上网的播音员主持人来自广播电视媒体。1996 年 12 月 15 日，珠江经济广播电台开通网上实时广播，成为第一家上网播出节目的广播电台。1997 年底，上海人民广播电台开始尝试网上直播。中央三台里，1996 年，中央电视台开设网站，提供中文信息服务。1998 年 8 月，中央人民广播电台网站开通。1998 年 12 月 26 日，中国国际广播电台网站"国际在线"正式开通，实现了普通话、广州话、英语、德语、西班牙语五种广播节目文字和声音的在线阅读和收听。到 2001 年，全国已经有 120 余家各级广播电台上网，其中近三分之一开通网上音频乃至视频直播。②

在中国互联网发展早期，大部分网民依靠电话拨号上网，网速很慢，个人电脑的核心处理器处理能力低；同时，流媒体技术尚未成熟，音视频缓存需要消耗大量的处理时间，一般需要先下载、再观看。因此，广播电视机构更多将网站作为节目展示的渠道、用户留言互动的平台，且以文字为主，尚没有形成具有独特网络媒介特点的播音主持传播形态。

第二节　宽带时代的中国网络播音主持事业

进入 21 世纪，中国的通信光缆规模建设成效显现。2000 年，全国形成了格子形的光缆干线传输网结构，所有省会城市和 70% 的地市级城市由干线光缆联通。2002 年 1 月，投资总额达 8.9 亿元的中国电信全国高速传输环网正式开通。在这张传输网上，每条光纤可以满足 2800 万人同时接入因特网的要求，互联网传输数据、影响和语音服务的速度与容量将提升 640 倍。③基础设施建设升级带动了宽带用户大量增加，解决了音视频数据传输不畅，

① 白玉芳.中国通信史:第三卷[M].北京:北京邮电大学出版社,2019:189.

② 赵玉明.中国广播电视通史[M].北京:中国广播影视出版社,2004:385.

③ 黄和生.中国通信图史[M].广州:南方日报出版社,2009:266—267.

收听收看困难的问题,用户可以通过电脑顺畅地收听收看音视频节目。在这一技术背景下,各类音视频网站均快速发展,真正意义上的网络播音主持事业就此开启。

网络播音主持事业一开始呈现出两种路径选择:依靠专业内容生产的PGC(Professionally Generated Content)模式与依靠用户内容生产的UGC(User Generated Content)模式。前者则主要依托国有媒体、商业制作公司、网站等机构化媒体,进行专业生产。后者主要靠发动网络用户,利用越来越便捷的个人音视频创作工具,通过个人电脑上传原创作品。

一、主流媒体机构的网络节目主持人

(一)电视机构的网络节目主持人

2006年4月28日,中央电视台网络传播中心、央视国际网络有限公司正式成立。基于庞大的音视频资源,央视的网站建设首先将已有的视频资源如知名节目、电视剧、纪录片等搬上网站,进一步扩大品牌影响。央视网开通后,陆续直播了十七届中央政治局常委与中外记者见面会、2008年中央电视台春节联欢晚会、抗震救灾直播报道、北京奥运会赛事等大型电视直播活动。到2009年,央视网已实现对中央电视台多套节目网上同步视频直播,对中央电视台重点栏目、特别报道、大赛晚会还制作网上视频点播节目。①这种模式依然是将电视播出同步到网络端,"上网"的播音员主持人其实就是电视播音员主持人。

2011年,中国网络电视台(前身为央视网)开启网络春晚,在网络与电视频道同步播出,这是首次以网络为重要播出路径而设计大型晚会。首届CCTV网络春晚以"亿万网民大联欢 全球华人大拜年"为总主题,选取了众多百姓创作的节目,还设置了网络视频连线、微博墙、网友投稿节目展示等

---

① 柯冬青.地方电视台网站与央视网合作在线直播初探[J].当代电视,2009(01):8-9.

互联网互动方式,在节目编排和主持语言上体现出一定的网络特点。比如主题曲《给力歌》,"给力"即为当年的网络流行词。此后,CCTV网络春晚每年都会举办,由央视主持人担任晚会主持工作。网络春晚制作规模宏大,舞台效果精美,主持人以电视晚会主持为基本形态,开始摸索面对网络传播的语言样态,比如加入较为轻松愉快的网络化语言表达方式,营造适用两个渠道同步播出的语言样态。

基于雄厚的电视资源及制作经验,宽带时期电视机构的网络化发展重心依然以电视为主体逻辑,将网络视为一个衍生拓展渠道,距离原创网生节目仍有一定距离。

(二)广播机构进军网络电台主持

1998年8月,中央人民广播电台网站"中国广播网"开通。宽带网络时期,广播电台网站首先将集合现有音频内容资源为主要方向,如中国广播网建设"中国广播–全国电台网络集成平台Radio.cn",将全国各地的电台直播集成在一个网站平台上,供网民自选、点播或专题收听。地方广播电台也纷纷自建网站,上传节目音频文件,开通直播通道,实现"广播上网"。

音频节目制作成本低、体量轻,当互联网进入宽带时期,专门为网络平台建设的专业网络电台开始出现。2005年7月13日,中国国际广播电台开播"国际在线"网站多语种网络电台。2005年7月28日,中央人民广播电台的"中国广播网"正式推出纯网络电台"银河台"。这两家电台背靠国家级广播机构,专门面向网络用户提供音频服务。到2007年,银河台已经形成了一个主频道——综艺频道,四个数字频道——中国民乐频道、相声小品频道、古典音乐频道、长篇评书频道,和一个联盟——全国高校广播节目联盟组成的"1+4+1"的立体发展模式,[1]全天24小时播出。在这些频道里,既有广播音频节目的直接接入,也有大量专门针对网络听众的栏目化节目,还有个人化的音频播客,吸引用户自行上传声音作品。在节目内容上,则偏重年轻人

---

① 李雪昆. 银河台:打造最杰出的华语网络电台[N]. 中国新闻出版报,2007-05-09(003).

喜爱的时尚、音乐、综艺、情感、教育等,充满了新千年互联网高速发展时的青春气息。

银河网络电台的主持人并非央广原有主持人,而是重新聘用,并根据网络传播的特点,着重考察主持人"互动能力、创造能力、个性方面"①的因素。2006 年时,年龄最大的主持人二十三岁,最小的只有十七岁,以兼职为主,收听量是对主持人重要而明确的数据考核。从主持形态来看,银河电台的节目高度重视互动以及节目主持人的个性展现,比如《银河"代"你听》,网友通过留言板与主持人进行实时交流,主持人同时用口播和网络聊天的方式回复网民,并播放网民点播的歌曲,送出祝福。出现了四四、可心、小 E、逍遥等一批优秀的网络节目主持人。② 除了节目,主持人还通过 QQ 群、MSN、聊天室、社区论坛进行大量互动,让银河电台具有平等、开放的特质。

国家队之外,来自地方力量的网络电台也在兴起。2007 年 4 月 27 日启动的广东青少年网络电台,由广东电台和共青团广东省委共同创建。值得注意的是,电台专门设立了广东高校广播站联盟,广东省内高校广播站都在网站上有了自己的一方天地,可以通过网站跨地域实时传播自己的节目,宣传主持人品牌,还可以在网站上自行开设网络节目。由广东电台对加入联盟的高校广播站编导、主持人进行培训。③ 通过这种方式,在青少年群体里实现潜移默化的正向引领。

与视频相比,广播电台的网络原创步伐明显轻快许多。然而,在互联网宽带时期,广播本身正处在高速发展期。据统计,2002 年年底时,中国人口为美国的六倍,而电台广播频率(节目)套数仅为美国的六分之一至七分之一。④ 在广播市场本身尚未饱和的情况下,以频率专业化、节目对象化为核心的建设仍是全行业工作重点,各地交通广播、经济广播、文艺广播等分众化、专业化的频道建设风起云涌。2003 年,国家广播主管机构还将当年定为

① 李健飞.网络星空—银河:记中央台网络电台[J].中国广播,2006(06):7-8.

② 李健飞.网络星空—银河:记中央台网络电台[J].中国广播,2006(06):7-8.

③ 白玲.广东的跨越·广东广播插图史[M].广州:暨南大学出版社,2012:287-288.

④ 邓炘炘.广播频率专业化与网络广播发展的互动[M]//胡正荣,曹路,雷跃捷.广播的创新与发展.北京:北京广播学院出版社,2004:204.

"广播发展年"。相形之下,由于网络广播还高度依赖台式个人电脑,收听地点牢牢固定,无法充分体现广播伴随性、轻便性的特点,且网站建设与运营费用高昂,对于地方电台来说,自建原创网络广播明显条件尚未成熟,来自专业机构的网络原创播音主持事业发展尚需时日。

(三)主流新闻网站的网络节目主持人

文字媒体一直是新闻宣传队伍的重要力量。进入网络信息时代,《人民日报》、新华社等传统纸媒也开启音视频网络传播建设。操作难度小、制作成本低的网络聊天室直播访谈节目成为首选。

创建于1997年1月1日的"人民网",在1998年推出网络视频点播和直播服务,并逐渐把音视频引入网络社区,开展嘉宾访谈节目。2002年5月21日,人民网"强国论坛"首次进行了音频与文字的直播。6月4日,"强国论坛"进行了首次音视频与文字的同步直播。[①] 两次直播都有一定的主题——"扎根西部,奉献青春""世界杯中哥之战赛后点评",邀请相关嘉宾,在主持人的把控之下,围绕主题展开讨论。

在首次音频直播活动中,主持人寒虹以访谈节目主持的工作状态,把控访谈的整体进程。与广播电视访谈节目不同,主持人不但自己提问,还要及时筛选网友问题,代为向嘉宾提出,进行有机串联,同时还要对论坛发言进行管理,维持网友发言的秩序,充分体现网络主持人在即时性、互动性上的特点。这种方式很快在中央重点新闻网站普及,新华网、中国网、国际在线、中国日报网、央视网等中央重点新闻网站均开设网络聊天室直播访谈节目。2008年6月20日,时任中共中央总书记胡锦涛做客人民网,与网友在线交流,人民网进行了网上图文、视频直播。这是中国国家领导人第一次与人民群众在互联网平台上进行实时交流。

与和电视访谈节目相比,网络直播访谈硬件设备简易,访谈氛围轻松,来自网友的问题五花八门,没有正襟危坐的刻板,多了一些轻松随意。2009年全国两会期间,全国政协外事委员会主任、全国政协十一届二次会议新闻

---

① 李桃.网络主持发展简史[M].北京:科学出版社,2018:49.

发言人赵启正做客"强国论坛"，与网友交流会议相关情况。访谈一开始，主持人便选择了一位网友的问题："赵主任您现在紧张吗？压力大不大？"在接下来的问题里，既有对政协会议的好奇，如"政协委员都是兼职的吗？""他们平时怎么样通过自己的方式参政议政呢？"也有对会议提案的问题，如"问一下赵主任，您看了'强国论坛议两会'这个专题，还有网友们自己写的提案，感觉怎么样？"此外，还有对赵启正个人感受的问题。整个过程热闹又不失庄重，交流感很强。赵启正在访谈结束时感慨"网友很可爱，就是没见面"①。

这一阶段的网络聊天室直播主持，大多是网站编辑记者担任，不刻意强调主持人，甚至不露出主持人姓名。究其原因，其一，背靠纸媒的新闻网站过去没有视频节目制作任务，缺少相应人员准备。出现需求时，编辑记者凭借较好的采访能力、把控能力，成为最好的选择。其二，在互联网语境里，聊天室的主持人脱胎于论坛版主，和网友身份平等，谈话过程也注重平等交流，网友自然也不会以对专业主持人的要求提出期待。

2007年12月20日，广电总局、信息产业部发布规定，视频业务经营单位必须获得由广电主管部门颁发的"信息网络传播视听节目许可证"，才能从事互联网视听节目传播。以央视网、中国广播网、人民网等为代表的主流媒体网站先于大型商业网站获得许可证。在政策利好的刺激下，聊天室访谈之外，一些新闻网站开始尝试自制视频节目。"人民电视"（tv.people.com.cn）是人民网于2010年3月正式推出的网络电视频道，开设了《新闻串烧》《读报看报》《小白闪报》《小六砖头铺》《红色岁月》《台湾那些事》《人民会客室》等多档原创节目。② 这些栏目的主持人多由《人民日报》的编辑记者担任。

除了调用现有力量，有的网站开始着意培养专业主持人，从各大高校专门选拔受过良好的新闻学或播音与主持艺术学教育的青年新闻人担任主持

①　全国政协发言人赵启正与网友对话［EB/OL］（2009-03-02）［2022-09-15］. http://news.sohu.com/20090302/n262559781.shtml.

②　胡世龙.《人民日报》全媒体策略的视频驱动力：以"人民电视"为例［C］//吴信训.世界传媒产业评论：第9辑.中国国际广播出版社，2012：175-180.

人。人民网、新华网的部分节目还为主持人建立了专栏和新闻介绍页面。其中包括主持人的照片、简介、该节目主持人主持的每期节目汇总表及点播等内容。① 主流新闻网站开始有了主持人品牌意识。

二、商业视频网站的网络节目主持人

(一) 商业视频网站的自制节目风潮

21 世纪以后,在资本的带动下,一批视频网站破土而出。既有大型门户网站如新浪、搜狐、腾讯、TOM 网旗下开设的视频网站、专区,也有独立运营的视频网站如 2005 年成立的土豆网、2006 年成立的优酷网、酷 6 网、"六间房"网站等。

获取资本支持以后,商业网站普遍开始了原创节目的研发。2003 年 11 月 3 日,TOM 网推出三十分钟的视频新闻节目《大话新闻》,主持人林白以互联网特点的脱口秀语言方式,对社会新闻进行播讲和评说。从基本形态来看,与同一时段电视民生新闻主持的模式高度相似。2007 年 1 月 12 日,搜狐娱乐自制脱口秀节目《大鹏嘚吧嘚》首播。节目更进一步借鉴美式脱口秀节目的样态,通过主持人大鹏(董成鹏)的夸张喜剧式叙述、助理主持群体的戏剧化演绎趣说各类社会现象。节目延续了八年,播出六百期,并发展出嘉宾访谈《大鹏耍大牌》、喜剧演出《大鹏剧场秀》等衍生品牌,成为早期网络脱口秀节目的代表。

2011 年后,各大主流商业视频网站频频在专业化的节目制作、内容生产上发力。内容方面,商业网站主打娱乐、访谈、旅游、时尚、美食、电影等细分类别,很快形成了涵盖评论、娱乐、生活服务等诸多方面、颇具规模的网络专业节目制作力量。

---

① 彭博,翟慧慧.新闻网站访谈节目主持人现状分析[J].中国报业,2014(22):52-53.

(二)从零起步的网络节目主持人

在市场化环境下,许多音视频网站自行发掘主持新人,开辟新节目,出现了伴随节目成长、在互联网成名的主持人。《大鹏嘚吧嘚》主持人大鹏(董成鹏)毕业于吉林建筑大学管理专业,2004 年开始在搜狐视频主持一档明星访谈节目《明星在线》,又陆续主持《娱乐今传媒》《我音我秀》,2007 年开始成为脱口秀节目《大鹏嘚吧嘚》主持人。此后,他不仅在搜狐视频、山东卫视、旅游卫视、辽宁卫视等机构担任多档节目的主持人,还进军演艺界,推出个人单曲,出演、导演了多部电影、话剧,成为横跨多个领域的综合型艺人。

2011 年,大量主流商业网站自制节目上线,涌现出一批与网站自办公司签约的艺人型主持人。《娱乐猛回头》的主持人杨逸飞自称"猛主播",是爱奇艺签约艺人,先后主持《爱奇艺早班机》《我爱大牌》《环球影讯》《美丽俏佳人》等多档节目。另一位爱奇艺主持人彭小苒,2013 年加入爱奇艺,主持《爱奇艺早班机》,并大量出演古装言情电视剧,成为兼具主持人和偶像演员身份的综合性艺人。优酷主持人汪聪从 2008 年起在光线传媒、江苏卫视担任主持人,2012 年进入优酷以后,先后主持过《优酷全娱乐》《优酷名人坊》《星映话》《这!就是灌篮》《这!就是机甲》等优酷自办节目。期间,还跨界主持中央电视台音乐频道、综艺频道节目,均获得较高的社会评价。

(三)知名人士跨界主持网络节目

在制播分离的机制下,以项目合作的方式引入具有较高知名度的主持人、艺人、学者在互联网开创网生节目成为一种性价比颇高的营销策略。如爱奇艺平台上,知名主持人朱丹担纲的明星访谈节目《青春那些事儿》,著名演员英达、柳岩主持的健康生活类节目《恐怖!健康警报》,台湾综艺节目主持人陈汉典、江苏卫视主持人李响先后主持的综艺节目《爱 GO 了没》等。

在体育节目领域,知名体育评论员、解说员成为各家视频网站争抢的热门主持人。2010 年南非世界杯期间,新浪打造的世界杯体育评论节目《黄加李泡世界杯》,由体育解说员黄健翔、媒体人李承鹏担任主持人,邀请数十位体育、娱乐界的明星来到节目现场,共同分享世界杯给人们带来的欢乐。土豆网《韩瞧世界杯》邀请了具有很高网络话题度的体育解说员韩乔生。优酷网推出《大话世界杯》《非球勿扰》则由体育解说员董路担任主持,涵盖脱口秀与人物访谈两大类型。

在这些节目里,主持人同样承担着驾驭节目进程的任务,只是根据互联网语境,进行相应调整。例如节目时长更短,节奏更快,观点更鲜明,语言风格更为活泼夸张,多使用网络用语、戏谑反讽,注重与观众之间的即时互动。相对而言,主持人的个人风格也更为鲜明。

总体来看,宽带互联网高速发展意味着在国有媒体体制之外产生了一个新的传播平台。在资本刺激下,基于此前已经成型的市场化文娱、体育、商业节目制作模式,商业网站驱动的节目主持创作呈现高度活跃的状态。一批富有网络文化特质的节目相继诞生,新的主持传播形态、争议也纷至沓来。

三、宽带时代的跨媒介主持融合传播

在中国互联网发展初期,图文依然是最主要的网络信息传递方式。广播电视和网络之间的跨媒介主持融合传播,仍以广播电视节目主持为主体,利用网络信息传播的即时性、互动性,对广播电视节目主持进行补充。

(一)互联网成为主持人节目的信息来源

经过十年建设,包括《人民日报》、新华社、央视、中国新闻社在内的全国各大主流媒体已经建立起一批主流新闻网站,随时刊发最新消息,新闻传播的时效性大幅度提升。中国社会的新闻传播时间单位从"今日新闻今日报"向"现在新闻现在报"转变。将互联网上的新闻随时刷新整理,通过广播进行播发,可以第一时间抢占新闻时效,提升广播的信息节奏,加大信息饱和度。为此,许多广播频率,尤其是交通频率纷纷改变新闻播出的方式,整点、半点甚至每十五分钟插入新闻消息,这些消息的主要来源便是互联网。

(二)互联网提供主持人节目的互动平台

过去,广播节目最主要的互动方式就是听众来信和热线电话、短信。宽带网络普及之后,听众参与节目互动进一步拓宽,通过网络论坛、微博等互联网渠道,听众可以发布图片、文字、音频、视频,以多种方式参与互动,尤其对于以互动为主体的民生服务类节目来说,网络给了主持人与听众密切互动的宽广空间。

2006年,广东电台新闻台和珠江经济广播同步播出的政风行风热线节目《民生热线》登陆珠江经济广播网站。观众可以一边看网络视频直播,一边与主持人互动,还可以将DV拍摄的片段上传进行在线视频分享。2009年,广东省政府门户网站"民声热线网"对厅局领导参加的《民声热线》节目进行图文直播、节目回放。最重要的是,网站给广东省政府提供了一条民声渠道,网友可以随时反映问题,被《民声热线》节目录用。① 在这种模式里,网站成为节目获取内容的重要渠道,也是政府沟通民意的重要平台。

与此类似的还有北京城市广播《京城帮帮团》,这是一档专门服务老年听众的公益互动节目,"听众发布需求,主持人帮忙对接,听众一起帮忙"是节目的基本形态。主持人在北京广播网上开办"老年论坛",嘉宾可以在论坛上分享自己的故事,向网友求助,而这些都可以成为节目内容资源。

21世纪初,宽带发展和类型化广播发展几乎同步进行,在频率专业化、收听分众化的浪潮下,主持人与听众之间及时、充分的互动成为凝聚听众,建设听众社群的必然之举。此时,互联网的发展恰好给了广播节目主持人全方位的互动渠道。网站节目专区、论坛、微博、QQ群,都是这一阶段节目与用户展开互动的主要网络渠道。这些网络互动的内容随时可以进入广播节目,成为节目内容的一部分,也可以作为广播社群建设的延伸。

(三)互联网开启主持人跨媒介创作实验

21世纪初,广播电视行业的制播分离政策制定与实践逐渐走向成熟,出

---

① 白玲.广东的跨越:广东广播插图史[M].广州:暨南大学出版社,2012:291-292, 259.

现了广播、电视、网络"一鱼多吃"的融合主持创作模式。尽管这样的案例非常少见,但还是可以捕捉到先行者在融合前沿进行的创新实践。

2003 年首创于 TOM 网的《大话新闻》便是这种模式的探索者。2004 年 5 月 18 日,《大话新闻》在中央人民广播电台第四套节目《都市之声》播出,成为我国首个成功落地传统媒体的网络节目。在 2004 年 12 月到 2005 年 8 月,《大话新闻》成为一档纯广播节目,仅在广播平台播出。2005 年 8 月,节目重新上线"天天在线"网站,同时恢复视频版的节目播出。此后,该节目在播出顺序上调整为网络首播,再将视频版转化成音频版,在广播电台播出。2006 年 4 月,《大话新闻》又开始了电视版的尝试,其电视版《白话天下》在河北卫视正式开播,《大话新闻》首次实现了网络、广播、电视的"三位一体"播出。① 作为一档社会新闻脱口秀节目,为了适应不同平台的特性和机制,主持人林白特意在不同版本之间进行微调,加入不同的元素。尽管这种尝试时间并不长,两个月后,《大话新闻》便宣告结束,但这种融合创作,让主持人行业开始意识到,具有跨媒介生存的能力恐怕是未来主持人职业发展的必然趋势。

随着网络自制节目能力的加强,这种打通不同媒介平台的融合主持创作逐渐增多,尤其是一些市场化的体育、财经、娱乐主持人,具备较强的内容输出能力和品牌知名度,成为各大媒体竞相争夺的对象。2008 年,凤凰卫视前主持人梁冬和吴伯雄在中央人民广播电台财经频道推出财经脱口秀节目《冬吴相对论》。2013 年,这一节目转型为《冬吴同学会》,在喜马拉雅音频平台上线。从节目形态来说,二者并无二致,都是以二人对谈的方式观察经济领域的变动,解读经济生活。

总体来看,21 世纪初的第一个十年,限于技术水平和资费条件,主持融合创作尚处于初步探索阶段。2010 年后,伴随着广播电视机构集团化改革,制播分离机制在综艺、娱乐节目领域普遍应用,社会化影视制作公司快速发展,与大型商业网站投资抢占市场的浪潮恰好形成交叠,掀起了第一波网络节目主持事业的发展。很快,伴随着移动互联网的普及,主持融合创作迎来

---

① 李桃.网络主持简史[M].北京:科学出版社,2018:66-67.

了全面创新的新时代。

第三节　移动互联时代的中国播音主持事业

一、移动互联时代播音主持事业的发展背景

(一)移动互联网带来新一轮传播技术革命

1997 年,国际电信联盟开始征集、评选第三代移动通信国际标准技术方案。2000 年 5 月,在土耳其国际电联全会上,中国提交的 TD-SCDMA 正式成为 3G 国际标准之一。2009 年 1 月 7 日,工业和信息化部正式向中国移动、中国电信、中国联通颁发 3G 牌照,移动互联网进入 3G 时代。[1]

在国家意志的强力推动下,中国准确地站在国际移动通信技术发展的关键时刻、关键位置上。在此基础上,2012 年 1 月 18 日,由我国主导、中国信科拥有核心基础专利的第四代移动通信技术 TD-LTE-Advanced 被国际电信联盟确定成为第四代移动通信(4G)国际标准,正式成为两大 4G 国际标准之一。[2] 有了 3G 时期的基站铺设基础,4G 网络快速得到商业化运用。2013 年 12 月 4 日,工信部正式向中国移动、中国联通、中国电信三家运营商发放了 TD-LTE4G 牌照,中国移动通信开始进入 4G 时代。几乎与此同时,以华为、中兴为代表的中国通信与智能手机制造商,开发大量千元左右的入门级智能手机,大大拉低了用户进入移动互联网的硬件门槛,中国的移动互联网发展走上了快车道。

2020 年,互联网普及率达 70.4%,其中,使用手机上网的比例达 99.7%,

---

① 白玉芳.中国通信史:第四卷[M].北京:北京邮电大学出版社,2019:167.

② 国务院国有资产监督管理委员会.我国 4G 技术入选国际标准[EB/OL].(2019-01-18)[2023-03-10].http://www.sasac.gov.cn/n2588025/n10248920/n12158382/c10260805/content.html.

移动互联网户均月流量超过 10G,达到 10.35G。4G 用户数量超过八成,达80.8%。① 至此,中国信息网络的全面移动化建设已成定局。

(二)党中央对媒体融合工作展开顶层设计与具体部署

3G、4G 移动网络的快速发展,催生了网络、数字经济的规模化增长,也搅动了网络舆论场,尤其是微博、微信为代表的社交媒体带动了大量自媒体账号,各类商业音视频传播平台快速发展,社会信息传播的基本方式、整体结构都发生明显改变。

丧失信息传播的渠道,就意味着丧失对意识形态的把控,甚至可能危及国家安全。党的十八届三中全会提出,要整合新闻媒体资源,推动传统媒体和新兴媒体融合发展。2014 年 8 月 18 日,中央全面深化改革领导小组会议审议通过了《关于推动传统媒体和新兴媒体融合发展的指导意见》,为媒体融合发展出台了顶层设计。中共中央总书记习近平强调,要着力打造一批形态多样、手段先进、具有竞争力的新型主流媒体,建成几家拥有强大实力和传播力、公信力、影响力的新型媒体集团,形成立体多样、融合发展的现代传播体系。

2016 年 2 月 19 日,习近平主持召开党的新闻舆论工作座谈会并发表重要讲话,强调媒体融合发展的关键在融为一体、合而为一。要求主流媒体建设尽快从相"加"阶段迈向相"融"阶段,从"你是你、我是我"变成"你中有我、我中有你",进而变成"你就是我、我就是你",着力打造一批新型主流媒体。

在党中央的直接部署、强力推动之下,中国的传统主流媒体掀起了全行业的融合浪潮,纷纷根据自身原有的基础,整合资源,协调运行,以手机为代表的移动智能终端为核心,逐渐形成涵盖广播、电视、网站、微信公众号、微博、客户端、短视频平台、音频平台等多种载体的移动传播格局,为中国的播

---

① 国家互联网信息办公室.第 47 次《中国互联网络发展状况统计报告》[R/OL].(2021-02-03)[2023-3-10].http://www.cac.gov.cn/2021-02/03/c_1613923423079314.htm.

音主持事业开启新的发展阶段奠定了坚实的基础。

二、主流媒体播音主持事业的融合发展

在 2014 年大规模媒体融合建设开始之前,传统主流媒体已经在一定程度上具备了整合的基本框架,但融合程度还远远不够,基本上还是各自为政,更多地停留在媒介互动层次上。2014 年以后,在党中央的引领下,主流媒体意识到,在移动互联网的技术时代里,要实现从"传统"到"新型"的转变,必须建立起自主可控的传播渠道,才能不丢失与人民群众的连接。以渠道建设为抓手,主流媒体广泛开展融合建设,主动改造生产流程、优化生产机制,播音主持创作活动迅速从单通道走向多元立体发展。播音员主持人可能出现在任何一种媒介平台,针对不同平台的特点,展开音频、视频的节目主持创作,极大地推动了播音主持事业的融合发展。

(一)中央级主流媒体的播音主持事业融合创新

1.中央广播电视总台播音主持工作的创新实践

2018 年 3 月 21 日,根据《深化党和国家机构改革方案》,原中央电视台(中国国际电视台)、中央人民广播电台、中国国际广播电台整合,组建国务院直属事业单位中央广播电视总台。整合以后的中央广播电视总台,提出"台网并重、先网后台、移动优先"的发展理念,以"5G+4K+AI"的发展战略,布局 5G 技术、4K/8K 视频标准、AI 应用等前瞻性技术,快速建设适应未来技术发展的、传统媒体和新媒体业务深度融合的、占据移动端传播阵地的智慧型视听平台。[①] 基于这一方向,2019 年 11 月 20 日,总台综合性视听新媒体旗舰平台"央视频"正式上线。2020 年 3 月 4 日,声音新媒体平台"云听"上线。

"造船出海"的同时还可以"借船出海"。总台各个频道、知名栏目在商

---

① 阎冬.中央广播电视总台有关 5G 技术的探索为媒体融合发展赋能[J].中国广播,2019(07):24—27.

业领域的头部音视频平台如抖音、快手、哔哩哔哩、蜻蜓、喜马拉雅等大量开设账号,借助商业网络平台的绝对用户体量,实现一次生产、全网多平台同步分发,实现传播效果最大化。

合并后的中央广播电视总台聚集了全行业影响力最大的品牌主持人群体,是一笔无法用金钱衡量的巨大财富。中央广播电视总台以多种方式,推动播音员主持人群体在多种媒介展开融合主持创作,网上网下齐发力,最大程度发挥知名播音员主持人的正能量传播力,共同打造总台人格化品牌形象矩阵。

(1)三台联通:打造跨平台主持传播大格局

首先,打通广播、电视各自为政的格局,让播音员主持人的品牌声音、品牌形象在各个传播渠道里实现共享。

中央广播电视总台宣布成立后一周,中央电视台黄金栏目《新闻联播》中便传出了中央人民广播电台资深播音员郑岚、忠诚和方亮的配音。他们以铿锵、有力、沉稳大气的声音,宣告央视和央广在中央广播电视总台成立后首次开启融合之举。

尽管三位都是资深播音员,然而广播新闻播音和电视新闻播音有诸多不同之处。郑岚发现:"为央视《新闻联播》配音更多地向'说'新闻的方向靠拢。另外,语言的节奏方面也与广播不太一样,需要更快更紧凑。"①为了实现从广播到电视的转换,三位资深播音员提前到岗,向央视播音员请教取经,弱化广播播音时的声音强度,配合画面,增加声音的色彩和感染力,提高与画面的适配性。

此后,央广、央视、国广播音员主持人在多次活动、节目里联袂登场,共同主持。4月5日,央视戏曲频道的"清明节折子戏专场"由中央广播电视总台央视戏曲频道主持人张喆和中国国际广播电台主持人段纯搭档主持。当天晚上,央广中国之声推出的《清明诗会》节目,邀请了央视主持人合作,一起朗诵中国经典诗篇。

---

① 央广网.你好,总台![EB/OL].(2018-04-02)[2022-10-19].https://mp.weixin.qq.com/s/d8bxlk3HoetaFVEdtsqA9A.

在打通三台之间的壁垒之后,总台启动了跨越多个媒介平台的主持人传播活动。2019 年的春节,央广春节品牌节目《中国声音中国年》集合了来自央广中国之声、经济之声、音乐之声、文艺之声的主持人,央视、国广的主持人也一起来到央广的直播间,以"中央广播电视总台主持人"的团队形象共同主持,在总台旗下多个新媒体平台同步播出。节目过程中还和央视新闻频道春节品牌节目《一年又一年》实现跨媒介平台、跨音视频介质的联动。《一年又一年》节目实时切入《中国声音中国年》直播现场。此后,每年的《中国声音中国年》都由三台主持人共同主持。

(2)视频节目主持:发掘品牌优势,衍生网络产品

对于主流媒体而言,实现渠道和内容的双抢占,才能在众声喧哗的网络舆论场里发出真正有力量的声音。为此,总台创新了一系列以主持人为核心的网络视听产品,创新传播形态,吸引年轻用户,扩大受众圈层。

2019 年 7 月 29 日开播的《主播说联播》是《新闻联播》在节目以外开设的评论性短视频专栏,由当天的《新闻联播》播音员对栏目里的重点新闻进行评论、解读,并通过客户端、微信公众号等多个平台全网播发。在表达上,《主播说联播》和《新闻联播》有很大的差别,播音员们经常用富有网络色彩的通俗口语,特别是谚语、俗语、双关语做"语结",再围绕着语结展开延伸;评论的方式用上了明怼、暗讽、内涵……配上主播意味深长的表情、动作,展现出主播对新闻事件个性化的态度、情绪。《主播说联播》的稿件由编辑撰稿,播音员参与策划、修改,并进行二次处理。通过这一栏目,过去更多作为一种播出符号的"播音员"具象化为有情感、有态度的个体,更好地树立起《新闻联播》播音员的职业形象。2021 年 9 月,《主播说联播》进行全面改版。主播走出演播室,脱下主播服,便装走进新闻现场,运用方言说、唱着说、动着说等多种灵活方式发表主播观点。即便是演播室评论,也增加了更多的动作、手势、道具,配合"弹幕",增添节目信息量。

《康辉 VLOG》是《新闻联播》的另一档衍生网络传播节目。节目以《新闻联播》富有知名度、权威性的主播康辉为主角,从个人视角出发,报道康辉随国家领导人出访、参与全国两会报道等大型政治活动的现场情况。自拍的画面形态、灵活的口语表达、个人化的细节观察、适当的幕后揭秘,都成为

这档衍生节目风靡网络的要素。

央视频 App 上线以后,通过垂类账号矩阵的建立,鼓励总台各个频道以主持人为核心,创作适合网络传播的短视频节目,例如央视新闻客户端庄胜春的《相对论》、央视体育频道评论员高菡的《菡你看乒乓》、央视农业《中国三农报道》主持人郭嘉宁、孟语凡、张程、高凡、张杨的《主播说三农》、央视少儿频道主持人陈怡的《姐姐的新书》、金豆哥哥的《陪你读课文》《成语小课堂》、央视军事记者吴杰的《军迷天花板》、大湾区之声主持人张彬的《彬彬有礼》等。

在遇到重大新闻事件时,网络更是成为重要的信息传播阵地。2020 年武汉新冠疫情期间,央视新闻新媒体推出抗击疫情特别节目《共同战疫》,央视新闻频道主持人董倩、王春潇坐镇网络直播间,集合记者报道、人物访谈、市民 VLOG、互动问答等多种形态,第一时间将武汉抗击疫情的最新情况传递给世界。直播节目持续了 73 天,累计观看 74.75 亿次。

为助力湖北经济恢复,央视主播朱广权携手淘宝头部带货主播李佳琦,组成"小朱佩奇",在央视新媒体与淘宝平台同时展开合作直播,为湖北特色商品进行公益带货。两个小时的直播吸引了 1091 万人观看,卖出总价值 4014 万元的湖北商品。① 此后,公益直播接二连三,有效打破了人们对央视新闻主播固化的认识,树立起更为丰富、饱满的主持人媒介形象。种种尝试,不断拓展播音主持传播形态,也给总台注入新的活力。

(3)广播节目主持:视频化与网络化合力推进

广播作用于音频内容生产,其跨界与融合方式显得更加灵活、多样,广播主持人的工作样态也从广播节目主持转变为音视频融合节目主持。中央人民广播电台经济之声的《王冠红人馆》便是这一形态的典型代表。

2015 年 8 月 1 日开播的《王冠红人馆》是央广经济之声出品的一档周播财经广播杂志节目,主要围绕国内外财经热点事件展开。在节目的网络化、视频化方面,《王冠红人馆》进行了全方位的尝试与不断升级。其中,最为典

---

① 童云.广播电视公共服务的转型升级:以中央广播电视总台直播带货、主持人 Vlog 等融媒体实践为例[J].中国广播,2020(05):54-57.

型的改革便是启动央视频和央广经济之声调频同步直播。其实,广播视频化早已有过尝试,基本操作方法就是在直播间架设摄像头,网络用户可以实时观看主持人直播。这种方法简单易行,但是效果却并不理想。直播过程场景单一,画面动态元素少,也没有基于视频内容和观众的互动。为了解决广播视频化存在的问题,《王冠红人馆》在演播室架设起大屏,在大屏上滚动播放和内容相关的画面,嘉宾连线也改为视频连线,观众能够实时看到嘉宾对内容的反应,还可以发表弹幕,和主持人进行即时互动。考虑到广播依然是节目播出的主阵地,主持人在直播过程中时常对画面内容进行描述,方便广播听众收听,实现视听内容的平衡。直播结束以后,节目还会根据当期主要话题点,将视频内容切条为多个三分钟以内的短视频,吸引二次分发。这套 2020 年 8 月开始实行的广播视频化改版,让《王冠红人馆》在央视频迅速累积起大量用户。截至 2022 年 3 月,已进行 165 场直播,场均观看人数达 10 万次以上,最高纪录为 38.3 万次。[1]

广播的网络化、视频化,离不开技术部门的强力支持。正是总台以视听媒体"国家队"的自觉,在技术上投入大量资源,央视频才得以实现网络平台嘉宾连线、用户抽奖、慢直播、小剧场等多种视频功能,并进一步推进广播视觉化改革。目前,中国之声广播频率、央广经济之声、大湾区之声多个节目进行了视频化改造。其中,大湾区之声《谈股论金》在客户端上直接开设了六个视频通道,三路是直播间镜头,第四路为连线财经嘉宾,第五路是财经专题片,第六路则是系列情景剧《财神到》,通过情景演绎与动漫制作的形式,把深奥、枯燥的理财知识直观通俗地呈现给受众。[2] 观众可以在一个节目里随意切换视频通道,自主选择一个主题内容的多样化表现形式。

节目形态的创新,直接改变了广播节目主持人的工作流程、职业素养要求。一档集合了视听节目形态,双通道同时播出的节目,需要主持人同时驾驭多个平台的互动信息——公众号、微博、小程序、实时弹幕,再加上嘉宾互

①　高跃.《王冠红人馆》融合创新探索[J].新媒体研究,2022,8(04):92-95.
②　孙瑞蓬.广播媒体融合发展的分析与思考:以中央广播电视总台大湾区之声为例[J].中国广播,2022(04):48-50.

动,节目的互动频率之高、互动量之大,极大地考验着主持人的节目驾驭能力。

2.新华社播音主持工作的创新实践

2008 年,新华社开始全面战略转型,从以图文为主的新闻产品生产转向包含图文、音视频、数据库、网络产品、移动终端产品在内的现代多媒体新闻业态,用户对象也从媒体转向终端受众,以适应信息社会发展的全新态势。在这一背景下,2009 年 12 月 31 日,由新华通讯社主办的中国新华新闻电视网正式开播。2010 年 1 月 1 日,中国新华新闻电视网上星,通过卫星面向亚太地区和欧洲部分地区播出。

新华电视节目内容以新闻为主,开设《最新播报》《环球直播》《国际新闻》《中国时间》等动态新闻栏目,以及《新华视点》《新华纵横》《纪实》等专题新闻节目,并逐渐增加访谈类、评论类、纪实类、文化类、信息类节目。① 7月又开播中国新华新闻电视网英语电视台 CNC WORLD。到 2011 年 6 月,CNC 中文台、英语台节目信号卫星覆盖亚太、北美、欧洲、中东、非洲等地二百多个国家和地区五十五亿人口,并建立起十一个直属台和合作台。②

与新华社音视频播出机构一并建立的是新华社播音员主持人队伍。基本配置为二十人左右的播音员科组,归属音视频部管理,主要从事新闻节目的播音主持工作。同时,也有专门从事专题节目主持的栏目主持人。

新华社开启音视频业务之后不久,媒体融合便进入了快车道,因此,新华社的播音主持事业很快显现出移动传播时代的特点。既有以电视播出为主的新闻播音、节目主持,也有以新华网及商业音视频网络平台为主渠道的网络主持,尤其在以青年群体为主要目标的网络短视频传播方面,具有鲜明特色。新华社记者张扬、许扬根据不同时事制作的《硬核科普》《张扬两会VLOG》《张扬对谈》等一系列视频 Vlog,结合了出镜报道、节目主持、情景演绎等多种方式,单平台单期新闻短视频节目便可收获百万级的收看量。

---

① 新华社.由新华社主办的中国新华新闻电视网(CNC)开播.[EB/OL].(2009-12-31)[2022-11-05].http://www.gov.cn/jrzg/2009-12/31/content_1500613.htm.

② 新华通讯社.新华社 80 年辉煌历程[M].北京:新华出版社,2011:261.

2021 年,新华社推出一系列面向网络、面向青年的新型全媒态"网红"工作室。中国共青团成立 100 周年之际,"许丹睿工作室"出品短视频节目《青年不惑》,以"你的困惑,我来回答"为主题,主持人许丹睿访谈科学家、青年学生、短视频博主、演员等多位不同行业的代表人物,回答青年人的人生困惑。种种面向青年群体的视频节目和鲜活的个性主持,让新华社视频在网络青年文化里很快占据一席之地。

新华社还是全国首个使用合成 AI 虚拟主播进行新闻播读的主流媒体。以新华社主播邱浩、曲萌为原型的 AI 合成主播"新小浩""新小萌",于 2018 年、2019 年陆续亮相。栩栩如生的外形,酷似真人的言谈举止,引发业界强烈震动。

人民播音事业起源于新华社,时隔六十八年后,新华社的播音主持事业重新起步,已经成为一支可以期待的有生力量。

3.其他中央级主流媒体播音主持工作的创新实践

在打造新型主流媒体的号召下,《人民日报》《中国青年报》《经济日报》、中国新闻社等原本致力于文字、图片报道的中央级媒体纷纷开发自己的融媒体传播渠道,发力音视频传播。

《人民日报》App 在首页设有视频、直播专门通道,引导用户一键直达视频内容。2018 年 3 月 2 日,"人民视频"客户端上线。有了自己的互联网视听平台,《人民日报》通过一系列大型直播报道活动,锻炼播音员主持人队伍,提升传播效果。2018 年两会期间,"人民视频"从 3 月 5 日至 20 日,每天进行《两会进行时》全景直播。长达八九个小时的视频直播与电视新闻直播活动高度相似。主持人以演播室为轴心,组织来自核心现场的最新直播视频、与前方记者展开连线报道、演播室采访嘉宾、引入地方媒体报道视频等等。除了培养主持人,《人民日报》的新媒体创作还开启合作通道,新媒体访谈节目《大咖有话说》,主持人群体既有成名于央视的主持人张越、郎永淳,也有本社资深记者,以多种方式推进主持传播。

总体来看,《人民日报》的音视频产品以短视频为主,以记者身份出镜的移动直播、记者视角的新闻 Vlog、访谈短视频,仍是《人民日报》新媒体视频人格化传播的主导方式。这种"轻主持"的形态制作难度低,内容依赖度高,已经成为《人民日报》新媒体视频产品的长项。

《人民日报》选择的路径,普遍见于以纸媒为基础的新型主流媒体。媒体融合发展没有标准答案,需要各个媒体以自身资源和基础为底色,选择适合自身的方式展开,而不是一味追热点、赶潮流。从目前实践效果来看,以纸媒为基础的中央媒体更擅长图文互动新闻产品以及"轻主持"的人格化传播,扬长避短,建设富有传播力与个性特色的新兴主流媒体。

(二)地方主流媒体的播音主持事业融合创新

1.以自有平台为基础,打造跨媒介融合主持传播

在党中央的明确指示、要求与支持下,全国各级地方广播电视机构纷纷以技术革新为先导,通过自建、合作等方式建设起一批自有网络传播渠道,自建不同定位、特点的客户端 App,全面推动融合播音员主持人在移动互联网端的跨媒介传播。

2022 年 2 月 20 日,西藏自治区党委宣传部牵头,西藏广播电视台负责业务支撑的"珠峰云"App 上线。这标志着经过八年建设,全国省级广播电视机构均建立起独立运营的移动新闻客户端。

财政情况比较好的地市级媒体,乃至县级媒体,也大量开设独立运营的移动客户端。2018 年数据显示,全国县级新闻客户端总体普及率约为31%。① 发展情况较好的县级融媒体中心如长兴县的"掌心长兴"、安吉县的"爱安吉",成为县级新闻客户端的代表。

通过自有传播平台建设,地方媒体的融合发展有了基本的渠道基础,搭建起用户和媒体之间的互动平台。江苏台"大蓝鲸"App 直接把"广播·互动"设置在首页入口,引导用户参与互动,通过话题帖、盖楼帖、问答帖、对抗帖等多种手段与主持人及时互动②,极大地提升了用户互动对主持内容生产

---

① 谢新洲,柏小林.全国县级新媒体发展调查分析[J].出版发行研究,2018(12):5-11.

② 黄信:在入口与互动中创造广播媒体融合新价值[EB/OL].(2016-12-26)[2022-10-20].https://mp.weixin.qq.com/s/50YiQYCtkC34E9Cy_NLOJA.

的促进作用。在节目结束之后,也可以通过节目社区,聚集起以兴趣为纽带、与主持人品牌高度绑定的粉丝社群。例如江苏音乐广播《阳光倾城》主持人邓煌的社群"邓煌的小屋",江苏财经广播《晒晒朋友圈》主持人金利专注投资理财的社群,江苏文艺广播《梨园漫步》主持人刘璐建立的以戏曲种类区分的诸多社群,都在 App 上聚集起了分众领域里的忠实追随者,还可以直接转化为社会服务和经营收入。

以网络互动打通线上线下双平台播出,还可以扩展节目的综合传播效果。2021 年 4 月,上海电视台新闻综合频道联合看看新闻客户端同步推出《圆梦空间站——"天和"核心舱发射直播特别报道》。网络演播室先进行五天连续直播,通过网络收集网友感兴趣的载人航天热点,联合航天科学家、科幻作家等多领域行业达人多角度展开互动,为正式节目预热。通过主持前序的网络演播室节目,主持人臧熹认识了载人航天事业的方方面面,还对网友们热衷的话题有了深度了解,从而更好地把控了大屏特别节目主持创作。

2.以商业平台为拓展,孵化全网知名的主持人 IP

凭借强大的资本,以腾讯、优酷、爱奇艺、抖音、快手、蜻蜓、喜马拉雅等为代表的商业音视频平台占据了网络音视频传播的主要渠道,尤其是近年来兴起的短视频平台,通过灵活连接个人 IP 和商业价值,在短时间里聚集了巨大流量。2017 年以来,中国短视频用户规模不断提升,从 2.42 亿人,一路提升到 2020 年的 7.22 亿人。① 既有的现实条件下,地方媒体要提升传播力,必须充分利用商业平台的影响力,打造具有全网传播效应的主持人品牌。

(1)以既有品牌节目为基础,延展线上传播

依靠资源优势、表达优势、专业素养,垂直领域尤其是新闻领域的主持人在创新思维的引领下,借助既有品牌节目优势,根据不同的传播场景进行多元化创作,实现新媒体化的综合转型,闯出一条发展之路。

浙江广电集团 2022 年发布的十四个集团特色账号里,有四个 A 类个人

---

① 艾瑞咨询.2020—2021 年中国短视频头部市场竞争状况专题研究报告[R/OL].(2021-01-23)[2022-10-20].https://www.iimedia.cn/c400/76654.html.

账号——"新闻姐""小强说""我是方雨""舒中胜",以及两个品牌账号——"晓北城市私家车""小强热线",均以主持人名字直接命名,其中,浙江教育科技频道主持人小强更是一个人就占了两个品牌账号。①

2022年9月15日,浙江电台城市之声早新闻主播邹雯的"新闻姐"抖音号粉丝达1942.1万,点赞4.2亿;快手号粉丝649.4万,全网粉丝近3000万。经抖音平台认证,"新闻姐"成为中国广播电视新闻首个突破千万粉丝大关的抖音个人IP号,位列全国广电新闻大V粉丝量排名第一。"新闻姐"账号立足热点新闻事件,以"原创内容+热点评论+正面引导"为主要生产方式,以"移动化拍剪+批量化运营+精致化内容"为主要发展思路,②用高密度、大信息量的新闻内容和快节奏的语言,打造网络舆论场上极具冲击力的主流新闻表达。而这一切,都是邹雯亲力亲为,一期期做出来的。在聚集大量粉丝之后,"新闻姐"账号已经成为浙江广电开展主旋律报道的新平台。

和"新闻姐"类似,浙江台的主持人头部账号均为新闻类内容,并作为品牌栏目延伸发展。民生新闻节目《小强热线》2003年1月1日开播,陪伴浙江观众二十年。"小强说""小强热线"正是电视版《小强热线》的新媒体延伸。不管是在电视、移动端直播还是短视频里,主持人小强以"讨厌哗众取宠,拒绝道听途说,热爱大千世界,心怀古道热肠,二十余年新闻人,择一事终一生"为个人宣言,播报新闻热点,评说天下事。"我是方雨"是浙江之声早高峰品牌节目《方雨大搜索》的延伸。作为收听率在本地市场连续领跑十年的知名栏目,节目以主持人方雨为个人品牌,在抖音、快手、视频号、小红书、视频号平台均开辟了个人账号,同样以热点新闻评说为内容定位。"晓北城市私家车"则是电台汽车维权节目《城市私家车》的线上延伸。主持人晓北以犀利泼辣的语言风格,集合收看直播的全网用户,为汽车消费者维

---

① 浙江广播电视集团. 浙江广播电视集团:提升新型主流媒体影响力、辨识度|媒体品牌巡礼[EB/OL].(2022 - 09 - 28)[2022 - 10 - 20]. https://mp. weixin. qq. com/s/HMFdzK8SUdW1sBEg03ZtbQ.

② 邹雯.一个普通编辑的华丽转身!《新闻姐》如何蜕变成全网粉丝近3000万的"主流大V"[EB/OL].(2022 - 09 - 28)[2022 - 10 - 20]. https://mp. weixin. qq. com/s/JPg4eVa_3237BjePkUtvNQ.

权。截至 2022 年 10 月，抖音平台粉丝已达八百七十五万，全网粉丝超千万，打造出单案例十亿传播的爆款，成为广播汽车服务领域代表性账号。

（2）发掘个人特征，树立主持人立体形象

主持人入驻商业平台的另一种思路，是挖掘主持人节目以外的个人身份、个人爱好，以"意料之外，情理之中"为逻辑，建立起主持人个人形象，并延伸到相关商业活动。

湖南广电在 2018 年成立湖南娱乐 MCN 机构，以购物直播为渠道，孵化"张丹丹的育儿经""主持人马可""主持人王燕"等传统电视主持人的新品牌账号。张丹丹是湖南卫视知名的新闻节目主持人，主持过《晚间新闻》《背后的故事》等湖南卫视知名电视节目，曾获得第七届中国播音主持"金话筒奖"，其端庄、亲切、幽默的屏幕形象深入人心，具有很高的个人品牌公信力。然而，在新媒体平台上，张丹丹的主要角色转型成了一位职场妈妈，将"两个孩子的妈妈"的私人身份接入互联网平台，开发"张丹丹的育儿经"账号，发布科学育儿知识分享视频。截至 2022 年 10 月，已经发布六百多个视频，拥有超过六百万粉丝，获赞两千多万，并开发教育类产品的销售活动。

湖南广播电视台的主持人王燕也是一位"金话筒奖"获得者，曾任新闻类节目《湖南新闻联播》、都市频道情感类节目《寻情记》主持人。在商业短视频媒体平台上，她的账号定位为女性成长，以知性"燕姐"形象分享女性生活体悟与好物，内容涉及个人护理、家务清洁、育儿方法、职场形象、健康养生等。据统计，2020 年，王燕仅生活节专场直播单场交易总额就超五百万元。①

还有一些主持人，在个人兴趣的引领下，开设个人账号，运营全方位的个人品牌形象。东方卫视《看东方》主持人叶子龙，业余时间在音频平台创建以"睡前音乐"为标签的网络电台"听一首歌"，积累了四千万的流量。

---

① 杨余"广电独家"总监专访｜湖南娱乐频道深入推进媒体融合，为专业频道变革破题！［EB/OL］.（2021-03-21）［2022-10-01］. https://mp.weixin.qq.com/s/eVoOI-JGCBMEeub6TsYFPpQ.

三、商业媒体播音主持活动的融合创新

(一) 商业视频媒体的播音主持活动

2014 年以后,互联网自制节目市场迎来了新一轮爆发,以优酷、爱奇艺、腾讯为代表的长视频网站,在资本的带动下大量投入网络自制节目。2014 年 11 月上线的爱奇艺《奇葩说》成为第一档现象级网络综艺节目,前三季播放量达到十七亿次,打破网络综艺节目的纪录,①也宣告网络自制节目的全面兴起。目前每年仅网络综艺节目,上线数量稳定在两百档以上。

总体来看,目前网络自制节目覆盖了真人秀、偶像选秀、音乐综艺、人物访谈、旅行、推理、喜剧等多种形态,既有爆款综艺,也有隽永人文,呈现出多样化的态势,并且持续开拓新的内容领域。根据不同的节目形态,主持人在其中扮演不同的角色,其人事关系、主持形态、内容维度都显现出明显的市场化特点。

1.专业主持人网络化生存

在网络节目里,有大量传统主流媒体的主持人,以网络化的内容视角和表达方式,进入网络节目主持领域。

综艺节目方面,何炅在腾讯视频的综艺节目《拜托了! 冰箱》《明星大侦探》《令人心动的 OFFER》等长居网综节目热门播放。在优酷视频的综艺节目《火星情报局》里,主持人汪涵和主要嘉宾薛之谦、刘维、杨迪等,以不同组合方式构成主持人群“火星家族”,2016 年首播以后引起强烈反响,一口气推出了五季节目。曾在央视综艺频道主持《挑战主持人》的知名主持人马东,2013 年开始担任爱奇艺首席内容官,后创办米未传媒,主导制作的《奇葩说》《饭局的诱惑》《乐队的夏天》《一年一度喜剧大赛》等爆款网络综艺节目,均由马东担任主持人。他开创的“花式广告播报”,成为网络综艺品牌植入的

① 指尖综艺榜| 专访《奇葩说》:想做一档好好说话的节目[EB/OL].(2017-02-17)[2022-10-01].https://mp.weixin.qq.com/s/ckBK95jsOrMIFQjo6jmXng.

新路径。

文化类节目领域,一批来自全球华语广播电视机构的优秀主持人进入网络节目领域。凤凰卫视主持人陈晓楠以主持《凤凰早班车》《冷暖人生》闻名,其温婉、大气的职业形象深入人心。2017 年,陈晓楠入职腾讯,出品文化节目《一本好书》系列。曾以《开卷八分钟》在凤凰卫视开启读书节目主持的梁文道,则在腾讯视频以《一千零一夜》重新开启了他的读书节目创作。凤凰卫视知名国际战地记者何润锋在加盟腾讯之后,作为主持人、制作人出品社会纪实节目《无人知晓》《少年 π》《秃然发生》。短视频的表达节奏、追剧式记录手法,帮助何润锋以网络化的方式表达对现实社会、心理世界的人文关注。

在谈话节目领域,具有相关经验的品牌主持人占据主体。陈晓楠主持创作了访谈节目《和陌生人说话》《我的青铜时代》。成名于凤凰卫视《锵锵三人行》的著名谈话节目主持人窦文涛,在优酷平台开启谈话节目《圆桌派》,到 2022 年已经更新六季,并衍生出《圆桌新春派》《圆桌什锦派》《圆桌讲究派》等特别节目以及户外文化旅行谈话节目《锵锵行天下》。阳光媒体集团著名主持人杨澜,陆续与网易、腾讯、芒果 TV、爱奇艺等多家平台合作,主持、制作了《致前行者》《人工智能真的来了》《蓝莓孵化营》《你好!打女生》等一批财经、职场和泛文化类的网络视频节目。陈鲁豫的《鲁豫有约·一日行》则结合了访谈与纪实形态,在东南卫视、海峡卫视和优酷视频平台同步上线播出。

来自台湾的电视主持人也在这股网络节目制作的浪潮中奋勇搏击。结束了在台湾中天台播出的长寿综艺节目《康熙来了》之后,主持人蔡康永和徐熙娣转战大陆网络综艺节目。蔡康永作为"奇葩议员",长期参与主持《奇葩说》,并相继上线《你说得都对》《机智的恋爱》《男子甜点俱乐部》。曾以搞笑形象出现的台湾综艺主持人柳翰雅,在完成人生蜕变之后主持制作了明星旅行真人秀《奇遇人生》,"从探索世界中和自己相遇"的理念,让她与嘉宾在旅行路上展开一场又一场深入谈话,树立起柳翰雅温婉、随和又贴心的新主持风格。此后,她又与著名演员周迅合作,开启直播慢综艺《很高兴认识你》,在口碑与市场两方面均获得不俗反响。

虽然在主攻的节目类型上差别甚大,但细数专业化的网络节目主持人职业经历,发现他们大多具有电视媒体主持、采访经验,并已完成知名度积累,然后以市场化的方式进入网络节目主持领域,给网络传播空间带来专业化的表达。

2.文艺人士跨界主持

网络自制节目完全依赖市场存在,节约成本、体现网络文化是共同的规则。为此,多种类型的演员、艺人、文化学者乃至幕后工作人员涉足综艺主持,在不同节目类型里扮演不同的角色。他们大多缺少专业主持经验,有时甚至会在节目里"失控",但正是这种陌生感,给了节目新鲜感。

例如在《拜托了!冰箱》里,王嘉尔成为与何炅搭档的年轻主持人;《中国有嘻哈》的主持人是总导演车澈;《这!就是街舞》的竞技环节则是邀请专业街舞竞技主持人廖博主持。谈话节目领域,作家许知远与人物访谈节目《十三邀》更是其中典型。成名于 20 世纪 90 年代文坛的许知远,以一个关注社会、关注当下的专业作家的视角,"带着偏见看世界",与文化学者、潮流人物、明星艺人展开对话。或许没有专业主持人谈话时的流畅体贴,甚至可能因为无法理解、不能认同,与嘉宾当场产生争执或陷入尴尬、沉默,但个人化的视角在谈话中表现出的真实性,让他成为节目最大的亮点。节目自2016 年 5 月 17 日首播以来,到 2023 年已经连续播出七季,并出版了访谈对话集,在社会上引起强烈反响。

总体来看,网络视频节目主持人大多具有一定的社会知名度和专业度,并且在节目主持创作中体现出鲜明的网络风格,语言机敏、自然,谈话更为宽松,交锋更为激烈,形态更加多元,身份标志也随着节目需要而变动。例如《奇葩说》里,马东以"奇葩议会议长"身份主持大局;汪涵在《火星情报局》有一个戏剧化的身份"火星情报局局长";何炅在《令人心动的 OFFER》里是"加油团团长"。不管叫什么,他们都实质上承担着节目主持人的任务与职责,同时又因为叠加了戏剧化情节的角色身份而有别于传统节目主持人设置,显现出对传统节目形态的刻意解构,这恰恰是网络文化的要义所在。

(二)商业音频媒体的播音主持活动

在移动互联网音频内容生产领域,商业媒体较早实现了对传统广播和网络广播内容的规模性集合。2011年9月,蜻蜓 FM 移动客户端上线,2013年3月,喜马拉雅 FM 移动客户端上线,2013年10月,荔枝 App 正式上线。这些音频客户端将内容分散成有声书、播客、音乐等多个单元,听众可以自选播放,也可以根据听众喜好形成智能收听列表,通过个人耳机、家庭智能音箱为听众随时随地营造沉浸式的收听体验。在品类上,有声书、知识付费、播客、音频直播构成了商业音频平台的主要内容矩阵。

1.从知识付费到播客生产

早期商业音频媒体的精品内容并不多见,来自广播主持人的音频内容生产成为其中翘楚,主要集中在深夜场景的情感、心理、音乐领域。2014年,考拉 FM 邀请中央人民广播电台著名夜话主持人青音为其特别制作心灵疗愈短音频节目《听青音》,开启了传统广播节目主持人新媒体化传播的新模式。2015年,青音辞职创办公司,以"听青音"为品牌开设一系列心理疗愈类音频节目,进驻喜马拉雅、蜻蜓 FM 等多个平台,收获上亿播放量。

然而,像青音这样的专业品牌主播在网络平台并不多见。由于音频生产相对门槛较低,很快便出现节目品质低下、相似度高的问题。2015年,蜻蜓 FM 明确提出建设"PUGC 主播生态"的理念,即 Professional User-generated Content(专业的用户内容生产)。平台培养、鼓励在某一个专业领域具有深度经验的专家学者、资深人士,或者专业的音频节目创作者开启个人声音频道,实现海量高品质的原创音频节目聚合。在这一策略的引导下,蒋勋、梁文道、李开复、张召忠等来自各行各业的名人名家纷纷通过蜻蜓 FM 开办节目。喜马拉雅平台则与罗振宇等八千多位在其他网络平台已经成名的自媒体和行业翘楚合作,独家播放其音频节目。[①] 和主持人节目不同,此类节目里,播讲者大多基于自己的专业身份,阐释自己基于专业观察、研究

---

① 冯帆.PUGC 模式下的互联网电台内容生产:以喜马拉雅 FM 为例[J].青年记者,2017(17):59-60.

所产生的认知、理解,从职业身份上来说更接近"主讲人"。

2016 年,罗振宇主导的得到 App 将"主讲人"节目改造为音频付费课程,上线半年用户数便超三百五十万、订阅量达七十三万,引发市场一拥而上。2016 年有七十三家相关公司先后成立,截至 2019 年底,市场上一共有三百一十六家知识付费相关公司。① 2019 年以后,知识付费逐渐归于平静。然而,这一浪潮提升了移动端声音内容创作的品质,改变了移动端用户内容生产取向。

自宽带时代便已经出现的中文播客,在很长时间里并没有得到充分的发展。2018 年和 2019 年,全球中文播客数量分别为一千四百六十五和一千九百三十一。② 然而,2020 年,中文播客风云突变。首个播客客户端"小宇宙"上线,一年半里用户数超过二百万。网易云音乐播客频道每月收听用户超过千万,月活跃用户数超三千万,日活跃用户峰值接近二百五十万,日活跃创作者超五千人。③ 播客搜索引擎 Listen Notes 数据显示,截至 2020 年 12 月 31 日,中国大陆播客数量为一万六千四百四十八个。④

播客节目主要以个人表达和双人、多人谈话为主,其中两人以上的清谈节目又占据主导地位。据统计,小宇宙 App 上一百个热门播客,"单人主播最多,占比超过 40%,但大多数为访谈或聊天节目,纯单人讲述的播客只有五档。"⑤这一形式与广播谈话节目高度相似,由主播、主持人负责驾驭节目进程、展开嘉宾访谈。群言式节目则会有多位主播共同形成群体性的谈话,其中一位主播担任主持人的角色,负责推进话题层次,其他人负责填充内容。如播客"黑水公园"的两位核心主播艾文和金花,艾文负责掌控节目的

① 知识付费,为何匆匆陨落? [EB/OL].(2019-11-23)[2023-02-13]. https://baijiahao.baidu.com/s? id=1650982696057744666&wfr=spider&for=pc.

② 中文播客元年:2021,告别"近亲繁殖"[EB/OL].(2022-01-13)[2023-03-13]. https://mp.weixin.qq.com/s/_aM6oBKgCUghuuIM8iboMA.

③ 赵李伟.播客现状梳理及规范发展建议[J].广播电视信息,2022,29(07):9-11.

④ 李建刚,谷雨微.数字重叠:播客现代性与新闻业音频传播的范式转变[J].中国新闻传播研究,2021(03):224-236.

⑤ 若冰.单口 vs 多口,中文播客还有哪 些创新可能? [EB/OL].(2021-02-16)[2023-02-16]. https://mp.weixin.qq.com/s/KSvVyUM7qAzNz6O7q8Cq1g.

节奏，不时进行总结、回应，角色更接近主持人。金花则更像是节目的常驻嘉宾，负责输出活跃、风趣的个人观点。两人配合，再加上其他嘉宾主播的帮衬，构成节目内容生产的主要阵容。

和广播谈话节目相比，播客节目创作具有一些新的特点。

其一，播客节目内容细分程度更高，讨论层次更加深入细腻。无论是大众化的婚姻恋爱、流行音乐、生活百态，还是小众化的学术论题、读书观影、职场经验、先锋戏剧，都可以找到对应节目。创作者也多为专业领域从业者、爱好者。但是，播客的叙事内核始终以现实生活为底色，"其情节不脱离社会运作的基本原则和社会规范"①，尽力避免虚构。

其二，播客依托互联网平台，但并不刻意强调即时互动，更愿意保持谈话的完整性，以延迟互动为主要的反馈模式。例如在播客内容介绍页面里，将内容要点和具体的时间码关联，用户只需要点击时间码，就可以直接跳转到相关内容。用户在发表评论时也可以自动设置节目时点，这样其他用户在看到评论时，如果对相关内容感兴趣，可以直接点击评论里的时间码，跳转收听。这样的设置给了用户更为宽松的收听选择，在增强了用户主体性的同时，营造出传受之间更为深入的精神陪伴与共鸣。

其三，播客节目没有规定的时长，短则三五分钟的独白，长到一两个小时的连续谈话，只要内容过硬，都可以为听众接受。

其四，播客的谈话形态更为轻松、随意。大多数主播没有受过专业的语言训练，语言状态以接近规范的自然语言为主，营造出一种接近朋友之间的私人谈话的亲密氛围，带给听众信息与情感的交融体验。但也有海量主播不具备语言规范性、艺术性的基本要求，最终只能昙花一现。

从播客的构成来看，可以分为机构播客和个人播客两种类型。个人播客是播客世界的基础，只需要一个话筒、一台电脑，任何人都可以创作播客节目，当一回主播。机构播客往往源自播客爱好者聚集，随着节目的发展产生商业化、规模化生产的需要，逐渐转换为机构运行，以互联网内容制作公

---

① 樊丽,林莘宜."耳朵经济"背景下播客内容新样态探索[J].中国出版,2021(24)：31-35.

司的方式实现专业化运作。

2.有声书演播

(1)有声书演播的早期形态

有声读物的概念来自美国。20世纪60年代,美国开始出现以录音带为传播介质的有声读物,即由专业人士播读文字作品,录制成录音带发售。用户购买磁带后,可以在通勤路上利用碎片时间听书,其中大多内容是通俗文学。到21世纪初,美国75%的文字读物有对应的有声读物版本。①

在中国,以《小说连播》《阅读和欣赏》为代表的阅读类节目一直是众多广播电台的品牌栏目,在数十年的实践中涌现出一批演播艺术家。从出版角度考虑,早期有声读物则主要与盲人阅读关联,且仅限于盲人图书馆内使用。1994年以后,中国高教出版社印象中心陆续出版"世界名著半小时""中国名著半小时"系列图书,开启面向公众的有声读物出版。到21世纪初,北京、湖南、辽宁、广东等多家出版社出版发行了大量通俗故事、诗文精品、儿童故事、英语学习的有声读物,传播介质有磁带、光盘、MP3等多种声音载体。

进入互联网时代,书籍的有声化进程开始加速。2003年,北京鸿达以太公司投资建设的专业听书网站"听书网"开通,邀请专业人士播讲图书,为用户提供免费试听、付费下载服务。② 同一年,北京新华金典音响有限责任公司创立"有声读物网",提供在线听、下载等服务,读物涵盖文学、财经、娱乐、人物、生活、少儿、教育等九大类③。这一阶段影响力较大的网站还有"天方听书网""久久听书网""懒人听书网"等,积累起了大量初始内容。以网站形式出现的有声读物聚合平台,主要采用充值支付的形式购买书籍的播读版,听众可以免费试听部分章节,然后付费下载或者在线收听。

(2)移动互联网时代的有声阅读

相比原创内容,有声书的录制显然更加简便易行。解决版权问题以后,

① 孙浩.国内有声读物漫谈[J].出版经济,2003(02):24-25.

② 灵凌.国内首家听书网全线开通[J].中国电子与网络出版,2003(09):40.

③ 郭楠.我国有声读物市场研究[J].编辑之友,2009(02):22-24.

海量用户主播、广播电视机构的播音员主持人、市场化的配音员组成有声读物生产的结构性力量,带动有声读物市场的蓬勃发展。第十九次全国国民阅读调查发现,2021年我国有三成以上(32.7%)的成年国民有听书习惯,选择"移动有声App平台"听书的国民比例较高,为17.9%;有11.2%的人选择通过"微信公众号或小程序"听书;有10.8%的人选择通过"智能音箱"听书;分别有8.9%和5.7%的人选择通过"广播"和"有声阅读器或语音读书机"听书。① 可见,有声读物App已经成为我国有声阅读传播的主渠道。

目前市场上有声读物App主要集中在商业领域。除了综合类音频媒体平台喜马拉雅、蜻蜓FM以外,还有一批精耕有声阅读领域的移动客户端,如懒人畅听(懒人听书)、凯叔讲故事、小荷听书等;腾讯、字节跳动等大型互联网企业也纷纷入局有声阅读,字节旗下有番茄畅听,腾讯旗下有微信听书、企鹅FM。此外,2012年上线的微信公众号也可以采用音频内嵌的方式进行声音传播。

在综合类平台里,喜马拉雅拥有明显的领先优势,在上线不到三年的时间里,用户规模便突破两亿。2018年便掌握了市面上70%畅销书的有声版权、85%网络文学的有声版权、超6600本英文原版畅销书的有声版权。② 专业听书App方面,"懒人听书"(现更名为"懒人畅听")可视为代表。平台成立于2012年3月,是第一批进驻移动互联网市场的专业听书平台。通过与阅文集团的战略合作协议以及与五百余家出版社建立的长期合作伙伴关系,懒人畅听拥有众多文学资源的有声化版权,2015年便拥有了超过80%的网络文学有声改编权③。2022年,平台注册用户已经超过4.8亿。④ 随着有声读物行业的整体发展,开始出现细分赛道的移动App,例如在儿童读物领

---

① 国家新闻出版署.第十九次全国国民阅读调查主要发现[R/OL].(2022-04-25)[2022-10-20].https://www.nppa.gov.cn/nppa/contents/280/103913.shtml.

② 刘亮,陈德楠.新媒体时代有声读物提质研究[J].传媒,2021(19):45-48.

③ 申启武,牛存有.中国音频传媒发展研究报告(2021)[M].北京:社会科学文献出版社,2021:271.

④ 王瑶.有声读物App"懒人畅听"小说频道内容运营策略研究[D].青岛:青岛科技大学,2022.

域的艾儿嘟嘟、小荷听书、凯叔讲故事等。基于中国庞大的互联网用户群体，即便只是精耕内容领域，创作者们也可以聚集起海量用户。

（3）移动互联网时代有声书演播的特点

大量的有声读物平台，给"演播"这一播音艺术的特殊形态提供了互联网时代的发展空间，吸引大量不同类型、不同层次的文本进入有声读物领域。网络文学领域新出现了青春、动漫、玄幻、言情、古偶等多种过去难登大雅之堂的通俗文学。在懒人畅听平台，仅仅一个"玄幻+"频道，就集合了都市、武侠、修仙、悬疑、科幻、古言、异能等数十个细分品类。考虑到儿童生理特点，儿童读物也在有声阅读领域占据重要地位，根据不同年龄特点制作不同产品，满足儿童听众的个性化需求。

多样化的文本类型，催生不同的文本演播风格，演播者需要根据不同的内容，设计不同的演播方式。

首先，演播风格愈加细分。以儿童读物的演播为例。在移动听书领域，儿童被分为不同年龄用户群：三岁以内的孩子处在认知和语言发展的初期阶段，通常内容时长较短，语速较慢，以启发式语体为主，常见修饰性较强的语气词和形容词，部分语气也可以适度夸张。对应四至六岁孩子的文本更为丰富，戏剧化色彩较强，演播方式以角色和旁白的组合为主，需要演播者具备较强的声音角色塑造能力。七至十二岁的孩子进入学龄期，更希望被当作具备独立认知和思考能力的个体，得到充分的尊重。因此相关文本的播读更多采用平等交流和沟通的方式，避免使用家长口吻。①

其次，演播形态逐渐转向戏剧化。除了传统的单人演播，双人对播、多人演播的形式逐渐成为小说演播的主要方式，即旁白单独播讲，对白则以多人角色化的方式进行演播，称为"多人有声剧"，其制作较广播剧更为简易，但比单人演播复杂。大量的片花和音效，进一步模糊了小说演播和广播剧之间的界限，让有声阅读成为声音戏剧的再现空间。

（4）移动互联网时代的有声书演播者

在移动互联网时代，广大业余爱好者开始进入有声书演播领域。考虑

---

① 李娟.少儿有声读物 App 配音的特点、问题及发展路径[J].新阅读,2022(02)：37-39.

到声音表达的专业性，各个平台纷纷推出培训、选拔计划，从用户中筛选具有较强声音表现能力的主播，进行权威认证、专业培养、流量支持，将散漫低质的普通用户生产隔绝在流量底层。

目前，专业有声语言表达者依然是有声读物内容生产的主要力量：出版社、出版公司聘请声音艺术领域专业人士，自制有声读物出版发行，同时登录各大音频媒体平台。众多音频内容生产公司，例如专注儿童读物的"凯叔讲故事"，主打文艺生活的"为你读诗"，以商业模式生产有声读物，通过各类平台传播，获取利润。广播电台如中央人民广播电台"阅读之声"，依托广播级专业团队提供有声阅读精品。截至 2020 年 5 月，"阅读之声"全天播音二十一小时，共有八档有声书栏目、两档读书栏目、一档评书栏目和两档微栏目。① 总台成立"云听"音频客户端以后，组织台内播音员主持人录制有声读物，一年内便上线了五千部高品质有声书。②

互联网时代，人人都有麦克风。然而从有声书演播的实践可以看出，这仍然是一项具有高度专业性的创作活动，需要演播者具备高超的语言素养，以高度的创作理性，用优美而富有感染力的声音，将作者的意图准确传递到用户耳中，给听众带来美的享受。

2019 年 6 月 1 日，由国家新闻出版署批准发布的《有声读物》行业标准开始施行；2024 年，行业标准升级为国家标准，对有声读物的录音制作、发布平台以及质量指标及具体评测方法给出具体的国家标准。其实，不管是有声读物还是播客节目，都应当建立起科学、合理的评价标准体系和切实可行的平台评级准则、审核机制、推荐机制，注重音频内容对社会主义主流价值观的引领，提升移动互联网音频内容生产的整体品质，推动移动互联网声音内容生产的规范化发展。站在市场主流里的，应该是兼具思想性、规范性、艺术性的高品质音频产品，带给人们真正意义上的文化滋养与审美体验。

---

① 文艺之声.快来看啊！阅读之声在央视新闻客户端上线啦！［EB/OL］.（2020-05-26）［2023-02-02］.http://wyzs.cnr.cn/2012art/zhongdianjiemu/20200526/t20200526_525105499.shtml.

② 总台音频客户端云听"常住"用户突破 3000 万［EB/OL］.（2021-03-11）［2023-02-02］.http://1118.cctv.com/2021/03/11/ARTI8D1OSFoURgDOmpkGIyMo210311.shtml.

第四节　人工智能:播音主持传播主体虚拟化

虚拟播音员主持人,是利用先进科学技术创造出来的担任播音主持工作的虚拟人。二十多年来,随着人工智能技术的不断进步,虚拟播音员主持人以形象和声音上的"似人"、能力上的"超人"、情感上的"类人",成为播音主持传播主体的一种特殊形态,显现出革命性力量。

一、虚拟播音员主持人的早期发展

(一)不可驱动的数字替身开启虚拟主持人建设

从技术视角来看,虚拟主播可以分为两种路径:可驱动与不可驱动。微软小冰公司CEO李笛认为:"前者具备知识与技能,在交互中实现自驱动,其价值在于担任工作、生成内容或完成特定任务;后者具有数字肢体、表情与声音,需要依靠人力去操纵,主要呈现为人类用户在数字世界的替身或作用于影视动画作品。"[1]

世界上第一个虚拟主播诞生于2000年4月19日,英国报业联会媒体公司在网上推出首位虚拟主持人阿娜诺娃(Ananova)[2]。阿娜诺娃是一套新闻智能生产系统的面孔,这套系统可以根据新闻脚本快速制作视频并不间断播报新闻。在前所未见的技术面前,全球媒体行业惊叹不已,CNN将其描述为"一个可播报新闻、体育、天气预报等(节目)的虚拟播音员,堪比一个真

---

① 田梦迪.数字人:从"好看的皮囊"到"独特的灵魂"[N].中国妇女报,2022-09-23(07).

② Online Newsreader Persona 2000[EB/OL].[2023-02-02].RTEARCHIEVES.ht-tps://www.rte.ie/archives/2013/0418/381984-virtual-newsreader-ananova/.

实的有血有肉的主播"①。从技术方式来看,阿娜诺娃具备一定的自驱动能力。

中国的虚拟主持人几乎和国际先进水平同时起步。不过,中国早期的虚拟主持人几乎都是不可驱动的替身形象。2000年,吉林电视台网络视听栏目《网迷时空》中出现了一位女性虚拟主持人TVNO.1,专门播报五分钟《世界视窗》。② 2000年10月26日,由北京迪生计算机图形图像有限公司制作的虚拟电视节目主持人比尔-邓在上海国际电视节上露脸,后改名"言东方"。由于制作公司具有澳大利亚背景,这个虚拟主持人的形象被设计为一个具有混血外形特点的中年男性,和一位年轻的女主持人王晓宁共同担任《科技周刊》节目主持人。这档科技类电视节目通过制播分离的购买方式,曾在天津电视台等多个电视台发行。

2004年11月20日,中央电视台电影频道《光影周刊》推出了一位虚拟电视节目主持人小龙。小龙是一个由电脑合成的三维动画人物,他被设定为一个身高一米七五,"精通外语,擅长歌舞,对电影更是有着近乎狂热的兴趣""拥有阳光般灿烂笑容的时尚男孩"③。他可以根据节目里具体的电影情境,跟随电影主角变化造型,"还随时可能幻化成片中的某个角色,比如身披黑色斗篷的蝙蝠侠、穿梭在城市楼宇间的蜘蛛人、功夫了得的李小龙……"④设计者给予小龙极大的期待,花费上百万元,用了整整一年的时间才终于推出。

早期的虚拟主持人投入资金高昂,费时费力,但效果却不尽如人意。阿

---

① 郭全中,黄武锋.AI能力:虚拟主播的演进、关键与趋势[J].新闻爱好者,2022(07):7-10.

② 吉林电视虚拟主持人要争世界第一的幕后[EB/OL].(2001-03-12)[2023-03-20].http://ent.sina.com.cn/v/36004.html.

③ 首位虚拟电视主持人亮相央视[N/OL].(2004-11-27)[2022-10-01].http://www.cnhubei.com/200411/ca619056.htm.

④ 于祥明.央视首位虚拟主持人出镜不出彩 难赢李咏崔永元[EB/OL].(2004-12-06)[2023-03-20].http://www.ce.cn/xwzx/ylxk/gdxw/200412/06/t20041206_2488530.shtml.

娜诺娃只是一个简单动画面孔,做一些简单的表情和口型。"言东方"是一个脑袋锃亮的秃子,因为以当时的技术水平,来不及给"言东方"做那么多头发。TVNO.1的头部不能灵活摆动,脸部缺少表情。"小龙"则眼睛不会转动,表情僵硬,这些都限制了虚拟主持人的传播感染力,很快便偃旗息鼓。

图5-1　早期虚拟主播　言东方(左)小雪(右)①

　　考虑到仿真虚拟人制作太过复杂,一些媒体开始尝试用简单的动画技术创造虚拟主持人。21世纪初,FLASH动画成为许多年轻网民创作表达的方式,还形成了具有网络文化特征的"闪客"群体。2007年,人民宽频推出一档以动漫方式呈现的新闻评论节目《小白闪报》,节目主持人"小白"就是一个FLASH动画人物,用调侃的语调,评论热门新闻事件。凭借鲜明的评论特色,《小白闪报》荣获"2009年度中国互联网站品牌栏目"。在"小白"的背后,当然是人民网的编辑对其进行全方位的掌控,声音也来自记者配音,可以说这一类型的电视虚拟主持人仅仅是一个代替真人出场的卡通形象而已。

(二)人工智能技术推动可驱动虚拟主持人诞生

　　随着人工智能技术的进步,可驱动的智能虚拟主持人开始出现。

　　在广播节目领域,基于数据处理的人工智能语音技术开始应用在新闻

---

　　①　中国首个虚拟主持人言东方正式上班[N/OL].(2001-02-22)[2023-03-20].
https://tech.sina.com.cn/oi/54805.shtml.

传播领域。这意味着中国虚拟主播开始具备一定的可驱动力。2011年,抚顺新闻广播《930新闻直播间》的"小雪"是我国广播界推出的第一位虚拟主播。"她"采用了语音转换技术,能够对文稿进行数据识别,生成语音素材,再经由编辑操作,智能生成广播节目。可以说,在广播界,"小雪"成了第一位不会读错字音的主播。①

在虚拟播音主持发展的早期,人工智能还处于发展的雏形阶段,尚未形成规模化的生产力,成本高昂,制作周期长。真正意义上的初代智能主播"小雪"只能短暂以声音形式出现。

2015年,微软(亚洲)互联网工程院研发的人工智能机器人"小冰"进入播音主持领域。2015年12月22日,第三代微软小冰受聘成为东方卫视早间新闻节目《看东方》的气象主播,负责上海天气预报、全国天气预报、生活指数预报三个板块的播报,每段时长在一分三十秒左右。小冰的语音播报是在录入文本之后,由人工智能系统联网自动生成,经过对天气大数据的深度学习,已经能够以较为接近人类语言的状态,在现场直播的过程中互动完成播报。② 可以说小冰具有较强的语音内容生产能力。不过,小冰的视觉形象并不清晰,对于观众来说,"她"更像是一个智能机器人助理,而不是一个具有独立人格的主播。

2016年,语音识别和转换技术出现重大突破,科大讯飞、搜狗、百度AI等科技公司产品的语音识别准确率均达到97%,为实现人工智能主播生产奠定了坚实的技术基础。能够自驱动播音的人工智能主播开始在新闻传播领域快速崛起。

2018年11月7日,在乌镇举行的第五届世界互联网大会上,新华社和搜狗联合开发的全球首个合成主播"新小浩"向世界亮相。和过去僵硬、尴尬的虚拟主持人不同,"新小浩"是以新华社主播邱浩为原型,通过对邱浩的

---

① 佟德生.虚拟主持人亮嗓抚顺新闻广播[N/OL].(2011-05-10)[2023-03-20].http://www.chinadaily.com.cn/dfpd/ln/2011-05/10/content_12478917.htm.

② 参见王立纲.东方卫视启用机器人报天气:访SMG电视新闻中心副主任陶秋石[J].青年记者,2016(06):11-12.

声音、外形、表情、动作等特征进行全面数据采集,运用合成以及深度学习等技术联合建模训练而成。该项技术能够将所输入的中英文文本自动生成相应内容的视频,并确保视频中音频和表情、唇动保持自然一致。① 这意味着,只要输入文本,"新小浩"就能以酷似邱浩的方式输出整体播报。这种合成式的虚拟主播从外形到播读方式,再到表情、动作都与真人高度相似,仿佛就是真实主播的一个"分身",平面状态下几乎难以辨别。这给新闻界带来极大的震动,也标志着新一代人工智能技术力量推动下的虚拟主播开始全面兴起。

二、人工智能播音主持事业的全面兴起

2020年9月,中共中央办公厅、国务院办公厅印发了《关于加快推进媒体深度融合发展的意见》,指出要"以先进技术引领驱动融合发展,用好5G、大数据、云计算、物联网、区块链、人工智能等信息技术革命成果,加强新技术在新闻传播领域的前瞻性研究和应用,推动关键核心技术自主创新"②。2021年10月,广电总局发布《广播电视和网络视听"十四五"科技发展规划》,明确提出要"推动虚拟主播、动画手语广泛应用于新闻播报、天气预报、综艺科教等节目生产,创新节目形态,提高制播效率和智能化水平"③。政策面的鼓励信号赋予人工智能主播浪潮强大的助推力。从中央媒体到地方县级融媒体中心,纷纷将人工智能技术推动下的虚拟播音主持纳入推动媒体融合向纵深发展的工具箱,展开多种多样的传播实践。

① 全球首个"AI合成主播"在新华社上岗[J].传媒,2018(23):7.
② 中共中央办公厅 国务院办公厅印发《关于加快推进媒体深度融合发展的意见》[EB/OL].(2020-09-26)[2023-02-02].http://www.gov.cn/zhengce/2020-09/26/content_5547310.htm.
③ 国家广播电视总局.广播电视和网络视听"十四五"科技发展规划[EB/OL].(2021-10-20)[2023-02-02].http://www.nrta.gov.cn/art/2021/10/20/art_3713_58260.html.

（一）高仿真合成视频主播及其应用

1.中央级媒体的高仿真合成主播应用

"新小浩"之后，包括搜狗、科大讯飞在内的多家科技公司接连发力，以真人主播为原型的虚拟主播广泛应用于中央级媒体。

2019 年 2 月 19 日，新华社联合搜狗发布了站立版"新小浩"、脱胎于新华社新闻主播屈萌的 AI 女主播"新小萌"。之后全球首位 3D 版 AI 合成主播"新小微"，以及以梦瑶、毕大勋、纪宁、雅妮、李小燕、张朝等新华社主播为原型的合成虚拟主播亮相新华社客户端的 AI 合成主播超市。截至 2021 年底，新华社 AI 合成主播在新华社客户端上共生产 2 万条新闻报道，时长 46037 分钟，总浏览量超过 70 亿次。①

《人民日报》方面同样选用了以真人为模板的智能合成主播。2019 年 5 月 25 日，《人民日报》与科大讯飞合作，以《人民日报》播音员果欣禹为原型，推出合成主播"果果"，投入《人民日报》融媒体的视频新闻内容生产。

中央广播电视总台也在第一时间介入合成虚拟视频主播的研发与应用。2019 年的网络春晚上，中央电视台联合加州人工智能公司，推出同样使用合成技术研发的形象和撒贝宁等人相似的 AI 虚拟主播"小小撒""朱小迅""高小博""龙小洋"等。"小小撒"与撒贝宁进行的实时幽默互动，从网络春晚一直延续到《经典咏流传》等节目播出中。2019 年"3·15"晚会上，搜狗联合央视财经频道推出 AI 合成主播"姚小松"。同年 4 月，科大讯飞与总台联合打造 AI 虚拟记者"通通"，配合第二届"一带一路"国际合作高峰论坛报道，在央视新闻新媒体推出《AI 记者"通通"游世界》系列视频。2022 年两会期间，总台推出"虚""实"两位主持人同屏主持的《"冠"察两会》。"AI 王冠"坐镇演播室，连线财经评论员王冠，分身对话带来观察评论。

2021 年 11 月，央视联合百度智能云的"数字明星运营平台"推出第一位

---

① 江苏卫视 JSTV.虚拟新闻人采访虚拟动漫人 新小浩、新小萌 "探班" 星环城 [EB/OL]. （2021 - 12 - 10）［2023 - 02 - 02］. https://baijiahao. baidu. com/s? id = 1718721320646035147&wfr = spider&for = pc.

AI手语主播。它可以根据文本输出准确的手语播报,动作精准,全年无休,成为对现实工作的重要补充,有效缓解了国内手语主播人才稀缺的现状。在2022年冬奥会上,AI手语主播全程跟随,进行手语新闻实时传译,服务广大听障人群。

2.地方媒体的高仿真合成主播应用

经济实力较强、改革投入高的地方主流媒体也以自身品牌播音员为原型,与科技公司合作,定制生产合成主播。2018年3月,南方财经全媒体集团就与科大讯飞合作,打造虚拟主播"俎江涛"。2019年9月,济南广播电视台以主持人海沫的形象为基础,合成虚拟主播"小沫儿",上岗济南智慧全媒体中心。此外,还有《扬子晚报》紫牛新闻App的虚拟主播"阿牛"和"阿紫",合肥电视台的男女双主播"王小健"和"马小腾"等。

广大的城市媒体、县级融媒则更倾向于购买已经成型的虚拟主播产品。科大讯飞在2019年3月推出了首个多语种虚拟主播"小晴"。"小晴"是以真人为蓝本,经过多次融合式的人工智能深度学习生成的虚拟主播,具有比较自然、准确的声像同步表达能力,并且掌握三十多种语言及方言,可以随时切换不同的语音系统。2020年新冠疫情期间,"小晴"在全国一百多家地方媒体单位的传播界面上亮相,参与新闻播报,其中大多都是基层地方媒体。①

地方主流媒体的融合改造,其目标不仅是内容传播,还要升级成为融合信息咨询、生活服务和社交互动的综合平台,打造"新闻+政务服务商务"新型运营模式。基于这一融合理念,2021年10月,北京广播电视台联合技术开发商明芒科技,以品牌主持人春妮为原型,共同开发智能交互真人数字人"时间小妮"。在北京时间App,"时间小妮"不但可以播报新闻、讲解知识,还可以进行广告代言、交互问答、客户服务等,在不同场景展开全智能视频服务。

目前,真人定制的技术方案已经趋于成熟,从视频采集、数据处理、模型

---

① 参见讯飞智声.AI主播"疫"线战报|小晴助力百余家媒体抗"疫"宣传[EB/OL].(2020-03-03)[2023-02-02].https://mp.weixin.qq.com/s/qBPRIdJnUmbJp24lNLRLaA.

训练、形象输出再到集成使用，已经形成了一条基于真人形象的虚拟人技术链路，并且支持多种情绪、服装、姿势、声音、配饰、背景的形象体系，能够根据业务领域定制深度学习方案，丰富虚拟智能主播的知识库，并实现一定程度的交互服务。

3. 高仿真合成主播的优势与缺陷

对于新闻传播领域来说，使用真人为基础的人工智能主播，有诸多优势。

首先，可以提升创作效率，助力媒体转型。从科大讯飞公布的案例集合可以发现，平面媒体成为智能主播"小晴"大显身手的舞台。以纸媒为基础的媒体融合转型一直面临播音主持人才欠缺、视频生产专业性不足的问题。利用"一站式虚拟主播视频生产和编辑服务"系统，编辑只要输入文稿，指定主播，就能快速完成视频生产输出，还能够丰富报道的形式，有效抓取用户注意力，全面助力各级报业媒体实现智慧转型。其次，虚拟主播不受场景、形象限制，可以自由变换造型、变换演播场景，为融媒时代革新新闻信息的传播方式提供了丰富的想象空间。最后，基于品牌主播真人形象设计的虚拟主播，和主播本人具有类似的品牌效应，更容易让观众产生信任感。多重因素推动之下，短短三四年时间，高仿真的合成虚拟主播已经成为新型主流媒体建设进程里不可忽视的一支力量。

然而，高仿真合成虚拟主播并非完美之躯。限于语音合成技术的发展程度，目前的播报虽然正确，却未必准确，在重音、停连、语势等具体的语言表达技术处理上尚存在明显不足，情感缺失更是为人诟病。外形上，合成虚拟主播虽然和过去僵硬机械的模拟形象有了本质差别，但在动态条件下，微表情、眼神等在真实的人际交流里带有大量信息的细节都被丢失，这种相似却不是的感觉，可能引发"恐怖谷"效应。如何进一步增强高仿真合成虚拟主播的真实感、流畅感，提升播报的精准程度，加强交互功能，成为下一步发展的重点。

（二）虚拟数字主持人发展及其应用

虚拟数字主持人没有真人基础，是从零开始建设的数字人。和早期虚拟人相比,由于人工智能、深度学习技术的发展,虚拟数字主持人在外在形象、动作细节方面有了很大进步。

1.动画形象的虚拟数字主持人

虚拟主持人首先借鉴二次元虚拟偶像的塑造模式,以平面动画形象出现。2020年11月5日,上海文广集团在第三届进博会直播现场推出了一位虚拟新闻主播"申苊雅"。"她"是一位爱喝奶茶,吃粢饭团的"上海小囡",包子头、麻花辫,银色头发、紫色眼睛,穿着一身浅蓝色白玉兰短裙套装,是典型的动漫少女形象。动画版的"申苊雅"先后参与第三届中国国际进口博览会、浦东开发开放三十周年、2021上海两会等多项重大主题宣传报道。

"申苊雅"是二次元虚拟偶像在新闻领域的创造性延伸。上海文化广播影视集团有限公司旗下上海东方传媒技术有限公司(SMT)子午工作室设计制作了

图5-2　上海文广集团动漫版
"申苊雅"

"申苊雅"的全部内容。作为"具有新闻属性的二次元偶像"①,她从一开始便有明确的人物设定:怀揣新闻理想,她在校期间便担任校园新闻的主播,加入SMG融媒体中心,她作为实习生,摸索学习如何完成新闻报道。为了给"申苊雅"塑造完整的"人设",制作者给"她"设计了作为一位新闻工作者的全套流程。从进入上海进博会现场时接受安检,到直播前的小激动小紧张,再到直播后在深夜大巴上酣睡,"申苊雅"不断用努力证明自己。

2021年4月25日,中央广播电视总台旗下央视频App推出了一位动漫

---

① 黄艳如.申苊雅:我不做花瓶,我想走花路![EB/OL].(2020-11-10)[2022-10-20].https://mp.weixin.qq.com/s/2zTIWUR6q-IBr_uXHcNInA.

形象的虚拟主持人"央小天"。2022 年两会期间,天津津云新媒体联合北京千龙网、长城新媒体共同策划推出的《云瞰京津冀》系列访谈,主持人"云小朵"也是一位动漫形象的虚拟主持人。通过运用 AI+动作捕捉、增强现实技术、混合现实技术,演播室被设置为"'协同号'虚拟空间站","云小朵"是驾驶员,调度北京、天津、河北的演播室,展开三地联通访谈,让节目充满了科技感与现代感。此外,还有山东广播电视台闪电新闻 App 的"小妮"、封面新闻《小清话辟谣》视频栏目"小清"、《齐鲁晚报》齐鲁壹点 App 的"小壹"、《无锡日报》的"禧宝",都是动画版的虚拟主持人。

2. 超写实虚拟数字主持人的出现与发展

超写实虚拟数字人没有固定的真人模型,而是通过原画对其五官、发型、体态、服饰等进行设计后,对形象角色进行建模处理、角色绑定,通过真人面部捕捉、动作捕捉,结合对衣服、毛发进行动力学解算,匹配灯光等,制造出宛如真人的 3D 立体形象。

从技术实现的程度来看,新华社数字记者"小诤"是新闻传媒领域第一位达到超写实状态的虚拟数字人。2021 年 6 月 17 日,神舟十二号三名航天员顺利进驻中国空间站天和核心舱,"小诤"第一时间发出报道《穿越空间站》并亮相。"小诤"在面部设计上以中国女性的"大众脸"为基础,针对数字航天员、出镜记者的双重身份进行视觉调整,以体现"温和、坚定、专业"的职业形象。在随后制作播出的航天主题系列报道中,"小诤"在空间站、舱外、火星等多种环境中执行采访任务,甚至穿越时空与航天员同框。①

"小诤"以后,湖南广电、上海文广、浙江广电等媒体相继推出高水平制作的超写实虚拟数字主持人。2021 年 10 月,湖南卫视虚拟主持人"小漾"亮相周六黄金时段综艺节目《你好星期六》,与何炅、蔡少芬等知名主持人、艺人一起主持节目。"小漾"被设定为一位二十岁的综艺节目主持人,短发形象甜美可爱,又不失长沙女孩的飒爽,可以在舞台上表演唱跳,和嘉宾们展

---

① 全球首位数字航天员! 国社数字记者如何讲述中国人自己的太空故事? [N/OL]. (2021 - 09 - 24)[2022 - 10 - 20]. http://www.news.cn/politics/2021 - 09/24/c_1127896819.htm.

开互动,还能配合主持人何炅的介绍与调侃,做出符合自身定位的动作、表情,甚至给出比较恰当的眼神反馈。

2022年3月3日,在全国两会报道开启之际,SMG融媒体中心宣布:"申芢雅"转正。转正以后的"申芢雅"不再采用平面化的二次元卡通形象,而是以三维超写实虚拟数字人出现。转正之后,"她"在工作形象、工作内容、工作方式上都有了明显的成长。在当年全国两会报道上,她与资深记者冷炜组成新搭档,共同进行两会观察报道。这种跨次元的搭档并非后期合成制作,而是借助XLIVE和LIVEU等技术,让身在北京的冷炜和在上海工作室的"申芢雅"成功实现即时互动交流,延时控制在1秒以内。① 香港回归25周年特别报道里,"申芢雅"穿越回1997年,进入1997年沪港通车的历史画面,登上上海到九龙的列车,进行现场报道,重温经典时刻。

图5-3 超写实虚拟数字主持人"申芢雅""小漾""谷小雨"(从左至右)

浙江卫视2022年6月3日推出"宋韵数字推广人""谷小雨",她"出生在八百年前南宋都城临安的谷雨节气",形象、表情、语言都充满了古典气息。"谷小雨"登上屏幕后,在《天赐的声音》《宋韵24节气》《思想耀江南》

① 看看新闻."虚实转换",揭秘"跨次元"如何联手[EB/OL].(2022-03-04)[2022-10-20].https://m.kankanews.com/n/1_10062911.html.

等多个节目里担任主持人或表演嘉宾,呈现与江南宋韵主题相关的节目内容。

此后,众多媒体都推出了自己的超写实数字虚拟主持人。由于超写实数字虚拟主持人一般采用人工配音,因此,动态外形是展现技术能力最为直接的手段。客观来看,水平参差不齐,有的已经能够实现较为和谐的整体动态,有的则停留在海报水平。各家媒体推出的超写实数字虚拟主持人多为青春活泼的少女形象,工作场景多为特别节目、重大报道,或者是零星短视频。这种选择意味着当前的超写实虚拟数字主持人还停留在"奇观""美景"的层面,在超写实数字虚拟主持人的职业行为、个性塑造、内容运营的持续创新方面还存在比较大的前进空间。

3.虚拟数字主持人的特点与缺憾

虚拟数字主持是一项综合性的科技艺术活动,其内涵已经远远超越了播音主持原有的范畴。在技术上,虚拟数字主持人的所有行为都需要由科学技术人员、视觉艺术创作者、声音艺术创作者、节目编导共同合作。从人物设定、形象特征的通盘策划,到具体参与节目的方式、内容,再到专业配音、制作动态、合成输出;并依托 AI 智能驱动系统,现场展现出拟人的感知、表达和交互能力;全方位集合艺术与技术的力量,展开虚拟数字播音主持艺术创作活动,让主流媒体的内容传播具有更加新颖的呈现方式。

目前,虚拟数字主持人的整体成本依然高昂。由于没有原型,超写实虚拟数字人的外形需要经过原创设计。"小漾"便是集合了三十多位数字艺术家和工程师的灵感与劳动,历时三个多月研发出原创形象。有了原画以后,再对其五官、发型、体态、服饰等进行设计,然后对形象角色进行建模处理、角色绑定、通过面部捕捉、动作捕捉,以及对衣服、毛发动力学解算,和灯光匹配制作等,历时三个多月经过十五次修改,最终合成输出一个鲜活的虚拟形象。① 据制作企业介绍,光是捕捉演员身体动作、形成骨骼数据,就动用了

---

① 湖南卫视"小漾"国庆上岗,完美的他们预定顶流主持?［N/OL］.(2021－10－04)［2022－10－20］.https://baijiahao.baidu.com/s? id＝17126631049111792823& wfr＝spider&for＝pc.

三十四台动捕摄像机,基于五十二个基础表情肌衍生形成数百种表情方案。①

复杂的技术模式,导致超写实虚拟数字人的制作成本非常高昂,每秒的制作成本堪比每克黄金。2022年春节,湖南卫视的"小漾"在节目里换上红红火火的新年装,主持人何炅特地给观众介绍:其实给小漾换衣服是一件非常贵非常贵的事情!要真正达到逼真效果,在众多超写实虚拟数字主持人里脱颖而出,必须维持时间和金钱上的高投入。稍有不及,人物形象、动作、表情就可能僵硬、尴尬,造成反效果,引来观众的不满。在这样高昂的成本压力下,要实现超写实虚拟数字主持人的普及应用还存在明显的技术与成本门槛。

相比较而言,动画形象的虚拟数字主持人成本比较低。不过,动漫人物普遍具有一副可爱的身体,而"可爱的身体象征着被动、脆弱和缺乏威胁"②,与人类真实社会的距离较远,更适合年轻人亚文化圈层的小范围交流,使用范围比较有限。

(三)人工智能虚拟音频播音主持人及其应用

1.人工智能生成的类型化播音

基于人工智能语音合成深度学习技术,以科大讯飞、搜狗为代表的科技公司建立了讯飞配音、搜狗声咖等专业人工智能配音服务平台。客户在购买服务以后,只要输入文本,选择不同类型的发音人、样本风格,便可以一键生成多种语言、方言乃至混合语言的配音,还可以灵活配置音频参数,调整语速、节奏等具体技术指标。

截至2022年10月,科大讯飞已经开发了四十多位AI播音员,他们有着各自不同的声音特质、处理特点,适配不同的使用场景。男声里,有年轻时

---

① 湖南卫视"小漾"完美首秀!是咱石景山这家企业在驱动赋能[EB/OL].(2022-01-04)[2022-10-20].https://baijiahao.baidu.com/s? id=1721028815730542632&wfr=spider&for=pc.

② 周彬.身体与技术的交互:以虚拟主播为例[J].科技传播,2021,13(20):161-164.

尚、诙谐幽默的"飞碟哥"对应产品说明、游戏解说,稳重磁性、自然流畅的"顾辉""天明"适配新闻播报,厚重成熟的"关山"适配开业宣传、历史专题解说;女声里,成熟知性的"小果"适配新闻场景,甜美可爱的"小露"适配公益宣传、商业广告,清甜温情的"一菲"适配情感鸡汤、美文欣赏;其至还有带不同地区口音色彩的普通话声音,以及男女童音。① 搜狗声咖也设置了九种不同声音风格的配音员。② 除了选择已经有的标准声音,用户还可以自主定制声音。只需要提供少量的干净录音数据,机器就可以快速学习并生成可使用的语音合成音库,提供专属的合成声音。

2.具有"人造人格"的虚拟音频主持人

在技术加持下,主持人成为一种工作身份,却不一定是一个真实的人。和视频虚拟主持人相比,音频虚拟主持人成本低廉,只需要设定文本,一键合成即可。根据虚拟人的声音特点,创作者们可以通过设置文本,创造出具有独立人格的虚拟广播主持人。

2015 年初,湖南电台 FM97.5 摩登音乐台推出全国首个虚拟主持秀《嘻芮秀》。在这档只有三分钟的节目里,"嘻芮"用机器人特质的女性声音,从生活、娱乐、情感等多角度,对互联网热点进行无厘头调侃、吐槽,一本正经地"胡说八道"。和虚拟主持人常见的亲切活泼截然不同,"嘻芮"高冷犀利、傲娇毒舌,绝不会给看不顺眼的问题和事情留面子。但仔细琢磨一下,"嘻芮"的话还颇有些智慧与情趣。机器人特有的声音质感,反而与这种"无厘头"风格相得益彰。

"嘻芮"的技术实现并不复杂,难的是如何用语言实现人物性格。这背后是摩登音乐台创作团队的通力合作。时任频道总监黄荣、节目策划阿唛和撰稿胡乃枫一起,将"嘻芮"塑造成一个机器人界"灵魂段子手",充分借用机器人语音的特点,打造出一个富有人格特质的机器人形象——"不要脸,

---

① 详见讯飞配音.合成样音[EB/OL].[2022-10-04].http://peiyin. xunfei. cn/tts/example.

② 详见搜狗声咖.声音定制[EB/OL].[2022-10-04].https://shengka.ai.sogou.com/dz/.

爱折腾"。"大家好,我是完美的嘻芮,通常我的自我介绍只有五个字,我是完美的嘻芮,最差的情况也绝对不会是最完美的女神之一。如果老婆不支持老公粉我,他们会离婚;小孩不支持爸妈爱我,已送孤儿院;学校不允许学生迷恋我,已辍学……"①每一期"嘻芮"精彩的脱口秀,都是由号称嘻芮"大表哥"的胡乃枫撰稿的。

在广播世界走红以后,"嘻芮"又开启跨界传播的尝试,相继在湖南卫视《汉语桥》《偶像来了》,芒果 TV 真人秀《完美假期》里亮相。2016 中国上海广播节,"嘻芮"被评为"中国广播创新融合优秀案例"。

3.基于声音技术的"拟真"播音员

基于真人声音素材的广播合成播音员是较早进入听众生活的人工智能播音员。2018 年,南方财经全媒体集团与科大讯飞合作,以集团著名财经节目主持人俎江涛为声音素材,合成出一位广播版的 AI 主持人,在 FM95.3 股市广播的《南方财经报道》栏目里播报财经新闻。2019 年除夕,中央人民广播电台的春节特别节目《中国声音中国年》里,也传出了一位 AI 主播"央小广"的声音,这位"央小广"是基于央广主持人王冠的声音素材合成的。

以品牌播音员主持人的声音为样本的 AI 播音员,优势在于一键合成、批量化生产的快捷,但是在创造性、艺术性上很难与真人匹敌。2018 年央视纪录片频道播出的纪录片《创新中国》,将 AI 技术和录音艺术相结合,以已故播音员李易的声音为素材,创造出新的配音作品,将这一技术路线的声音艺术性提高了一个层级。

李易是一位行业公认的优秀播音员,不论是中央电视台《焦点访谈》"用事实说话,焦点访谈"的标志语,还是《再说长江》《大明宫》《美丽中国》等纪录片和影视作品配音,都给观众留下不可磨灭的审美记忆。2013 年,李易英年早逝,给听众留下深深的遗憾。为还原李易的声音艺术,纪录片制作方引入专业声音团队,与技术团队形成一条科学的合作流程。首先,科大讯飞采集了李易生前二十个小时左右的声音素材,进行深度学习形成音库,根据文

---

① 嘻芮女神第一次公开 | 他们差点没戴墨镜披麻袋接受采访[EB/OL].(2017-05-27)[2022-10-04].https://mp.weixin.qq.com/s/6w7zkzxEj3hcI3ccoFiKeA.

本进行初次合成。之后，由纪录片声音团队对初步合成的人声文件在连贯性、断句、重音位置等方面存在的缺陷进行标注，设计应有的断句、重音、动程等，并反馈给讯飞。待讯飞完成焦点优化以后，再替换配音，并由执行总导演亲自到录音棚，指导调整。最终生成实验室级别的人工智能配音。①

从效果来看，《创新中国》的配音基本还原了李易生前的配音风格和声音形态，和类型化的配音相比，语流更加连贯自然，重音、节奏更加准确，更为接近人的艺术表达。这也是语音合成技术首次应用在长纪录片配音领域。当然，即便是在实验室技术精雕细刻之下，依然无法完全做到如同真人配音一般生动，也不可能再造李易声音艺术的创造性，但至少往前走了一步。作为一部反映科技创新题材的纪录片，这样的配音方式也与内容相得益彰。

纪录片配音是一项复杂的艺术创作，人的艺术表达、风格会随着年龄、阅历的增长发生变化，这恰恰就是人作为艺术创作者的主体性表现。在《创新中国》中，AI 李易"是我们根据李易的底色，尽可能反映出我们目前对纪录片解说审美的人"②。真正的创作者不是李易个体，而是李易、科大讯飞、编导团队三方的合力。

三、虚拟播音主持活动目前存在的问题与发展空间

（一）技术：高水平突破仍待时日

从目前的技术水平来看，人工智能技术已经能够在文本既定、流程既定情况下完成一般意义上的播音与主持活动，包括新闻播报、配音、简单的流程主持等，在完成度和语音准确度上有比较好的表现。然而，人工智能技术在更高的智慧能力方面还存在瓶颈。

---

① 王同.《创新中国》解说制作全记录［EB/OL］.（2018-01-22）［2023-02-01］.
https://mp.weixin.qq.com/s/I5ctqjbAnWpzFgITk3Gdkw.

② 王同.《创新中国》解说制作全记录［EB/OL］.（2018-01-27）［2023-02-01］.
https://mp.weixin.qq.com/s/iySyLTjaYrw_e4uvtvsXPQ.

尽管人工智能主播在语音上不会出错,但无法适配合适的情感基调,灵活转换语气。在处理比较长的句子,或者较为复杂的内容时,人工智能很难精准理解上下文之间、句子内部各个成分之间的语意关系、情感关系,无法捕捉文本语言的内在逻辑,容易出现停连失当、重音有误的情况,极大地影响有声语言传播的准确性、艺术性。在主持创作方面,目前只能基于既定流程、既定内容完成语音转换,即时反应能力较弱。主要还是由幕后工作人员担任虚拟主持人的"大脑",直接输出。

作为一种新的媒介和信息载体,人工智能机器人要充当主播,就必须具备影响特定时间、特定区间人的视觉或听觉反应的因素,从而导致产生相应的结果。[1] 在目前技术仍然存在相当局限性的情况下,很难在运用上有突破性的进展。因此,虚拟播音主持创作活动的发展,还期待科学进步与技术革命给出通往未来世界的钥匙。

(二)运用:场景与内容亟待丰富

受限于人工智能技术的使用成本和技术水平,当前虚拟播音主持活动的使用场景和内容依然比较有限,主要集中在批量化生产的新闻播音、有声演播,以及高成本、品牌化的重点项目打造。

批量生产主要集中在国家级媒体、集成性平台、主流商业媒体机构。人工智能技术能够协助媒体机构完成大批量、高效率的生产,缓解播音专业技术人员不足、难以到岗等情况形成的生产力短缺。对于更为普遍的以"小而美"凸显特色的地方媒体机构而言,如果使用达不到一定量级,投入资金和人力研发、购买、使用人工智能播音主持,恐怕无利可图,甚至得不偿失。

和批量生产相比,品牌化的重点项目打造则更需要财力、物力、人力支持。如前所述,研发一个具有独立 IP 价值的虚拟主播成本高昂,一般机构难以持续支持。公众的好奇心、新鲜感的保鲜期不会维持太久,当"蓝海"变成"红海",如果无法让人眼前一亮,那么在喧哗过后,恐怕也只会陷入一地

---

① 叶昌前.面对机器人主播:人工智能时代的主持人将向何方[J].南方电视学刊,2018(01):14-18.

鸡毛。

技术是现代声音艺术发展的前提,但并非唯一条件。从长远发展的角度考虑,在有限的技术条件下,还需要创作者针对人工智能 AI 主播的能力与特点,在使用场景、使用方式上做更为大胆的尝试,以内容创新引领虚拟播音主持活动的长期可持续发展。

(三)未来:人机共舞开创广阔空间

人工智能技术开启了通往新世界的大门。在此之前,机器只是人们应用的工具,如今,它以一个相对独立的个体身份进入人类现实生活,甚至披上"主播""主持人"的外衣,堂而皇之地宣布自己的传播主体身份。不论这个身份是实质意义上的"机器人",还是由人在背后完全操控,它都代表着以二进制为运算逻辑的机器主体,开始以虚拟的身份,进入真实的人类空间,成为连接现实与虚拟的桥梁。

虚拟播音主持活动是一项复杂的数字艺术创作活动,它跨越了传统人文艺术和科学技术之间的界限,将播音主持艺术和人工智能技术、影像合成技术等相融合,需要创作者充分理解计算机技术的底层逻辑,和机器展开深度合作,共同创作出一个新的虚拟身份,并以此为主体展开播音主持创作活动。播音主持创作活动从以播音员主持人个体为核心,转变为团队合作,共同创作。这无疑对创作者个体的知识结构、科学素养、艺术能力以及创作团队合作的流畅度都提出了更为苛刻的要求。未来的虚拟播音主持创作活动需要技术突破,更需要内容创新,跨越技术与艺术的隔阂,实现不同学科领域、不同创作人群之间的深度理解、融合、配合,共同创造更为广阔的艺术空间。

第五节 播音员主持人管理制度的升级改造

巨变之下,媒介渠道垄断不再。面对新的传播业态,国家、行业、媒体机构,纷纷采取行动,对播音员主持人管理制度进行升级改造,推动新时代中国特色社会主义播音主持艺术事业的创新发展。

一、国家层面:完善政策法规,动态调整平衡

(一)健全互联网信息传播相关法律法规

针对互联网视听行业的兴起,2003年1月7日,国家广播电影电视总局发布《互联网等信息网络传播视听管理办法》,2004年7月6日又发布的《互联网等信息网络传播视听节目管理办法》,明确我国从事信息网络传播视听节目业务实行许可制度,只有申请到"信息网络传播视听节目许可证"的机构可以从事相关活动,外商独资、中外合资、中外合作机构被排除在外。

2007年12月20日,国家广电总局、信息产业部联合印发《互联网视听节目服务管理规定》,除了继续坚持许可证制度以外,要求从事广播电台,电视台形态服务和时政类视听新闻服务的,还应当持有广播电视播出机构许可证或互联网新闻信息服务许可证,从事主持、访谈、报道类视听服务的,还应当持有广播电视节目制作经营许可证和互联网新闻信息服务许可证。

2011年5月,中华人民共和国国家互联网信息办公室成立,专门负责落实互联网信息传播方针政策和推动互联网信息传播法治建设,指导、协调、督促有关部门加强互联网信息内容管理,依法查处违法违规网站等。如今,针对互联网信息传播,已有《中华人民共和国网络安全法》《互联网信息服务管理办法》《互联网新闻信息服务管理规定》《互联网文化管理暂行规定》《互联网视听节目服务管理规定》等相关法规。其中,和新闻传播关系最为密切的,当属2017年6月1日起正式施行的《互联网新闻信息服务管理规定》。规定明确,任何向社会公众提供互联网新闻信息服务的活动,都应当取得互联网新闻信息服务许可。而要申请互联网新闻信息服务许可证,必须是新闻单位(含其控股单位)或新闻宣传部门主管的单位。这就意味着,在互联网上进行新闻采编、转载、传播的,必须是国有新闻机构(含控股单位)。

2019年11月18日,国家互联网信息办公室、文化和旅游部、国家广播

电视总局联合印发了《网络音视频信息服务管理规定》,进一步明确了互联网内容创作者以及平台应当遵守的相关规定,加重了平台对用户发布的组织审核责任,要求平台应当取得相关资质,并建立健全用户注册、信息发布审核、信息安全管理等制度。例如,对用户进行基于组织机构代码、身份证件号码、移动电话号码等方式的真实身份信息认证;建立健全日常鉴别、审核、辟谣、处罚等相关制度,维护互联网信息传播秩序。

(二)动态调整播音员主持人行业规制

播音员主持人是一个岗位,更是一种政治认可。信息革命大浪来袭之时,乱象迭出,一些播音员主持人出现了言行失当、违规违纪,乃至违反法律的事件,造成严重负面社会影响。为此,国家相关主管部门主要采取通知、意见、办法等文件形式,根据每一阶段的动态进行及时的政策调适,并通过座谈、学习、整改等方式贯彻执行。针对媒体融合过程中播音员主持人行业发展的文件主要有以下几条。

1.《新闻从业人员职务行为信息管理办法》

2014 年 6 月,针对播音员主持人在个人社交媒体违规透露未经发布的新闻信息,造成负面社会影响的情况,国家新闻出版广电总局印发《新闻从业人员职务行为信息管理办法》,要求包含播音员、主持人在内的新闻采编人员,应当遵守相关的职务行为信息管理办法,与新闻单位签订保密协议,不得违规向外界提供相关信息,例如通过任何网络、讲座、论坛等途径透露、发布职务行为信息,或者向境外媒体提供相关信息。管理办法还直接规定:新闻从业人员以职务身份开设博客、微博、微信等,须经所在新闻单位批准备案,所在单位负有日常监管职责。这一规定将播音员主持人的新闻职务行为从单一的节目播出,扩展到整个网络传播领域,有效增强媒体机构对相关行为的管理力度,形成相应管理规范。

2.《关于进一步加强广播电视主持人和嘉宾使用管理的通知》

2015 年 6 月 3 日,国家新闻出版广电总局发布《关于进一步加强广播电视主持人和嘉宾使用管理的通知》(以下简称《通知》),针对制播分离、体制改革以后出现的大量明星、艺人担任"嘉宾主持人""常驻嘉宾"带来的规范性问题,提出针对性意见。要求各广播电视机构要按照《广播电视编辑记者、播音员主持人资格管理暂行规定》加强主持人资格管理,不得使用无执业资格证书和未按规定进行执业注册的人员担任主持人。对于"嘉宾主持"这一称呼,《通知》给出明确的否定态度,提出要明确主持人和嘉宾的分工,主持人应承担节目的串联、引导、把控等功能,嘉宾不能行使主持人职能。

在实践中,广播电视机构自行制作的节目往往审核较严,从社会机构购买,或与社会机构联合制作的广播电视节目则因为直接面向市场,时有疏漏。对此,《通知》要求播出机构不论是哪种来源的节目,都需对主持人持证和注册情况进行审核,对嘉宾身份信息进行核实,并综合考虑主持人和嘉宾的专业素质和社会形象,判断其是否适宜发声出镜。《通知》还提出应当做好嘉宾上岗培训,引导其提高思想觉悟,明确自身定位,自觉遵守广播电视宣传管理有关规定。对季播节目中参加期数较多、相对固定的嘉宾要实施系统的培训。

《通知》自 2015 年 7 月 1 日起正式执行。根据《通知》要求,全国广播电视机构对本单位从事主持工作人员的持证上岗情况、执业资格注册情况等进行全面摸底,制定相应细则,规范嘉宾使用办法,加强审查和教育培训。经过一段时间的集中整顿,播音员主持人持证上岗规定的执行得到进一步巩固,嘉宾使用的规范性有了明显提升。此后,2021 年 9 月 2 日,《国家广播电视总局办公厅关于进一步加强文艺节目及其人员管理的通知》又再次强调要严格执行主持人持证上岗制度,规范主持人参加社会活动和网络信息发布。

3.《关于进一步规范播音员主持人职业行为和社会活动管理的意见》

2022 年 1 月 25 日,中共中央宣传部办公厅、国家广播电视总局办公厅印发《关于进一步规范播音员主持人职业行为和社会活动管理的意见》(以下简称《意见》),再次强调要始终把政治素质培养作为播音员主持人队伍建设的首要任务,不断提高政治判断力、政治领悟力、政治执行力,稳妥把握职业行为和社会活动。此规范专门针对播音员主持人的社会活动情况提出要求,也因此产生了和过去对播音员主持人行为规范表述不同的提法。《意见》在第二点"加强职业道德建设"里明确要求:"把职业道德建设作为立身之本，自觉抵制名利诱惑和低俗庸俗媚俗，净化'交际圈''朋友圈'，始终珍惜荣誉、谦虚谨慎、爱岗敬业，塑造良好公众形象，做德艺双馨的新闻工作者、文艺工作者。"

在复杂的传播环境里，科学的管理措施应当针对不同情况给出对策。为此，《意见》直接面向各播出机构，提出多项具体要求，总体上应当"严管与厚爱相结合，激励与约束并重"，对播音员主持人通过网络平台开展网络直播、文字音视频信息发布等行为，坚持规范和发展并重，根据职务行为信息、私人信息等不同性质分别提出管理要求；对播音员主持人参加社会活动制定规章制度，明确管理原则和审批流程；播音员主持人参与广告代言、商业推广、网络带货等各类商业活动，须经所在播出机构批准。即便是参加私人活动，也要加强日常教育，做好事前提醒。

《意见》印发三个月后，4 月 19 日，国家广电总局召开播音员主持人工作座谈会，以"忠诚于党、明德敬业"为主题，部署推进加强播音员主持人队伍建设和管理工作。

纵观近年来国家行政主管机构针对播音主持活动提出的通知、意见类文件，既有不变，也有变。始终不变的是对播音员主持人作为"党的喉舌""媒体形象代表"属性的强调，因此反复提出规范性要求，再三强调要严格执行播音员主持人持证上岗和执业注册制度。变化，则是在不同发展阶段，针对行业出现的现实问题提出专项整顿，帮助播音员主持人队伍在新的媒介环境、社会环境里始终保持本色，以新形式、新方法实现"坚持正确导向、传播先进文化、引领文明风尚的重要职责"。

（三）设立播音主持政府奖激励行业正向发展

2021 年，中国播音主持"金声奖"评选工作正式启动。该奖项两年一届，由国家广播电视总局主办、中国电视艺术委员会承办，是经中央批准、我国播音主持领域首次设立的政府奖。

"金声奖"的参评条件并不复杂，具有中华人民共和国国籍是基本条件；热爱祖国，拥护中国共产党，忠于党的广播电视事业，讲政治、重品行、强业务是政治要求；持有国家广播电视总局颁发且在有效期内的"中华人民共和国播音员主持人证",现正在全国各级广播电视播出机构播音主持岗位,且连续从事播音主持工作三年(含)以上是业务门槛。只要符合这三条,便可以参加评选。评选标准也只有简洁的三条描述:(一)坚持正确政治方向,增强"四个意识"、坚定"四个自信"、做到"两个维护",自觉遵纪守法,遵守职业道德,牢记社会责任,能够正确传递党和国家声音、传播主流价值观、展现新时代风貌。(二)具有扎实的专业功底、良好的语言文化素养和优秀的表达表现能力,业务水平高、素质全面。播音主持作品坚持守正创新、符合时代审美、代表专业发展方向。(三)德艺双馨,在社会上具有良好影响力和一定知名度。① 可以看出,"金声奖"的评选高度重视播音员主持人作为公众人物应当起到的正向引领作用,希望以此激励广大播音员主持人在壮大主流思想舆论、彰显文化自信、讲好中国故事等方面作出更大贡献。

2022 年 8 月,首届中国播音主持"金声奖"获奖名单揭晓,优秀广播播音员主持人有:中央广播电视总台王冠、北京广播电视台刘卓、重庆广播电视集团(总台)孙爽、三亚广播电视台孙聪、沈阳广播电视台佟鑫、安徽广播电视台武彦、中央广播电视总台赵梦娇、湖北广播电视台柳芳、湖南广播电视台董国生、甘肃省广播电视总台谢珺。

优秀电视播音员主持人包括:河北广播电视台方琼、上海广播电视台印海蓉、北京广播电视台李杰、山西广播电视台李桂琴、河南广播电视台庞晓戈、江苏省广播电视总台孟非、新疆广播电视台海米提·买买提、中央广播电视总台鲁健、拉萨广播电视台普珍、中央广播电视总台撒贝宁。②

(四)深化职称改革,提升行业评价科学性

2021 年 1 月 14 日,人力资源和社会保障部、国家广播电视总局印发《关于深化播音主持专业人员职称制度改革的指导意见》(以下简称《指导意

---

① 国家广播电视总局.国家广播电视总局办公厅关于组织参加中国广播电视节目奖·首届中国播音主持"金声奖"评选工作的通知[R/OL].(2021-09-17)[2022-10-29].http://www.nrta.gov.cn/art/2021/9/17/art_113_57927.html.

② 国家广播电视总局.首届中国播音主持"金声奖"获奖名单[R/OL].(2022-08-08)[2022-10-20].http://www.nrta.gov.cn/art/2022/8/8/art_113_61168.html.

见》)。和上一版播音员职称评审制度相比，此次改革以媒体融合环境下多元主体的播音主持传播现状为出发点，坚持把政治品德和职业道德放在首位，坚持服务发展、科学评价、问题导向、以用为本的原则，在多个维度上进行实质性调整。

第一，健全制度体系。此次改革将播音员主持人统一归类为播音主持专业人员，彻底解决了在行业内部呼吁多年的主持人职称序列问题，并根据当前播音员主持人队伍普遍学历提升、专业基础稳定的情况，缩减初级职称类别，设置了与专业技术岗位管理相适配的职称对应关系。

第二，完善评价标准。坚持德才兼备、以德为先，在此基础上突出评价业绩水平和实际贡献，打破唯学历、论文、获奖等条件限制，对各个职称级别和人才类型，分级分类给出考察重点。例如对主要从事播音工作的人员，着重评价其完成播音和主持任务情况、播音风格、社会声誉等；对主要从事节目主持工作的人员，着重评价其传递正向价值、树立声屏形象、创新业务实践等；对同时承担教学指导和学术研究的人员，将其对理论和创作规律的研究造诣作为重要评价内容。通过这种方式，提高评价体系的科学性。

第三，打破体制隔阂。《指导意见》要求进一步打破户籍、地域、身份、档案、所有制等制约，畅通各类播音主持专业人员职称申报渠道，非公有制广播电视节目制作机构、网络视听节目服务机构的播音主持专业人员，以及在公有机构里以各种聘用方式展开工作的播音员主持人都可以申报职称并且享有同等待遇。这一举措象征着国家对公有广播电视机构以外的播音主持事业给出了全面的、正式的承认，可以和公有广播电视机构的播音员主持人一起，享有事业发展给个人带来的职业荣耀，共担坚持正确导向、传播先进文化、引领文明风尚的责任与使命。

从总体上来看，改革以后的播音员主持人职称评审体系，用更加开放、包容的态度，根据播音主持专业人才的成长规律和职业特点，科学调整方案，注重业绩水平和实际贡献，着力锻造一支政治坚定、素质优良、德艺双馨的播音主持专业人员队伍。

二、行业层面:加强协会引导,助推健康发展

(一)网络视听行业协会的成立与工作开展情况

2009 年 2 月 22 日,人民网、新华网、央视国际、中国网等八家中央网络媒体共同签署了《中国互联网视听节目服务自律公约》。这也是中国互联网视听节目服务领域第一个类似行业自律公约的约定。

2011 年 8 月 19 日,中国网络视听节目服务协会成立,隶属于国家广播电视行政管理机构管辖,是网络视听领域唯一的国家级行业组织(一级协会),也是我国互联网领域规模最大的行业协会之一。协会现有会员单位700 余家,包括主流媒体机构、视听节目服务机构、影视节目制作公司以及华为、中兴等网络技术公司,涵盖了网络视听行业全产业链。协会成立后,于2012 年 7 月 13 日通过发布了《中国网络视听节目服务自律公约》,提出了十一条自律条款。然而,互联网视听节目覆盖面庞大,横向涉及中央网信办、国家广电总局、文化和旅游部、国家新闻出版署、市场监管等多个部门,因此约束力较为有限。2020 年,由于连续两年年度检查基本合格,中国网络视听节目服务协会的评估等级由 3A 级降为 2A 级。[1]

2020 年 9 月 24 日,中国电视艺术家协会网络直播专业委员会成立,会长为湖南广播电视台原台长欧阳常林。这一协会专注网络直播领域,会员单位主要为互联网直播平台及相关业务机构、广电媒体的 MCN 机构等,力求在联系服务会员单位、加强行业组织管理等方面开展相关工作,推动行业健康发展。

(二)中广联播音员主持人行业协会的工作情况

进入媒体融合时代,中国广播电视社会组织联合会播音主持委员会和

---

① 中华人民共和国民政部.民政部关于降低 23 家社会组织评估等级的公告[R/OL].(2020-09-09)[2022-10-22].https://xxgk.mca.gov.cn:8445/gdnps/pc/content.jsp?id=14584&mtype=1.

中国电视艺术家协会主持人专业委员会作为国家级播音员主持人行业协会，在提升行业水平、促进行业健康发展方面持续做了大量工作。

在行业自律方面，2015年，中国广播电视社会组织联合会播音主持委员会更新了《中国广播电视播音员主持人自律公约》，主要对播音员主持人的政治素养提出更加具体的期待，提出应当"认真学习党的十八届三中全会、四中全会精神和习近平总书记系列讲话精神，不断提高政治素养和政策水平"，另外对第十八条"播音员主持人不从事广告和其他经营活动"的表述进行了修正，将限定范围缩小为"新闻性、服务性节目的播音员主持人"。2022年1月，在中共中央宣传部和国家广电总局联合发布《关于进一步规范播音员主持人职业行为和社会活动管理的意见》之后，中国广播电视社会组织联合会紧接着向全国广播电视播音员主持人发出倡议，就"净化朋友圈"做出更加具体的解释："自觉抵制高片酬、拜金主义和奢靡之风""不参加有损媒体形象、自身形象的组织和活动，不利用职业身份和个人知名度谋取不当利益，不在公开场合发表不当言论，不做出不当举止，不制作、不代言、不传播虚假广告，做德艺双馨的广播电视工作者"。

在专业评价体系建设方面，从2009年开始，中国广播电视社会组织联合会播音主持委员会连续主办"播音主持作品专业考核表彰活动"，对近年来全国播音主持队伍建设考核的先进单位和优秀播音主持作品进行公开表彰，以此促进播音主持行业的标杆体系建设。

在促进理论学习，拓展学术创新方面，协会同样起到了重要的推动作用。2018年，协会组织会员单位展开"改革开放四十年播音主持历史研讨活动"。2019年与江苏省广播电视总台合作，召开增强四力教育实践工作动员会，旨在深入学习贯彻习近平总书记关于宣传领域要增强"脚力、眼力、脑力、笔力"等系列重要讲话精神，推动宣传思想战线锻造过硬素质、过硬本领、过硬作风。2020年与中国传媒大学合作启动中国播音主持人才动态数据库项目，力图对播音主持行业进行全面、动态、深入的"人口普查"，借助最先进的大数据技术、专业的评判归类标准，对中国播音主持专业人士进行信息分类、认证、数据分析等研究。①

(三)中视协主持人专业委员会的工作情况

中视协主持人专业委员会从2015年到2022年,完成了从第二届到第三届组织机构成员的变化。2015年7月8日,在中国视协主持人专业委员会换届工作会议暨培训研讨会上,著名主持人赵忠祥卸任中国视协主持人专业委员会主任,交由央视著名主持人敬一丹担任。另外两名央视著名主持人李瑞英、李修平出任该委员会常务副主任,杨澜、孟非、朱军、白岩松、马东、王小丫、曹可凡担任副主任,鞠萍任秘书长。②2022年8月3日,中国视协主持人专业委员会换届工作会议在北京召开,第三届组织机构成员名单正式出炉,中央电视台著名主持人徐俐任会长③,赵保乐任常务副会长兼秘书长。

在敬一丹任职期间,中视协主持人专业委员会开展了丰富多彩的活动,包括组织全国各级电视机构主持人开展教育培训、理论研讨、慰问演出、诗歌朗诵会、影视小屋授课等活动,服务主持人行业建设。④

三、媒体层面:创新管理机制,实现融合发展

(一)坚定政治立场,强化队伍管理

1.完善管理制度,规范播音员主持人各类活动

目前,国内各电台电视台的播音员主持人管理基本采用双轨动态管理

---

① 中国播音主持人才动态数据库项目启动会在中传召开[EB/OL].(2020-11-16)[2022-10-21].https://www.thepaper.cn/newsDetail_forward_10018197.

② 敬一丹接棒赵忠祥担任中国视协主持人专业委员会主任[EB/OL].(2015-07-15)[2022-10-21].https://www.thepaper.cn/newsDetail_forward_1352850?ivk_sa=1023197a.

③ 中视协主持人专业委员会领导职务名称发生过数次变动。成立时称会长,后改称主任,2022年换届时又改回会长。

④ 中国电视艺术家协会.中国视协主持人专业委员会换届工作会议在京召开[EB/OL].(2022-08-04)[2022-10-21].https://mp.weixin.qq.com/s/OuAiJMxwr9AUx9p-BC29rg.

模式，即播音员主持人专门管理机构和相关频道部门均作为播音员主持人日常管理的责任主体，从不同层面展开管理与协调。媒体融合改革开始之后，各个机构针对媒体融合语境下播音员主持人面临的新型工作业态，进一步完善机构管理措施，细化机构管理制度。

2015年，中央电视台成立全台播音员主持人管理委员会，出台新版《中央电视台播音员主持人管理办法》，建立播音员主持人动态管理模式，在引进渠道、岗位管理、考核激励等方面推出多项改革举措。制定了播音员主持人年度岗位综合评价体系，从影响力、工作表现、遵规守纪情况三个维度对播音员主持人进行全面考核。考核优秀者，将获得优秀播音员主持人岗位奖励津贴，并有资格参评"中央电视台十佳播音员主持人"；考核不合格者，将被调离播音主持岗位。① 广东电视台在2015年时便已经出台了《广东电视台播音员主持人管理规定》《广东电视台播音员主持人竞争上岗条例》《广东电视台播音员主持人年度考核管理规定》《关于培养"名主播""名主持"的方案》等规定②，广东广播、电视、南方台三台合并后，又根据实际情况，制定了《广东广播电视台主持人管理暂行办法》，从执业资格管理、岗位行为管理、考核与奖惩、参与社会活动管理、新媒体管理、嘉宾及境外主持人管理等方面进行了规范。③

播音员主持人的社会活动、商业活动、网络传播活动的审批管理是日常管理的难点。《关于进一步规范播音员主持人职业行为和社会活动管理的意见》下发以后，各地广播电视机构开展专题学习活动，梳理机构管理制度，查漏补缺。上海广播电视台连续召开四场专题座谈会，要求播音员主持人要始终牢记政治责任，坚定政治立场，增强政治敏锐性，严格规范自身言行，

---

① 央视新规打破播音员主持人终身制［EB/OL］.（2015-10-16）［2022-10-20］. https：//www.cctv.com/2015/10/16/ARTI1444964174037819.shtml.

② 魏冬青.管理让主持人实现最大的价值：谈广东特色的主持人管理模式［J］.南方电视学刊，2015（05）：55-57.

③ GRT 讲堂｜我台播音指导、播音主持管委会秘书长魏冬青亲传"主持人管理的坚守与突破"之道［EB/OL］.（2017-09-21）［2022-10-20］.https：//mp.weixin.qq.com/s/juBwptowXO4O6i4pfC1elg.

提高自身修养,抵制名利诱惑和低俗庸俗媚俗,净化"交际圈""朋友圈"。①
安徽广播电视台在 2022 年制定颁发《安徽广播电视台关于进一步加强播音
员主持人职业行为规范和社会活动管理的暂行办法》,从十个方面提出工作
要求和贯彻举措,同时制发《安徽广播电视台播音员主持人非职务活动管理
规定(修订版)》,将播音员主持人非职务活动按照"非商业""商业"性质,区
分"线上""线下",明确职责、分类管理、简化审批流程,重点对播音员主持人
参与商业活动的收益分配、审批要求、处罚措施等做出明确规定。② 通过一
系列内部管理措施,填补播音员主持人行为规范上的制度空缺。浙江卫视
则组织所有播音员、主持人集体签订了《浙江卫视播音员主持人自律守则》,
在集合了诸多品牌节目主持人的节目中心执行主持人周报备制度,主持人
每周需向"艺人工作室"报备个人动态、去向。③ 北京广播电视局、湖南广播
电视局均将网络视听节目播音员主持人纳入准入管理,强化规范网络主播
职业行为。

如此,通过一系列内部管理制度的制定与执行,补漏的同时强化内部管
理,使得播音主持从业人员管理进一步规范化、制度化、常态化。

2.加强培训,提升播音员主持人政治素养

播音员主持人要成为新时代的观察者、记录者、表达者,需要对自身的
职责使命有真切的感知,自觉践行社会主义核心价值观,遵守职业道德、职
业操守,勇担时代使命。为此,各个广电媒体纷纷以业务讲座、学习会议、主
题演讲、心得体会交流等方式展开播音员主持人政治素养学习培训。

将学习活动和业务实践相结合,是媒体机构常用的政治思想培训方式。
广东台在抗日战争胜利七十周年之际,协调组织全台播音员主持人举办专

---

① 上海台进一步加强播音主持队伍建设[EB/OL].(2022−02−23)[2022−10−20].
http://www.nrta.gov.cn/art/2022/2/23/art_114_59611.html.

② 安徽台出台"一办法一规定"加强播音员主持人队伍建设管理[EB/OL].(2022−
08−11)[2022−10−20].http://www.nrta.gov.cn/art/2022/8/11/art_114_61206.html.

③ 忠诚于党 明德敬业 服务人民|浙江广电集团播音员主持人队伍建设和管理专
题会议发言分享[EB/OL].(2022−06−03)[2022−10−20].https://mp.weixin.qq.com/s/
IWhA0lndE_NFqZzx4zXXyQ.

题朗诵会,并在广东卫视播放,成为一项集合了业务集训、思想教育、品牌展示的综合性业务活动。浙江卫视组织主持人集体参与制作《青春百年·蓝媒青年说》《学习有声——〈习近平在浙江〉节选诵读》等系列宣讲视频。上海文广集团则在中国共产党成立百年之际推出《影像中的百年党史》系列报道,汇聚了一百位 SMG 主持人,录制一百期短视频,将党史学习融入创作。

将思想教育和社会活动、走基层活动相结合,是主持人践行四力,加强职业责任认知的有效路径。2014 年总局开展"百名播音员主持人走基层活动",每年组织一百名中央和地方广电机构文艺节目播音员主持人深入基层,在为群众演播的同时,指导培养基层播音朗诵爱好者。① 湖南台主打主持人在年轻人群展开的公益品牌活动,杜海涛带着粉丝开展夏令营韶山之行;沈梦辰在复兴号列车上主持"五四青年成人礼";主持人集体录制歌曲《为奋斗的你鼓掌》,为正在奋斗的每一个高考生点赞;等等。多种多样的活动,既让年轻主持人在社会实践中感受来自生活的泥土与露珠,也丰富了荧屏色彩。

身边的榜样往往具有特别的力量。2016 年,中央人民广播电台恢复自20 世纪五六十年代便开始的"一对一,传帮带"光荣传统,推行播音员、主持人"导师制"培养计划,聘请铁城、方明、雅坤、虹云等经验丰富、具有典范价值的老播音员担任导师,通过"全员新闻播报培训"等专题式培训项目,带领年轻播音员展开学习。老播音员言传身教,从专业知识到思想品行展开全方位的指导,"进一步促进播音员主持人队伍的成长,提升中央电台播音员主持人队伍整体品质,重塑国家声音形象的标志"②。

主持人锻造优秀的道德品质,往往会带来意想不到的回馈。2022 年 2月,浙江交通之声广播电台主持人王晨阳勇救落水女孩,事迹曝光后引起强烈社会反响,王晨阳将频道和阿里公益基金颁发的一万五千元奖金全部捐

---

① 在基层的广袤天地中攀登文艺创作的高峰 新闻出版广播影视系统广泛深入开展深入生活 扎根人民主题实践活动[EB/OL].(2014-12-1)[2022-10-21].http://www.nrta.gov.cn/art/2014/12/1/art_31_748.html.

② 阎晓明出席中央电台播音主持人导师计划启动仪式[EB/OL].(2016-10-24)[2022-10-21].http://www.nrta.gov.cn/art/2016/10/24/art_112_31899.html.

献给杭州市见义勇为基金会,并在自己主持的《一路有你》栏目中增加公益板块,定期为听众讲述身边的暖心故事,取得个人和节目品牌效应双丰收。

(二)加强扶持引导,鼓励融合转型

1.出台鼓励政策,提供培训支持

融合时代的改革尝试,需要播音员主持人充分发挥主观能动性,主动拥抱互联网,开创新的创作空间。作为主管单位,媒体机构在政策引导方面给出明确信号,支持鼓励、容许试错,并且在培训、考核、评奖等方面给出有力支持。

河北台从2020年开始,每年组织一次"最佳播音员主持人""最具影响力网红主播"评选活动。同时制定《网络直播带货主播考核激励办法》《公司和频率频道合作办法》,通过市场化方式,整合旗下MCN机构和频道资源,培养打造全媒型、专业型、复合型播音员主持人、网络主播队伍。

浙江广电集团自2022年开始培育新闻类个人重点账号,首批扶持"小强说""舒中胜""我是方雨""新闻姐"等12个重点IP,并且还将继续加大力度扩大规模,推动更多播音员主持人加入IP品牌打造行动。各个频道也都展开对新媒体账号的鼓励与支持。浙江电台城市之声鼓励所有一线采编播人员根据自己的节目打造新媒体账号.

在广播电视媒体的节目制作流程中,播音员主持人大多只执行一个环节,然而,面对互联网语境,则主要由播音员主持人个人完成生产传播全过程。针对当前内容创作窄播化、分众趋势的进一步加深,北京人民广播电台专门开展"小而专"的分类培训,将主持人节目分为新闻类、评论类、谈话类、财经类、音乐类、娱乐类,以专家学者的面对面交流、"一对一"指导的方式进行培训,实用性强,重点突出,取得了量身定制的效果。[1] 为了解决电台工作人员缺乏视频创作经验的技术障碍,浙江城市之声推出了"轻量化拍剪,批量化生产,极致化内容"的办法,对记者主持人进行手机剪辑的培训,最大程

---

① 万俊杰,闫海涛.融媒时代播音员主持人管理的新理念、新路径、新责任:基于北京人民广播电台的考察[J].青年记者,2019(36):72-74.

度缩短拍摄和剪辑的流程，提升内容创作效率。

2.主持人工作室改革，激发创新活力

（1）工作室制度的发展历程

早期工作室以节目资源整合为主，如黑龙江广播电台著名情感热线《叶文有话要说》的节目主持人叶文在2008年成立的叶文工作室，无锡交通广播2011年以《大李小李有道理》节目主持人大李领衔成立的"大李维权工作室"，吉林人民广播电台的"青雪工作室"，都是立足节目创作，盘活相关资源的机构设置。

经过近十年的普遍探索，独立于栏目、频道的工作室制度已经成为广电机构内部常见的一种创作机制改革。它打破原有机构、部门、编制、岗位限制，以内容品牌为核心，面向市场开拓资源，在融合传播、社区运营、市场转化、整合营销、品牌推广等多个维度展开全方位、立体化建设，打造联通媒体与市场的融媒体内容品牌。同时，通过改革激励制度，激发品牌主持人及其团队的创造力、驱动力，成为新型主流媒体推动各专业岗位协同合作、创造价值的全新组织单元。到2022年，广东台已经成立二十二个涉及垂直类、服务类和平台类等融媒矩阵工作室。湖南卫视的十二个工作室，上海东方卫视的四大品牌工作室，都已经成为媒体内容生产的中坚力量。

（2）主持人工作室的基本运营方式

主持人工作室是完全以品牌主持人为核心，围绕其品牌内涵与价值，展开全方位的内容生产、传播与运营工作，以相对独立的运营方式直接面向市场，多点尝试、灵活探索，实现内容、产品、运营、服务、活动的全链条融合。

首先，相对独立的设置，有利于主持人打破媒体、频道、栏目的局限，在内容生产领域展开全面融合发展。中央人民广播电台第一个主持人工作室"海阳工作室"是2013年以新闻脱口秀主持人海阳的名字命名的。基于海阳的性格特点、才艺优势，工作室开发了多种跨媒介、跨内容品类的音视频产品，如2014年在山东、辽宁电视台主持的《海阳俱乐部》和《语众不同》，与爱奇艺合作推出的《海阳头壳秀》视频短片；2015年海阳参与优酷自制互联网喜剧《优叻个秀》的主持和演出；2016年，海阳与爱奇艺联合推出《晚安朋友圈》等节目。①

广东广播电视台也是较早规模化开展主持人工作室制度改革工作的广电媒体,2016 年陆续成立了以主持人名字命名的五大主持人工作室。"尹铮铮工作室"主持人尹铮铮是广播新闻评论类节目《直播广东》和电视民生类新闻栏目《今日关注》的主播,在广东省具有很高的知名度。成立工作室以后,研发了主持人团队系列融媒产品——以"尹铮铮"为品牌的常规更新的微信公众号"铮眼看历史"、融媒体节目《新闻八分钟》、个人音频脱口秀《铮铮哥说事》;特别融媒产品,如里约奥运会期间的《铮铮在里约》系列广播报道、网络音频产品,每天在腾讯直播的《"铮"说奥运》,以及奥运会结束后的落地活动"铮铮在里约摄影展"②,线上线下结合,形成系列化的融合新闻产品矩阵。

其次,主持人工作室普遍拥有相对独立的运营权,能够以相对独立的机构身份对内聚集资源,以市场主体身份对外衔接各大企事业单位,推进内容与经营的全盘整合。在广东台,主持人工作室拥有相对独立的"四大权限",即团队组建权、经费支配权、收益奖励权、创意自主权。在管理模式上,工作室负责人与频率及台内公司签订协议,以台内公司作为工作室的管理公司,设立专用账户管理。广东广播电视台给予启动资金,工作室按计划每年上缴经营利润。③ 在广播主持人工作室完成了该年度的经营任务后,超额部分的 50% 将作为奖励返还给工作室,以激励工作室继续创造新的业绩。中央人民广播电台的主持人工作室改革则将步子迈得更大。"海阳工作室"作为独立公司进行运营,央广都市(北京)文化传媒有限公司参股管理,将"海阳工作室"的节目版权、品牌版权、成员的演艺经纪权授权给独立公司运营使

---

① 华树凯,李丹.主持人工作室运营模式研究:以中央人民广播电台海阳工作室为例[J].中国广播,2017(05):8-14.

② 麦伟平,尹铮铮,刘学.匠人、匠心、品牌、智媒体:浅谈广东广播主持人工作室的创新[J].中国广播,2017(10):28-32.

③ 曾少华,何新仕,邓东力.让主持人成为"新价值"的创造者:广东广播主持人工作室的探索实践[M]//钟翠萍.融合之路:广东广播的实践和探索.广州:暨南大学出版社,2017:20.

用,但在产品内容和版权使用上进行严格管控。①

主持人工作室实质上是以公司化的模式围绕主持人的个人品牌展开综合运营,要求主持人不但是优秀的内容生产者,同时还具有运营、策划、创新等多项能力,是团队的引领者,带领工作室面向市场展翅搏击。

(3)主持人工作室制度的新变化

近年来,随着移动互联网内容市场的急剧扩张,主持人 IP 运营的方式也在快速变化,工作室的运作方式出现了小型化、日常化和规模化、公司化两种趋向。

小型化、日常化意味着工作室的运作方式更加灵活,可以根据机构的人力、物力条件,进行移动式、项目制的运行。在全国广电机构主持人阵列里数据流量最大的"新闻姐"在走红之后成立了"新闻姐工作室",在理论上从单打独斗转变为团队作战。但实际上,除了少量运营人员,几乎没有固定成员。"搞一次活动或者直播,需要哪些部门哪些同事帮忙,那么这些同事就是我们团队的成员。"②在缺少固定成员的情况下,工作室成为一个流动办公台,展开轻体量的运行。这种运行方式可以减轻改革压力,解燃眉之急,但在主持人品牌塑造、多渠道融合传播与运营建设上也较为松散。

规模化、公司化则意味着工作室进一步扩大产能,围绕主持人及节目品牌影响力,开展更为广泛的品牌价值输出服务、文投全产业链服务、知识产权服务、文化产业 IP 热点经营等。③ 2017 年 8 月,"黎婉仪财富管理工作室"成立一体化运营的广州珠江财讯传媒有限公司,便是这一发展路径的代表。不同的运营方式,可以灵活匹配不同的现实状况和需求,实现个体最优解。

---

① 华树凯,李丹.主持人工作室运营模式研究:以中央人民广播电台海阳工作室为例[J].中国广播,2017(05):8-14.

② "新闻姐"邹雯:我是新闻评论者,也是共富见证者[EB/OL].(2022-05-25)[2022-09-26].http://dmzj.cztv.com/9871615.html.

③ 葛向阳,岳翔,郭应巍.广播主持人 MCN 转型模式探讨:从主持人工作室到网红主持人[J].中国广播,2020(09):23-25.

3.MCN 机构发力,打造网红主持人产业链

(1)广电媒体 MCN 机构的发展历程

MCN(Multi-Channel Network),即多频道网络,起源于美国视频分享网站 YouTube 平台,是一种内容创作者和平台之间的中介机构,类似于网红经纪公司。2012 年左右,国内开始出现从专业广告公司转型而来的 MCN 机构。2015 年以后,互联网经济的高速发展,个人商业短视频、音频、直播零售业务大规模兴起,MCN 机构随之同步崛起,成为网红经济的幕后推手。据统计,我国 MCN 机构在 2015—2017 年间从一百六十家增至一千七百家;2018 年进入爆发期,数量呈指数级增加至五千家,到 2019 年数量突破两万,截至 2020 年维持在两万左右。①

与海外"网红服务商"的定位不同,国内 MCN 机构更接近全产业链的组织者,承担着从发掘、筛选、培育、签约各类"网红",到组织网红内容生产并提供技术支持,再到包装运营、社群维护、平台对接乃至下游商业链条的整体建设,完成以网红 IP 为核心的全链条生产与变现。

2018 年,中国广播电视机构开始进军 MCN 机构领域,成都、湖南、浙江等广电机构率先展开探索。2019 年,广电 MCN 机构发展呈井喷态势。2021 年 12 月,已有约五十家省市级广电机构建立起自己的 MCN 机构品牌。②

广电机构广泛设立 MCN 机构,是中国互联网传播与经济生态发展到一定阶段以后的必然产物,对商业平台和广电机构来说是双赢举措。对商业平台而言,其一,在度过最初疯狂生长阶段之后,必然追求更加安全、高效的传播。广电 MCN 机构具有天然优势,在长期工作中形成了完整而严密的审核机制,以及高度内化的安全意识。其二,网红市场虽然热闹,但头部主播稀缺,具有长跑能力的优质人才更是难以复制,急需引进高水平内容生产力量。对广电机构而言,创办 MCN 机构有着颇为实际的考量。商业平台能够带来的海量追随者和更为广阔、灵活的商业空间。广电机构基于数十年的

---

① 郑卓恩.MCN:作为文创新场域的再发现:基于实践和研究发展的综述[J].文化创新比较研究,2022,6(01):194-198.

② 韩诚,范琪.广电 MCN 孵化模式创新研究[J].现代视听,2021(12):73-77.

积累,拥有大量高质量内容和品牌播音员主持人,具备在网络舆论场上、经济圈里迎风展翅的潜力。两厢契合之下,广电 MCN 机构成为融媒体时代播音员主持人品牌打造、创新管理的重要抓手。

(2)广电媒体 MCN 机构的运行方式

从实际运营情况来看,目前广电 MCN 机构已经成为推动播音员、主持人、记者转化为全媒体内容生产者的重要力量,促进媒体转型升级。

广电 MCN 机构搭建起播音员主持人网络内容生产与营收的统一管理平台,将全台各类平台账号作为一盘棋,通盘考虑、整合运营。2021 年,福建广电将全集团各频率频道官方账号和达人账号全部纳入新组建的福建广电 MCN 机构,统一运营管理。重视传媒 MCN 机构的三十余位签约达人,主要为重庆时尚频道、少儿频道等五个频道主持人、艺员。① 此外,互联网突破了地方广播电视机构原有的传播半径,广电 MCN 机构吸纳的播音员主持人队伍也不局限于本台范围,跨机构、跨平台招募成为打破原有机构人事限制的新尝试。黑龙江广播电视台与贝壳视频合作成立 MCN 机构,陆续签约了来自全国广电系统的两百多位主持人。河北广电 MCN 机构签约的近三百位主播中,40%来自全国各级广播电视台。②

搭建起队伍以后,广电系 MCN 机构参照商业 MCN 机构的工作流程,对播音员主持人触网以后的资金支持、内容生产、IP 孵化、运营管理、商业变现进行全流程系统性支持。例如河北广电 MCN 机构在签约主持人之后,会先针对主持人的特点进行一对一沟通,确定垂类方向,完成账号认证,并享受到单条视频五万曝光量的扶持。运营一段时间以后,机构会根据运营情况对账号进行评级,列为 A 类重点扶持账号的,运营专员将每日热点资讯、平台活动、机构活动、垂类培训等信息进行点对点投喂,帮助账号选取、发布短

①　重庆广播电视集团(总台)重视传媒 MCN 机构获评 2020 年全国广播电视媒体融合成长项目[J].广播电视信息,2021,28(10):20-21.

②　王建平.广电主持人转型全媒体主播,有戏！[EB/OL].(2020-10-07)[2022-10-02].https://mp.weixin.qq.com/s/1BowyXHFV6j9PzXukiTIqQ】.

视频,并在机构组织的"开播吧主持人"活动中给予重点流量曝光扶持。①

在协助内容生产、IP 孵化的同时,实现营收是传播目标的重要指向。首先是流量带来的广告商业变现。浙江广电 MCN 机构布噜文化旗下账号"虎哥说车",充分开掘本地知名汽车节目主持人于虎的知名度和内容生产、经营能力,在抖音收获三千万粉丝,每期点赞在三十万左右,并为多个品牌定制视频广告,流量变现渠道稳定。② 2018 年入局 MCN 的长沙广电系中广天择,有美妆、特效、情感、潮鞋等多个垂直类短视频账号,全网粉丝数达到二千三百万以上,并与五十多个品牌合作,实现了包括广告、直播、电商、知识付费、线下活动等多元化变现。③

直播带货、电商运营是商业网红变现的主要渠道,也是网红主持人运营的难点。这种路径并非单纯的内容传播活动,而是与实体经济直接关联的全产业链经营生产活动,需要借助相关企业的力量,打通整条产业链。湖南娱乐以抖音和淘宝直播为主要阵地,搭建了以直播电商为核心定位的商业矩阵。④ 2020 年成立的南京广电 WONDER MCN,也将直播带货作为营收的重要路径,与苏宁易购、抖音合作,打造全景体验式直播带货栏目,两百位主持人集体变身带货主播。河南广电的大象 MCN 则将后端云仓配送一并纳入工作范畴,打造一体化全产业链营销模式。

(3)广电 MCN 机构的特点与问题

第一,MCN 机构面向绝大多数在广播电视播出逻辑里处于"腰部"乃至"底部"的主持人、记者,覆盖面非常广泛。通过这一方式,能够将大量专业

---

① 王建平.广电主持人转型全媒体主播,有戏! [EB/OL].(2020-10-07)[2022-10-02].https://mp.weixin.qq.com/s/1BowyXHFV6j9PzXukiTIqQ】.

② 马上,刘晗妮,宋元仪,黄安娜.央视 MCN 模式与广电 MCN 模式现状比较[J].记者观察,2022(12):124-126.

③ 朱永祥.拆解广电 MCN[EB/OL].(2020-05-04)[2022-10-02].https://mp.weixin.qq.com/s/3Og_L8M9vsyG0Ho7LPKSNg.

④ 杨余.总监专访|湖南娱乐频道深入推进媒体融合,为专业频道变革破题! [EB/OL].(2021-03-21)[2022-10-01].https://mp.weixin.qq.com/s/eVoOIJGCBMEeub6Ts-YFPpQ.

的个人内容生产者从栏目、频道的组织方式里提取、聚合起来,面向互联网商业平台进行 IP 孵化、综合运营。

第二,直接面向互联网商业平台展开运营,针对性更强,垂直度更高。

第三,机构组织逻辑以商业运营为重心。

应该看到,虽然广电 MCN 近年来经历了跑步式发展,但在总体影响力上与商业 MCN 机构尚存在较大差距。在《互联网周刊》发布的"2020 MCN 机构排行榜""2021 年中国 MCN 机构 TOP100 排行榜"和艾媒咨询发布的"2020 中国 MCN 机构综合竞争力排行榜"中,仅有长沙广电的中广天择和湖南大声传媒两家机构上榜。[①] 除了起步慢、入局晚等客观原因,广电机构 MCN 的运营还存在一些难以回避的深层逻辑矛盾。

其一,广播电视媒体并非单纯的商业机构,广电 MCN 机构也不能单纯以盈利为目的,要充分考虑到媒体机构所承担的宣传和舆论引导职能,融合双方面的需求,探索一条新的发展路径。然而,互联网商业平台以盈利为首要目的,不但在内容选择标准与审核规范方面掣肘着 MCN 机构,对时间秩序的操纵也规制着 MCN 机构的内容生产流程。[②] 广电机构要在维持原有平台高水平播出运转的前提下,从头适应新的主流传播平台的秩序与规则,并将二者融合起来。这与目标单纯、任务清晰的商业 MCN 机构相比,显然担子更重,任务更复杂。

其二,新媒体个人账号高度依赖主持人个体的创作能力和创作热情。MCN 机构能够提供的经验和方法,更多是帮助主播更好地提升创作效率,持续输出优质内容、稳定商业变现,实现传播主力军的全面入场,但最终效果如何,还是取决于主持人个人。

---

① 韩诚,范琪.广电 MCN 孵化模式创新研究[J].现代视听,2021(12):73-77.

② 黄贺铂.他者的透视:MCN 机构与直播平台的想象可供性及反思[J].国际新闻界,2021,43(12):77-95.

(三)把握准入门槛,打造"养成系"新人

1.严把准入关口,建立动态岗位机制

播音员主持人作为一个媒体机构的"前台""脸面",其准入制度无疑是第一道关口。在总局多轮多次指示里,播音员主持人资格证、上岗执业资格的审核始终是内容重点,并在新人准入环节设置更为严格的标准与审核程序。

2015年《中央电视台播音员主持人管理办法》明确,今后央视播音主持人才的引进只有社会招聘、主持人大赛和内部选拔这三种渠道,提高了播音主持人才准入的标准。比如,社会招聘主要面向省级以上媒体的优秀播音员主持人或获得中国播音主持"金话筒"奖的播音员主持人。而面向高校应届毕业生的校园招聘,今后将只作为央视播音主持人才队伍的储备方式,应届生必须在央视从事两年采编工作后才能通过相应程序成为播音员主持人。播音员主持人从一种身份转变为一种岗位,频道和播音员主持人拥有双向选择权,播音员主持人上岗都要签署岗位协议,协议到期后,由双方协商是否续约。如果主持人未能续约,将离开播音主持岗位转做其他节目采编工作。[①]

北京人民广播电台改革播音员主持人上岗机制,推出"三审"管理。播音员主持人首先需具备国家广电总局颁发的播音员主持人资格证。第二要通过台内每年举办两次的资质审核会评审。台领导小组和专家委员会将从业务能力、工作表现、遵规守纪三个维度对播音员主持人进行全面测评,通过考核才具备上岗资格,不合格直接调离播音主持岗位。第三打破各系列台和各栏目之间的界限,所有播音员主持人都要在台内竞标上岗,合理流动、合理兼职。[②] 通过三次把关,建立起严格、科学的岗位机制。

---

① 央视新规打破播音员主持人终身制[EB/OL].(2015-10-16)[2022-10-20].https://www.cctv.com/2015/10/16/ARTI1444964174037819.shtml.

② 万俊杰,闫海涛.融媒时代播音员主持人管理的新理念、新路径、新责任:基于北京人民广播电台的考察[J].青年记者,2019(36):72-74.

2. 融合赛事传播，培养新生力量

新的事业需要补充新的力量，面对互联网传播语境，众多一线媒体纷纷推出新人主持，焕新屏幕形象。主持人大赛依然是具有全国性影响力的主流媒体选拔新人的主要方式。互联网语境下的主持新人培养和宣推呈现出"养成系"的特点，通过比赛、真人秀节目等多种途径，由用户一路见证新主持人的成长，在过程中建立用户和新主持人之间的情感链接。

2019年中央广播电视总台启动停办多年的主持人大赛，敬一丹、撒贝宁、鲁健、朱迅、刘欣等十七位央视主持人和专家学者担任评委，吸引大量专业院校学生、在职主持人参加比赛，一经推出便引起全社会高度关注。伴随比赛进程的不断推进，"神仙打架"式的专业比拼，金句迭出的专家意见，都成为舆论场上的焦点。经过近四个月的历练，一批优秀主持人脱颖而出，走上央视屏幕。2020年、2021年的总台春节联欢晚会上出现了大赛优秀选手尹颂、张舒越、马舒凡的身影。2021年7月14日，央视官宣"上新"龙洋、王嘉宁、邹韵、马凡舒等十二位"新面孔"主持人，绝大多数是此次主持人大赛的获奖选手。

2021年2月18日开播的上海文广集团《主播有新人》，也是通过比赛的形式选拔、推出主播新人。和纯粹的舞台竞技不同，《主播有新人》更像是一档职场竞技真人秀，以接近实战的方式展开。复试环节，新闻赛道选手要从片库里独立挑选新闻进行串编，完成新闻串词和稿件的独立撰写与配音，还要经历提词器故障、插播急稿、撑满规定时长等新闻播报现场的突发事件，全方位考核选手作为新闻主播的综合素养与临场应变能力。① 这些设置都充分考验主持人的基本功与应变能力，同时又给节目增加收视看点。

湖南卫视则将主持新人选拔和综艺节目融合，在2018年推出观察类真人秀《嘿！好样的》。节目定义为职场历练新人秀，十九位来自全国各地的主持新生，以湖南卫视试用员工的身份进入主持新生特训营。在营长海涛

---

① 李晓雅.专访林海|主播有新人，携初心跨屏[EB/OL].（2021-04-22）[2022-10-22].https://mp.weixin.qq.com/s/F7jOB4cRueewWMLHfB4mfA.

的带领下,在三个月的时间内接受指导并经历考核,最终诞生一名主持新人王。① 最终,李浩菲以最高选票当选主持新人王,获得主持湖南卫视跨年演唱会的机会,并发展成为芒果旗下综合型艺人。除了竞技综艺,湖南卫视大胆在王牌节目里推新人,2016 年、2021 年《天天向上》推出两期"天天小兄弟"选拔活动,给每个阶段的节目增补新人主持。在 2021—2022 年跨年晚会上,五位新人主持集体亮相,参与主持串联的同时还带来了两段跨年演讲。同一时期,接棒《快乐大本营》播出的新主打综艺《你好,星期六》出现了三位青春见习班新生主持。

近年来,各大媒体机构逐渐形成主持人新的选拔、培养模式。以比赛吸引具有发展潜质的优秀新人,通过职场真人秀式的精彩赛程、实打实的播出节目为新人提供展示风采的空间,锻炼专业能力,并敢于放手重点栏目,借助品牌栏目优势,推动主持新人快速成长。而这一成长过程,都在镜头的完整记录之中。观众见证了主持新人从参加比赛到走上屏幕、最终独当一面的成长经历,在一次次隔空会面里建立观众和主持人的情感连接,助推主持人品牌的快速形成。

(四) 拓展呈现渠道,建立多维品牌形象

"信任就是相信他人未来的可能行动的赌博。"②互联网时代,原本悬挂在后台与前台之间的帷幕被捅破,作为媒介形象的人格化载体,主持人要获得用户的信任,必须需要袒露更多的自我,在台前台后展开综合、立体的形象构建,建立起更为丰富、真实的人格形象。与其被动等待破解,不如主动开启建构。一些媒体机构围绕主持人的人格形象,通过衍生节目、台属综艺节目、特别节目、公益购物直播等多种渠道,展现品牌主持人个人经历、体验、生活、感受,并有意识地设计"破圈"风格,让主持人跨越不同的节目类

---

① 彭侃,胡钰鑫,李瑶.《嘿! 好样的》聚焦主持人养成,看湖南卫视如何布局内容生态系统? [EB/OL].(2018-07-06)[2022-10-22].https://mp.weixin.qq.com/s/zX_1-R-RcY5U2owxXGILw.

② [波]什托姆普卡.信任:一种社会学理论[M].程胜利,译.北京:中华书局,2005:33.

型、表达样态，树立起既风格一致，又变化多端的立体人格形象。

中央广播电视总台具有全国最为集中的品牌节目主持人资源，尤其是以《新闻联播》主播为核心的播音员团队，数十年来被认为是国家声音与形象的代表。适配融合发展的态势，《新闻联播》的播音员开始出现在多个品牌节目以及《新闻联播》衍生节目中，打造更为全面的职业形象。2021年，总台通过央视频平台开启了主打年轻态的"央young"系列网络综艺节目，包括《央young之夏》《冬日暖央young》《开工喜央young》等，对主持人队伍进行全方位的网络推广。首发综艺节目《央young之夏》一登场便吸引了全网视线。节目里，四十余位总台主播打破频道、节目界限，组成四支战队同台竞演。康辉扮演许仙、女主持人大跳女团舞，从90后到50后的全年龄段主持人同台展现才艺，让观众大呼过瘾，收获全平台热搜热榜超四十五个，超五亿全网话题总阅读量，以及四亿+全网视频播放量。①

此外，总台还通过多种类型的节目，展现主持人的人生经历、生活感悟等，塑造立体的主持人形象。在总台生活类慢综艺节目《你好，生活》里，除了尼格买提、撒贝宁两位固定主持人之外，康辉、李梓萌、张蕾、李思思、任鲁豫、王冰冰等主持人先后作为嘉宾，一起在郊区露营，一起重返校园，在轻松氛围里袒露人生经验，分享生活感悟，让观众看到主持人更为丰满、立体的人格形象。与此类似，北京人民广播电台推出的线上广播节目《话筒开了》，则集合了六十位主持人，分组讲述台前幕后的声音故事，以广播真人秀形式和欢快风趣的风格集中呈现电台主持人的多元形象。②

对于正在发展中的青年主持人，湖南卫视横跨演艺、多头并进的品牌建设方式值得借鉴。通过改革聘用制度，梁田、李莎旻子、靳梦佳和沈梦辰等一批年轻节目主持人得以借助品牌节目、独播剧、话剧、晚会、优质原创节目等内容资源，在网上网下的多平台、多渠道充分露出，快速推动主持人品牌

①　向青春进发：40位总台主播首度合体亮相！《央young之夏》四大战队全员集结[EB/OL].（2021－08－20）[2022－10－20].https://baijiahao.baidu.com/s?id=1708592012150437441&wfr=spider&for=pc.

②　万俊杰，闫海涛.融媒时代播音员主持人管理的新理念、新路径、新责任：基于北京人民广播电台的考察[J].青年记者，2019(36)：72-74.

形成。

目前,"前台丰富、后台披露"已经成为一种操作模式,将品牌播音员主持人与各个媒介渠道相适配,根据不同的媒介理念重组主持人资源,在树立主持人立体形象的同时,丰富媒体机构的融合内容创作,取得良好的综合效应。

第六章　别开生面:港澳台地区播音事业发展

第一节　香港播音事业的建设与发展

一、早期香港播音事业发展情况(1923 年至 20 世纪 70 年代)

(一)早期香港广播播音事业

1.早期香港广播事业发展情况

1842 年 8 月 29 日,因为第一次鸦片战争的失败,清政府被迫和英国签订《南京条约》,将香港岛割让给英国。1860 年,中英《北京条约》又将九龙半岛割让给英国。1898 年,英国强租新界。至此,英国共占有包括香港岛、九龙、新界三个部分的一千零九十二平方公里中国领土。英国殖民者在香港设立总督府,派驻代表管理香港事务。除了二战期间日本曾短暂占领香港,香港早期广播电视事业基本上是在英国殖民统治时期发展起来的。

香港的广播事业始于民间。1923 年 4 月 23 日,在《士蔑西报》的组织下,香港一百多位无线电爱好者自发组织成立香港无线电广播俱乐部(Hongkong Radio Club),自己组织播放新闻、音乐。1928 年 6 月 30 日,港英当局正式接管香港无线电广播俱乐部,呼号 GOW。

早期香港电台以英语播出,1934 年增设中文台,用粤语播音,台号为

ZEK。1941年12月,日本发动太平洋战争,并迅速占领香港,霸占香港电台,将其更名为"香岛放送局",为其侵略服务。二战后,英国人重新回到香港,并于1948年正式启用"香港广播电台"(RHK)的呼号。① 香港电台属于港英当局,广播处处长兼任电台台长,没有广告,所有经费由财政提供。因此,电台首先对当局负责,以政策宣传、教育传播为主要功能。1976年,电台英文名称改为"Radio Television Hong Kong"(简称:RTHK),提供中英文四个频道的节目。②

1949年3月1日,英国公司投资的"丽的呼声"电台成立,这是香港的第二家广播电台。"丽的呼声"电台以有线方式进行声音传播,设有银色中文台和蓝色英文台两个频率,1956年又增设金色网,用广州话、潮州话、上海话等多种方言播出,兼顾自办节目和转播香港电台节目。1973年停办。

"丽的呼声"电台虽然存在了二十余年,但从影响力来说远远不及官方开办的香港电台。真正撼动香港电台垄断地位的是1959年开播的"香港商业广播有限公司",简称"商台"。"商台"旗下拥有三个定位不同的电台:商业一台(雷霆881)、商业二台(叱咤903)和商业英文台。商业一台以资讯、时事、娱乐节目为主,商业二台则以青年人与学生为服务对象,播出本土或国外的流行音乐。③ 恰逢20世纪60年代半导体技术普及,收音机的成本大幅下降,香港广播收听人群激增。商业电台针对市场需要设计了大量节奏明快、风格活泼的广播节目,渐渐呈现与香港电台分庭抗礼的势头,两家对垒的局面逐渐稳定。

2.早期香港广播的新闻节目播音主持

20年代到40年代,香港电台的主要播音语言是英语和粤语。五六十年代,由于有大量内地人士迁居香港,电台播音语言发生变化。1956至1957年的统计数字显示,港台中文台粤语播音占57.43%,国语占31.76%,汕头语

---

① 董天策.港澳台广播电视[M].广州:暨南大学出版社,2010:3.
② 张振东,李春武.香港广播电视发展史[M].北京:中国广播电视出版社,1997:24.
③ 董天策.港澳台广播电视[M].广州:暨南大学出版社,2010:5.

占 9.23%,客家语占 1.58%。①到 70 年代,来港新一代逐渐长大,香港播音语言又逐渐转以英语和粤语为主。

作为政府机构,香港电台一直以官方代言人的身份发布新闻,所有新闻稿件均由港英当局新闻处提供。50 年代到 60 年代,大量移民涌入香港,为香港带来制造业发展的基础。从 1960 年至 1969 年,香港国民生产总值平均每年增长 13.6%。1969 年,人均总产值已达四千七百五十七港元,香港经济已渐渐升至发展中地区的前列。②同时,小小的弹丸之地承受了巨大的社会压力,住房、教育、医疗、市政……大量社会矛盾不断激化,群众性的社会运动接二连三,甚至引发冲突。港英当局的调查报告也认为:"市民与政府之间,存着极深的鸿沟。"③70 年代,港英当局被迫进行社会改革,用政府公共开支推进城市重建计划。

正是在这样的政治背景下,港英当局放宽了对广播电视的管制,1973 年香港电台成立了专门的新闻部门,除了政府信息仍由新闻处提供之外,开始独立运作新闻采编工作。香港电台一方面深耕本地,大量派出记者对本地突发事件、社会新闻进行现场报道;另一方面通过与 BBC 合作、外派海外记者等方式开拓国际新闻资源。在节目安排上加大新闻消息播出的频次,从每小时播报提升到每半小时播报,如遇重大突发事件,甚至会打破惯例,连续二十四小时展开跟踪报道。1974 年,商业电台也获得自办新闻节目的资格,很快成立独立新闻部门,将自采本地和国际新闻作为电台品牌展开经营。1977 年,商业电台所属三个频率都提升到半小时播报一次新闻。

丰富的新闻节目设置,让香港电台的播音员开始出现主播的特征,除了需要熟悉各类社会实践,用粤语流利日常播报新闻,还需要对随时发生的新闻事件做出反应,引入记者现场报道,进行嘉宾专访。

除了新闻消息类节目,香港的广播电台普遍开播新闻专题、时事讨论节

---

①　王庚武.香港史新编:下册[M].香港:三联书店,1997:601,

②　黄霑.粤语流行曲的发展与兴衰:香港流行音乐研究(1949—1997 年)[D].香港:香港大学,2003.

③　甘长求.香港经济教程[M].广州:中山大学出版社,1989:10.

目。60年代末,香港电台开始出现听众热线电话直接参与的新闻时政节目。1969年,香港电台首推《电话诉心声》,在节目里,市民可以打进电话,和轮流值守的各区民政主任直接对话,反映问题、提出意见,官员则负责对市民投诉进行具体回应。这类热线节目在香港被称为"烽烟"(phone-in)。[①] 70年代中期,香港电台推出直播节目《太平山下漫步》,在没有延迟播出"安全阀"的情况下,由主持人把控全局,引领听众进行时事讨论。在"烽烟"节目里,主持人是绝对的第一主角、意见领袖,香港第一代"烽烟"节目主持人陈毓祥、李銮辉都是社会知名人士。其中,陈毓祥是70年代香港"保钓运动"的代表人物,1985年,他当选为香港十大杰出青年,八九十年代活跃于香港电视论政节目《五棱镜》《议事论事》。另一位引起"烽烟"节目热潮的主持人欧阳义德更是言辞大胆、观点直率,吸引不少听众。[②] 可见,"烽烟"节目因与时政联系密切,主持人需具有很强的个人风格,有自己的政治主张与见解,才能在具有高度不确定性的节目框架里实现与听众的密切互动。

3.早期香港广播的音乐节目主持

早期香港广播音乐节目以播放西方流行音乐为主,主持人更多以播音员的角色出现,上下串联衔接即可。60年代末,香港电台开始出现音乐节目主持人的新形态——DJ。DJ,即DISC JOCKEY(唱片骑师)的缩写,指具备唱片播放能力,掌控唱片播出的驾驭者。早期的广播电台需要通过唱片来播出音乐,播音员既要播读文稿,又要一张一张地更换唱片,很容易手忙脚乱。为了让节目播出更加流畅,香港广播电台通常指派电台工程技术人员,在播音员的指挥下播放唱片。但是由于工程技术人员对音乐的熟悉程度不如播音员,因此,只能机械操作,无法做出更为灵活的应对,前后衔接时有不畅。60年代末,香港电台一位叫陈任的年轻播音员首创了自行播放唱片的先河,成为电台专业DJ第一人。[③] 通过自行控制唱片播放,主持人可以自由掌控唱片的选择、歌曲播放的顺序、两张唱片之间的间隔等,不但可以充分介绍

---

① 董天策.港澳台广播电视[M].广州:暨南大学出版社,2010:47.
② 董天策.港澳台广播电视[M].广州:暨南大学出版社,2010:47.
③ 张振东,李春武.香港广播电视发展史[M].北京:中国广播电视出版社,1997:26.

音乐，还可加以发散，抒发音乐感受，烘托节目气氛，加强对节目的整体掌控。

1968 年，商业电台开办《年轻人时间》节目，起用 DJ 全面掌控主持。70 年代以后，香港本土粤语流行音乐开始崛起，流行音乐节目因此盛行。1974 年，香港电台推出的《青春交响曲》，在每天下午 4 时至 6 时大量播出年轻人喜爱的音乐、歌曲，并且全部由 DJ 来主持。在快节奏的流行音乐带动下，DJ 不但自行编排音乐，还会针对音乐本身的背景、创作过程等发表意见、感悟，带入年轻人热衷的流行时尚话题，即兴畅谈自己的个人见解，以极富个性化的方式，展现个人的音乐品位与性格魅力，逐渐形成了香港广播播音主持事业中独特的“DJ 文化”。

DJ 的出现与现代声音媒介的技术革新有着密切联系。40 年代使用的粗纹唱片只能持续播放四分钟，基本上一首流行歌曲就是一张唱片，如果要播放一出京剧或者歌剧，可能需要几十张唱片，不断更换。50 年代以后出现了密纹唱片，将单张唱片的最长播放时间延长到了三十分钟。60 年代 33(1/3)转长行唱片问世，双面共计可转载六十分钟的音响。原来一张唱片只能容纳两首歌曲，现在一张唱片可以容纳十余首甚至二十首歌曲。① 唱片技术的进步给主持人单人操作提供了可能。1976 年 4 月，香港电台把第二、四两个调频从单声道电台改为调频立体声电台，极大地提升了音乐节目的艺术性。1978 年底，香港电台又全面更新播音室的设备，将很多仪器改成可由一人控制，以使节目主持人能自行操作。② 技术革新给音乐节目主持人更大的操作空间，用音乐和语言共同打造具有强烈主持人风格的音乐空间，与听众共同分享，也由此催生了音乐 DJ。

(二)早期香港电视播音事业

1957 年 5 月 19 日，香港第一家电视台——丽的呼声(香港有限公司)有

---

① 王韡.1950 至 1970 年代香港流行音乐繁荣的社会文化动因[J].艺术探索，2018，32(03)：92-97.

② 张振东，李春武.香港广播电视发展史[M].北京：中国广播电视出版社，1997：29.

线电视广播正式开播,这便是"丽的映声",即亚洲电视有限公司(Asia Tele-vision Limited,缩写为 ATV,简称亚视)的前身。刚开播时,"丽的"以有线电视的方式传送播出,内容以黑白英语节目为主,只有新闻和天气预报用粤语播报。1963 年 9 月,"丽的"增设中文电视台,开始将重点放在本地观众上。1973 年,为应对与香港无线台的竞争,"丽的"改为无线播出。

1967 年 11 月 19 日,香港电视广播有限公司(Television Broadcasting Limited,缩写为 TVB,简称无线台)英文频道"明珠台"和中文频道"翡翠台"同步启动播出。这是香港的第二家电视台,也是第一家无线电视台。开播初期,无线台多播出黑白节目,1971 年,"无线"开办彩色电视,成为香港第一家彩色电视台。

1975 年 9 月 7 日,香港第三家电视台——香港佳艺电视台开播。佳视播出的时间并不长,不到三年,于 1978 年 8 月 21 日宣告倒闭。

在香港电视事业里,香港电台电视部是一个特殊的存在。1969 年,在港英当局的扶持下,香港电台成立公共事务电视制作组,1970 年开始制作旨在介绍港英当局政策措施、缓和当局与市民之间意见的电视节目。但是,香港电台没有自己的电视播出频道,而是借助港英当局规定,由各家商业电视台每天拨出固定时间播出香港电台电视部门制作的节目。

如此,到 70 年代,香港电视业形成了"无线"与"丽的"为主要商业竞争对手的基本格局,而香港电台电视部则以公共电视的视角进行相关内容补充。

1.早期香港电视新闻节目播音主持

香港电视业与城市的整体发展基本同步,很快便以快节奏、高信息量的新闻播出,打造与城市发展同频的信息节奏。到 70 年代末,无线翡翠台每天播出十八个小时。其中既有无线台记者自采的本地新闻,也有与英国、美国、澳洲政府合作获取的国际新闻,尽可能提升新闻报道的数量与质量。

在新闻节目的排兵布阵上,"无线"和"丽的"均选择在傍晚时段安排全天最重要的新闻节目,并形成以播出时间命名的滚动式新闻栏目,如《十二点半新闻》《十二点九新闻》《六点钟新闻》《六点三新闻》《六点半新闻》《九点钟新闻》,每次节目时长在 5—20 分钟,形成强烈的新闻资讯流动感。

密集的新闻节目打造了全港知名的新闻主播。著名播音员伍国任从 60 年代开始连续为"丽的"及后续的亚洲电视新闻部工作近三十年，曾担任过《亚洲早晨》《六点钟新闻》《夜间新闻》主播等，直至 1994 年退休。刘家杰是 70 年代香港无线电视台的著名新闻播音员，1976 年后，刘家杰转投了"丽的"，担任"丽的"中英文新闻主播及新闻节目主持。80 年代，刘家杰又转投香港电台，长期为纪录片《铿锵集》配音。

在新闻专题类节目里，香港电台电视部制作的节目具有鲜明的风格。奉港英当局之命，香港电台电视部以沟通当局和市民、推销公共政策为主要目的，开设多种类型的新闻专题节目。这其中既有对新闻事件的观点阐释，如五分钟的《观点与角度》；也有对政府政策的解读，如《奉告》；还有《针锋相对》这样的谈话节目，主持人与现场观众、嘉宾一起就某个共同关心的社会问题展开直播讨论，并引入观众电话进行现场辩论。即便在《狮子山下》这样的单元剧里，也总有一位长者角色"德叔"以教诲的口吻，向底层大众解释公共政策。在节目逐渐多样化的 70 年代，新闻播音和新闻节目主持都已经呈现较为成熟的状态。

2. 早期香港电视娱乐节目主持

60 年代的香港电视文艺节目开始逐渐以娱乐化的方式服务观众。香港电视台普遍同时自行制作电视剧，因此以旗下签约演员、艺人担任娱乐节目主持人成为便捷的选才方式。1971 年"无线"与邵氏兄弟公司开设第一期电影电视艺员训练中心，公开招考学员，全面学习表演、歌舞、造型、制片等电视行业技能，为"无线"提供一线人才。与"无线"的培训模式相似，亚视电视训练学院、佳艺演艺培训班也都在培养演员艺人的同时，为各家电视台培养了一批具备较高演艺能力的主持人。1966 年，汪明荃从"丽的"映声艺员训练班毕业后，便加盟"丽的"担任司仪，主持民谣歌剧演出。郑裕玲 1975 年在佳艺电视台出道担任主持人，主持《这一代》《乐韵春风》。

在香港电视综艺节目里，最具代表性的莫过于"无线"1967 年 11 月 20 日开播的《欢乐今宵》。作为香港综艺鼻祖，它从"无线"开播的第二天便开始播出，逐渐集合了歌舞表演、舞台喜剧、游戏、艺人模仿秀以及单元剧等多种文娱表现形式，在每周一到周五的晚间 9 时至 10 时 30 分半连续播出，为香港民众送去通俗又富有戏剧化的大众欢乐。

《欢乐今宵》的主持人阵容强大。在早期主持人群里,梁醒波是著名的粤剧演员,杜平是粤语片"当红小生",沈殿霞童星出身,能歌善舞,擅长幽默应答,以招牌式的"猫头鹰"发型、微微上翘的黑框眼镜、肥肥的身材和爽朗尖利的笑声为招牌。奚秀兰、潘迪华都是著名的香港歌手。1972 年,何守信加入《欢乐今宵》主持团,逐渐成为主要主持人。1987 年"无线"举办全港第一届全能司仪选拔大赛,他还被选为"金牌司仪"。卢大伟从 70 年代末开始参与主持《欢乐今宵》,以模仿名人进行搞笑演出而闻名。此后,"无线"著名演员谭炳文、郑裕玲、钟保罗都曾长期主持《欢乐今宵》。不同的角色组合,共同构成了《欢乐今宵》的主持阵容,形成与众不同的娱乐效果。

"无线"1971 年开播的《双星报喜》也是这一阶段极有代表性的娱乐节目。由著名喜剧演员许冠文、许冠杰兄弟联手主持。这档杂志型的幽默喜剧节目每次播出一小时,以许冠文、许冠杰兄弟为主角,出演幽默短剧、邀请明星访谈,并穿插歌舞表演。他们自己出演的幽默短剧时常影射社会不合理现象,并将节目创作与流行音乐结合在一起。

除了日常播出的综艺节目,"无线"从很早便开始组织选秀活动。1973 年"无线"开始举办"香港小姐竞选",并将其打造为一档以晚会为主体的电视盛会,主持人和选手之间的逗趣问答是重要的收视亮点。因此,"无线"派出王牌力量主持。例如 1973—1976 年的香港小姐竞选、1976 年环球小姐竞选都是当时"无线"的当家新闻主播刘家杰主持。

"丽的"的综艺节目整体制作力量较"无线"为弱,在轻制作的文教节目方面较为擅长,开办初期便开设了《明星访问》节目,两张沙发、一杯清茶,主持人代表观众提问,明星做出回应,是最简单的谈话节目样态。70 年代以后,"丽的"增加了针对不同观众群体的社教服务类节目,在下午 4 时到 4 时30 分时间段开设妇女节目《下午茶》,专门针对家庭妇女的一日节奏,编排烹饪、穿衣、购物、化妆等女性话题。针对"无线"的"晚会攻势",1976 年至1981 年,"丽的"连续举办六次"亚洲歌唱大赛",参加的选手来自亚洲各地。

1980 年,"丽的"与香港电台合办了"香港歌唱大赛"。①

综上,六七十年代的香港逐渐形成了电视综艺节目的形态。由于电视机构同时也是电视剧、节目制作者,因此香港的综艺节目主持人在一开始便是以艺人身份进行培养,之后根据不同的时机、艺人不同的特质安排登场,表演、歌唱、主持多栖发展,彼此带动。同时,为了追求幽默、欢乐的娱乐效果,来自粤剧、戏剧、电影的人才纷纷登陆荧屏,兼任主持与表演,很快形成了富有港式文化特点的综艺主持风格。

二、伴随城市崛起的香港播音事业(20 世纪 80 至 90 年代)

(一)20 世纪 80 至 90 年代的香港广播播音事业

1990 年,由李嘉诚和记黄埔、嘉禾电影、迪生创建以及美国广播集团等财团投资创办的香港新城电台获得广播电台经营权,并于 1991 年 7 月正式开播,设有两个中文台以及一个英文台。② 新城电台的三套节目均以分众窄播为特色,劲歌台(新城 997)以都市青年为主流收听人群,多介绍流行音乐、时尚文化,用粤语播音。金曲台(精选 104)以粤语、英语双语广播,主要播出现代音乐、谈话节目。采讯台以播放英语新闻及时事节目为主,插播粤语、普通话及菲律宾语节目。③ 从此,香港的广播事业格局发生了改变,从双雄相竞,逐渐转变为三足鼎立的局面。

1.20 世纪 80 至 90 年代的香港广播新闻节目主持

80 年代,香港的经济支柱开始从加工制造业转向金融、贸易、地产、旅游等第三产业,快捷、及时的信息传播成为社会运行的重要基础。另一方面,香港的政治局势发生变化。1982 年,中英双方开始就香港问题进行谈判,1984 年 12 月 19 日,《中华人民共和国政府和大不列颠及北爱尔兰联合王国

① 张振东,李春武.香港广播电视发展史[M].北京:中国广播电视出版社,1997:78-79.

② 董天策. 港澳台广播电视[M].广州:暨南大学出版社,2010:5.

③ 张萍.回归后的香港广播电视业[J].世界电影,2000(05):70-82.

政府关于香港问题的联合声明》正式签署,确定中华人民共和国政府将于1997年7月1日对香港恢复行使主权。此后十几年,香港的公共议题一直围绕着香港未来的前途命运展开,广播新闻及评论节目成为重要的公共意见交流空间。

面对社会趋势发生的变化,香港的广播电台进行了有针对性的调整,新闻节目设置越发密集、多样,播音主持事业也得到进一步延伸扩展。

在香港电台,早间、午间、傍晚、晚间四档滚动新闻栏目组成了全天信息流。与此同时,特定内容领域的新闻节目大量发展,形成议会新闻、警务资讯、公共资讯、财经新闻、大陆新闻、气象新闻、教育新闻等多个品类。从节目形态来看,消息、专题、谈话、专访均有分布,节目主持的形态进一步丰富。其中,电话热线直播节目"烽烟"在80年代得到进一步发展。香港电台的《太平山下漫步》改为《八十年代》,在早8时至10时播出。90年代以后,则更名为《九十年代》,一直到《千禧年代》,成为香港电台时事互动节目的长寿代表。1982年中英谈判开始后,香港的前途、归属成为社会谈论的焦点,政治融入市民的日常生活之中。看到社会民众的变化,《八十年代》栏目组特意邀请三类人士——议员、学者及官员自由发表意见,谈论的深度、范围都获得有效提升。[①]

与香港电台的"烽烟"节目对应,香港商业电台于1994年在同时段推出《风波里的茶杯》,主持人言辞犀利,言论辛辣,如果遇到与自己意见不同的电话,甚至会在直播中直接挂断,这种有些"霸道"的风格一方面经常受到听众投诉,另一方面也成为吸引听众的招牌。

新闻时事节目的主持人并非播音员,需要具备较强的综合把控能力和评论能力,因此多由资深媒体人担任。相比较70年代,八九十年代的"烽烟"节目明显更为激进,一方面促进讨论,另一方面也很容易陷入选边站队、发泄情绪的困境。主持人时常言辞激烈,甚至为了博"出位",用片面的观点吸引听众。究其原因,与香港电台的定位改变密切相关。80年代后期,首位华人台长张敏仪上任,在香港电台作为当局部门的定位不变的情况下,她强

---

① 董天策. 港澳台广播电视[M].广州:暨南大学出版社,2010:47.

硬地宣称电台应以英国广播公司为借鉴,加强电台的编辑自主权,以更为自由、开放的姿态容纳社会不同声音。基于殖民统治将在 1997 年终结的预期,港英当局出于牵制中国政府同时保留自己影响力的目的,大力鼓吹新闻自由并放松新闻规制予以配合。① 多方共同作用之下,电台作为一个意见平台,喧嚣之声越来越大。尽管广播事务管理局在 1987 年成立后颁布了一系列节目标准、业务守则,要求电台及电视台在那些批评性节目播出前,强调"个人意见节目",避免因电台以"政府代言人"形象发表过激意见,造成严重社会后果。但实际上,这仿佛成了一道"免死金牌",让节目在"个人意见"的掩护下更进一步。

2.20 世纪 80 至 90 年代的香港广播音乐节目主持

经过六七十年代的高速发展,80 年代的香港开始形成相对稳定的本土意识,"香港人"开始成为一种基于地域的文化身份认同,催生了以粤语为主要创作语言的香港流行音乐,成就了香港流行音乐文化。"红磡体育馆举办的本地流行音乐会场数,由 83 年的 18 场,增至 89 年的 129 场,入场的观众人数,在同一时期内,由 15 万人次增至 135 万人次,增长的幅度,可算惊人。"②国际唱片业协会(FPI)的数据显示:1996 年香港的唱片销量是 1800 万张,16.91 亿元。这还是在张国荣、许冠杰、梅艳芳等歌星退出和盗版猖獗的情形下统计的。③ 在香港流行音乐产生、发展、影响整个亚洲地区的过程中,香港广播电台的音乐节目以及节目主持人做出了巨大贡献。

八九十年代,香港的广播音乐节目品类极其丰富,既有新歌打榜节目如《中文歌曲龙虎榜》《叱咤乐坛流行榜》,也有怀旧金曲节目,还有影视歌曲节目、西方流行音乐节目以及大量音乐专题节目、娱乐资讯节目。1978 年,香港电台主办了首届"香港十大中文金曲"颁奖典礼,成为华语流行音乐第一个颁奖项目,从 1978 年一直延续到 2021 年。其中,"金针奖"更成为香港音

---

① 殷琦.从香港电台看香港公共广播服务的起源与进展[J].现代传播(中国传媒大学学报),2011(09):98-103.

② 吴俊雄,张志伟.霸权主义下的流行文化:剖析中文金曲的内容及意识研究[M]//香港普及文化(1970—2000).香港:牛津大学出版社,2002:229.

③ 麦琼.香港音乐文化巡礼(1997—2022)[J].粤海风,2022(03):28-36.

乐界的"终身荣誉奖"。为了拓展在年轻人中的影响力,商业电台跟进开设流行榜节目,开办《叱咤乐坛流行榜》,并进行年终颁奖。成立最晚的新城台,为了争夺市场,也在1992年开办"新城劲爆家族音乐大赏",后改名"新城劲爆颁奖礼"。借助唱片工业的体系化流程,电台以节目为平台,设置起歌手打歌榜、流行榜到颁奖礼的上升路线,并拓展线下演唱会、粉丝见面会等活动形式,将电台音乐节目和流行音乐的发展整体融合。

在与香港流行乐坛共同成长的过程中,香港电台的音乐节目主持人(即DJ)有了更为广阔的施展空间。从节目设置、对接唱片公司到选择音乐、编排歌曲、设计内容、采访歌手等,主持人一手包办节目的所有环节,可以将自己的个性与能力充分地贯穿在节目创作的全过程,并最终通过节目呈现给听众。以青年和学生为主要收听群体的香港商业电台二台(叱咤903),70年代最受欢迎的十三位DJ组成了"六啤半"(粤语"啤"为英语"pair"的谐音,即六对半,意思是扑克牌游戏中能够"通杀"的一种组合),成员包括关西蒙、钟保罗、俞铮等,正好六女七男,广受欢迎。香港电台则有张文新、邓蔼霖、关伟光等人坐镇。随着主持人的影响力与日俱增,他们不但成为乐迷心中的偶像,甚至成为流行乐坛举足轻重的人物。香港电台的"香港十大中文金曲"颁奖礼源自流行音乐节目《中文歌曲龙虎榜》,而主持人张文新便是幕后功臣。90年代香港电台著名主持人关伟光主持过多个流行音乐节目,以"月光光,关伟光"享誉香江乐坛,是郭富城、林志颖等著名歌手的重要推手。可以说,香港广播音乐主持人更接近于音乐圈人士,与香港流行音乐发展深度绑定,共同前进。

(二)20世纪80至90年代的香港电视播音事业

1.香港电视事业格局发生剧烈变化

伴随着港英当局对香港广播电视事业政策的调整和市场变动,八九十年代的香港电视事业格局发生了巨大变化。"丽的"在经历了数次复杂的股权交易之后转为华人财团和澳洲财团共同持有股份,公司因此于1982年更名为"亚洲电视广播有限公司"(Asia Television Limited),简称"亚视"(ATV)。1987年,"亚视"广播大厦发生大火,次年被出售给香港林氏集团。

1989年,"亚视"重新将中文台定名为"亚视本港台",英文台定名为"亚视国际台"。经历了近十年动荡以后,好不容易稳定下来的"亚视"摩拳擦掌,打算开启90年代与"无线"的竞争。

然而,进入90年代,港英当局修改了管理法案,陆续开放卫星电视和有线电视建设,竞争陡然变得更为激烈。卫星电视方面,1990年12月22日,香港卫星广播有限公司获得牌照,可以通过"亚洲一号"卫星经营泛亚洲地区的卫星广播电视服务,香港卫星电视有限公司就此成立。1991年12月15日,"卫星电视"的五个频道——中文台、新闻台、体育台、音乐台、合家欢台一并开播。1993—1995年,默多克新闻集团分两次收购了"卫星电视"所有股权,将公司中文品牌定为"星空传媒集团"。1995年3月11日,由香港华侨娱乐电视广播公司创办的华侨娱乐电视台(简称"华娱卫视")开播,主要播出娱乐、文化类节目以及海内外电影。1996年3月25日,香港卫星电视有限公司和今日亚洲有限公司、华颖国际有限公司联合在香港成立凤凰卫视有限公司,共同经营泛亚洲地区的华语商业卫星电视服务。1996年3月31日,凤凰卫视中文台正式开播,通过卫星覆盖亚太三十多个国家和地区。

有线电视方面,1993年6月,香港九仓有线电视有限公司获得经营有线电视的牌照,有效期十二年。1993年10月31日,"九仓有线"正式启播,是全球第一家全天二十四小时播送的中文有线电视台。开播时建有新闻台、体育台、儿童台、电影台、音乐台等八个频道,通过微波传送入户。① 1998年,"九仓有线"改名为"香港有线电视公司"。

在开放卫星和有线电视的同时,广播事务管理局还给了香港电台电视部更多政策性的支持,最直接的,莫过于抢占商业电视台晚间黄金时段。从1989年4月3日起,广播事务管理局规定,商业免费电视台(即"无线"翡翠台和"亚视"本港台)须以晚间黄金时段播出香港电台的电视节目,其中一频道为星期一至五晚7:00至7:30,另一频道为星期六晚7:00至8:30、星期日晚7:00至8:00。每年9月中旬,两频道时段对调。

---

① 张振东,李春武.香港广播电视发展史[M].北京:中国广播电视出版社,1997:123.

短短数年间,香港电视行业从香港"无线"和"丽的"双雄对峙变为群雄逐鹿,尤其是有线台和卫星台加入,开启了数十个专业频道,让香港的电视业竞争陡然加剧。不管是老牌电视台还是新生代电视机构,都面临着强烈的生存危机。

2.20 世纪 80 至 90 年代的香港电视新闻节目主持

1974 年,中文和英文共同成为香港官方语言,但直到 1989 年,港英当局才开始同时使用两种语言颁行法规。根据 1981 年的人口普查,在香港,超过90%的人讲广东话,只有一小部分人能够同时用英语交流。[1] 因此,八九十年代的香港中文电视以粤语为播音主持的主要语言,只有卫星电视中文台、凤凰卫视全部以普通话播出。

激烈的电视竞争推动香港新闻节目进一步发展,播出时段增加、播出时间加长,播出样态也不断翻新。"亚视"喊出了"亚洲电视,信息第一"的口号,大量增加新闻节目,从早间一直持续到凌晨两点。1989 年 10 月,"亚视"在香港岛设立了新闻直播中心,集中力量打造亚视新闻品牌。香港无线台自然不甘示弱,从早 6:30 的板块式直播栏目《香港早晨》开始,以半小时为一个单元,连续滚动播出四次,到早上 9:00 结束。午间、傍晚、深夜均安排新闻节目。这一阶段,电视新闻节目已经普及了现场直播连线报道,播音员和出镜记者在节目中进行直播连线,随时插入最新消息,还可以由多位记者多路连线同时直播。90 年代初,直升机航拍也成为常规操作。

随着新闻消息栏目、内容的增加,新闻主播的配置开始加强。例如,在70 年代,"无线"的新闻节目一般只有一名新闻主播,80 年代逐渐将播音员数量提升至两到三人。一对男女主播负责播出主要时段新闻,还有一位体育播音员或者天气播音员负责体育、天气新闻。香港"无线"资深体育播音员伍晃荣,1982 年从"丽的"转至"无线",从事体育新闻主播三十余年,同样成为"无线"的"招牌"。

在"无线",男主播有的具有资深职业形象,八九十年代的主力男主播袁

---

[1] [英]弗兰克·韦尔什.香港史[M].王皖强,黄亚红,译.北京:中央编译出版社,2007:541.

志伟的新闻播报抑扬顿挫、坚定有力,擅长在播报中传递力量和态度;有的则是年轻英俊、相貌端庄,如李灿荣、梁家荣、邱文华、周浩辉、许方辉、徐忠明等,都在担任主播的过程中逐渐成熟。女主播形象与风格则比较多样,有的长发圆润,温婉可人,言语也比较温柔;有的则短发干练,语言风格也比较干练;何洁贞、李汶静、陆嘉敏、庄燕玲、罗恩惠等都是活跃在八九十年代的无线女主播。

从风格上来看,香港的电视新闻播报总体播读语速快,口齿清晰,以快节奏的播报打造高密度的信息流。不管是什么题材的新闻,主播都偏向以客观、理性的态度播报,不轻易发表观点,更不做夸张煽情。即便是资深主播,也更多通过播读风格来传递态度。

与理性客观的新闻消息类节目形成鲜明对比,电视新闻专题性节目则是香港电视新闻界发表态度和观点的集中地。如《新闻特写》《焦点》《新闻透视》《广角镜下》等,其中不少都是模仿美国、英国的电视新闻栏目模式,由记者或评论员主持。"无线"1981 年 6 月开播的《新闻透视》,由李灿荣、霍婉冰主持,两位以职业记者的形象出现,每期一个专题,通过尖锐的记者调查揭露、探讨香港社会存在的公共性问题,如失业、污染、精神病人社区康复等,并就该问题发表分析和评论。整个过程中,主持人都是以一种较为正式的谈话语态,串联起整个调查的过程,向观众介绍事件的来龙去脉,分析其中利弊,发表个人观点。

在诸多节目里,香港电台电视部凭借当局的资源优势、社会公共节目制作的传统成为新闻专题节目的代表制作机构。1980 年 4 月 13 日启动播出的《城市论坛》把节目场地设置在铜锣湾维多利亚公园,以现场直播的方式,邀请一些专业人士、香港立法会议员、官员就民生问题、文化教育、法制议题等话题展开辩论,现场市民也可以参与其中,并通过电视和电台同步直播,场面颇为激烈。1986 年 10 月 1 日开播的《五棱镜》则以评论当日新闻为主,辅以对新闻当事人的采访。选题多具有一定的社会公共性,时常跟进对公共事务的投诉。香港电台电视部担任新闻专题节目的主持人多为时事评论员、资深编辑、媒体人,能够针对 80 年代以来香港面临的日趋复杂的社会状况组织评论、把控全局。李銮辉、杨子江、陈毓祥、岑逸飞等时事评论员都曾担任《五棱镜》主持。《城市论坛》《议事论事》《头条新闻》的主持人吴明林是一位资深编辑,担任主持人工作的同时是香港电台新闻主管。

综上,20世纪80至90年代的香港电视新闻播音主持呈现出更为专业与多样的面貌。在新闻播音方面,带有强烈现代都市气息的粤语播音以理性、客观的方式源源不断地向观众传递资讯。新闻专题节目则在香港特殊的政治历史背景下,充分展现社会百态、汇聚不同意见,将主持人的个人政治意见推至前台,成为举足轻重的社会意见代表。

3.20世纪80至90年代的香港电视文娱节目主持

电视娱乐节目发展到一定阶段以后,香港的电视娱乐节目出现瓶颈。若论外景制作,香港地方狭小,很难有广阔的施展空间;若论棚内摄录,影棚建设寸土寸金,成本高企。多种限制之下,香港的电视综艺娱乐节目主要在70年代的基础上进一步发展成熟。

香港大型活动举办越发成熟。"无线"《欢乐今宵》栏目接办了大量官方活动,以大型晚会的方式推介施政成效,如"反吸毒之夜""道路安全""居者有其屋""星光熠熠竞争辉""禁毒星辉显光华"等。同时,各类立足公益活动的赈灾、慈善义演晚会接连不断,每当发生重大自然灾害,香港电视界都会组织电视赈灾募捐晚会。例如1991年华东地区遭遇特大水灾,香港演艺界组织上百位明星艺人,举行赈灾"演艺界总动员——忘我大汇演",当时的四大电视台共同制作,全程直播,时长超过七个小时,募款超过一亿港元。香港电视界的选美、颁奖活动日渐成熟,"无线"从1973年开始主办的"香港小姐"竞选日趋成熟,"亚视"从1985年开始主办"亚洲小姐"竞选,1982年香港电影金像奖颁奖典礼首次举行。高密度的大型会演活动,让典礼主持人——司仪成为各大电视台当之无愧的综艺台柱。

香港电视界演艺主持不分家,司仪同时多为著名演员、歌手。曾获第二十五届台湾金马奖最佳女主角、第十届香港金像奖最佳女主角的郑裕玲多次担任TVB各类颁奖礼、台庆晚会以及香港电影金像奖、"香港小姐"竞选等大型活动司仪。王牌司仪汪明荃,同时是著名演员、歌手,一曲《万水千山总是情》让她在全中国都享有很高的知名度。在风格上,女性司仪不仅仅是端庄大气的,也有富有香港文化特色的谐星风格的,沈殿霞、吴君如均为其中代表。作为艺人,她们的主持风格往往和表演风格、演唱风格相统一,展现出很强的演艺特色。

男性司仪方面,影星歌星当仁不让,同时还多方邀请相关行业的资深人士担任,如资深舞台剧演员、导演钟景辉,著名文人黄霑,澳门"赌王"何鸿燊都多次主持过"香港小姐"竞选活动。资深新闻主播、时事节目主持人李銮辉在1997年与汪明荃一同担任香港特别行政区回归庆典司仪,翌年又与香港歌手叶丽仪担任回归一周年庆典司仪,也是广为各方认可的资深典礼司仪。

90年代以后,"亚视"为了与"无线"竞争,以高薪重金从"无线"挖人,台柱曾志伟、沈殿霞、何守信、卢海鹏等相继转换门庭,效力于"亚视",令20世纪90年代的"亚视"声名鹊起。在风格上,"亚视"为了与"无线"竞争,不惜剑走偏锋,以不入流的通俗搞笑、风月话题、戏说历史打造收视吸引力。如笑星吴耀汉的《吴耀汉搞搞震》,曾志伟与林敏骢合作主持的《开心主流派》,以及香港著名才子黄霑、倪匡、蔡澜组成的《今夜不设防》,邀请明星嘉宾访谈聊天,成为典型的深夜清谈节目。

"无线"方面,《欢乐今宵》继续以短剧、晚会的形式扩大影响力。80年代,《欢乐今宵》先后在节目里推出了剧集《封神榜》《观世音》《宝莲灯》等。主持人卢海鹏以搞笑模仿艺人、即兴押韵表达为特色,广受喜爱。1990年,"无线"推出《笑星救地球》,由无线旗下演技派演员"扮嘢全能"廖伟雄与胡大为共同主持,也是以搞笑短剧形式,讽刺现实。90年代,游戏节目开始盛行,陈百祥主持的《运财至叻星》,邀请艺人现场玩游戏分胜负,娱乐观众的同时展现艺人风貌。曾志伟回归"无线"以后,与陈小春、钱嘉乐等人搭档,开设了《超级无敌掌门人》《天下无敌奖门人》《宇宙无敌奖门人》《继续无敌奖门人》等系列明星游戏节目。在节目里,他们穿着夸张,在为香港市民提供更为通俗、市民化的娱乐的同时,也有过分低级、粗俗的恶搞内容。

八九十年代香港流行乐坛崛起,电视台自然也不能放过这一热潮。"无线"自80年代初推出流行音乐节目《劲歌金曲》,由著名电台DJ蔡枫华主持,专门介绍香港及外国乐坛最新动态,播放歌曲的音乐录影带,采访歌手等。1983年,"无线"以这一节目为基础,开办"十大劲歌金曲"颁奖典礼,让

"无线"在流行音乐传播领域拥有一席之地。对于电视业来说,以电视音乐录影带为基础,孵化了大量电视音乐节目,推出了一批具备潮流时尚的电视音乐节目主持人。1994 年开播的香港卫视音乐台 CHANNEL[Ⅴ]、维亚康姆旗下的 MTV 音乐台,都以汇集了海内外流行音乐资源为主打特色,知名音乐节目主持人吴大维、柯蓝、周瑛琦都出自这一阶段。

总体来看,八九十年代的香港电视娱乐节目以庆典、晚会为核心,综艺节目为主体。主持人大多为艺人,影视歌多栖发展,因此往往具有很强的演艺能力,不但推动活动进程,还能够现场采访、逗趣串场、即兴表演。香港本土特色的粤语喜剧、夸张搞笑表演继续放大,主持人兼任演员、歌手,用喜剧表演构成综艺节目的重要内容。90 年代兴起的游戏节目,让这种搞笑表演有了新的叙事方式。这期间涌现出的优秀主持人群体支撑起香港大众文化的人格形象矩阵。

三、回归以后的香港播音事业(1997 年以后)

(一)香港广播电视行业的总体调整

1997 年 7 月 1 日,中华人民共和国政府对香港恢复行使主权,根据"一国两制"的构想,在遵守《香港特别行政区基本法》的前提下,香港仍旧保持着地区性广播电视中心的地位。回归给香港带来的影响巨大且深远,香港不再是独悬海外的一座孤城,而是以珠三角、大湾区建设为依托,日渐融入祖国统一发展步伐。

2000 年 8 月,香港共有八家持牌的本地或非本地电视机构,香港地区能收看到的世界各地电视频道有四十余个。从收视群体来说,电视家庭有两百多万,电视渗透率达到 99%。① 为顺应融合趋势,广播事务管理局和电讯管理局于 2012 年 4 月 1 日合并,成立通讯事务管理局,继续负责执行当时的《电讯条例》《广播条例》《电视节目守则》等相关法规,管理相关事宜。

---

① 李献文,何苏六.港澳台电视概观[M].北京:北京广播学院出版社,2004:3.

2015 年，"亚视"因屡屡犯规，加上经营不善，负债累累，被通讯事务管理局终止免费电视牌照续约，并于 2016 年 4 月 2 日停播。而香港电台电视部则终于在 2012 年开设数字电视频道"港台电视"，逐渐结束了在"无线""亚视"两家电视台占据时段播出的方式。2017 年 1 月 1 日 0 时，华娱卫视的卫星信号及其节目终止播送。

广播方面，香港电台以七套广播节目（其中中文节目四套，英文节目三套）继续位居榜首。为迎接香港回归，香港电台于 1997 年 3 月 3 日开设第三套中文普通话台，提供具有香港本地特色的娱乐、信息、新闻、音乐等节目，并开展普通话教学。商业电台则保持三套专业化节目的特色，雷霆 881 以时事新闻为主，叱咤 903 主要是针对年轻人的音乐娱乐节目，还有一套以世界流行音乐为主的节目。新城电台旗下新城财经台、新城娱乐台、新城资讯台（英文），以窄播化的专业性节目吸引听众。随着数码广播的发展，香港又增加了数码广播电台和凤凰优悦广播，到 2015 年，已经可以同时提供十八个频率二十四小时播出的数码声音广播节目及十三个频率本地模拟电台节目。①

自 1949 年以来，香港夹在华洋之间，身份尴尬。粤语，便是香港人确立自身文化属性的重要工具。因此，香港广播电视界长期以来粤语播音主持占据主流。90 年代以来，内地的广播电视事业迅速崛起，其姿态从"学习追赶"逐渐转变为"平等合作"。粤语播音主持的受众范围只能局限于珠三角地区，难以辐射更为广泛的内地省市，因此香港本地广播电视机构也只能在原有的资源格局里来回盘整。

（二）陷入争议的政论节目主持

进入 21 世纪，香港电视新闻竞争更加激烈，各台均开设新闻频道，全天候进行新闻节目较量。在这一背景下，政论节目不断开启新篇。电视方面，亚视本港台新开《主播天下》《你有理论》《时事追击》《金钱世界》等。香港电台电视部则以《头条新闻》为长红节目代表。广播方面，香港电台《八十年代》《九十年代》延续而来的《千禧年代》《自由风自由 Phone》持续播出，"烽

---

① 杜炜.香港地区广播融媒体发展的现状及启示[J].中国广播,2015(08):32-35.

烟"节目成为常态。然而,回归以后,政论节目频繁攻击特区政府、挑衅政治底线,引发不少争议。

香港电台电视部《头条新闻》定位为"个人意见节目",以主持人对政府或官员个人的辛辣讽刺著称。节目于 1989 年开播,既有主持人扮演角色,以戏谑方式演出反映时事的短剧,也有主持人对新闻事件的个性评论。香港回归后,《头条新闻》不时有激烈言辞抨击特区政府。1998 年,《镜报》董事长徐四民在北京出席全国政协会议期间就批评《头条新闻》"阴阳怪气",用政府的钱来骂政府,是别具用心。① 香港电台的其他节目也时常有此类现象发生。不仅就本地事务发表不当言论,还多次置喙台湾问题。

政论节目主持人言论的政治偏差,源于回归以来对香港电台定位的模糊与纠结,也体现出香港回归以后,多方力量在新闻体制、理念方面的博弈。2009 年 9 月 22 日,特区政府宣布"由香港电台肩负香港公共广播机构的使命","继续以政府部门的身份服务市民"。这意味着香港电台基本沿袭了自过渡期就形成的定位,既不是内地所实行的国有传媒体制,又与 BBC、NHK等独立于政府和商业机构的公共广播服务模式不同,可以说是"一国两制"背景下各种势力之间的相互制衡与妥协。② 我们应当认识到,香港在逐渐融入祖国的过程中,必然会出现各种波折,陷入争议的政论节目主持,正是融合过程中政治摩擦的表面化。在未来的发展中,遵守《中华人民共和国香港特别行政区基本法》《中华人民共和国香港特别行政区维护国家安全法》,持续推进"一国两制"在香港的成功实践,都是香港广播电视媒体持续发展的根本。

(三) 面向全球华人的普通话电视播音主持

回归以后,真正在全球华人媒体引发震荡的是一家在香港获得牌照,面向全球中文观众,用普通话播出的电视机构——凤凰卫视。

① 董天策. 港澳台广播电视[M].广州:暨南大学出版社,2010:56.
② 梁丽娟.处在十字路口的公共广播:政治与香港电台的演变[J].传播与社会学刊,2007(03):89-113.

凤凰卫视的开创者刘长乐、崔强、王纪言都是内地资深媒体人。1995年,刘长乐旗下的今日亚洲公司与默多克执掌的新闻集团达成协议,重组STAR TV中文台(普通话),新闻集团和今日亚洲公司各控股45%,央视的香港公司控股10%,组建凤凰卫视。特殊的股权架构,让凤凰卫视在内地获得有限落地牌照。2001年年初,凤凰卫视推出了凤凰卫视资讯台。2003年,香港凤凰卫视中文台、电影台、资讯台均取得在内地有限度落地权,凤凰资讯台成为进入内地的唯一华语新闻频道。①

1997年,凤凰卫视开始制作新闻节目。主持人陈鲁豫以清新亲切的形象、谈话式的播报方式,出现在《凤凰早班车》,开启了新闻播音"说新闻"风格,并在内地电视台广泛普及。借鉴香港电视经验,凤凰卫视同样注重对新闻的即时反应,侧重新闻信息的快节奏、高效率。2001年9月11日,美国纽约遭遇恐怖袭击。事发约二十分钟后,《时事直通车》栏目发出了凤凰卫视关于"9·11"的第一条消息:"美国纽约世贸大楼被袭起火。"当日21时40分开始,凤凰卫视的四个频道一起对"9·11"事件进行了持续三十六小时的直播报道。主播陈晓楠甚至没有来得及化妆,就直接冲进了直播间,上节目说的第一句话便是:"对不起,我没有化妆。"之后便源源不断地引入美国福克斯(FOX新闻台)的信号,展开同步翻译和报道汇集。在新闻资讯传播的需要下,电视新闻主播可以不用全知视角,而是和观众同步推进对事件的了解。这一变化,对电视新闻播音员职业思维产生重要影响。

凤凰卫视以主持人为核心设计的一系列节目,如《小莉看时事》《时事开讲》等,让内地观众看到了新闻主持人的不同样貌,也进一步推动内地媒体的主持人改革。1998年窦文涛主持的《锵锵三人行》引入香港清谈节目模式,三个人围坐圆桌,就一些社会热点话题进行较为松弛、随意却妙趣横生的即兴谈话。《有报天天读》是普通话读报节目的典型,用具有评论色彩的主持人"读报",为观众提供高效同时又富有个性的浓缩信息。《财经点对点》《石评大财经》《时事亮亮点》《震海听风录》《时事开讲》《总编辑时间》《风范大国民》《景行长安街》等节目让评论员成为不同于主持人的新传播身

---

① 张林.凤凰卫视这些年[M].北京:现代出版社,2016:43.

份,并造就了一批在内地具有很高知名度的电视新闻评论员。代表人物有曹景行、何亮亮、杨锦麟、邱震海、阮次山等。

凤凰卫视是一个在香港融入祖国的过程中诞生的电视机构。虽然生在香港,但很快便展现出与香港本地电视台、内地电视台都不同的气质。主持人团队来自海峡两岸和香港,各自有着在不同文化圈生活的丰富经历。窦文涛是广东电台的知名主持人,曾获"金话筒"奖;《小莉看时事》主持人吴小莉、《凤凰全球连线》《一虎一席谈》主持人胡一虎是台湾人,曾任"华视"新闻主播;《军情观察室》《时事开讲》主持人董嘉耀是广州人,毕业于北京广播学院;陈鲁豫、许戈辉、陈晓楠都曾经在中央电视台担任过主持人;音乐节目主持人柯蓝是北京人,演员;财经节目主持人曾子墨出生于北京,美国留学后曾在金融机构任职五年。此外,凤凰卫视的"台声"播音员张妙阳是土生土长的新加坡华人,在日法两国及香港和台湾地区生活工作过。

融合意味着新生。在香港这个亚太地区信息中心,来自五湖四海的媒体人自然地融合在一起,产生一种属于"凤凰"的大华语播音主持风格。凤凰卫视配音员张妙阳曾坦言,作为新加坡的华人,自己在文化上是中国人,但是"我属于世界,……我不属于新加坡,我不属于香港,我不属于台湾,我也更不属于中国内地,我宁可做一个有自由度的华人"[①]。90年代以后,全球化发展趋势日渐明晰。得益于相同的历史文化传统、共通的民族语言以及逐渐缓和的区域政治形势,华语地区文化内部的连接度日渐紧密。"凤凰"恰恰抓住了这一历史性的时机,以香港为基点,进行具有"大华语"文化特质的电视传播,也由此产生了庄重大气与自由诙谐相融合的华语播音主持风格。

21世纪开播的普通话卫星电视还有香港阳光卫星电视台。2000年8月8日,香港阳光卫星电视台借助亚洲3S卫星,开始向亚太地区实施每天十八小时非加密播出。阳光卫视以杨澜为品牌,体现了杨澜自身的文化品位,推出一系列历史文化、人物传记节目,并在内地有限落地。不过由于阳光卫视

---

① 张妙阳.华语播音中的风格追求[C]//李晓华,胡正荣,冉丽.聚焦世界华语播音.北京:北京广播学院出版社,2004:29.

主要期待通过内地数字电视付费来实现盈利,但进展并没有想象的顺利。2003 年,在亏损两亿港币之后,杨澜将其名下大部分股份转让,退出阳光卫视经营。①

(四)持续传承发展的电视综艺节目主持

回归以后的香港本土电视综艺节目依然保持着原有的发展势头,在市民化、娱乐化道路上继续发展,主持人队伍逐渐出现代际更替。

70 年代成长起来的香港王牌综艺节目主持人郑裕玲、沈殿霞、汪明荃等依然在一线工作,虽然逐渐精简节目,但依然具有不可替代的影响力。香港演艺界的"大阿姐"汪明荃以饭局的形式开办访谈节目《女皇的盛宴》。深受观众喜爱的"无线"综艺台柱"肥姐"沈殿霞,一直是各大综艺节目的王牌主持,2007 年获得 TVB 万千星辉贺台庆之"万千星辉演艺大奖"。遗憾的是,2008 年 2 月 19 日,沈殿霞因肝癌病逝,享年六十二岁。

老将逐渐退潮,中生代艺人逐渐挑起大梁。曾志伟在 2000 年后继续在"无线"主持《奖门人》系列游戏节目,2008 年又开启新一辑《奖门人》节目《铁甲无敌奖门人》,之后又是《奖门人取犀 Game》《超级游戏奖门人》《超级无敌奖门人 终极篇》,并带动了王祖蓝、江欣燕、阮兆祥等主持人。同时,曾志伟持续担任"香港小姐"竞选、"十大劲歌金曲"颁奖典礼、香港电影"金像奖"等大型活动司仪,进一步确立了他香港王牌司仪的地位。

娱乐选秀节目的流行也带出了一批逐渐成熟的主持人。2005 年,"无线"推出平民选秀节目《残酷一叮》,第一季、第二季由著名歌手李克勤、实力派演员梁荣忠主持。在这样的节目设置里,因为具有实力歌手演员的身份,主持人既是节目的固定参与者,也是节目的形象代言人,掌控节目进程的同时更能够激发高效互动,形成独特的节目效果。

(五)创新形态的纪录片式旅游节目主持

香港回归以后,借助香港的区位优势和内地丰富的旅游资源,香港电视

---

① 刘丽.杨澜剖析阳光卫视失败原因[N/OL].南方日报(2005-12-08)[2022-09-01].https://news.sina.com.cn/o/2005-12-08/09317653818s.shtml.

旅游节目主持有了明显的突破,将真人秀和旅游节目相结合,产生新的节目形态。

2000—2001 年,亚视制作的《星光伴我行》系列旅行节目在这方面具有开创意义。该节目没有固定主持人,每一期都是邀请一位艺人,带着自己的人生思考和问题前往世界各地,实地参与当地人的生活,感受地方文化,体验民生百态,并在旅行的过程中直面自己的内心世界。这些节目多数都是在内地录制的。旅行纪录片的节目形态,让观众不但了解到世界各地的风土人情,还对艺人有了更为立体、深入的了解。

"亚视"创新成功之后,"无线"也推出一系列类似节目,如《向世界出发》《走过浮华大地系列》《走过足球圣地》《香港人漂流记》等。《向世界出发》主要邀请具有一定的人生经验的资深艺人,如罗家英、周海媚、谢贤等,注重艺人本身的经历、感受和当地人文环境产生的碰撞。《走过浮华大地》《走过足球圣地》《走过烽火大地》《出走澳洲》以走过大半个地球的专业旅行主持人洪永城领衔,为观众带来专业化的旅游体验。《香港人漂流记》主持人王贻兴,则以"短期漂流"为任务主线,访问多位在世界各地拼搏的香港人,进入他们的真实生活,展开一段异地体验。2017 年"无线"推出的真人秀节目《嫁到这世界边端》,主持人陈贝儿追访嫁到世界各地的"香港新娘",在碰撞中以记录的方式体会不同人生。2021 年,陈贝儿因主持脱贫攻坚纪录片《无穷之路》被评为"感动中国 2021 年度人物"。

这一阶段,旅游节目还出现了内外景结合的节目形态,给主持人更大的发挥空间。昵称"Do 姐"的郑裕玲在 2016 年还联合老搭档农夫,开启了旅游综艺节目《Do 姐有问题》。这个节目设置棚内和外景两种场景,演播室里由艺人嘉宾分组竞赛,外景主持人周奕玮、邝洁楹、胡慧冲等外出拍摄世界各地的奇闻趣事,作为问题考验嘉宾。从节目内在逻辑来说,与《正大综艺》有相似之处,但是现场游戏设置更为复杂有趣,以桌游的方式设置现场游戏规则。

总体来看,香港的电视综艺节目延续了以明星艺人担任综艺节目主持人的传统,进一步开掘艺人资源。在这种模式下,主持人始终以一个具有鲜明人物个性、经历、演艺风格的独立个体形象出现,综艺节目主持因此更接近一种专业行为，而不是一个固定身份。"个人化"一定程度上代替了"个性化"，让旅行节目越来越接近真人秀形态。

（六）融合发展的香港广播电台主持

1.跨媒介融合发展

香港的节目主持人普遍没有明确的媒介界限，许多主持人都是广播电视双栖，随时相互转化。互联网兴起之后，跨媒介融合发展的态势愈加明显。

1994年12月，香港电台便创建了"香港电台联网版"，在网上提供部分电视及电台节目。2010年1月28日，香港新城电台旗下的三套频率均进驻智能手机平台，打通苹果、微软、安卓、黑莓四大系统，实现了智能手机端二十四小时无间断随时收听。① 经过近三十年的发展，目前，香港各家电台均建立起自己的网站、客户端App、社交网络账号，听众可以在这些网络端口同步收听收看节目直播，实时参与节目互动和衍生社群活动。

在融合发展的趋势下，主持人的工作职责、内容、范围随之增长。香港电台的节目主持人更接近于制片人，需要全面负责节目内容的策划、整期节目的包装运作、节目资源的管理协调，管理和维护好整个节目延伸出的各种衍生品，包括客户端App、网络论坛BBS、社交媒体脸书（Facebook）等。② 这意味着主持人必然是节目的核心，整档节目都以主持人自身的个性魅力、个人特色为品牌，凝聚用户对主持人的信任和喜爱。

2.跨地域融合发展

由于长期将粤语作为主要交流工具，香港广播电台与内地的合作首先在珠三角地区展开。1991年5月，香港电台和广东电台联办《粤港经贸专线》节目，两地主持人共同主持，通过电信专线联通两台播音室同时直播。节目里，香港贸发局、广东经贸厅的官员坐镇电台，回答听众提问。这一节

---

① 杜炜.香港地区广播融媒体发展的现状及启示[J].中国广播,2015(08):32-35.

② 董秀芳.融合:让广播的声音传得更远:新媒体时代香港电台突围创新的启示[J].传媒观察,2011(01):45-46.

目连续开办八年,备受瞩目,影响极大。1992 年,香港电台又主动提出与广东电台共同举办"粤港业余粤曲大赛",7 月 8 日,两地电台第一次联合举办总决赛大型晚会,香港演员李香琴、谭文炳与广东电台主持人一起担任晚会司仪。此后,一系列文化艺术演出合作陆续展开,在内地众多大型节庆活动主持阵容里都能看到来自香港的节目主持人。

回归以后,合作范围扩展到日常节目里。香港电台和广东电台推出了《粤港专线》等节目,两地主持人同步展开节目,使得两地交流日常化。1999 年,香港电台发起"全球华语电台大联播",由中央人民广播电台、台湾"中国广播公司"、新加坡广播机构、美加华语广播、广东台、上海台等八家组委会台和其他二十家海内外华语电台,同时直播三十六个小时。① 合作浪潮还波及其他电台。2007 年,新城电台与上海第一财经联合推出《中国财经 60 分》栏目,后续又和广东电台 FM953 股市广播携手合作共同创办《财富粤港两地通》《粤港股市快讯》《粤港财金纵横》等节目。② 2017 年 9 月 4 日,香港电台取消二十四小时转播英国广播公司(BBC) 国际频道,改在同一频道播放中央人民广播电台"香港之声",促进新时代的香港文化发展。

回顾往昔,20 世纪 80 年代初,香港的广播电台广泛辐射珠三角地区,曾对广东电台的传播效果产生直接威胁。在内地广播进行全面改革以后,平等合作、互利共赢成为主流。未来香港播音主持事业要取得进一步的发展,还需要打破语言的藩篱,以普通话播音主持进入更为广阔的内地市场,融入祖国新时代发展的大格局中。

---

① 董秀芳.融合:让广播的声音传得更远:新媒体时代香港电台突围创新的启示[J].传媒观察,2011(01):45-46.

② 祝乃娟.全媒体时代财经媒体融合发展的探索实践:基于南方财经全媒体集团智库化转型的思考[J].新闻文化建设,2020(13):3-6.

第二节　澳门播音事业的建设与发展

一、早期澳门播音事业发展情况(1924 年至 20 世纪 70 年代)

16 世纪,葡萄牙人率先开启了大航海时代,成为最早的远洋航行者之一。随着第一批殖民国家向东方拓进,澳门这块陆地面积只有 32.9 平方公里的土地,成为葡萄牙人涉足东亚的跳板。葡萄牙人"侍地晾晒"到"来则寮,去则卸",以至"列廛市贩",逐步以澳门为贸易和聚居基地。① 1887 年,葡萄牙逼迫清政府签订《中葡和好通商条约》,澳门成为葡萄牙的殖民地。

澳门的播音事业始于 1924 年。刘书峰考证发现,在上海创办中国第一家广播电台的奥斯邦,在结束上海的广播冒险之后,辗转香港、澳门,于 1924 年以在香港注册的东方无线电通讯公司(Radio Communication Company [Orient] Limited)在澳门获得当局许可,7 月 13 日正式开播。从时间上来说,这应为澳门的第一座广播电台。这座电台的播音内容主要为新闻、音乐,语言为葡萄牙语或英语。但是,奥斯邦的冒险并没有成功。两年后,1926 年 2 月,澳门总督购买了这座广播电台。② 此后,澳门的广播电台运转情况陷入空白。直到 1933 年,一群业余爱好者建立起一座新电台,呼号"CQN - MACAU",发射功率一千瓦。每天 21:00—23:00 用葡萄牙语广播新闻和音乐。这座广播电台虽然为民间集资开办,但葡澳当局始终没有放弃对广播的控制权,逐渐将其转为官办。1941 年,葡澳当局对广播电台进行整合改组,将其命名为澳门俱乐部电台,播音语言扩展为葡萄牙语、英语和粤语。二战结束后,1948 年,广播电台正式改由当局管理。1962 年 2 月 17 日,澳门

---

① 程美宝,何文平,胡雪莲,黄健敏,赵立彬.把世界带进中国:从澳门出发的中国近代史[M].北京:社会科学文献出版社,2013:1.

② 刘书峰."新媒体冒险家"奥斯邦的中国广播创业历程[J].现代传播(中国传媒大学学报),2019,41(10):110-114.

俱乐部电台改名为澳门无线电广播电台。

1952年3月6日,澳门出现了一座商业电台——绿村电台,由前澳葡经济局局长罗保博士主办。与官方广播电台相比,绿村电台播放广告,具有明显的商业性质,播音语言为粤语和葡萄牙语,1966年改为全粤语广播。作为商业电台,绿村电台的播出内容以音乐、小说演播、广播剧等流行娱乐节目为主,掺杂有部分宗教节目。由于没有新闻牌照,绿村电台不涉及自采新闻,只播读一些报纸杂志发表的社会新闻、当局新闻司编发的新闻稿件。20世纪60年代,该台开始直播澳门的逸园赛狗赛事,成为具有澳门特色的广播节目。

播音事业方面,早期澳门广播电台以葡萄牙语播音为主,仅有部分粤语播音,以新闻播读、小说播讲、广播剧为主要形式。例如绿村电台的台柱蒋声、梁送风,是均以演播小说、广播剧为擅长。擅长口技的梁送风在其节目《空中剧场》中往往一人分饰多角,模仿男女老幼不同声音,幽默风趣的主持风格老幼咸宜。[1] 在南洋地区收获一定的知名度。

相比香港,澳门的广播播音起步不晚,但发展滞后。这种情况与澳门的经济发展态势、地缘环境有直接关系。其一,在广播诞生的20世纪初,随着航海工具的改进,香港的深水港进一步取代了澳门浅水港的地位,澳门已经不再具有葡萄牙的光环,而是南海边陲的一个海岛型袖珍城市,以广播电视为代表的现代电子媒介发展缺少经济与社会的有力支持。

其二,由于澳门到香港的直线距离仅有六十二公里,香港电台、商业电台以更为快节奏、大信息量的广播,以及通用的英语、粤语播音,完全覆盖澳门。澳门居民60年代便能够使用天线观看香港的电视节目。澳门独立的广播电视事业缺少生存空间。

其三,澳门的官方语言长期为葡萄牙语,对外交流多为英语,中文一直得不到正式承认,遑论普通话的推广。因此,在中文播音方面一直缺少前进的动力。

几方面原因共同作用,导致澳门的播音事业在五十多年里一直处于缓

---

① 董天策.港澳台广播电视[M].广州:暨南大学出版社,2010:106.

慢前行的状态。

二、缓慢发展的澳门播音事业（20世纪80至90年代）

从60年代中期到80年代末，澳门经济迎来了新一轮的成长期，在二十五年左右时间里迅速向多元化、现代化展开系统性提升，形成了一个以出口加工、旅游博彩、金融、建筑地产四大产业经济支柱的外向型经济体系。① 与经济发展同步，20世纪80年代，葡澳当局开始着手整顿、推动广播电视事业发展。

首先，葡澳当局终于将建设官方电视台提上议事日程。1982年10月，澳门广播电视公司成立，筹建澳门电视台。1984年5月13日，"澳广视"正式开播，以公共电视模式运作。至此，澳门有了自己独立的电视行业。

澳门开始发展电视事业时只有一个电视频率。为了尽可能覆盖更多的澳门本地观众，"澳广视"以粤语和葡萄牙语交叉、重复播出。粤语新闻播音时配上葡萄牙语字幕，葡萄牙语新闻播音时则配上中文字幕，体育比赛也用两种语言交叉解说。由于制播能力的限制，澳门的电视台每天只于傍晚6时开始播出五至六个小时。两种语言交替播出，必然降低节目的单位信息量。与毗邻的香港电视相比，节目的节奏、成熟度都不尽如人意。

1990年9月17日，澳门的电视台分成葡文频道和中文频道两个频道，并对节目进行全面改版，推出晨间节目、音乐节目、综艺节目《澳门开心夜》，并相继承办澳门歌唱比赛、"澳门小姐"竞选、格兰披士大赛车转播等大型活动。凸显澳门特色，澳门电视台中文频道还开辟了赛狗直播，有效开拓香港市场。和节目一起发展的是播音主持事业。1992年，中文正式成为澳门的官方语言，但在口头表达上仍然以粤语为主。因此，澳门的播音员主持人主要以粤语进行创作，在活动司仪、赛事解说方面突出主持人的掌控力、应变力。

1988年5月1日，澳门广播电视公司改组成为澳门广播电视有限公司，

① 张建平.澳门信息业发展与产业转型[J].广东社会科学,1999(04):18-22.

并于 1989 年 1 月起接受私人入股,成为一家公私合办的广播电视有限公司,其中葡澳当局占股 50.5%,澳门旅游娱乐有限公司占股 19.5%,南光集团及何厚铧各占股 15%。① 不断的股权变更、体制改革,背后是澳门电视台长期亏损的现实。和广播相比,电视投入高,效益周期长。1985 年,澳门电视广告收入近五百万元,而全年支出高达四千万元。② 1988 年改制以后,亏损依然持续,自制节目阵容被迫收缩,以引进节目为播出主体。至 90 年代中期,自制节目几乎只剩下资讯类新闻,播音主持规模也相应收缩。

广播方面,1980 年 1 月 27 日,澳门无线电广播电台更名为"澳门广播电台",分为葡文频率和粤语频率,每天播出十七小时。1982 年,澳门电台并入澳门广播电视台,成为该公司的电台部,标志着澳门的广播电视行业进入了一体化发展的新阶段。澳门电台是澳门唯一获准进行独立新闻报道的广播电台,设有正点新闻,以粤语播报新闻。在节目设计上,澳门电台以"关心澳门、服务大众"为宗旨,注重本土化,以大量本地资讯和音乐、娱乐节目吸引了本地听众。综艺类的《通天行动派》《奇趣孖宝》和清谈类的《濠江茶馆》《第一线电台》都是不少听众的心头好。③ 新闻主播、娱乐主持、谈话主持、热线主持等形态较为齐全。

在主持人管理方面,澳门广播电台的节目主持人作为基本工作人员,分全职和兼职两种类型,每年签约一次,整体流动性比较大。90 年代末,澳门广播电台节目主持人约有二十人,分三个层级,领导主持人的是高级监察,监察之上是部门主管。挑选和录用节目主持人的程序相当严格,有训练期、观察期、试用期。电台则更为轻量化操作,绿村广播电台全部专职和兼职员工加在一起,也只有五十人左右。④

总体来说,80 年代以后到回归以前,澳门广播电视事业以集合广播、电视为一体的经营方式带动整体发展,其播音主持事业也相应发展,出现了较

---

① 尹德刚.澳门大众传媒现状与前瞻[J].新闻记者,1998(07):57-60.
② 傅宁军.走进澳门[M].北京:中国社会科学出版社,1999:142.
③ 董天策.港澳台广播电视[M].广州:暨南大学出版社,2010:106.
④ 李宝林.澳门广播电视的特征[J].新闻战线,1999(11):64-65.

为完整的新闻播音、节目主持样态。但和八九十年代风起云涌的香港、广东相比，澳门经济体量小、城市规模有限，吸引人才的资本不足，因此播音主持事业整体发展也有限，竞争力较弱。

三、回归以后的澳门播音事业（1999 年以后）

1999 年 12 月 20 日，中华人民共和国恢复对澳门行使主权。澳门回归前后，澳门广播电视行业迎来新的发展机遇，播音主持事业发展有了新的契机。

（一）特区政府大力支持"澳广视"建设

2005 年，特区政府把自持的大型综合文体活动场所澳门综艺馆二馆批给"澳广视"，改建为新演播室，大大提升了"澳广视"的制作条件，工作人员从起初的二百六十人攀升到五百多人。2010 年 4 月，在澳门特区行政长官崔世安的主持下，专门成立澳门广播电视股份有限公司策略发展小组，广泛听取社会各个层面意见，对"澳广视"的未来发展路径进行讨论。最终决定，将"澳广视"定位为澳门公共广播服务提供商，私人投资全部退股，"澳广视"成为澳门特区政府全资持有的广播电视公司，正式以澳门特区政府直属广播电视机构的名义开展工作。2008 年，"澳广视"由原来的两个频道扩展为澳门澳视、澳门资讯、澳门体育、澳门综艺、葡语频道等六个频道，并引进转播九个内地电视频道，同时再次大量开启本土节目制作。日常播出的主要新闻节目有《澳门新闻》《澳门早晨》《澳视新闻档案》，时事评论节目有《风火台》《众议馆》《濠镜拾遗》等，娱乐节目有《澳门人澳门事》《齐齐食通街》《粤韵声情》等，特别直播节目有行政长官施政报告、立法会选举、格兰披治大赛车、"至爱新听力"歌唱大赛等，逐渐成为澳门市民了解本地资讯的主要电视渠道。

在播音语言上，"澳广视"的本地频道"澳门澳视"以粤语为主，兼顾普通话、葡萄牙语、英语、手语播报。多种多样的节目类型，让播音主持事业得以快速发展，新闻播音员、访谈主持、评论主持、社教主持、娱乐主持、活动司仪等各种播音主持创作活动的主要类型均较为完善。借鉴香港的政论节目，"澳广视"的时事评论节目《众议馆》不但有时事评论员坐镇，还设有观众席，观众可以即时发表自己的意见，共同就澳门的公共事务展开讨论。只是限于粤语为主要播音语言，其影响力以本地为主。

进入网络融合时代，"澳广视"也开展了一系列动作。2000 年设立"澳广视"网站，2012 年改版更新，2013 年推出移动应用客户端"澳广视-资讯"App，2015 年登陆公交移动电视平台，开拓多媒体服务平台。据澳门科技大学可持续发展研究所对十六岁以上澳门居民进行的"2020 澳广视节目接触率及受众接收多媒体渠道调查"，有八成的居民会收看"澳广视"。①

(二) 卫星电视发展拓宽发展空间

回归之前，澳葡当局批准了一批卫星电视牌照，给电视机构更多的发展空间。从 1998 年到 2004 年，澳门卫视、澳亚卫视、莲花卫视等一系列卫星电视频道相继问世。其中，以 2004 年成立的澳亚卫视整体实力和传播能力最为强劲。作为在内地有限落地的卫星电视，澳亚卫视以普通话为主要播音语言，同时播出部分粤语节目，并自行投资制作一大批新闻节目。其中，比较有代表性的节目有新闻资讯节目《澳亚新闻》《澳门万象》、晨间节目《清清早茶》，还有一些具有澳门当地特色的节目如《赛马直击》《顺风顺水》《感动澳门》。与此同时，澳亚卫视将创作触手伸向整个华语地区，陆续在北京、广东、台湾、香港和一些东南亚国家设立了分支机构，大有以澳门为起点，辐射华语圈的事业野心。

澳亚卫视的播音员主持人队伍融合了来自华语地区的优秀主持人，与其展开内容上的合作。例如澳亚卫视台北团队制作的《走进台湾》系列节目，以台湾当地主持人为主。多年来，澳亚卫视也吸引了大量来自内地的播音主持人才。《笑澳江湖》《茶韵》《粤语我爱你》《访谈夜总会》等高收视节

---

① 澳门广播电视有限公司.澳门广播电视 37 周年［EB/OL］.（2021-05-13）［2022-09-13］. https://m. weibo. cn/status/4636335292024658？ wm = 3333 _ 2001&from = 10C9193010&sourcetype=weixin.

目的主持人姚文龙出生在北京,2001 年赴澳门开展事业。多次主持各类庆典活动的主持人刘中志毕业于广东亚视演艺职业学院,同样在澳亚卫视获得了长足的发展。

(三)联合内地启动创作新空间

由于地域狭小,澳门的播音主持创作空间原本非常有限,回归以后,通过与内地的内容合作,澳门的播音主持事业迈上新的台阶。2006 年 7 月,中央电视台联合港澳台五家电视媒体共同推出大型系列报道《千里走青藏》。参与报道的主持人包括:中央电视台主持人白岩松、张羽,台湾东森电视台主持人卢秀芳,台湾中天电视台主持人夏嘉璐,台湾 TVBS 电视台主持人王德恺,香港亚洲电视台主持人陈展鹏,澳门主持人李心怡。① 以澳门电视的财力和创作能力,如果不是以联合报道的形式,很难独立制作如此大规模报道。凭借"一国两制"的制度特殊性,澳门电视主持人还可以深度参与国家大型政治事件的报道,直接参与国家大型庆典活动的主持。例如澳亚卫视主持人刘中志在 2005 年担任中秋晚会主持人,2006 还登上了春节联欢晚会的舞台,担任联合主持人。此后,刘中志一直活跃在屏幕上,2019 年的庆祝澳门回归祖国二十周年文艺晚会,2020 年央视春晚粤港澳大湾区分会场都有他的身影。对于澳门本地的主持人来说,如果不是因为回归以后与内地合作日益密切,这些大型活动的主持机会是无法想象的。2021 年,中央广播电视总台和澳门特区政府签署《中央广播电视总台与澳门特别行政区政府深化战略合作框架协议》,未来将在一系列节目制作、资源共享方面进行更为全面深入的合作,可以期待澳门的播音主持事业将有更进一步的发展。

总体来看,随着回归后澳门广播电视事业的快速发展,澳门的播音主持事业呈现出快速发展的态势,各类型节目主持均有所发展,并通过多种方式吸纳华语地区各地人才。然而,澳门的播音主持事业整体影响力依然有限。

---

① 六大媒体携手"千里走青藏" 白岩松、卢秀芳等参加.[EB/OL].(2006-05-21)[2022-09-05].http://ent.sina.com.cn/x/2006-05-21/01351088302.html.

第三节　台湾播音事业的建设与发展

一、早期台湾播音事业发展情况（1925—1945）

台湾广播事业的起步与被日本占据的屈辱历史紧紧联系在一起。1894
年9月，日本发动甲午战争，次年2月北洋水师在甲午海战中全军覆没，4月
17日清政府被迫签订丧权辱国的《马关条约》。从此，台湾沦为日本海外殖
民地，开始了长达五十年的殖民统治时期。

据台湾文献记载，台湾省的广播事业始于1925年6月17日。当时，日
本殖民当局台湾总督府为纪念殖民统治台湾三十周年举办活动，在总督府
内设置播音室，临时播音十天。① 1928年12月22日，台湾总督府交通局递
信部设立广播电台，试播广播节目，发射功率1千瓦。1930年发射功率增至
10千瓦，呼号JFAK。1931年1月13日，殖民当局在台北成立财团法人的
"台湾放送协会"，即台湾广播协会，统筹台湾全省的广播事业规划和管理。②
此后，在日本殖民当局的推动下，成立台湾电台、板桥台、台南台、台中台、嘉
义台、花莲台六个广播电台。同时，"台湾放送协会"以日本广播政策为蓝
本，利用日本收音机工业上的优势，向一般工商户强制推销日本产收音机，
并逐一进行登记，征收月费。据1945年7月的统计，到收复台湾时，全省共
有九万七千五百四十一架收音机，其中以台北最为集中，有二万四千二百五
十五架，台东县最少，仅有四百六十架。③

作为日本殖民者推行"皇民化"政策的宣传工具，台湾用日语播出新闻、
音乐节目。七七事变后，为了配合日本军国主义的扩张政策，进一步扩大侵

---

① 吕诉上.台湾电影戏剧史[M].台北:银华出版社,1991:157.

② 台湾省文献委员会.重修台湾省通志·卷6[M].台北:台湾省文献委员会,1993:
334.

③ 台湾省文献委员会.台湾省通志·卷5[M].台北:台湾省文献委员会,1971:224.

略战争,播音语言种类逐渐增加,使用闽南语、粤语、北平话、英语、马来西亚语、越南语等向华南、南洋一带播送日本方面的消息、评论,以及教育类节目如日语普及、科学讲座、妇女节目、烹饪食谱等。①

二、光复后到"解严"前的台湾播音事业(1945—1987)

(一)民国播音的延续与突破(1945—1970)

1.国民党对台湾广播事业的接收与重建

1945 年 8 月,日本战败,台湾光复。10 月,国民党派员前往台湾,接收日本在台湾的广播机构及各类硬件设备。1945 年 10 月 25 日,台湾放送协会改组为台湾广播协会,隶属国民党中央执行委员会中央广播事业管理处,下辖六家广播电台、九座发射台。

淮海战役之后,国民党党政机关为保留广播实力,将中央广播电台的千余箱重要机件、器材一并运往台湾。1949 年 11 月,国民党中央广播电台改制为"中国广播股份有限公司"。以此为基础,国民党对台湾的广播机构进行调整,原有电台全部并入"中广",再增加十个地方性电台及七座调频电台,另建十二处转播台,构成基本覆盖全台湾的二十二台联播网。②

为预防战事发生,国民党在 20 世纪五六十年代集中建设了一批军队电台和对外广播,基本上每家广播电台都设立两三套分台,根据自身所属机构职能特点开设一些针对性节目。此外,一些军政机构、公共行政部门也纷纷开设广播电台。1954 年,警政署隶属的警察广播电台开始播出。1959 年,台北市政府天行广播电台在重要街道设置无线电广播,每天早、中、晚三次播音,后又转为"民防广播"。1960 年 3 月 29 日,"教育部"设立教育广播电台。③ 民营广播方面,虽然有从大陆地区迁来的凤鸣、益世,以及新开设的胜

---

① 陈扬明,陈飞宝,吴永长.台湾新闻事业史[M].北京:中国财政经济出版社,2002:138-139.

② 陈飞宝.当代台湾传媒[M].北京:九州出版社,2007:231.

③ 陈飞宝.当代台湾传媒[M].北京:九州出版社,2007:236.

利、民声、先声、燕声、世新等民营广播电台,但功率小,影响也小,根本无法与"中广"为代表的大型广播机构抗衡,整个台湾的广播业牢牢掌控在国民党军政权力机关手中。

综上,台湾光复以来到60年代,国民党以政治、军事为主要目标,主导台湾的广播事业发展,建构起以党政、军政、公共事业广播为主体的台湾广播网。

2.国民党电台播音风格的延续

国民党党政机构控制的台湾广播业,广播内容以政治宣传为主,同时安排社会教育、儿童、妇女、青年等多种类型的文教节目。播音方式以宣教为主。"中广"元老王鼎钧笑称:"广播员往麦克风前一站就是天降大任,如果听众不用心听,那是他自己的损失。"①

有时台湾广播也会有一些有趣的设计,例如《夫妻之间》栏目,两位男女播音员扮演一对小夫妻"荣光"与"萍",在十分钟的时间里谈家庭问题、医药常识、子女教育、美容烹饪等,并且随着时间推移,两人有了一个可爱的孩子"台儿",逐渐长成一个小朋友。这样虚拟角色的对话式主持,既有短剧演播的特点,也有节目主持的雏形。台湾"中广"的《小说选播》节目是一个文学欣赏节目,播音员要选择适合广播的作品,将几十万字的作品浓缩出精要,在节目里富有节奏感地展开介绍。同时,播音员还会根据自己的理解,对作品原文进行播读。② 这一节目设计和中央人民广播电台的名牌栏目《阅读和欣赏》颇有相似之处。

3.台湾广播节目主持起步

1957年秋天,"中广"节目部主任邱楠从美国考察回来,决定仿照美国广播电台通行的做法,在"中广"全面推行广播综合节目,树立广播明星制。晨间节目重点打造一个小时的《早晨的公园》,午间节目为一个半小时的《午餐

---

① 王鼎钧.长程短忆[G]//"中广"六十年编辑委员会."中广"六十年.台北:"中国广播公司",1988:143.

② 王玫."中广"——我的学习课堂[G]//"中广"六十年编辑委员会."中广"六十年.台北:"中国广播公司",1988:162.

俱乐部》,在周末则模拟美国热门的 Quiz Show(有奖竞猜),开设《猜谜晚会》节目。综合节目的设置和过去有很大不同,以《早晨的公园》为例,早 7 时到 8 时,一小时的节目分成上下两个段落,前三十分钟偏重打造晨间节奏,报告新闻摘要、天气、报时、播放轻松音乐,下半段则由播音员播送新闻,答复听众来信,发表杂谈或者短评,主持人可以自行选择新闻展开播讲和评论。

与节目一起推出的还有明星主持人。主持《早晨的公园》的潘启元、《午餐俱乐部》主持人白茜如、《猜谜晚会》的主持人丁秉鐩等成为台湾第一批著名广播节目主持人。不过,这一阶段台湾广播节目尚没有"主持人"之名,仍以"播音员"称呼。直到 70 年代,"主持人"才成为一个通行的称呼。

4.台湾电视播音主持同步发端

台湾的电视事业起步于 20 世纪 60 年代。1962 年 2 月 14 日,台湾第一座电视台"教育电视实验广播电台"试播。1962 年,台湾省政府出面与日本富士、东芝、日立、日本电气四家电气公司合股创办"台湾电视事业股份有限公司"(简称"台视")。1962 年 10 月 10 日,"台视"正式开播。1969 年 10 月 31 日,台湾"中国电视事业股份有限公司"(简称"中视")正式开播。该公司背靠国民党党营事业,"中广"投资 50%,其他民营企业单位和社会人士投资 50%,打破了"台视"垄断台湾电视业的局面。1971 年 1 月 31 日,"教育部""国防部"与多家民间资本合股,以教育电视实验广播电台为基础,整合成立"中华电视公司"(简称"华视"),自此,台湾电视业形成三足鼎立、三分天下的竞争格局。

"台视"开播之初,全天播出五个小时,其中每天晚上 8 时播出十五分钟新闻节目。筹备之初,"台视"招募了毕业于东吴大学政治系的陈振中、毕业于台大外文系的傅筱燕、毕业于政治大学新闻系的陈正美三位播音员,后又有黄丽珍、张苹、苏斐丽等女播音员陆续加入。新闻的配音、口播都由播音员完成,后来改由记者进行配音,播音员主要完成出图像口播的任务。总体来看,早期台湾电视播音员基本都是知名大学本科毕业,出身北京、河北等语言基础较好地区,不少还是国民党内政界名人后代。但是,播音员就职情况并不稳定,尤其是女播音员,短则半年,长则一两年,就会因为出国留学、结婚等各种原因离开播音岗位。①

台湾首批三家电视台均为"官办民营"模式，由官方控股主推，以民营公司模式运行，靠广告收入自负盈亏。因此，从开播的第一天起，以市场为目标的娱乐节目便是重要的组成部分。1965 年，娱乐节目占全天播出时间的49%。②《群星会》《田边俱乐部》《欢乐假期》等综艺节目一经推出，便吸引观众瞩目，同时带火了早期台湾综艺节目主持人。《群星会》是台湾第一个电视综艺节目，一周两次，七十五分钟全程直播歌手现场演唱，成为台湾通俗歌坛的造星工厂。主持人白嘉莉是节目的代表人物。她外形出众，明艳大气，谈吐不俗，深受观众喜爱，被称为"六十年代最美丽的节目主持人"。1970 年《群星会》改用彩色摄影机直播，成为台湾第一个彩色电视节目，就是白嘉莉第一个出场。③ 此后，白嘉莉又主持了《喜相逢》《欢乐周末》《银河璇宫》《大千世界》等文艺节目。

男主持人方面，出身电台主持的李睿舟、包国良成为代表人物。1965 年，李睿舟主持的才艺歌舞竞赛《田边俱乐部》开播，后更名为《五灯奖》，是台湾第一个向普通民众开放的歌唱选拔节目，发掘了一大批台湾流行乐坛著名歌手。李睿舟的主持以带着书生气的温文尔雅、风度翩翩著称，先后主持《大千世界》《精打细算》《蓝白对抗》《青年才艺竞赛》等多档栏目。与之对应，"中视"在 1970 年推出的《欢乐假期》，主持人包国良身形高大、谈吐端方，也有较高的关注度。

综艺节目以外，社会文教节目也有新意。1962 年"台视"开播之际便推出的烹饪节目《傅培梅时间》，主持人傅培梅在电视上直播教授观众做菜技艺，可以说是台湾以主持人名字命名节目的先例。

总体上，60 年代的台湾电视综艺节目主持以当时已经成型的电台节目主持为基础，大气端庄的主持风格为主流，在岗位职能上以串联衔接、叙事

---

① 详见何贻谋.台湾电视风云录[M].台北：台湾商务印书馆，2002：93-96.

② 陈炜.俗世之镜：台湾综艺节目研究[M].北京：中国电影出版社，2013：5.

③ "台视"60·风华再现[EB/OL].[2022-11-10].https://touchttv.com/touchttv/play.aspx? id=2270.

说明、烘托节目为主旨,并不强调对主持人个人演艺能力的展现。

(二)快速发展的台湾主持事业

1.台湾广播主持专业化

1971 年,中华人民共和国正式加入联合国。紧接着,1972 年,中美外交破冰,尼克松总统访华。国民党当局面对国际政治遭遇的重大挫折,被迫做出一些政策上的调整,对岛内的政治钳制开始放松。另一方面,60 年代以来,外向型经济牵引着台湾实现经济起飞,70 年代,台湾以超过两位数的年均 GDP 增长速度一跃成为"亚洲四小龙"之首,城市化进程加速,普通百姓的生活发生了巨大变化。

为了满足民众对于信息和娱乐的需求,缓解台湾民众对自身政治处境的焦虑,国民党当局对广播电视政策进行了一系列调整。首先,1968 年 3 月21 日,台湾"交通部"制定公布了《调频广播电台工程技术设备标准规范》,将调频频率作为对岛内广播的主要技术通路,为广播增加了新的发展空间。"中广"在两年内便开设了台北、台中、高雄、花莲四个调频台,到 1981 年建立了两个覆盖全岛的调频广播网。军政电台如警察电台、教育电台、军中电台、复兴电台也相继获得调频广播。大量服务民众生活的专业广播频率如交通、教育、新闻、农林、渔业等纷纷建立。

专业化的广播电台催生专业化的节目主持人。在 60 年代广播综合节目改革的基础上,七八十年代的台湾广播逐渐转换为以专业化主持人节目为主体,广播主持人往往在某一内容领域深耕细作,满足"窄播"后的听众需求。

1971 年开播的警察广播电台第二台定位为全天二十四小时播出的专业交通台,专门针对台北日益拥堵的交通状况,报道交通路况,服务路上人群。据台湾政治大学在 1973 年 3、4 月间进行的民意测验,台北出租车司机中,有78.44%经常收听交通台。[①] 该台主持人秦晴熟稔台北的道路情况,总是以朋友交流一般的口吻和听众交流发生在路上的故事,被台北司机称为"塞车公

---

① 陈扬明,陈飞宝,吴永长.台湾新闻事业史[M].北京:中国财政经济出版社,2002:156.

主"。同样是警广电台的主持人凌晨则以音乐节目为专业,1973 年开始主持第一广播网《平安夜》节目。在节目里,她不但播放精选唱片,还以轻柔委婉的语言,充分介绍词曲作者情况以及歌曲的时代背景、社会反响等,并在节目里采访文化艺术界的知名人士,并积极发掘了一批台湾校园歌手,成为音乐圈举足轻重的人物。①

专业化频率带动专家学者走进直播间,成为"窄播"风潮中的节目主持人。在"中广"古典音乐网,打击乐家朱宗庆、长笛艺术家樊曼侬、联合实验乐团的小号首席叶树涵、著名女高音何康婷、台北艺术家合唱团团长兼指挥郭孟雍等走进直播间,担任主持人,就自身擅长的音乐领域进行介绍。对台湾历史颇有研究的黄景训,以及对唐诗、现代诗吟唱很有心得的赵天福都是"中广"调频二网《中午茶》节目中"点心担"的重要角色。②

2.台湾电视综艺节目主持娱乐化

70 年代以后,随着台湾电视行业竞争加剧,自带知名度的演员、歌手加入综艺节目主持人行列,带来了更多个人化的演唱、舞蹈、表演能力的展现,主持人的个人魅力开始成为节目招徕观众的重要元素。

"台视"邀请著名歌手崔苔菁主持大型户外综艺节目《翠笛银筝》,将彩色转播车直接开到各地。台湾壮美的山川地貌、自然风光,加上崔苔菁妩媚动人的外形、充满青春活力的主持风格,所到之处都会引起大量群众围观。1972 年,"台视"又推出知名演员夏台凤主持的《歌星之夜》,明星访谈加亲朋好友客串来访,构建起更加立体的艺人形象。1977 年,著名歌手凤飞飞应邀在"台视"主持《我爱周末》《一道彩虹》,她的主持富有本土气息又亲切自然,加上精湛的表演和歌唱,又总是将节目和自己的新专辑宣传相结合,很快展现出强烈的个人风格。

70 年代台湾电视综艺节目迎来了高速发展的阶段,多种不同类型、不同

---

① 白谦诚.横跨三大媒体的主持人:记台湾凌晨小姐[M]//白谦诚.主持人第二、三辑.北京:中国广播电视出版社,1993:367-368.

② 台湾广播线上学者主持渐增[M]//白谦诚.主持人第二、三辑.北京:中国广播电视出版社,1993:372.

风格的电视综艺节目如雨后春笋,催生一大批影响台湾综艺节目主持界数十年的知名主持人。

"华视"在70年代初推出《综艺100》,一改60年代端庄持重的综艺主持风格,不但集合歌舞、短剧、杂技等多种形式的表演,还有主持人张小燕带领新人演员李国秀、顾宝明等展开恶搞改编,形成崭新的节目样态,在1980年、1981年、1984年三度获得台湾"金钟奖"最佳综艺节目奖,张小燕在1980、1981、1983年三度获得"金钟奖"最佳综艺节目主持人奖。1982年播出的《周末2100》又捧红了"急智歌王"张帝和凌峰、张魁,其貌不扬的三人组合用嬉笑怒骂、机智幽默的演艺型主持风格立足荧幕。

"台视"的电视相亲节目《我爱红娘》,主持人田文仲幽默调侃,沈春华善解人意,两人配合默契,深受观众喜爱。这档常青节目后续又有董至成、倪敏然、张月丽、胡小青、罗吉镇、邹美仪、刘尔金等接棒主持,基本保持了节目的相当水平和良好氛围,为各界男女提供良好的服务和艺术欣赏。①

面对"台视""华视"的综艺节目阵营,"中视"不甘示弱,在《综艺一百》停播的间隙,趁势推出《黄金拍档》,由谐星倪敏然、张菲等人联袂主持。张菲歌厅主持出身,节目以一种歌厅秀的表演方式,灵活将明星访问、搞怪游戏、才艺表演等多种形式结合在一起,天马行空的做派,进一步放大了台湾综艺主持"搞怪"风格。

在三家争鸣的竞争态势下,台湾电视综艺节目逐渐从单纯的文艺节目组合展示发展为多种样式、多种风格兼收并蓄,综合发展。以搞笑、戏谑风格盘活舞台、展开戏剧演绎的主持风格越来越受到欢迎,著名主持人成为收视保障,各台争抢。著名主持人张菲在各台先后开辟节目,"中视"《黄金拍档》、"台视"《龙兄虎弟》都是代表节目。但是,刻意追求搞笑的副作用也同时开始显现。《黄金拍档》因为夹杂了过多低俗、恶俗的笑话,多次被家长投诉,而能够在庄谐之间自然切换,妥帖把握分寸的主持人则很快成为公众认可度极高的综艺主持人。他们既可以搞笑娱乐,胜任各类戏剧演出,炒热现场氛围,又可以主持大型晚会,成为台湾70年代涌现出的主持人代表,其影

① 李献文,何苏六.港澳台电视概观[M].北京:北京广播学院出版社,2004:195.

响力甚至持续至今。

3.台湾电视新闻播音"主播"化

70年代的台湾电视新闻播音以稿件播报形态为主。80年代台湾电视新闻业引入美国模式,将播音员改为"主播",选聘具有新闻采访经验的资深记者担任新闻主播。1981年"台视"开始推行新闻主播制,由新闻部采访组组长盛竹如固定担任《台视晚间新闻》主播,盛竹如也因此成为台湾电视界第一位新闻主播。1984年资深记者顾安生接任"台视"新闻主播。1989年,李四端同样以"台视"新闻部采访组组长一职接任《台视晚间新闻》主播。

在"中视",手捧六座"金钟奖"的儿童和综艺节目主持人沈春华赴美进修之后转投新闻领域,于1989年接替"中视"第一位新闻播音员熊旅扬,担任《中视晚间新闻》与《中视全球报导》的主播。

"华视"在80年代选聘具有多年记者经验的李艳秋担任《华视晚间新闻》的主播。李艳秋毕业于辅仁大学传播系,据她介绍,在"华视"主播采取竞聘制,只有具备七年以上工作经历的一级记者(共三级,一级记者为最高级)才有资格参加竞聘。竞赛时,由新闻学教授和资深记者组成评审委员会,每位申报者播报五分钟的新闻,评委会打分,并按分数高低排队。前三名就分别成为晚间新闻、午间新闻和早间新闻的主播。第四、五、六名则分别成为这二位主播的"替补队员"。新闻主播上任后,公司通过收视率调查等了解主播受欢迎的程度。①

主播制框架里,经过严格挑选的新闻主播逐渐拥有一定的编播自主权,对各条新闻之间的矛盾、重复之处可以提出修改意见,也可以要求更改新闻顺序、时长等,退给编辑修改。自己口播的部分则亲自动手修改,有的甚至重写。遇有重要采访任务,主播亲自出马完成报道。② 在语音规范方面,台湾新闻主播没有硬性门槛,新闻片也多由记者配音,但字句清楚,意思明白

① 白谦诚.李艳秋访谈录[M]//白谦诚.主持人第六辑.北京:中国广播电视出版社,1997:295.

② 白谦诚.李艳秋访谈录[M]//白谦诚.主持人第六辑.北京:中国广播电视出版社,1997:295

也是应有之义。与美国主播明星制相似，台湾的新闻主播同样享有高薪，也接受相对严格的活动管制，以维护公正、严谨的新闻主播形象。

三、"解严"后的台湾播音事业（1988—2023）

（一）"解严"后的台湾广播电视播音事业

1987 年 7 月 15 日，台湾当局正式解除持续了三十八年的"戒严"。1988 年蒋经国去世，岛内政治局势发生重大变化。1995 年 6 月，台湾当局审议通过"民间全民联合无线电视"（简称"民视"）成立，改变了台湾三大电视台的垄断局面。1997 年 5 月 5 日，"民视"二十四小时新闻卫星台开播，6 月 11 日，综合性无线电视台开播。"民视"的成立与民进党存在密切关系，之后作为民进党的宣传工具，为其摇旗呐喊。2007 年，台湾电视业全面转向民营。

与此同时，台湾有线电视网得到极大发展。为了解决偏远山乡看电视难的问题，台湾中南部民间电器行开始自行连接天线，逐渐发展成为社区电视第四台。1993 年，台湾当局同意发给有线电视运营执照。经过一系列市场竞争、整合，逐渐形成十六个有线频道家族：联意/年代、三立、东森、和信、八大、卫视、超视、华为、非凡等。台湾有线电视频道数近一百四十个。①

几乎与有线电视发展同步，卫星电视登陆台湾。90 年代，台湾"行政院""立法院"接连通过卫星广播电视的有关规定，引导台湾媒体向更加国际化、自由化的方向发展。各种背景的资本机构借此机会纷纷进入卫星电视行业，主要有台湾第一个上星的新闻频道真相新闻网，香港无线电视和台湾年代、福隆两家合办的无线卫星电视（TVBS），台港合股组建的超级电视台，香港《明报》企业集团投资的传讯电视网络有限公司旗下"中天""大地"两个频道品牌系列，再加上台湾代理美国诸多卫星电视频道，林林总总，到 21 世

---

① 陈扬明，陈飞宝，吴永长.台湾新闻事业史[M].北京：中国财政经济出版社，2002：214.

纪初,台湾连同无线、有线、卫星电视多达一百五十个频道。①

广播方面,1993 年 1 月,台湾当局宣布开放调频广播频率。大门打开之后,岛内广播电台数量骤增。1993 年,台湾广播电台数量为三十三家,1994年增加到一百五十六家。② 到 2013 年,台湾地区共有一百七十一家电台,其中七家为公营电台,其余皆为民营电台。③ 此外,中南部地区还持续活跃着一二百座地下电台。

如此庞大的媒体阵容,在只有 3.6 万平方公里左右面积的台湾岛显得拥挤不堪。为了在激烈的竞争中取得一席之地,各家广播电视机构纷纷在新闻、政论、综艺节目上推陈出新,各显其能。主持人,成为媒体的王牌。

(二)“解严”后的台湾电视播音事业

1.年轻化的台湾电视新闻节目主播

激烈的竞争环境里,新闻主播自然成为吸引观众的招牌,主播的权力进一步放大。90 年代的“台视”高管级主播刘丽惠可以行使《台视晚间新闻》的主编职责,参与负责栏目的策划与定位,播出前进行新闻的编排与取舍,播出时出镜播报、解读信息,节目结束后评估当日新闻质量优劣,指出改进方向,并定期举行节目内外部讨论会。④ 1993 年,“台视”在台湾地区第一家引进 SNG 直播车,主播李四端成为台湾第一位直播记者。此后,90 年代SNG 卫星直播车大量投入使用,让出镜直播报道成为台湾电视新闻业的兵家必争之地,造就明星记者,同时也对新闻主持人提出更高要求。

进入 21 世纪以后,台湾电视新闻主播的风格发生变化,一批缺少新闻记者职业历练,但是拥有靓丽形象、甜美笑容的年轻女主播成为炙手可热的电

---

① 陈扬明,陈飞宝,吴永长.台湾新闻事业史[M].北京:中国财政经济出版社,2002:204.

② 陈扬明,陈飞宝,吴永长.台湾新闻事业史[M].北京:中国财政经济出版社,2002:177-178.

③ 陈蕾伊.台湾广播发展变革探析[J].中国广播,2013(12):13-17.

④ 刘俊,毕啸南.台湾主播的观念:基于对台湾电视公司首席新闻主播刘丽惠的访谈[J].电视研究,2013(09):78-80.

视明星。2004 年,二十五岁的侯佩岑担纲主持《年代新闻》,当时她从南加利福尼亚大学毕业不过两年。TVBS-NEWS《整点新闻》的女主播王怡仁、中天电视台女主播吴依洁,担任主播时都只有二十五岁左右。2009 年,"台视"专门举行"百万主播"比赛,前三甲都是年轻女士,第一名林家琪入职后跑了半年新闻便转任专职主播。年轻的女主播缺少新闻经验,但凭借出众外形、甜美的播报,也让她们拥有鲜明的类型特征,获得舆论关注和观众喜爱。

和大陆的新闻播读相比,台湾电视新闻主播的播音方式更接近播讲,注重语流的行进感,语速较快,语句表达的细节较少。台湾"中广"播音员的播报有一种在陈述句句尾扬起加重的语调,构成自己的语言表达风格。不少新闻主播在短期从事新闻工作获得社会关注度以后便转型成为艺人,转战综艺、演艺领域。

2. 夸张喧闹的台湾电视政论节目主持

电视政论节目是一种极富台湾特色的节目形态。1994 年,TVBS 主持人李涛将地下电台常用的 Call-in 听众电话直播互动方式转化到电视直播里,开辟互动节目。一位主持人,几位政治界嘉宾,加上听众电话直播互动,节目成本低廉,播出效果好,各电视台纷纷效仿,并派出知名主持人坐镇。

台湾政论节目因政治选举而生,主持人通常有明显的政治倾向,在节目里组织不同阵营的"名嘴"评论员,就某一议题展开激烈辩论,甚至发表自己的观点。还有的政治人物会选择政论节目进行"爆料",掀起政治运动。如2005 年,邱毅利用政论节目展开揭弊行动,直接点燃了台湾"百万倒扁"运动的导火索。2013 年,张友骅通过政论节目《新闻龙卷风》对洪仲丘事件进行一系列爆料,最终舆论发酵、升级,将两个"国防部长"拉下马。① 在这样的节目环境里,节目主持人必然会将自身观点融入其中。观众也对不同的节目及主持人有基本的政治立场认知,"偏蓝"或者"偏绿",均可以在自身所在的阵营里成为"政治明星""意见领袖"。

随着台湾政治选举乱象丛生,政论节目的娱乐化色彩越发浓重,衍生出

---

① 邹振东.政治文化视域下的台湾电视政论节目[J].国际新闻界,2014,36(06):119-135.

一系列政治模仿秀节目,以反串喜剧的方式讽刺政治现实,主持人在其中起到推波助澜的重要作用。即便是资深新闻主播李艳秋,也在《新闻夜总会》里大量使用夸张的表情和肢体语言,让讲述更加生动。当双方意见相左时,主持人需要挑起对立,激发论辩,让节目成为一个展示"名嘴"风采的舞台。如果双方说到激动处要动手,那更是"难以劝阻"。2006 年 8 月 24 日的"民视"政论节目《头家来开讲》里,因为对"倒扁运动"的正当性持不同看法,几位嘉宾大打出手,录影棚内一团混乱。直播画面将这一段闹剧播放出去,引得许多民众纷纷转台看热闹,该节目当晚的收视率迅猛上升。①

3. "家族化"的台湾电视综艺节目主持

在市场化发展过程中,台湾电视综艺节目逐渐形成了制播分离为主的运行模式。主持人通常与节目制作公司合作,甚至成立自己的制作公司,培养新人、巩固力量。90 年代以后,台湾综艺界逐渐形成以张小燕、吴宗宪、王伟忠为核心的主持人"家族"群体。

张小燕童星入行,三次获得亚太影展最佳童星奖。1968 年她在"台视"主持儿童节目,进军主持界,在《银河璇宫》成功转型喜剧化主持风格,此后在多家电视台主持综艺节目。从《综艺一百》《连环泡》到《超级星期天》《小燕有约》,再到《快乐星期天》《百万小学堂》《红白红白我胜利》《小燕之夜》……张小燕以知性幽默的风格,几乎撑起了台湾综艺节目三十年的半壁江山。通过一起搭档主持、打包协议、资源共享,张小燕着意提携了一批主持新人,如陶晶莹、曹启泰、曾宝仪、庾澄庆、卜学亮、路嘉怡等,这些人已经成为近三十年来台湾综艺节目主持人的中坚力量。"小燕家族"的主持人普遍亦庄亦谐,特色鲜明,既会耍宝搞笑,也能持重端庄,以情动人,收放自如,能担当大型典礼活动司仪角色,因此在海峡两岸都享有较高的认可度。

吴宗宪 1987 年以歌手出道,自 90 年代中期开始进军主持界,以"台视"《超级星期天》《天天乐翻天》节目主持人的身份逐渐打开知名度。此后,他在"中视"主持的《周日八点党》《综艺最爱宪》《我猜我猜我猜猜猜》等,言辞

---

① 杜筠.困顿民主社会中的宣泄平台:浅谈台湾政论节目的娱乐性[J].声屏世界, 2009(07):64-65.

大胆,总是带着娱乐戏谑的态度"自嘲"与"嘲人",成为台湾电视综艺界实力主持人。成名的同时,吴宗宪开办经纪公司,签约歌手、主持人,组成以本地特色、语言新奇为特色的"宪宪家族"。许杰辉、康康、郁芳、欧弟等十几位台湾地区知名主持人都是他的旗下艺人。

"伟忠帮"则是以台湾著名节目制作人王伟忠为核心,涵盖了2000年后走红的艺人徐熙媛徐熙娣(大小S)姐妹、柳翰雅、陈建州、刘真、陈汉典等人。知名节目有徐熙媛徐熙娣共同主持的《娱乐百分百》、徐熙娣和蔡康永主持的《康熙来了》,陈建州主持的《TV三贱客》《周六大对抗》等。相较而言,"伟忠帮"主持人荧幕表现轻松、家常,贴近普通人的生活,彼此之间人事关系较为疏松,王伟忠在其中更多起到精神核心的作用。

总体来看,90年代以后,台湾电视综艺节目整体大幅扩张,综艺主持人更接近演艺明星的身份,艺术生命可以长达数十年。在漫长的主持生涯里,知名主持人的风格不断演化、发展、成熟,并借助相对稳定的制播分离机制,搭建起自己的团队,乃至"家族"。主持人"家族"的形成既有无心之举,也有刻意栽培,彼此不可避免地形成了竞争关系。在风格上,"家族"成员普遍具有一定的共同之处,再加上张菲、胡瓜两棵"综艺常青树"以及巴戈、方芳芳、蓝心湄等知名主持人的穿插,由此形成台湾差异化、多样化的综艺主持格局。

在快速发展的同时,台湾的电视综艺主持也出现了许多不可忽视的问题。在所谓"民主"的传播环境里,原本为了接近观众采取的通俗策略,变异为刻意迎合的低俗、媚俗,出现了大量危险表演、色情暴力、灵异鬼怪等低俗内容。语言上,幽默段子夹杂着"开黄腔",缺乏文化品质,屡遭社会投诉。而急速增长的社会地位和经济回报,让一些明星主持人失去自我判断,胡瓜、大炳、阿国、唐志中等人都因为吸毒被台湾警方查检。这些劣迹都在提醒台湾社会,作为娱乐明星的综艺主持人如何守住作为公共人物的道德底线,为社会公众提供良好榜样,是一个亟待解决的问题。

(三)"解严"后的台湾广播播音事业

1.台湾广播类型化节目主持细分下沉

由于调幅广播已经形成较为稳定的收听市场,技术空间饱和,因此新办电台主要以地区调频电台为主,多采用分众化的经营策略,根据听众人群的年龄、职业、地区、爱好、政治意见、语言习惯等进行细分,突出本土化、地方性,服务特定人群。越来越细致的电台定位,使得专业化的广播节目主持进一步下沉到基层,岛内广播电台整体格局呈现出多元化、差异化发展的态势。

专业化的频率诞生专业化的节目,进而培养出专业化的主持人。FM 97.7 Classical古典音乐台的主持人都是古典音乐爱好者,能够自然地将古典音乐艺术融入节目,并针对频道特色设计活动、寻找具有相似品位的合作企业。教育电台诞生了一批专注特殊领域的主持人。主持《自然笔记》超过十五年的主持人范钦慧,出于自身对台湾自然生态的好奇,主张从声音的角度发现台湾自然界的奥秘,制作的《乘着捷运发现自然》《大地写真》《台湾水当当》《大树之歌》《昆虫大进击》等专题节目广受好评,并衍生相关书籍、活动,让听众和主持人一起亲近自然,感受生命之美。台湾的专业主持人已经非常明确地意识到,在某一个分众品类上的专业化,需要充分调动自己的真诚,发自内心地关心、热爱自己的内容领域。正如教育电台的另一位儿童节目和银发族节目主持人NONO所说:"No no care,也就是不要不关心——不要不关心我们周围的人和我们居住的这个地方。"①

2.台湾政治地下广播带动Call-in互动

由于国民党当局一直保持严格的新闻管制政策,热线电话互动在台湾广播界的出现并不算早。1987年台湾调幅广播网《"中广"热线》节目出现了Call-in的互动形式,听众可以在节目直播过程中打进电话,直接和主持人交流,发表个人观点。1989年,台湾首次举行三项公职人员选举,民进党第一次作为反对党参加选举,普通民众手里的选票,就是他们最重要的目标。

---

① 邓蔓.合理使用名人 培养广播名人[J].媒体时代,2011(11):28-30.

为此,其集合各方面资源,在中南部"票仓"地区开设大量小功率地下电台。这些电台没有合法执照,通常设备简陋,播出也不定时,常常藏身于台湾中南部的山区,以播放闽南语歌曲、药品广告以及政党支持为主要资金来源。由于台湾中南部地区经济水平相对落后,人们听广播多于看电视,给地下电台的发展提供了便利。

为了扩大影响力,给选举造势,主持人往往言辞激烈,着重发表一些与主流媒体相左的意见和观点,与听众在电话直播里大肆讨论政治议题。持有不同政见的普通民众可以通过电话,直接在地下电台发表自己的意见,这给了听众很强的参与感、存在感,迅速在中南部地区引发热潮。

90 年代以来,台湾新闻事务主管部门联合电信部门修正电信有关规定、联合交通事务主管部门发起了多次取缔地下电台的行动,并通过开放小功率电台给予部分地下电台合法身份,试图解决地下电台问题。然而,以 Call-in 节目形态为主打的非法电台始终保持在两百家左右,只是内容从政治鼓噪逐渐转变,加入医药售卖,并且在节目里让听众宣泄烦忧,十足扮演听众心目中的好朋友、好邻居。①

3.媒介融合发展中的台湾广播节目主持

21 世纪以来,台湾的广播电台跨媒介、跨行业发展趋势越发明显,将垂类内容与融合交互相结合,不断开拓广播主持的新空间。

台湾的广播跨媒介的融合发展首先从分众化的青年广播发端。2010 年左右,亚洲广播电台飞扬 895、HIT FM、KISS RADIO 等专门针对年轻群体的广播电台均开发专门的收听软件,将移动端作为主持人在线互动的路径,并以此为平台,既可即时收听、随时回放,又可将其作为营销平台,促进以广播主持人为核心的社群建设。此外,作为声音创作者,播讲故事、演播广播剧、出版有声读物成为台湾广播主持人发展的新路径。例如好家庭电台出版的有声读物《糖果姐姐讲故事》涵盖格林童话故事等内容,满足儿童需求。②

---

① 黄雅琴.台湾广播节目现状与发展:以"中广"流行网、飞碟电台、亚洲电台为例[C]//李晓华,胡正荣,冉丽.聚焦世界华语播音.北京:北京广播学院出版社,2004:99.

② 曹劲超.风从宝岛归来,鸣唱九天新曲[J].媒体时代,2011(11):8-10,2.

　　线上广播与线下活动相结合,更成为台湾广播经营的常规操作。台湾广播公司每年举办一百场活动,亚洲电台的八个人的企划部,每年执行三百多场活动,企划活动收入与广告创收持平。① 广播与网络的融合发展,更是对主持人的多栖能力提出更高要求。例如台中古典音乐广播这样的小众音乐电台,也会积极与乐队、演奏家合作,举办户外阳台演奏会、青少年音乐夏令营等活动,既获得了赞助和票房收入,又兼顾到了社会公益性。② 这些活动的报名、参与、缴费、产品购买都是全程通过网络进行的。这意味着,广播主持人不但要主持节目,还要大量参与线下活动的组织、主持以及线上社群的维护,促进作为一个爱好者群体的小众电台拥有更加稳定的客户群体。

　　总体来看,在台湾地区特殊的政治经济环境下,播音主持事业以节目主持为主流,对主持人敏锐的思维、流畅生动的表达状态的要求远远超过了对吐字发声的标准化要求。因此,不论是台湾当局还是广播机构,更加注重发掘、培养播音员主持人的个性魅力。从职业状态来看,台湾的主持人普遍在一个领域精耕,通过广播、电视、报刊、网络等多种媒介方式实现多栖生存。新闻节目主持人、社教文化节目主持人通常兼职报刊专栏写作、出版著作等;综艺类主持人则参与戏剧、影视表演,发行唱片,跨歌手、演员、导演等多个领域,在演艺界综合发展。

　　许多广播电台也倾向于招徕作家、艺人等社会知名人士兼职主持,尤其是在某一个内容领域具有高度专业性的名人,经常以个人 IP 为核心,多平台同步打造个人品牌。21 世纪初,"中广"流行网多以名人担纲主持,强化节目的可听性,例如:畅销作家吴淡如的《好时光》、王伟忠的《"中广"男人》、陈文茜的《文茜的异想世界》、李秀媛的《李秀媛绮丽世界》等。飞碟电台也不甘示弱,结合主持人在电视节目中的高曝光率来累积听众的忠诚度,例如:资深音乐人李丽芬的《丽丽新世界》、赵少康的评论节目《飞碟午餐》、朱卫茵的《一点关系》、李艳秋及陈文茜的新闻评论《飞碟晚餐》、曾宝仪的《飞碟小

---

① 董涛.广播进入创意时代:台湾广播电台参访心得[J].媒体时代,2011(11):15-16.
② 蔡莉.耳界[J].媒体时代,2011(11):22-23.

点心宝贝七点钟》、陶晶莹的《陶色新闻》等。①

这种发展模式，让台湾的播音员主持人在资源有限、竞争激烈的媒体环境里尽可能凸显出作为媒介传播中"人"的个体形象，却也使得广播电台的公共形象和主持人品牌形象成为两个相对独立的系统，容易丧失作为公共媒介对社会公共利益的应有的关照。此外，广播电台对名人的依赖度太高，也容易失去自身特色。

四、海峡两岸播音主持事业的交流与融合

1979 年 1 月 1 日，中华人民共和国全国人民代表大会常务委员会发表《告台湾同胞书》，郑重宣告了争取实现祖国和平统一的大政方针。此后，经过一系列会谈，两岸关系逐渐缓和，两岸交流日益频繁。1987—1988 年，陆续实现两岸同胞探亲互访。1992 年，海基会、海协会两会就"海峡两岸均坚持一个中国的原则"达成共识。

在这一历史背景下，两岸的广播电视媒体开始了交流互动。1983 年，台湾著名主持人黄阿原携全家移居大陆，1985 年，他作为主持人参与主持春节联欢晚会。1987 年，尽管台湾当局还没有开放赴大陆拍摄许可，但原籍山东青岛的"台视"节目主持人凌峰率先行动，拍摄电视系列节目《八千里路云和月》，首开台湾节目制作团队到大陆实景拍摄采访报道之先河。紧接着，"中视"推出由长乐传播公司摄制，王牌新闻节目主持人熊旅扬主持的系列节目《大陆寻奇》，连续播出超过十年。"华视"则邀请各路知名主持人访问大陆，拍摄《吃在大陆》《蓦然回首——海棠风情》等系列片，满足台湾观众对祖国大陆的思念与好奇。广播方面，1991 年 10 月，台湾知名音乐节目主持人秦梦众带着《民歌心韵》节目参加了上海电台举办的"第三届国际音乐节目展播"，成为第一个在大陆电台发音的台湾广播主持人。

与此同时，大陆广播事业正发生剧烈变化，专业台、类型化建设风生水

---

① 黄雅琴.台湾广播节目现状与发展：以"中广"流行网、飞碟电台、亚洲电台为例[C]//李晓华,胡正荣,冉丽.聚焦世界华语播音.北京：北京广播学院出版社,2004:96.

起,主持人节目焕发勃勃生机。1991 年 8 月,上海人民广播电台率先在大陆成立了第一家交通台,上海电台台长陈文炳特地请来沪的台湾朋友捎带几盘当地交通节目的录音带作为参考,在台北颇具盛名的交通节目主持人秦晴便是参考的样板之一。1992 年 11 月,主持人秦晴、秦梦众应邀访问上海,不但和同行们进行业务交流,还坐进直播间,和上海电台的主持人一起主持节目。11 月 23 日 22 时,秦梦众与上海电台主持人麦风一起主持直播节目《今晚没约会》,成为大陆和台湾的广播节目主持人首次合作直播。第二天 14 时,秦晴又和上海电台的主持人小茗一起,在交通台《午后的约会》节目里合作主持,谈笑风生。[①]

进入 21 世纪,在制播分离机制的刺激下,台湾综艺节目主持人开始进入大陆市场。2006 年到 2008 年,吴宗宪及其"家族"成员陆续与央视中文国际频道、陕西卫视、湖南卫视等合作,主持综艺娱乐节目。2010 年,台湾"综艺教父"王伟忠、詹仁雄带领台湾综艺团队转战大陆,打造的《幸福晚点名》《华人大综艺》分别登陆江苏卫视、东方卫视。然而,台湾的综艺节目主持人并非所向披靡,两岸的媒介规制、观众对主持人的期待不尽相同。在十多年的探索过程中,有的主持人逐渐为大陆观众接受并喜爱,有的则败退宝岛,尤其在 2014 年以后,以腾讯、优酷、爱奇艺为代表的长视频网站纷纷发力综艺领域,更加适应大陆规则的台湾综艺主持人有了更多的机会,开启新的事业版图。

在新闻主持领域,以东森、中天、TVBS 为代表的台湾电视机构与中央电视台、东方卫视、东南卫视等密切合作,推出了一系列特别节目。2005 年 5 月,时任中国国民党主席的连战率访问团访问大陆,中央电视台与东森台合作报道此次两岸大事件。东森台新闻主播卢秀芳不但全程参与报道,还与白岩松在央视直播间同台主持。此后,从《连宋大陆行》到《共话神六》,从《岩松看台湾》到《千里走青藏》,从《两岸看奥运》到《台湾灾区行》,密切的合作让卢秀芳很快成为大陆观众熟悉的台湾新闻主播。2009 年,上海东方

① 徐冰."两秦"带来台胞情:台湾著名主持人秦晴、秦梦众在沪直播[J].新闻记者,1993(01):40-41.

卫视与中天娱乐台合作,推出以上海和台北双城视角观察两岸新闻的直播节目《双城记》,当时已经转投中天的卢秀芳再次上任,担任台北演播室的主持人,给大陆观众带来台湾视角的新闻观察。此外,东南卫视的《海峡新干线》《台湾新闻脸》等节目建立起和台湾评论员队伍的密切联系,第一时间报道台湾动向。社教节目方面,两岸文化交流的节目不断。2002 年开始,中央电视台和台湾中天电视台联合主办"海峡两岸知识竞赛",两岸高校选手齐聚一堂展开交流与比拼,节目主持人也由两岸主持人联袂出任,台湾的和家馨、吴依洁、寇乃馨、叶树珊等都曾经担任这一节目的主持人。

纵观海峡两岸的播音主持交流,从一开始的隔绝,到八九十年代友好互访,再到 2000 年后的交流共享、合作共赢,两岸播音主持事业前进的脚步虽有不同,但在共同语言、文化、历史和政治共识的基础上,正带着历史的必然,逐渐走向融合共生。

百年来香港、澳门及台湾各自走过不同的历史风浪,形成不同的社会制度、区域文化,播音主持事业发展的轨迹和特点也各不相同。但在总体上,仍有一定的共同之处。

其一,台港澳地区在二战后均经历了经济高速发展的黄金时代,尤其是香港、台湾,在七八十年代以"东亚四小龙"闻名于世,在历史的时间线上正好比中国大陆(内地)早二十年左右。正是这一时间差,让香港、台湾地区的播音主持事业伴随社会经济发展率先腾飞,在播音主持的创作形态、人才培养、选拔任用等方面更多借鉴西方国家经验,将节目主持人、电话热线互动、喜剧表演式主持等形态引入播音主持业,并进行本土化改造,使其适应华语地区的审美方式、文化传统和社会需要。在改革开放初期,香港、台湾地区的播音主持创作风格、创作样态成为大陆(内地)播音主持创作活动学习的直接对象,甚至连带着不标准的"港台腔"一并照单全收,对大陆(内地)的播音主持事业产生了巨大影响。

其二,虽然政治体制不同,但台港澳都属于资本主义制度社会,以西方式的"新闻自由"为参照,在新闻节目领域诞生大量政论节目主持人、文化名嘴、评论员。在综艺娱乐节目方面则以市场反应为最重要的标准,通常主持、演艺不分家,强调以"个人"为传播主体,突出主持人的个性化乃至私人化表达,实现主持人与观众、听众之间交流的真实感。在此基础上,深度开掘主持人品牌效应,形成跨媒介的总体社会形象。可以说,香港、台湾的播音主持事业在广播、电视、网络之间的媒介融合方面具有先发优势,为播音员主持人在媒体融合时代的突围创造了良好基础。

其三,从地理位置来说,台港澳都属于海岛地区,有比较强的区域文化特点,港澳属于粤语文化圈,台湾为闽文化圈,中国传统乡土文化、海洋文化、西方文化汇聚一堂。因此,在语言上,港澳地区以粤语为主;台湾虽然有国民党当局强力推进"国语",但由于民国时期"国语"的定型与推广尚不成熟,且长期与大陆隔绝,因此逐渐形成了具有地方语言特色的播音语言。固然在播出语言上差异良多,但数千年中华文化的熏陶,同根同源的文化属性,使得海峡两岸和港澳依然共享对中华语言之美。

最后,从未来发展角度来看,和大陆(内地)相比,台湾、香港、澳门地区的地域面积和人口数量始终较为局限,事业在达到一定的成熟度之后,迫切需要寻找进一步发展的空间。同文同种、同根同源,又具备资金、人才、地域优势,大陆(内地)无疑是最为直接、有利的选择。改革开放以后,两岸交流日渐密切,香港、澳门回归以后均加强普通话播音主持的力量,充分融入大湾区传播事业。放眼未来,融入国家发展大局,找到民族文化共性和地域文化个性的交融与平衡,是台港澳播音主持事业发展必然的历史选择。

第七章　百年中国播音事业的演进脉络

辛亥以后,民国初立,百废待兴,中国开始在政治、经济、社会、文化等层面逐步从传统向现代转型。在这一历史背景下,1923 年,广播进入中国,象征着中国公共信息传播进入现代电子媒介时代,播音事业自此启航。此后百年,国家革故鼎新,媒介变革接续,播音事业不断发展壮大,有声语言再一次回到信息传播的中心位置,充分参与社会传播生活,推动实现"交往的现代化或人在交往中使自身现代化"①,深度嵌入中国社会现代化进程,与之同步前行,共同发展,同时也实现自身的现代化发展。

第一节　播音员主持人群体的结构性演变

在百年发展历程中,伴随着广播电视事业逐渐壮大,播音员主持人群体日渐庞大,结构日趋复合,呈现出逐渐普及化、大众化的趋势。

在广播刚刚进入中国之时,只有少量外籍人员通过在租界开办的广播电台,以英语进行广播,成为在中国大地上出现的首个播音员群体。中国政商力量发力广播领域之后,中文播音员真正开始走上历史舞台。然而,在整个民国时期,广播事业主要存在于经济社会相对发达的中心城市,数量少、辐射面小,与之相应,播音员群体数量极少,业务水平呈现两极分化的趋势。

---

① 胡百精.交往革命与人的现代化[J].新闻记者,2023(01):3-6,18.

一方面是政党电台对社会精英人才的倚赖,无论国共,精通中文,又愿意服务政党的大学毕业生成为政党电台播音员首选;另一方面民营商业电台以民间艺人为游艺播音主体,文化程度较低,更强调艺术能力,规范语言水平稀松,但也促成了更为灵活的语言传播可能。

新中国成立之际,《共同纲领》明确提出"发展人民广播事业",广播事业发展走上普及化、大众化的道路。1959年元旦,西藏人民广播电台开始播音,标志着国家全面建立起中央—省二级中心广播电台。与此同时,农村有线广播"九台模式"的发明和推广,将广播事业从城市下沉到农村,占据当时中国人口八成的农民开始在自家村社收听广播。这一发展势头一直延续到"文革"期间。与广播的普及化、大众化趋势相适应,播音员群体数量快速增加。然而,彼时播音员专业教育刚刚起步,中央人民广播电台新选拔播音员大多为中学毕业生,经过数月培训便直接上岗,在岗位上边学边干。基层台更是只能直接从中学生里选拔在语音、声音、语感方面具有先天条件的青年充任播音员,尤其在六七十年代的知识青年上山下乡运动期间,许多城市中学生进入乡村,因其较好的普通话水平,直接进入基层广播电台担任播音员。

改革开放以后,主持人横空出世,在既有播音队伍之外异军突起。他们当中大多为文化界、新闻界、教育界人士,如作家、记者、高校教师、行业领域专家等,具备一定的规范语言基础,强于思考,擅长自主内容创作、互动交流以及深度评论等意见性语言表达。2000年以后,经国家广电总局许可,"制播分离"改革逐步展开,改变单纯的电视台节目自制自播模式,引入市场化力量,在除新闻以外的节目生产领域开展市场化竞争。综艺、财经、体育节目涌入市场,更多文娱艺人、财经作家等以主持人、嘉宾主持的身份出现在电视荧屏上,播音员主持人群体进一步扩大。

进入媒体融合时代,传播技术发生深刻变革,行业生态迎来革新浪潮。互联网给节目传播提供面向全网用户的无限传播空间;录制和传播技术普及化、便携化,让录制、传播音视频不再是广播电视机构的特权,任何人都可以成为内容生产者、传播者。从网络音视频节目、视频博客、音频播客到短视频博主、自媒体节目创作者,来自文字媒体的媒体创作者和民间创作者均以出声出像的方式,直接面对广大用户进行传播,并以此为基础,组织社会行为如商业变现、社交互动等。这种新的传播方式不仅让内容生产、传播和社会行动之间的连接愈发紧密,也催生了体制化媒体之外海量的公共有声语言传播者。随着媒体融合快步推进,各级报纸、广播、电视机构通过合并、重组,建立起涵盖各个媒介形态的融合媒体机构,并建立起具有创新意义的管理和组织机制。在这一背景下,广播电视行业的播音员、主持人也通过多种方式触网升级,或转型为以短视频内容输出为核心的机构自媒体,或在新媒体平台以直播方式直接连接内容与商品市场,展开新的探索。

从总体趋势来看,每一次技术推广、创新,都会给播音事业发展带来新的机遇,职业群体规模不断扩大,人群阶层持续下沉、扩张,新鲜力量持续注入其中。时至今日,如果单纯从传播形态来看,播音员、主持人的工作内容多元复合,职业边界日趋模糊,职业称呼甚至已经无法完全覆盖当前传播过程中的现实状况。然而,播音员、主持人并非只是一种传播角色,在中国今天的媒体体制框架内,还是一种国家认可的权威职业身份,只有经过严格的选拔、审定、考核,才具备以播音员、主持人身份出声出镜的权力。这又将播音员、主持人限定在国家许可特定职业人群范围内,使其保持相对稳定。

第二节　播音主持创作活动的专业性演变

作为一项理性与感性交织的媒介艺术活动,在百年发展历程中,播音主持创作活动的理性化、专业化程度不断提升,成为高度专业化的职业活动,能够根据技术条件、社会变迁、文化交融碰撞随时调适、整合、创新,发展出适应当下需要的媒介言语艺术形态。

在播音事业发展早期,现代声音技术仍显粗糙,碳粒话筒、留声机录音、无线电波传送、电话线传送……虽然能够跨越空间实现声音传播,但效果并不尽如人意。声音变形、模糊,接收断断续续都是常态。然而,建立一个主权独立、政治清明、经济自主的现代化国家的时代渴望需要广播播音施以助力。播音员们在实践中摸索经验,寻找方法,在日复一日的工作中训练出一套成熟的身体技术,能够以高度理性的方式控制声音样貌,使之同时满足声音传播技术和传播目的的需要。这套身体技术结合了中国传统戏曲、曲艺、西方戏剧表演艺术、声乐艺术,借鉴苏联播音艺术,以现代语言学、新闻学为学理支持,成为一整套专业媒介语言艺术技法,并通过高等教育体系实现理论正名。在这一时期,全国播音员群体规模快速扩大,政治水平普遍提升,规范逐渐形成。作为行业标杆,中央三台著名播音员的播音成为标准与规范的代名词,在缺少专业教育背景的情况下,各地基层播音员以此为榜样,展开模仿、学习。这种模仿与学习一方面提升了播音员专业性、职业化程度,另一方面也导致机械模仿的播音腔形成,成为播音创作活动的顽疾。

进入 80 年代,从十年政治高压禁锢中解放出来的人们实现精神生活的重生。"人"的元素被放大,活跃的社会生活迫切需要更加畅达、真实的公共交流。借鉴港台地区经验,"主持人"这一更加灵活、更富有人情味的职业形态问世,饱满的人格形象,融合了谈话、对话的表达形态,改变了人们对播音活动的认知。与此同时,现代媒介技术以及相关基础设施建设同步快速发展,立体声广播、录音技术发展推动播音员主动调整声腔,让声音更加亲切、柔韧;电话的普及和直播技术发展,让普通个体可以实时进入公共声音传播,驾驭节目进程、沟通各方意见成为广播主持人工作核心;"四级办"政策和电视机工业发展,让电视在 90 年代进入千家万户,对个人形象和身体语言的理性把控成为播音员主持人必备的职业技能。以上种种,使得播音主持活动的专业技能体系急速扩容。

21 世纪,中国进入数字和网络世界,市场的活力进一步延伸到媒体机构内部。在原有的语言规范之外,凸显人格特质的艺术表达成为时代新宠,冲击原有的语言规范体系,也推动播音员主持人发掘新的专业增长点。移动互联网将即时互动、跨媒传播纳入播音主持活动必备选项,播音员主持人不仅是内容生产者、传播者,还进一步成为社会活动的连接者,工作体系愈发复杂。

韦伯将现代定义为"一个理性化、理知化,尤其是将世界之迷魅加以祛除的时代"①。纵观播音主持创作活动的总体历程,是播音员主持人以理性指导创作活动,并随着时代变迁不断提升的过程。在理性指引下,播音主持创作活动成为一项高度专业化的职业活动,播音员主持人成为通过媒介进行有声语言传播的专业技术人员。一个有趣的表征便是为了适配电视新闻播音员的演播室工作需要,各类颜色艳丽的设计款西装几乎成为播音员的制式服装,为人们所普遍认可。

在吉登斯看来,专业化是现代抽象体系最关键的特征。这种晦涩特质是脱域机制情境中信任的延伸部分的重要元素。② 理性化程度愈高,象征着现代社会发展愈加成熟。在百年发展历程中,播音主持创作不断均衡适配技术、政治、社会、文化等多个面向的需求。这种调适既有主动出击,也有被动调整,最终形成一项高度理性化、专业化的媒介艺术创作活动,并通过大众传播的力量,影响人们对社会的理性认知。

第三节　播音员主持人组织管理的系统性演进

中国的现代化要从"奉天承运"的超验信仰转为法理型统治,必须建立与法理型统治相适配的现代行政系统。在韦伯看来,这种现代行政体系就是科层制。通过各类专业机构管理框架,各种职位按照等级原则组成一个有序的体系,按照既定的生产流程与规章制度运转。广播电台作为一种现代媒介机构,要实现高效生产,必须施行专门化分工,以有效的组织管理制度,为内容产出与广泛传播提供有效支持。

百年来,中国现代媒介一直以政党领导的国有体制为主。基于这一前提,播音员主持人组织管理的发展演进充分体现了中国现代国家组织管理

①　[德]马克斯·韦伯.学术与政治[M].钱永祥,编译.台北:远流出版公司,1991:166.

②　[英]安东尼·吉登斯.现代性与自我认同:晚期现代中的自我与社会[M].夏璐,译.北京:中国人民大学出版社 2016:28.

体系的发展趋向,也显现出具有行业特色的内在特质。

民国时期,政党广播已经高度认识到播音员的重要性,国共两党均有意识地组织管理播音员,建立起科层制的管理架构,并制定相应规章制度,对播音员的业务流程、人事管理都给出相对明确的章程。同时,以多种政治审查手段保证播音员的政治忠诚。两厢比较之下,国民党广播管理机构更倾向于将播音员纳入内容生产者的序列,与编辑系统融为一体进行管理;而中国共产党则从一开始便将播音员单独序列管理,甚至在相当长一段时间里以军事通信人员编制进行严格管理,以革命意志、思想教育动员播音员投身播音事业,为发出堂堂正正的革命之声努力奋斗。

新中国成立后,国家通过社会主义改造建立起公有型新闻传播体制。以此为基础,各台均建立起完整的播音员主持人组织架构,在全行业内形成以播音组、播音部为代表的专门播音员管理部门,并制定相应的管理机制。在80年代之前,各个广播电视台的播音员专门管理部门承担了全部新闻节目的播出任务以及大量专题节目播讲,占据广播电视声音信息传播的主体。

80年代以后,"主持人"概念兴起,非播音专业的广播主持人如雨后春笋,加之90年代各地电台纷纷进行频率专业化改革,大量的播音部职能呈现萎缩,数量锐减。[①] 主持人与播音员的工作职能差别明显,尤其在广播领域,因内容采制、编辑、播出一体化,主持人成为节目的实际控制人,纳入频道管理顺理成章。在电视领域,主持人与节目高度融合,成为节目制播环节性岗位,在管理上与节目合体显然更为有利。

然而,随着主持人规模和影响力日渐扩大,分散管理的弊端逐渐显现。管理主体分解到频道、栏目之后更关注日常播出,缺少职业针对性,在语言、形象、社会活动等方面的规范性管理较为松散,对主持人职业生涯也缺少培养和规划,尤其是制播分离开启之后,节目主持人艺人化、市场化倾向明显,国家媒体机构对播音员主持人的控制力下降,出现了一些负面案例。

为此,在90年代中期以后,广播电视机构开始搭建更为复杂的综合管理

---

① 贾际.广播主持人管理体制调研与思考[J].中国广播电视学刊,2014(06):55-57.

体系。在 2016—2017 年，著者对全国十余家省市级广电媒体进行调研，发现大多数规模广电机构都从纵向业务管理线和横向日常管理线两个方向建立管理坐标。在纵向上，以台级管理机构如总编室、播音员主持人管理委员会、人力资源部对全台播音员主持人进行总体规制和业务指导，部门负责人基本由资深播音主持专业人士来承担，突出职业的专业性。在横向上，频道、栏目以内容生产为核心，负责主持人的具体日常管理工作，包括节目生产、内容审核、绩效考核、激励措施、职业晋升、品牌推广等。两条线有机结合，在台级层面协调统一、相互促进，形成相对立体、科学的播音员主持人管理架构。

　　进入移动互联网时代，市场力量推动下的媒介变革改变了公共传播格局。面对时代挑战，原有的科层组织管理显然已经无法适应平面化、节点化的互联网传播。国家启动媒体融合以来，建设适配节点化、细分化的互联网传播语境的管理运行方式，成为融合改革的重点。如何改变传统的科层组织单线运作方式，以"软组织、轻结构"①的建设思路，通过扁平的、协同式的运作实现高效生产、有效传播，同时保持播音主持事业的规范、有序，成为新型主流媒体播音员主持人组织管理与运行机制建设的重点。

　　总体来看，播音员主持人作为现代媒介职业群体，其组织管理体系一直与中国社会现代化同步前进，根据不同时期的特点和现实需要，不断调整。早期以韦伯的科层制组织架构特点开篇；社会主义国家建立之后，融合列宁式现代组织结构方式，建立起一整套高度组织化、纪律严密的播音员组织管理体制；改革开放以后，随着社会快速发展，经过十余年摸索改革，逐渐在机构内部形成了更加现代、高效的立体综合管理方式；媒体融合时代，探索管理体系的再组织化，以适应、促进信息社会的发展。通过改进组织管理方式，播音主持事业得以充分发挥有声语言的力量，融入每一个历史时期的新闻传播事业，推动中国社会的现代化进程。

---

　　①　刘浩三，吕晓虹.以互联网思维改造传统媒体：专访新华社音视频部主任、中国政法大学光明新闻传播学院院长陆小华［J］.中国广播，2014(11)：25-27，24.

第四节　播音主持行业规制的立体式演进

统一的行业规制是一个职业独立发展到成熟阶段的标志,也是国家现代治理体系建设逐渐完善的见证。作为一个伴随着现代电子媒介发展起来的行业,播音主持业的相关规制从零起步,逐渐形成了立体化的行业规制体系。

播音事业发展早期,尚没有形成独立的组织力量,广播界普遍采用编播合一的形式播出。因此,民国时期南京政府给出的国家规制主要针对广播内容,对播音形式的限定主要集中在语言层面,即要求应使用国语广播。实际上,由于缺少执行标准,加上国语推行程度有限,广大本地听众更倾向方言广播,这一要求并没有落实到位。

中国共产党领导的人民播音队伍,在烽火连天的战斗岁月里确立了基本的行业要求:政治过硬、语言标准、一字不错。以延安新华广播电台为榜样,各根据地电台都在朝着这个方向不断努力。

新中国成立后,对于播音员的行业规制并没有以专门的规章形态出现,更多是以实际运行的制度和文件提出要求。总体上延续了延安时期革命播音的传统,实行严格的政治审核,要求良好的普通话水平和业务能力。不过,这些要求并没有以全国性行业规制的形态出现。以普通话水平要求为例,1956 年国务院发布《关于推广普通话的指示》,明确了广播在普通话推广中的重要作用,要求"全国播音人员……都必须受普通话的训练"[①]。但是,播音人员的普通话水平应当达到什么样的程度?如何衡量测评?并没有给出统一标准,更多的是各个广播电台电视台根据自身情况灵活把握。总体来看,越接近中央,要求越严格。在北京中学生中专门挑选、培训的北京广播学院第一批播音训练班学员主要供给央广和省级台,县乡广播站播音员大多来自本地学生、教师、文艺团体,主要靠收听、模仿上级台播音员的声

[①]　国务院关于推广普通话的指示[J].语言战略研究,2016,1(04):12-13.

音,边工作边学习。

80 年代以后,针对播音员群体的行业规制体系在多种因素的共同推动下快速发展。普通话推广工作进入新时期。1982 年,"国家推广全国通用的普通话"列入宪法。1986 年 1 月,全国语言文字工作会议召开,将普通话的"大力推行""积极普及"列为工作重点。播音员作为广播电视机构里以有声语言为主要表达手段的专业工作者,因其示范作用巨大,被首先纳入普通话水平要求。1994 年 10 月 30 日,国家语言文字工作委员会、国家教育委员会、广播电影电视部联合发出《关于开展普通话水平测试工作的决定》,明确规定普通话为以汉语传送的各级广播电台、电视台的规范语言。要求从事播音、电影、电视剧、话剧表演、配音的专业人员,以及与此相关专业的毕业生应达到一级甲等或一级乙等水平。1995 年 1 月,广播电视界的播音员、节目主持人开始逐步实行普通话等级证书上岗制度。① 自此,播音主持行业第一次有了全国范围的行业明确规制,并给出具体的测评与上岗关联机制。

在普通话水平测试开启播音主持行业规制之后,国家广播电视主管部门开始针对播音员主持人行业制定明确行业规制。1997 年 6 月广播电影电视部颁布《播音员主持人上岗暂行规定》。2002 年 2 月 1 日,国家广播电影电视总局颁布《播音员主持人持证上岗规定》《〈播音员主持人持证上岗规定〉实施细则》《播音员主持人管理暂行办法》。2004 年 8 月,《广播电视编辑记者、播音员主持人资格管理暂行规定》正式施行,建立全国性播音员主持人资格考试制度。2006 年又发布了《广播电视编辑记者、播音员主持人执业资格注册办法(试行)》。通过以上一系列工作,国家建立起播音员主持人执业资格认定的系列规程,在准入环节明确播音员主持人职业进入的要求和程序。

对于在岗工作人员,1986 年 3 月 12 日,中央职称改革工作领导小组研究同意了广播电影电视部制定的《广播电视播音专业职务试行条例》和《关于〈广播电视播音专业职务试行条例〉的实施意见》,建立起播音员主持人技术职务上升渠道。

---

① 姚喜双.普通话水平测试概论[M].北京:高等教育出版社,2011:39-41.

　　和硬性规制相比,行业组织更多扮演推动行业内部交流,学术发展、行业自律等方面的软性协调工作,将职业道德建设以润物细无声的方式渗透进行业内部。至此,经过十余年高速建设,播音主持行业规制形成了准入机制、专业职务机制、职业道德建设三驾马车的立体格局。

　　回顾历史,播音主持行业规制建设与国家管理体系的现代化水平同步前行。80 年代以前,国家经济基础薄弱,广播电视业发展有限,相关行业规制以总体性要求为主,没有可衡量、可测评的管理机制。改革开放以后,随着经济腾飞、社会繁荣,国家治理体系现代化程度大幅度提高,对各个重要行业领域的管理呈现出更加精细、理性的趋向。播音主持事业、广播电视事业的行业规制正是在这一整体框架下的具体行动。例如专业技术职务体系建设,其背景是 1985 年国家人事部门开始制定实行专业技术职务聘任制度,正式实行专业职务责任制,建立以职务工资为主的结构工资制。同时,播音主持行业又是涉及国家意识形态安全的重要领域,国家广电管理部门专门针对播音主持行业的具体情况,通过与国家语委、专业高等院校合作,不断推进行业整体规制建设。

　　在媒介融合时代,个人内容生产者的出现,让"播音员、主持人"的概念遭受前所未有的挑战,职业边界日趋模糊。此时,规范、严密的行业规制构筑起播音员主持人职业的护城河,有效塑造群体身份认同,凝聚意识形态工作意志,坚定发展信念。

第五节　中国播音事业历史演进的影响因素

　　站在西方历史经验上来看,世俗政治权力的确立和合法化,现代民族国家的建立,市场经济的形成和工业化过程,传统社会秩序的衰落和社会的分化与分工,以及宗教的衰微与世俗文化的兴起,这些进程深刻地反映了现代社会的形成。① 中国的文明基因与西方不同,现代化进程存在许多特殊性,但同样涉及与政治、经济、社会、文化的复杂互动关系。

回顾中国播音事业百年历程,始终与中国社会的整体现代化进程息息相关,甚至出现结构性呼应。考察中国播音事业的现代化历史演进过程,可以看到以下因素产生的深远影响。

一、技术革新是中国播音事业发展的物质前提

在影响中国播音事业发展的诸多因素中,技术——传播的物质基础成为首要因素。无论是宏观媒介环境,例如从广播到广播电视,再到广播电视与互联网融合建设;或者微观媒介技术,例如直播技术、录音技术、数字声音制作技术、虚拟主持人、人工智能技术等,每一次技术更迭,都会引起播音创作活动的转向、人员结构和职业素养的更新,打开播音事业新的局面。

尤其需要指出的是,基于中国广袤地域和不平衡、不充分的地区发展状况,在考察技术变革带来的事业变革时,需要充分考虑技术本身的普及程度及其带来的影响。以早期广播播音发展为例,民国时期广播业发展极不平衡,绝大多数广播电台集中在政治经济高度发达的大城市。据 1950 年 4 月统计,共有私营广播电台三十三座,分布在上海、北京天津、宁波、广州、重庆等六个大中城市。其中仅上海就有二十二家。② 1949 年 8 月青海广播电台开播时,全西宁只有二十台收音机,供个别军政要员和资本家收听。③ 这样的广播电台和收听人群结构,决定了当时广播播音主要面向城市,针对具有一定政治经济实力的中上层人群展开,因此播音内容、方式、目的都围绕这一听众人群展开。新中国成立后,人民广播事业建立的首要任务便是实现广播事业下沉,通过农村广播网建设等途径,让党和国家的声音进入占全国

---

① 周宪,许钧.现代性研究译丛总序[M]//[英]戴维·弗里斯比.现代性的碎片.卢晖临,周怡,李林艳,译.北京:商务印书馆,2003:3.

② 赵玉明.中国广播电视通史[M].北京:中国广播影视出版社,2014:180.

③ 青海省地方志编纂委员会.青海省志·广播电视志[M].合肥:黄山书社,1996:1.

人口比例八成以上的农村地区。广播设施在农村地区的普及,使得农民成为广播收听的主要对象,各级广播电台广泛开办对农广播节目,地方青年学生大量加入基层播音员队伍,直接改变了中国播音事业的面貌。

由此可见,正如库尔德利与赫普所言,"传播通过这些物质基础设施并以之为基础才得以可能。"①只有当技术发展到一定程度,实现广泛且稳定的普及,成为新的物质基础,中国播音事业的发展才会真正实现阶段性的迈进。

二、国家力量是中国播音事业发展的绝对主导

在中国语境下,塑造中国播音事业最主要的力量无疑来自国家。民国肇始,面对"三千年来未有之变局",各方政治力量都高度重视对现代传播媒介的控制,将其作为传播政治主张、扩张政治力量、建立政治秩序的直接手段。中国共产党是一个意识形态政党,自创办延安新华广播电台起,便将广播定位为党的喉舌,必须坚持党的领导。这一定位至今仍被表述为"党性原则是党的新闻舆论工作的根本原则"②。新中国成立后,广播电视新闻机构始终延续了这一定位,始终在国家体制内发展播音事业。

国家力量成为中国播音事业的主导,几乎是一种必然。其一,在很长一段时间里,中国社会经济整体发展水平较低,且长期存在地区发展不平衡现象,只有国家力量才能集中有限的人力物力,在全国范围内发展现代传媒事业。新中国成立后,正是依靠国家力量,才建设起遍及全国的收音网、农村广播网。即便在改革开放二十年后,许多边疆地区、山区也是依靠"西新工程""村村通"工程,才通过卫星收听收看到广播电视节目。在这样的现实条件下,国家力量成为中国播音事业发展的基础保障。

---

① [英]尼克·库尔德利,[德]安德烈亚斯·赫普.现实的中介化建构[M].刘泱育,译.上海:复旦大学出版社,2023:8.

② 中共中央文献研究室.习近平关于全面建成小康社会论述摘编[M].北京:中央文献出版社,2016:124.

其二，国家力量给播音事业发展指明方向。播音事业的每一个发展阶段，都随着国家发展的重点变化应时而动，服务当下国家发展需求。例如 20世纪 80 年代特区前沿广东推出"珠江模式"后，国家主管部门捕捉到这一创新之举的重大意义，多次举办学习、研讨、培训，推动"珠江模式"在全国范围内的推广，实现广播直播交互式主持形态的全面发展，活跃社会信息交流，服务社会主义市场经济建设。

其三，国家力量强化播音事业的规范性、专业性，构建起播音作为专业技术工作的行业壁垒。有声语言表达本身的进入门槛非常低，只要会说话，就会表达。然而，通过国家在政治条件、业务水平、专业教育等方面的制度性建设，播音事业建立起一整套包含政治认可与专业性的行业规制，推动行业整体健康发展。

三、市场经济是中国播音事业发展的重要动力

回顾过往，市场经济在中国播音事业发展历程中起到重要推动作用。百年前，来自国内外的资本力量触发了中国广播事业的起步。到抗战全面爆发前的 1937 年 6 月，在国民党统治区共有七十八座广播电台，其中民营电台多达五十四座，占到 70.5%。① 尽管总功率占比难以和政党电台抗衡，但正是在这些立足商业的民营广播电台里，诞生了大量播音主持创作活动的早期雏形。

十一届三中全会以后，中国共产党将工作重心转移到以经济建设为中心，媒体变身产业属性，经营管理体制随之展开大刀阔斧的改革，"事业单位企业化管理"成为沿用至今的广播经营管理体制。经营，成为广播电视机构的重要任务。如何贴近生活、争取用户成为广电机构生存发展的重点。在广播领域，交通广播、经济广播、文艺广播……一大批以满足社会经济生活需要的专业广播频率在全国各地竞相绽放。在电视领域，服务大众的综艺

---

① 李煜.中国广播现代性流变:国民政府广播研究(1928—1949)[M].北京:中国传媒大学出版社,2017:1.

节目、娱乐节目、社教节目不断涌现。与之相适配,播音主持事业的整体面貌发生了很大变化,以听众、观众为核心,创作活动空前活跃,创新之举接连不断,播音员主持人群体的创作动力被全面激活。虽然其动力来自争夺受众关注,提升市场份额,但在实际效果上,切实服务了广大群众日益增长的精神文化生活需求,为社会各群体之间的信息交换、意见交流提供有效平台,促进社会主义市场经济高水平发展。

由此可见,尽管政治在中国广播现代化发展历程中占据主导作用,但市场的力量同样影响着播音事业前进的方向,并帮助播音事业始终保持创新活力。

四、大众文化是中国播音事业发展的内在基因

在施拉姆的定义中,广播电视属于典型的大众媒体,播音主持活动具有明显的大众文化属性。它吸收民间喜闻乐见的传统语言艺术如评书、曲艺的养分,以国家统一的现代通用语言为语音载体,借助大众媒体广泛传播,为大部分人所接受。在中国播音事业发展的历史进程中,大众文化作为一种内在基因,始终以不同面貌加以显现。

在播音事业发展早期,大众文化便渗入播音事业的各个方面。播音内容既有政治宣传,也有流行歌曲、通俗曲艺、大众演说、科学普及、儿童节目;语言形式上,以国家通用语言为语音形式,以口语为语言样态,不论是将书面语转换为播报口语,还是以日常口语为基本创作工具,都力求以大众日常交流的方式,面向大众进行传播,与以书面文字为载体的精英文化显现出截然不同的文化面貌。

新中国成立后,广播系统全面下沉基层,遍及全国的农村有线广播网建设把喇叭送入村社乃至农户家中。在社会主义中国,对"大众"一词的理解本身便是一种价值取向。延续毛泽东《在延安文艺座谈会上的讲话》精神,播音创作既是一种艺术活动,又是一种政治活动,始终秉承"从群众中来,到群众中去"的原则,以群众喜闻乐见的形式,在不断大众化的过程中动员群众力量,推进国家现代化建设,凝聚社会现代化共识。

历经"十年浩劫",一度僵化、脱离群众的播音事业迎来复苏,大众文化

在新的时代土壤里破土发芽。其一，普通话作为一种经过国家权力机关审定、批准、推行的语音形式，其背后所代表的是国家意志的声音形式。① 经过广播电视播音活动长时间的推广、传播，广大群众已经对普通话不再陌生，普通话所具有的权威性较之前有所减弱，逐渐趋向于一种大众沟通交流的语言工具。这给 20 世纪八九十年代大众文化的全面兴起奠定了语言基础。其二，在这一轮大众文化复苏过程中，播音创作活动以符合大众审美要求和鉴赏能力为基准，转变语态，以谈话、对话为主导，播报也放下僵硬腔调，用轻松、活泼、生动的语言样式为普通大众提供日常化的信息服务、娱乐消遣，也搭建起了大众文化特有的"不同意识形态汇集、交流、沟通、共享、对立、冲突的公共场域"②。其三，"大众文化与民间文化不同，它是由复杂化、工业化的社会生产出来的"③。稍加观察便可发现，播音活动与一般意义上的艺术创作不同，充满了现代社会工业化生产的痕迹，模式化、易复制，能够在不同媒体中实现批量生产。然而，大众并不因为这种批量生产的模式而反感，反而因为这种一致性产生高度认可。

开放的文化氛围少不了交流与碰撞，改革开放四十余年来，来自西方文化、华语地区文化、网络文化的冲击接二连三，其间少不了磕磕绊绊。隶属于国家的播音事业，始终坚持马克思主义大众化的价值立场，坚持以最广大的人民群众的根本利益为出发点，将艺术性与政治性融合统一，"对现代社会进行价值普及和价值引领"④，在新时代围绕社会主义核心价值观展开传播活动，促进大众文化的健康发展。

---

① 贺滟波.普通话、广播与 20 世纪 80 年代当代大众文化的生成[J].文化与诗学，2016(02):282-294.

② 金惠敏.文化研究:理论与实践[M].郑州:河南大学出版社.2004;165.

③ [美]约翰·费斯克.理解大众文化[M].王晓珏，宋伟杰，译.北京:中央编译出版社 2001;200-201.

④ 金永兵.永远的"大众化":《在延安文艺座谈会上的讲话》历史经验管窥[J].艺术评论,2022(06):142-159.

参考文献

(按使用顺序编纂)

一、民国报刊类

[1]申报

[2]广播周报

[3]格致汇编

[4]时代杂志

[5]民间(北平)

[6]青年生活

[7]播音天地

[8]胜利无线电

[9]艺海周刊

[10]中央周刊

[11]电影与播音

二、书籍类

[1] Robert Luther Thompson. *Wiring a Continent*：*The History of the Telegraph Industry in the United States*，*1832-1866*[M].New York：Arno Press，1972.

[2]Laszlo Solymar.*Getting the Message*：*A History of Communications*[M].

New York：Oxford University Press.1999.

[3]J.Lossing Buck.*Land Utilization in China：1929-1933*［M］.NewYork：Paragon Book Reprint Corp，1964.

[4]［美］罗杰·菲德勒.媒介形态变化：认识新媒介［M］.明安香，译.北京：华夏出版社，2000.

[5]［美］大卫·斯隆.美国传媒史［M］.刘琛等，译.戴江雯，校译.上海：上海人民出版社，2010.

[6]［英］汤林森.文化帝国主义［M］.冯建三，译.上海：上海人民出版社，1999.

[7]［德］马克斯·韦伯.学术与政治［M］.钱永祥，编译.台北：远流出版公司，1991.

[8]［英］安东尼·吉登斯.现代性与自我认同：晚期现代中的自我与社会［M］.夏璐，译.北京：中国人民大学出版社，2016.

[9]［英］戴维·弗里斯比.现代性的碎片［M］.卢晖临，周怡，李林艳，译.北京：商务印书馆，2003.

[10]［英］尼克·库尔德利，［德］安德烈亚斯·赫普.现实的中介化建构［M］.刘泱育，译.上海：复旦大学出版社，2023.

[11]中国通信学会.中国通信学科史［M］.北京：中国科学技术出版社，2010.

[12]黄和生.中国通信图史［M］.广州：南方日报出版社，2009.

[13]白玉芳.中国通信史［M］.北京：北京邮电大学出版社，2019.

[14]中国通信学会.中国通信学科史［M］.北京：中国科学技术出版社，2010.

[15]赵玉明.中国广播电视通史［M］.北京：中国广播影视出版社，2004.

[16]姜红.西物东渐与近代中国的巨变：收音机在上海（1923—1949）［M］.上海：上海人民出版社，2013.

[17]葛涛.唱片与近代上海社会［M］.上海：上海辞书出版社，2009.

[18]赵新娜.赵元任年谱［M］.北京：商务印书馆，1998.

[19]许涤新，吴承明.中国资本主义发展史［M］.北京：人民出版

社,2003.

[20]刘佛丁.中国近代经济发展史[M].北京:高等教育出版社,1999.

[21]宋军.申报的兴衰[M].上海:上海社会科学院出版社,1996:230.

[22]方汉奇.中国新闻传播史[M].北京:中国人民大学出版社,2002.

[23]秦绍德.上海近代报刊史论[M]上海:复旦大学出版社,2014.

[24]马光仁.上海新闻史(一八五〇——一九四九)[M].上海:复旦大学出版社,1996.

[25]戈公振.中国报学史[M].北京:生活・读书・新知三联书店,2011.

[26]陈旭麓.近代中国的新陈代谢[M].北京:生活・读书・新知三联书店,2017.

[27]周纵策.五四运动史:现代中国的知识革命[M].陈永明,张静,译.成都:四川人民出版社,2019.

[28]胡适.五十年来中国之文学[M].上海:上海科学技术文献出版社,2014.

[29]高平叔.蔡元培年谱长编[M].北京:人民教育出版社,1999.

[30]吴道一.“中广”四十年[M].台北:“中国广播公司”,1969.

[31]李煜.中国广播现代性流变:国民政府广播研究(1928—1949年)[M].北京:中国传媒大学出版社,2013.

[32]汪学起,是翰生.第四战线:国民党中央广播电台掇实[M].北京:中国文史出版社,1988.

[33]新华通讯社.新华社80年辉煌历程[M].北京:新华出版社,2011.

[34]张颂.中国播音学[M].北京:中国传媒大学出版社,2003.

[35]陈尔泰.中国广播史考[M].北京:中国广播电视出版社,2008.

[36]艾红红.中国民营广播史[M].新北:花木兰文化出版社,2016.

[37]壮春雨,吴国田.主持人足迹[M].北京:中国广播电视出版社,1999.

[38]孙敬修.我的故事:孙敬修回忆录[M].成都:四川少年儿童出版社,1989.

[39]周华斌,朱宝贺,董旸.中国广播电视文艺大系(1977—2000)广播

剧卷[M].北京:中国广播电视出版社,2008.

[40]杨沙林.用生命播音的人:忆齐越[M].北京:中国广播电视出版社,1999.

[41]《东北人民广播史》编辑委员会.东北人民广播史[M].沈阳:辽宁人民出版社,1991.

[42]谢鼎新.民国事业史[M].北京:团结出版社,2021.

[43]朱邦兴,胡林阁,徐声.上海产业与上海职工[M].北京:生活·读书·新知三联书店,2014.

[44]范小梵.风雨流亡路:一位知识女性的抗战经历[M].济南:山东画报出版社,2008.

[45]姚喜双.中国解放区新闻播音语言规范[M].北京:语文出版社,2007.

[46]姚喜双.播音主持概论[M].北京:高等教育出版社,2012.

[47]齐越.献给祖国的声音[M].北京:中国广播电视出版社,1991.

[48]吕大渝.走近往事:一位共和国第一代女电视播音员的自述[M].北京:中国文联出版社1999.

[49]中央电视台研究室,主持人节目研究委员会.中国荧屏第一人:沈力[M].北京:中国广播电视出版社,1999.

[50]敬一丹,等.我——末代工农兵学员[M].武汉:长江文艺出版社,2017.

[51]喻梅.新中国播音创作简史[M].北京:中国传媒大学出版社,2016.

[52]王娜,于嘉.当代北京广播史话[M].北京:当代中国出版社,2013.

[53]周迅.记者的战斗生涯:杨兆麟的不平凡经历[M].北京:中国广播电视出版社,2008.

[54]徐恒.我的播音路[M].内部资料,2018.

[55]宋世雄.宋世雄自述:我的体育世界与荧屏春秋[M].北京:作家出版社.1997.

[56]王雪梅.中国广播剧史论[M].北京:中国传媒大学出版社,2007.

[57]赵忠祥.岁月随想[M].上海:上海人民出版社,1997.

［58］祝捷.中国播音主持评价标准体系发展研究［M］.北京:中国广播电视出版社,2013.

［59］白玲,申启武.从"珠江模式"到跨域式发展:广东广播改革开放30年历史回顾［M］.广州:暨南大学出版社,2008.

［60］中央电视台.中央电视台的第一与变迁:1958—2003［M］.北京:东方出版社,2003.

［61］高贵武.主持传播概论［M］.北京:中国传媒大学出版社,2007.

［62］白玲.广播的跨越:广东广播插图史［M］.广州:暨南大学出版社,2012.

［63］曾广星.横空出世:广播"珠江模式"的理论与实践［M］.北京:中国广播电视出版社,1999.

［64］孙玉胜.十年:从改变电视的语态开始［M］.北京:生活·读书·新知三联书店,2003.

［65］白谦诚.主持人第五辑［M］.北京:中国广播电视出版社,1995.

［66］王群,曹可凡.谈话节目主持概论［M］.北京:中国传媒大学出版社,2007.

［67］徐泓.超越:北京交通广播解析［M］.北京:北京大学出版社,2003.

［68］胡泳.众声喧哗:网络时代的个人表达与公共讨论［M］.桂林:广西师范大学出版社,2008.

［69］艾红红.《新闻联播》研究［M］.北京:中国广播电视出版社,2008.

［70］朱学东,吕岩梅.中国百名电视主持人访谈录［M］.北京:中国广播电视出版社,2005.

［71］王明军,阎亮.影视配音实用教程［M］.北京:中国传媒大学出版社,2014.

［72］孙顺华.中国广告史［M］.济南:山东大学出版社,2007.

［73］魏伟.体育解说教程［M］.北京:人民体育出版社,2012.

［74］马玉坤,高国庆.张颂学术年谱［M］.北京:九州出版社,2018.

［75］白谦诚.主持人第四辑［M］.北京:中国广播电视出版社,1995.

［76］白谦诚.峥嵘岁月:见证中国节目主持人25年［M］.北京:中国国际

广播出版社,2006.

[77]白谦诚.主持人第二、三辑[M].北京:中国广播电视出版社,1993.

[78]黄和生.中国通信图史[M].广州:南方日报出版社,2009.

[79]李桃.网络主持简史[M].北京:科学出版社,2018.

[80]申启武,牛存有.中国音频传媒发展研究报告(2021)[M].北京:社会科学文献出版社,2021.

[81]董天策.港澳台广播电视[M].广州:暨南大学出版社,2010.

[82]王庚武.香港史新编[M].香港:三联书店,1997.

[83]张振东,李春武.香港广播电视发展史[M].北京:中国广播电视出版社,1997.

[84]李献文,何苏六.港澳台电视概观[M].北京:北京广播学院出版社,2004.

[85]张林.凤凰卫视这些年[M].北京:现代出版社,2016.

[86]李晓华,胡正荣,冉丽.聚焦世界华语播音[M].北京:北京广播学院出版社,2004.

[87]程美宝,何文平,胡雪莲,黄健敏,赵立彬.把世界带进中国:从澳门出发的中国近代史[M].北京:社会科学文献出版社,2013.

[88]傅宁军.走进澳门[M].北京:中国社会科学出版社,1999.

[99]何贻谋.台湾电视风云录[M].台北:台湾商务印书馆,2002.

[90]陈炜.俗世之镜:台湾综艺节目研究[M].北京:中国电影出版社,2013.

[91]陈飞宝.当代台湾传媒[M].北京:九州出版社,2007.

[92]陈扬明,陈飞宝,吴永长.台湾新闻事业史[M].北京:中国财政经济出版社,2002.

[93]金惠敏.文化研究:理论与实践[M].郑州:河南大学出版社.2004.

三、资料类

[1]严中平.中国近代经济史统计资料选辑[M].北京:中国社会科学出版社,2012.

［2］上海市电话局史志办公室.上海的市内电话［M］.内部资料,1995.

［3］赵玉明,艾红红,刘书峰.新修地方志早期广播史料汇编［M］.北京：中国广播影视出版社,2016.

［4］《当代中国的广播电视》编辑部.中国的唱片出版事业［M］.北京：北京广播学院出版社,1989.

［5］《当代中国的邮电事业》编辑委员会.当代中国的邮电事业［M］.北京：当代中国出版社,2009.

［6］北京地方志编纂委员会.北京志·新闻出版广播电视卷·广播电视志［M］.北京：北京出版社,2006.

［7］赵玉明.中国现代广播史料选编［M］.汕头：汕头大学出版社,2007.

［8］中央人民广播电台研究室,北京广播学院新闻系.解放区广播历史资料选编［M］.北京：中国广播电视出版社,1985.

［9］北京广播学院新闻系.中国人民广播回忆录：续集［G］.北京：中国广播电视出版社,1986.

［10］北京广播学院新闻系.中国人民广播回忆录：第 3 集［G］.北京：中国广播电视出版社,1990.

［11］中国广播电视学会史学研究委员会,北京广播学院新闻传播学院新闻系.延安(陕北)新华广播电台回忆录新编［G］.北京：中国广播电视出版社,2000.

［12］“中国广播公司”研究发展考训委员会.“中广”五十年纪念集［G］.台北：“中国广播公司”,1978.

［13］倪延年.中国新闻法制通史［M］.南京：南京师范大学,2015.

［14］中央人民广播电台台史编写组.中央人民广播电台台史资料汇编(1949—1984)［G］.内部资料,1990.

［15］周新武.华东人民之声：华东新华广播电台、华东人民广播电台史实［G］.北京：中国广播电视出版社,1994.

［16］上海市档案馆,北京广播学院,上海市广播电视局.旧中国的上海广播事业［G］.北京：档案出版社,中国广播电视出版社,1985.

［17］上海音像资料馆,上海文广新闻传媒集团节目资料中心.老广播人

口述历史[G].上海:学林出版社,2009.

[18]中国社会科学院新闻研究所.中国共产党新闻工作文件汇编(1950—1956)[G].北京:新华出版社,1980.

[19]吉林省地方志编纂委员会.吉林省志·新闻事业志·广播电视[M].长春:吉林人民出版社,1991.

[20]《上海广播电视志》编辑委员会.上海广播电视志[M].上海:上海社会科学出版社,1999.

[21]江苏省地方志编纂委员会.江苏省志·广播电视志[M].南京:江苏古籍出版社,2000.

[22]天津市地方志编修委员会办公室,天津市广播电视电影局,天津广播电视电影集团.天津通志·广播电视电影志[M].天津:天津社会科学院出版社,2004.

[23]《广东广播电视志》编辑委员会.广东广播电视志[M].广州:广东人民出版社,1996.

[24]山东省地方史志编纂委员会.山东省志·广播电视志[M].济南:山东人民出版社,1993.

[25]云南省地方志编纂委员会.云南省志·广播电视志[M].昆明:云南人民出版社,1996.

[26]青海省地方志编纂委员会.青海省志·广播电视志[M].合肥:黄山书社,1996.

[27]中华人民共和国史广播电视编辑部.当代中国广播电视回忆录[G].北京:中国广播电视出版社,1995.

[28]苏联广播工作经验.广播事业局编印[M].内部资料,1955.

[29]中央广播事业局办公室.全国广播工作会议文件选编[M].内部资料,1982:324.

[30]中国广播电视学会成立大会文件资料汇编[Z].内部资料,1986.

[31]中国广播电视学会秘书处.中国广播电视学会大事记(1986年9月—2002年4月)[M].内部资料,2004.

[32]《中国广播电视年鉴》编辑委员会.中国广播电视年鉴(1988)[M].

北京:北京广播学院出版社,1988.

　　[33]广播电影电视部.广播电视岗位规范[M].内部资料,1992.

　　[34]广播电视电影电视部政策研究室.广播电影电视法规规章汇编(1949—1987)[G].北京:中国广播电视出版社,1988.